泉州文库

選堂題

（清）李清馥　著

何乃川　李秉乾　點校

# 閩中理學淵源考　（上）

泉州文庫整理出版委員會

商務印書館

# 前　言

　　泉州建制一千三百多年,爲中國歷史文化名城和古代海外交通的重要港口。"比屋弦誦,人文爲閩最",素稱海濱鄒魯、文獻之邦。代有經邦緯國、出類拔萃之才,歐陽詹、曾公亮、蘇頌、蔡清、王慎中、俞大猷、李贄、鄭成功、李光地等一大批傑出人物留下了大量具有歷史、文學、藝術、哲學、軍事、經濟價值的文化遺產。據不完全統計,見載於史籍的著作家有一千四百二十六人,著作多達三千七百三十九種,其中唐五代二十九人三十二種,宋代二百人三百九十一種,元代二十一人四十種,明代五百三十六人一千五百八十五種,清代六百四十人一千六百九十一種;收入《四庫全書》一百一十五家一百六十四種,《四庫全書存目叢書》五十六家七十四種,《續修四庫全書》十四家十七種。二〇〇八年國務院頒布第一批國家珍貴古籍名錄,屬泉人著述、出版者十三種。

　　遺憾的是,雖然泉州典籍贍富,每一時代都有一批重要著作相繼問世,但歷經歲月淘汰、劫難摧殘,加上庋藏環境不良,遺存至今十無二三,多成珍籍孤本。這些文化遺産,是歷史的見證,是泉州人民同時也是中華民族的寶貴文化財富,亟待搶救保護,古爲今用。

　　對泉州地方文獻的搜集與整理,最早有南宋嘉定年間的《清源文集》十卷,明萬曆二十五年《清源文獻》十八卷繼出,入清則有《清源文獻纂續合編》三十六卷問世。這些文獻彙編,或已佚失,或存本極少。二十世紀四十年代,泉州成立"晋江文獻整理委員會",準備整理出版歷代泉人著作,因經費短缺未果。八十年代,地方文史界發起研究"泉州學",再次計劃編輯地方文獻叢書,可惜後來也因爲各種條件的限制,其事遂寢。但是這兩次努力,爲地方文獻叢書的整理出版做了準備,留下了珍貴的文獻資料和書目彙編。

　　二〇〇五年三月,中共泉州市委、泉州市政府決定將地方文獻叢書出版工作列爲國民經濟和社會發展第十一個五年規劃的一項文化工程。翌年，正式成立“泉州地方典籍《泉州文庫》整理出版委員會”，着手對分散庋藏於全國各大圖書館及民間的古籍進行調查搜集，整理出《泉州文庫備考書目》二百六十七家六百一十四種，以後又陸續檢索出遺漏書目近百家一百八十餘種。經過省內外專家學者多次論證，最後篩選出一百五十部二百五十餘種著作，組成一套有一定規模、自成體系、比較完整，可以概括泉人著作風貌、反映泉州千餘年文化發展脈絡的地方文獻叢書，取名《泉州文庫》，二〇一一年起陸續出版發行。

整理出版《泉州文庫》的宗旨是：遵循國家的文化方針政策，保護和利用珍貴文獻典籍，以期繼承發揚中華民族優秀文化傳統，增進民族團結，維護國家統一，提高民族自信心和凝聚力，加強社會主義核心價值體系建設，增強文化軟實力，爲泉州的物質文明和精神文明建設服務。

《泉州文庫》始唐迄清，原著點校，收錄標準着眼於學術性、科學性、文學性、地域性、原創性、權威性，具有全國重要影響和著名歷史人物的代表作優先。所錄著作涵蓋泉州各縣(市、區)，包括金門縣及歷史上泉州府屬同安縣，曾在泉州任職、寄寓、活動過的非泉籍人氏的作品，則取其內容與泉州密切相關的專門著作。文庫採用繁體字橫排印刷，內容涉及政治、經濟、歷史、地理、哲學、宗教、軍事、語言文字、文化教育、文學藝術、科學技術等領域，其中不乏孤稀珍罕舊槧秘笈，堪稱溫陵文獻之幟志。

值此《泉州文庫》出版之際，謹向各支持單位、個人和參加點校的專家學者表示誠摯的感謝！由於涉及的學科和內容至爲廣泛，工作底本每有蛀蝕脫漏，加之書成眾手，雖經反復校勘，但限於水平，不足或錯誤之處還是難免，敬請讀者批評指教。

泉州地方典籍《泉州文庫》整理出版委員會<br>二〇一一年三月

# 整 理 凡 例

一、《泉州文庫》（以下簡稱"文庫"）收錄對象爲有關泉州的專門著作和泉州籍人士（包括長期寓居泉州的著名人物）著作，地域範圍爲泉州一府七縣，即晋江（包括現在的晋江市、石獅市、鯉城區、豐澤區、洛江區）、南安、惠安（包括泉港區）、同安（包括金門縣）、安溪、永春、德化。成書下限爲一九四九年九月以前（個別選題酌情下延）。選題内容以文學藝術、歷史、地理、哲學、政治、軍事、科技、語言教育等文化典籍爲主，以發掘珍本、孤本爲重點，有全國性影響、學術價值高、富有原創性著作優先，兼及零散資料匯總。

二、每種著作盡量收集不同版本進行比較，選擇其中年代較早、内容完整、校刻最精的版本爲工作底本，并與有關史籍、筆記、文集、叢書參校，文字擇善而從。

三、尊重原著，作者原有注釋與説明文字概予保留。後來增加者，則視其價值取捨。

四、凡底本訛誤衍漏，增字以〔　〕表示，正字以（　）表示，難辨或無法補正的缺脱文字以□表示，明顯錯字徑直改正，均不作校記。

五、凡底本與其他版本文字差異，各有所長，取捨兩難，或原文脱訛嚴重致點讀困難，或史實明顯錯誤者，正文仍從底本，而於篇末校勘記中説明。

六、凡人名、地名、官名脱誤者，均予改正，訛誤而又查不到出處之人名、地名、官名及少數民族部落名同異譯者，依原文不予改動。

七、少數民族名稱凡帶有侮辱性的字樣，除舊史中習見的泛稱以外，均加引號以示區別，并於校記中説明。

八、標點符號執行一九九六年實施的國家《標點符號用法》。文庫點校循新版二十四史及《清史稿》例，一般不使用破折號和省略號。

九、原文不分段者，按文意自然分段。

十、凡異體字、俗體字、通假字，如非人名、地名，改動又無關文旨者，一般改爲通用字；異體字已經約定俗成、容易辨認者不改。個別著作爲保持原本文字語言風貌，其通假字則不校改。

十一、避諱字、缺筆字盡量改正。早期因避諱所産生的詞彙成爲習慣者不改正。

十二、古籍行文中涉及國家、朝廷、皇帝、上司、宗族等所用抬頭格式均予取消。

十三、文庫一般一册收録一種著作，篇幅小的著作由兩種或若干種組成一册，篇幅大的著作則分成兩册或若干册。

十四、文庫採用横排、繁體字印刷出版。每册前置前言、凡例。每種著作仿《四庫全書》提要之例，由編者撰寫《校點後記》，簡略介紹作者生平、著作内容及評價、版本情況，説明其他需要説明的問題。

泉州地方典籍《泉州文庫》整理出版委員會辦公室

二○○七年二月五日

# 閩中理學淵源考原序

　　清馥自雍正戊申歲,輯訂有《志學録》内、外篇,因詳考朱子之學,薈萃集成,負荷統緒,其平生師友,多在閩中,屢欲參稽編録而未暇也。乾隆辛酉年冬,劾職天雄,適因公赴省,道經博野,謁副憲元孚尹公。公即自述所學,慨然念國朝魏環溪、湯睢陽、陸當湖及先文貞公四先生,欲有待論列於朝宁,因言濂、洛、關、閩五子之書,遞衍八百年來,家習户誦,生於其鄉者,或親炙,或私淑,其派别相續,源流更易爲尋遡。傾聆之下,與余夙心所擬者頗合。歸署後數月,得病,告休養疴。少暇,重尋舊簏,得《伊洛淵源録》、萬氏《儒林宗派》、宋氏《考亭淵源録》諸篇,録出,次第訂之,目曰《閩中師友淵源考》。曰"淵源"者,是書以龜山載道南來,羅、李遞傳,集成於朱,而上溯周、程,以傳千載不傳之秘者也。故以龜山冠冕編首,各從派繫遞列相承,不以世次論其先後,而以師承訂其旨歸也。唐初,歐陽四門與翁、林諸賢勃興,爲開閩人文之始。彼時師友未廣也,故列未及焉。宋初,海濱四先生與安定胡氏諸公,同時倡學,有魯一變之風,然派别未著也,故另附本篇之後。是道南者賡緒,雖名爲衍緒,而倡作則實爲開先,非獨閩省一方所賴,而實千古正學之宗也。由元閱明成化間,蔡虚齋、陳剩夫、周翠渠諸賢後先講學,起而倡述之,經學稱一時之盛。中明以後,學術漓雜,迄於季造,決裂判散,使後生晚出,不復見先正本來之懿。先公感焉,嘗論吾閩之學,篤師承,謹訓詁,終身不敢背其師説,以爲近於漢儒傳經遺意。公餘講切,每持此論,以救末學之偏,其意遠矣!清馥竊謂近代異同之習勝者,窮經實踐之功微也。今欲卑訓詁而讀經,蔑師資而求道,猶航斷港絶潢,以望至於海也,不亦難哉!自洙泗以來,羣哲相承,雖眾論紛紜,莫不以至聖爲折中之準。濂、洛以後,英賢日懋,雖支流各異,莫不以紫陽爲論學之宗。嘗考紫陽之書,明訓詁,溯

1

師傳,力行一生,使後人知聖功由下學以上達者,其效於今益光矣!今曰不問師承,不稽傳註,目空前輩,簧惑後人,是宜賢者之所爲戒。譬猶守家之子,忘厥高曾榘矱,其可乎?吾鄉先正,素尚樸學,自唐、宋迄元、明,傳經説理之盛,溯厥淵源,粹然者不少,而所以奮起作興者,皆耆賢宿學,啟迪之功爲多。考其旨歸,大都崇獎典型,共趨敦厚,師傳友授,飭躬屬行。是閩中習尚,前輩述之屢矣。今歲律屢更,不揣固陋,匯集諸家之傳,綜其要者而纂録焉。雖歷代學術不無升降盛衰,醇疵互異,然參互考訂,庶有以爲知人論世之資,徵文考獻之助。獨念大雅日遠,載籍寖湮,耳目所及,掛一漏百,旁蒐遠紹,是在來賢。今聖天子崇重正學,丕承列聖,壽考作人之效,海内真儒輩出,尚論閩中國朝師友者,更當詳徵博採,以上溯道南之緒,而闡發濂、洛之傳,猶有望於後之君子。

乾隆十四年己巳六月二十七日癸卯,閭里後學李清馥謹序。

# 凡　例

一、《道南原委》諸賢本傳，皆稱先生、稱公，《閩書》則從史例皆稱名。今斯録於諸儒宗師席，并近代諸耆德前輩，稱先生、稱公，至各門徒則槩稱名以別之。

一、是編目曰《師友淵源》，則凡平昔所與諸儒往返論辨、志氣相合，有交友一門、私淑一門，皆附之學派中，非必盡及門親炙也。

一、後世史家列傳中，間有載本人纂述一兩篇者，是欲存其立言之旨。近世《理學宗傳》《明儒學案》諸編，其著述大畧皆附之傳後，倣舊也。兹編規製倣之前人，而立教宗旨，則恪遵庭訓所聞，以奉一先生之言云。覽者若以此斷斷於同異之辨，則非編録此書之意也。

一、是編原欲録其師友派別淵源，故諸賢有傳習源流者，皆録於學派。其無可考者，闕畧尚多，不得不有所遺也。

一、閩中諸公箋注經學者，蔣氏垣、黃氏海於篇末載之，今各於本傳附見，不另別一門目。但諸公箋注儘多，亦不無闕畧焉。

一、評論諸賢，在宋則以紫陽、西山諸大儒爲據，元明以降，兼採近世儒宗諸賢，而謹遵庭訓所聞者折衷焉。

一、睢州湯文正公纂《洛學編》，其事實俱本原傳，使後人知所由來，得以定其是非，此祖述《伊洛淵源録》舊例也。今所録諸傳，悉本原傳，存其舊名。或有從別本增添者，亦注增添原名，以便考證，不敢妄加增入。

一、閩中儒學開先，始于唐歐陽四門，至宋，海濱四先生亦爲倡學之始，至龜山楊文靖公及中州二程先生之門，仔肩道脈，千聖心傳繫焉。故今諸儒學派之編，斷自有宋，列龜山爲首，蓋以師承定其旨歸，不以世次論其先後也。至唐歐陽先生爲一代開創之始，余另約選，登之《閩學志畧》焉。

一、學派中前已載入諸賢門徒者，後別爲門徒則單載其名字姓氏，注云，已見某氏門徒，不重録。

一、學派一門，其派衍遺漏尚多，各郡遺書未能徧得，尚有待增入。

一、朱子門人有無事實可考者，照儀封《道南原委》例，亦附姓名閭里於後。

一、增家世學派及交友一門，亦本舊例也。

一、近世論學，大都分別門户異同之論，究非衆言淆亂，折衷于聖之歸。《語》載四科之目："逸民"數章，亦備人品學術差等。孟氏論伯夷、伊尹、柳下惠，而願學孔子，此方是志學論道準的。是編倣莆陽宋氏《考亭淵源録》遺意，凡有師承派別者，俱各叙出，以見求師問道，醇疵互著，考同較異，論世知人。至夫各家派別，亦畧以類相附，覽者當自得之。

一、宋代儒宗世衍家學者不少，故於諸儒學派中，特列其例，以徵其盛。元明以來，一家之學遞衍其緒，如武彝之胡、崇安之劉、麻沙之蔡者，亦僅見矣。今於明代諸儒世學，擇其媲美前修者，亦多録焉。

一、元代志乘甚畧，故於遞述者無從稽訪。今於《元史》之外，搜之《續宏簡録》、《元文類》、《八閩通志》，閩省各郡志、各邑志、《閩書》、《熊勿軒集》、《吳聞過集》、《吳草廬集》、《陳石堂集》、《清源文獻》、《道南源委》、《道南統緒》、蔣氏《八閩理學源流》、朱氏《經義考》，尚愧疎漏，限于聞見，無如何也。

一、是録凡有玷於師友門牆者，槩未敢登入。是書欲録淵源之的，不得不有所遺也。

一、諸學派就萬氏季野《儒林宗派》録出，參之蔣氏垣《八閩理學源流》、黄氏海《道南統緒》、何氏《清源文獻》，其本傳本之《閩書》，參之《道南源委》、《莆陽文獻》、《越章録》、《閩省通志》各郡縣志，《伊洛淵源録》、《宏簡録》、《名山藏》、《黄氏日抄》、《考亭淵源録》、《理學宗傳》、《理學備考》、《明儒學案》、吳氏《諸儒述槩》，及歷代史書并行狀、誌銘、諸家文集，更相考證。

一、國朝正學昌明，儒宗相望，閩中學派，俟另録編輯。至博徵文獻，尚有望於名賢焉。

# 目　　録

# 閩中理學淵源考卷一

## 文靖楊龜山先生時學派

閩學開自有唐，歐陽四門倡起，彼時人文未著也。宋初，所謂"海濱四先生"者，與安定、泰山、徂徠同時，其學已有近裏之功，彼時朋類未孚也。至龜山先生得中州正學之的，上肩周、程統緒，下啓羅、李、朱歷代相傳之奧，于是聖學彰明較著，而鄒、魯、濂、洛之微言大義，萃于閩山海嶠矣。夫程伯子以吾道之南贈屬其行，不再三傳而紫陽集諸儒之大成，是天欲開伊洛之道之南，亦即魯鄒之道之南也。昔賢心與道會，妙契天合，遂持符如左券，信乎斯文之興喪，豈非天哉？自是而後，遂有海濱鄒魯之稱。我國朝道運昌明，列聖肇基啓佑，聖祖崇儒重道，表章有宋諸儒，由朱子而來，至今五百餘歲矣，實應王者受命之期。而我皇上躬膺統緒，顯闡于天命人心之本，以聖繼聖，千古而同符者矣。謹按文靖楊公爲程門高弟，聖祖仁皇帝曾賜匾額，顏曰"程氏正宗"，由是閩士愈爭自濯磨，禮陶樂淑之化，於前尤有烈也。溯吾閩宗風者，其必以延津爲星宿云。

### 文靖楊龜山先生時

楊先生諱時，字中立。其先京兆人，五世祖唐末入閩，寓南劍之將樂，遂家焉。先生資稟仁厚，不爲崖異夸絶之行，以求世俗名譽。性至孝，喪母，哀毀如成人，事繼母尤謹。熙寧九年，年二十四，登進士第，授汀州司户，不赴，杜門力學。元豐四年，年二十九，授徐州司法，又不赴，以師禮謁見程明道先生於潁昌。後告歸，明道送之出門，謂坐客曰："吾道南矣。"六年，官徐州。八年，明道先生卒，先生聞之，設位哭寢門，而以書訃告同學者。旋丁繼母憂。服闋，赴調虔州

1

司法。元祐五年,丁外艱,服除,八年,赴調至京,遷瀛州防禦推官,又師事伊川先生於洛,年蓋四十矣。一日,伊川瞑坐,先生與游定夫侍立不去,及覺,門外雪深一尺。先生嘗疑張橫渠《西銘》近於兼愛,與二程辨論往復,聞理一分殊之說,始豁然無疑。紹聖元年,知瀏陽縣。四年,伊川以黨論送涪州編管,時先生在任滿,寓瀏陽。元符二年,歸家。先是,從二先生學者甚眾,而先生獨歸,杜門不仕者累年,沈浸經書,推廣師說,窮探力索,務極其趣,於是沙陽陳淵投書問學。崇寧元年,以諫垣薦,除荊州教授。大觀元年,知餘杭事。是年伊川先生卒。政和初,待次毘陵。二年,赴蕭山縣任。先生歷官所至,皆有惠政,浮沈祿仕,不求聞達,而德望日重,四方之士,不遠千里從之遊,稱曰龜山先生。四年,年六十二,請祠,退居餘杭。後寓毘陵,久之,而先生年已七十矣。是時蔡京當國,天下多故。會蔡京客張覺言於京曰:"宗社危在旦夕,宜亟引舊德老成,置諸左右,庶幾猶可及。"會有使高麗者,國王問龜山先生安在,使回以聞。六年,以秘書郎召。到闕,遷著作郎,入對奏陳言:"熙寧之初,大臣文六藝之言以行其私,祖宗之法紛更殆盡。元祐繼之,盡復祖宗之舊,熙寧之法一切廢革。至紹聖、崇寧,凡元祐之政事著在令甲,皆焚之以滅其跡。自是分為二黨,縉紳之禍,至今未殄。願明詔有司,條具祖宗之法,但有宜於今者,舉而行之,當損益者損益,一趨于中而已。"徽宗首肯之。除邇英殿說書。時朝廷方圖燕雲,虛內事外,先生知時勢將變,陳論政事十餘條,執政不能用,而金人已入境。先生激切上言:"今事勢如積薪已燃,當自奮勵,進賢退奸,以竦動觀聽。若示以怯懦之形,委靡不振,則事去矣。"又謂:"今日所急者,莫如收人心。請罷免夫之役,及京城聚斂,東南花石之害。"極論天下積憤鬱而不得發者幾二十年。欲致人和,去此三者。且言:"山東之民凋弊已甚,所仰者東南而已。二浙災傷之餘,瘡痍未合,更誅求不已,則前日方臘之事,可以為鑒。昔唐方用兵之時,裴度復相,則先開誥禁,以延見士大夫為急,故能有成功。自元和以後數用兵,宰相不得休沐。李德裕在位,雖邊書警奏,皆從容裁決,率午漏下還第。蓋鎮安人心,不可不如是耳。"已而,欽宗嗣位。金人日迫,大臣方以推恩晉秩,爭議行幸,莫念軍

計。先生乞對言:"聞勤王之兵漸有至者,宜召將領議戰守之計。諸葛亮曰:
'有制之兵,無能之將,不可以敗。無制之兵,有能之將,不可以勝。'今諸路烏
合之衆,不相統一,而不立統帥,雖唐李、郭以九節度之師,不免敗衂,不可不
慮。"又言:"上皇痛自引咎禪位,而宰執遷叙,安受不辭,此何理也? 主辱臣死,
大臣宜任其責,而皆爲竄亡自全之計,陛下孤立何賴焉。童貫爲三路總帥,金人
侵疆,棄軍而歸,朝廷置而不問,故梁方平、何灌相繼而遁,使敵騎得以長驅而
前,其誤國已甚,當正典刑,以爲臣子不忠之戒。"疏入,欽宗大喜,擢右諫議大
夫。金兵既退,先生上殿,極言和議之非。時議者欲割三鎮以講和,先生疏言:
"河朔,朝廷重地。三鎮,河朔要藩。今一旦棄之,距京無藩籬之固。且聞三鎮
之民,欲以死拒之,萬一不守,則數州之衆,朝廷寧坐視不救乎? 急宜命衆出師,
并乞召用种師中、劉光世,問以方畧可否,不可專守和議。"疏上,欽宗詔出師,
而議者多持兩端。先生復抗疏力争,凡所論多切時務,皆不報。會李綱罷,太學
生伏闕上書乞留,軍民集者數萬。吳敏乞用先生以靖太學,因召對。先生言:
"諸生忠於朝廷,非有他意。但擇老成有行誼者爲之長貳,則將自定。"欽宗曰:
"無逾於卿。"遂以先生兼國子祭酒。先生遂言:"蔡京用事二十餘年,蠹國害
民,幾危宗社,人所切齒,而論京罪者莫知其所本也。蓋京以繼述神宗爲名,實
挾王安石以圖身利,故推尊安石無所不至,今日之禍,實安石有以啓之。"因詳
舉安石邪說,乞正其學術之謬,追奪王爵,明詔中外,毀去配享之像。疏上,詔罷
安石配享,猶留從祀。時士習王氏學取科第已數十年,忽聞先生說,紛然闘之。
於是諫官馮澥上疏詆先生,又會學宮紛争,有旨並罷。先生即上章乞出。除給
事中,請益力,遂以徽猷閣直學士奉祠。又懇辭直學士之命,有旨:"楊時學行
醇固,諫諍有聲。改徽猷閣待制。"高宗即位,除工部侍郎兼侍講,召赴行在,至
則勸上典學納諫及修《建炎會計録》,加恤勤王之兵,連章丐外。二年,以老疾
乞出,除龍圖閣直學士,予祠歸家。四年,上章告老,致仕,優遊林泉,以著書講
學爲事。紹興五年四月卒,年八十三。近臣朱震奏:"楊某據經論事,不愧古
人。所著《三經義辨》,有益學者,乞下本州鈔録。仍請優恤其家。"有旨,贈左

中大夫。紹興十二年，贈少師，謚文靖。先生在東郡，所交皆天下士。先達陳瓘、鄒浩，皆以師禮事先生。渡江以來，東南學者推先生爲程氏正宗，與胡氏安國往來講論尤多。先生浮沈州縣四十九年，晚在諫省，僅九十日，凡所論列，皆切于世道，而其大者，則闢王氏經學，排靖康和議，使邪説不作。凡紹興初，崇尚元祐學術，而朱晦菴、張南軒之學，得程氏之正，其源委脈絡，皆出於先生。昔程純公嘗指喜怒哀樂未發之中，令先生反求，其後羅豫章、李延平遞相祖述，令學者靜中體認大本未發，氣象分明，所謂龜山門下相傳指訣。胡文定云：“據龜山所見在《中庸》，自明道先生所授，此其源流所本與。”按先生《中庸義序》自云：“昔在元豐中，嘗受學明道先生之門，得其緒言一二，未及卒業而先生没。”文定所謂“自明道先生所授”者，此也。呂氏本中撰《行狀》：“嘗聞前輩長者，以爲明道先生溫然純粹，終身無疾言遽色，先生實似之。”胡文定公安國誌其墓曰：“自孟子没，遺經僅在，而聖學不傳，所謂‘見而知之者’，世無其人，則有西方之傑，窺見閒隙，遂入中國，舉世傾動，靡然從之。於是人皆失其本心，莫知所止，而天理滅矣。宋嘉祐中，有河南二程先生得孟子不傳之學於遺經，以倡天下，而升堂覩奥，號稱高弟，在南方則廣平游定夫、上蔡謝顯道與先生三人是也。先生天資夷曠，濟以問學，充養有道，德器早成，閒居和樂，色笑可親，臨事裁處，不動聲色。與之遊者，雖羣居終日，飲人以和而鄙薄之態自不形也。推本孟子性善之説，發明《中庸》、《大學》之道，當時公卿大夫之賢者，莫不尊信之。熙寧初，代余典教渚宮，始獲從先生遊。三十年間，出處險夷，亦嘗覩之熟矣。視先生一飯雖蔬食脆甘，若皆可於口，未嘗有所嗜也。每加一衣，雖狐貉縕袍，皆適於體，未嘗有所擇也。平生居處，雖敝廬廈屋，若皆可以託宿，未嘗有所羨而求安也。故山之田園，皆先世所遺，守其世業，亦無所營增豆區之入也。老之將至，沈伏下僚，厄窮遺佚，若將終身焉。然則先生于斯世，所欲不存，果何求哉？心則遠矣！凡訓釋論辨，以闢邪説，存于今者，其傳寖廣，諸所建白，深切著明。而先生之學於河南，小嘗試之，其用已如此，所謂‘援而止之，而止必有以也’，‘進不隱賢，必以其道’，豈不信乎？世或以不屑去疑先生，蓋淺之爲丈夫也。”又與楊大諫書曰：“楊先生造養深遠，燭理甚明。混迹同塵，知之者鮮。知之者知其文學而已，不知者以爲蔡氏所引。先生無求於人，蔡氏焉能浼之。"朱晦菴曰："龜山先生晚歲一出，人多議之。惟胡文定之言曰：'當時若能聽用，決須救得一半。'此語最公。"又曰："龜山此行，固是有病，但只後人又何曾夢到他地位在，惟胡文定以'柳下惠援而止之而止'，比得極好云。"所著有：《校正伊川易》、《三經義》、《春秋》、《禮記解》、《學》、《庸》、《語》、《孟解》、《易》、《春秋》、《孟子義》、《辨字解》、《論曰錄》、《奏議》、《龜山文集》。明成化元年，從祀孔子廟廷。

國朝康熙四十五年，准學臣沈涵之請，賜御書"程氏正宗"，懸於祠。子迪，附見家學。《宋史》、胡文定公撰墓誌、《年譜》、《伊川淵源録》、《聖學知統録》、《道南源委》

## 楊文靖公語録

先生曰：自堯、舜以前，載籍未具，世所有者，獨宓犧所畫八卦耳。當是之時，聖賢如彼其多也。自孔子删定繫作之後，更秦歷漢，以迄于今，其書至不可勝記。人之所資以爲學者，宜易於古。然其間千數百年，求一人如古之聖賢，卒不易得，何哉？豈道之所傳，固不在於文字之多寡乎？夫堯、舜、禹、皋陶皆稱"若稽古"，非無待於學也，其學果何以乎？由是觀之，聖賢之所以爲聖賢，其用心必有在矣，學者不可不察之也。

《六經》不言"無心"，惟佛氏言之；亦不言"修性"，惟揚雄言之。心不可無，性不假修。故《易》止言洗心、盡性，《記》言正心、尊德性，《孟子》之言存心養性。

"君子務本"。言凡所務者，惟本而已，若仁之於孝悌，其本之一端耳。蓋爲仁必自孝悌，推之然後能爲仁也。其曰爲仁，與體仁者異矣，體仁則無本末之別。孔子曰："老者安之，朋友信之，少者懷之。"此無待乎推之也。孟子曰："老吾老，以及人之老；幼吾幼，以及人之幼。"此推之也。推之所謂爲仁。

《狼跋》之詩曰："公孫碩膚，赤舄几几。"周公之遇謗，何其安閒而不迫也。學《詩》者不在語言文字，當想其氣味，則詩之意得矣。

事道與禄仕不同。常夷甫家貧，召入朝，神宗欲優厚之，令兼數局，如登聞鼓、染院之類,庶幾俸給可贍其家,夷甫一切受之不辭。及正叔以白衣擢爲勸講之官,朝廷亦使之兼他職,則固辭。蓋前日所以不仕者爲道也,則今日之仕,須是官足以行道乃可受,不然,是苟禄也。然後世道學不明,君子之辭受取舍,人少能知之,故常公之不辭,人不以爲非,而程公之辭,人亦不以爲是。

又曰:"孟子對人君論事,句句未嘗離仁,此所謂王道也。"曰:"安得句句不離乎仁?"曰:"須是知一以貫之之理。"曰:"一以貫之,仁足以盡之否?"曰:"孟子固曰,一者何,曰仁也,仁之用大矣。今之學者,仁之體亦不曾體究得。"

人臣之事君,豈可佐以刑名之説?如此,是使人主失仁心也。人主無仁心,則不足以得人。故人臣能使其君視民如傷,則王道行矣。

或勸先生解經,曰:"不敢易也。曾子曰:'吾日三省吾身,爲人謀而不忠乎?與朋友交而不信乎?傳不習乎?'夫傳而不習,以處己則不信,以待人則不忠,三者胥失也。昔有勸正叔先生出《易傳》示人者,正叔曰:'獨不望學之進乎,姑遲之,覺耄即傳矣。'蓋己耄則學不復進故也。學不復進,若猶不可傳,是其言不足以垂後矣。"黄氏東發云:"按此説,則近世紛紛解經者可戒矣。"

知合内、外之道,則禹、稷、顏子之所同可見。蓋自誠意正心推之,至於可以平天下,此内外之道所以合也。故觀其意誠心正,則知天下由是而平。觀其天下平,則知非意誠心正不能也。兹乃禹、稷、顏回之所以同也。

君子之治心養氣,接物應事,唯直而已。直則無所事矣。康子饋藥,孔子既拜而受之矣。乃曰:"丘未達,不敢嘗。"此疑於拂人情,然聖人慎疾,豈敢嘗未達之藥?既不敢嘗,則直言之,何用委曲?微生高乞鄰醯以與人,在今之君子,蓋常事耳,顧亦何害?然孔子不以爲直,以所辭康子之言觀之,信乎其不直也。

李似祖、曹令德問何以知仁。曰:"孟子以惻隱之心爲仁之端,平居但以此體究,久久自見。"因問似祖、令德尋常如何説隱,似祖云:"如有隱憂,勤恤民隱,皆疾痛之謂也。"曰:"孺子將入於井,而人見之者,必有惻隱之心。疾痛非在己也,而謂之疾痛,何也?"似祖曰:"出於自然,不可已也。"曰:"安得自然如此?若體究此理,知其所從來,則仁之道不遠矣。"二人退,余從容問曰:"萬物與我爲一,其仁之體乎?"曰:"然"。

問:"《論語》言仁處,何語最爲親切?"曰:"皆仁之方也,若正所謂仁,則未之嘗言也。故曰'子罕言利與命與仁',要道得親切,唯孟子言:'仁,人心也。'最爲親切。"黃氏東發云:"按:此提撥最得要。"

吳審律儀勸解《易》。曰:"《易》難解。"曰:"及今可以致力,若後力衰,却難。"曰:某嘗觀聖人言《易》,便覺措辭不得,只如《乾》、《坤》兩卦,聖人嘗釋其義於後,是則解《易》之法也。《乾》之初九,"潛龍勿用",釋云:"陽在下也。"又曰:"龍,德而隱者也。"又曰:"下也。"又曰:"陽氣潛藏。"又曰:"隱而未見,行而未成。"此一爻耳,反覆推明至五變其說然後已。今之釋者,其於他卦能如是推明乎?若不能爾,則一爻之義,只可用之一事。《易》三百八十四爻,爻指一事,則是其用止於三百八十四事而已。如《易》所該,其果極於此乎?若三百八十四事不足以盡之,則一爻之用不止於一事亦明矣。觀聖人於《繫辭》,發明卦義尚多,其說果如今之解《易》者乎?故某嘗謂說《易》須髣髴聖人之意,然後可以下筆。此其所以未敢苟也。

問:"《中庸》只論誠,而《論語》曾不一及誠,何也?"曰:"《論語》之教人,凡言恭敬忠信所以求仁,而進德之事莫非誠也。《論語》示人以其入之之方,《中庸》言其至也。蓋《中庸》,子思傳道之書,不正言其至,則道不明。孔子所罕言,孟子常言之,亦猶是矣。"

《易》曰:"君子敬以直內,義以方外。"夫盡其誠心而無僞焉,所謂直也。若施之於事,則厚薄隆殺一定而不可易,爲有方矣。敬與義本無二,所主者敬,而義則自此出焉。故有內外之辨,其實義亦敬也。故孟子之言義,曰:"行吾敬。"問:"必有事焉,而勿正,心勿忘,勿助長。"既不可忘,又不可助長,當如何著力?"曰:"孟子固曰,至大至剛,以直養而無害,則雖未嘗忘,亦不助長。"

曾子曰:"士不可以不弘毅。"人須能弘,然後有容。因言陳述古先生云:"丈夫當容人,勿爲人所容。"

論《西銘》曰:"河南先生言,理一而分殊。知其理一,所以爲仁。知其分殊,所以爲義。所謂分殊,猶孟子言親親而仁民,仁民而愛物,其分不同,故所施不能無差等。"或曰:"如是,則體用果離而爲二矣。"曰:"用未嘗離體也。且以一身觀之,四體百骸皆具,所謂體也。至其用處,則履不可加之於首,冠不可納之於足,則即體而言,分在其中矣。《孟子》一部書,只是要正人心,教人存心養性,收其放心。至論仁義禮智,則以惻隱、羞惡、辭讓、是非之心爲之端。論邪説之害,則曰生於其心,害於其政。論事君,則欲格君心之非,正君而國定。千變萬化,只説從心上來。人能正心,則事無足爲者矣。《大學》之脩身、齊家、治國、平天下,其本只是正心誠意而已。心得其正,然後知性之善。孟子遇人便道性善,永叔却言聖人之教人,性非所先,永叔論列是非利害,文字上儘去得,但於性分之內,全無見處,故説不通。人性上不可添一物,堯、舜所以爲萬世法,亦只是率性而已。所謂率性,循天理是也。外邊用計用數,假饒立得功業,只是人欲之私,與聖賢作用,天地懸隔。"

仲素問:"橫渠云'氣質之性',如何?"曰:"人所資稟,固有不同者。若論其本,則無不善。蓋一陽一陰之謂道,陰陽無不善,而人則受之以生故也。然而善者其常也,亦有時而惡矣。猶人之生也,氣得其和則爲安樂人,及其有疾也,以氣不和則反常矣。其常者,性也。此孟子所以言性善也。橫渠説'氣質之性',亦云人之性有剛柔緩急,强弱昏明而已,非謂天地之性然也。今夫水清者,其常然也。至於汩濁,則泥沙混之矣。泥沙既去,其清者自若也。是故君子於'氣質之性',必有以變之,其澄濁而求清之議歟。"語羅仲素云:"今之學者,只爲不知爲學之方,又不知學成要何用。此事體大,須是曾著力來,方知不易。夫學者,學聖賢之所爲也。欲爲聖賢之所爲,須是聞聖賢所得之道。若只要博通古今,爲文章作忠信愿愨,不爲非義之士而已,則古來如此等人不少,然以爲聞道則不可。且如東漢之衰,處士逸人,與夫名節之士,有聞當世者多矣。觀其作處,責之以古聖賢之道,則畧無毫髮髣髴相似,何也?以彼於道初無所聞故也。今時學者,平居則曰吾當爲古人之所爲,纔有事到手,便措置不得。蓋其所學,以博通古今爲文章,或志於忠信愿愨,不爲非義而已,而不知須是聞道,故應如此。由是觀之，學而不聞道，猶不學也。"

語仲素曰："《西銘》只是發明一箇事天底道理。所謂事天者，循天理而已。"

語仲素曰："某嘗有數句教學者讀書之法云：以身體之，以心驗之，從容默會於幽閒靜一之中，超然自得於書言象意之表。此蓋某所爲者如此。"

仲素問："'盡其心者，知其性'，如何是盡心底道理？"曰："未言盡心，須先理會心是何物。"又問（曰）："心之爲物，明白洞達，廣大靜一，若體會得了然分明，然後可以言盡，未理會得心，盡箇甚！能盡其心，自然知性，不用問人。大抵須先理會仁之爲道，知仁則知心，知心則知性，是三者初無異也。横渠作《西銘》，亦只是要學者求仁而已。"

聞正叔云："古之學者，四十而仕。未仕以前二十餘年，得盡力於學問，無他營也，故人之成材可用。今之士十四五以上便學綴文覓官，豈嘗有意爲己之學？夫以不學之人，一旦授之官而使之事君長民治事，宜其效不如古也。故今之在仕路者，人物多凡下不足道以此。"黄氏東發云："按：此極中時病，士大夫宜反求其所謂學。"

學者若不以敬爲事，便無用心處。致一之謂敬，無適之謂一。

# 文　集

辱示高文，用意精深，益見好學之篤。夫養氣之道如治苗，然舍之而不耘，則有稂莠之傷，助之長則揠之而槁矣，其説是也。然將不舍而耘之則宜，奈何與夫助之長者又何辨？此近似之際，體之者尤當慎擇也。又曰：反諸身者，反求諸身也，蓋萬物皆備於我，非自外得，反諸身而已。反身而至於誠，則利人者不足道也。又曰：生之謂性，未有過也。告子論生之所以謂之性，則失之矣。老氏之有無，佛氏之色空，蓋將明天下之賾，非有人物之異也。老子以有生于無，又曰有無之相生，是不知有無一致矣。《正蒙》謂萬象爲太虛中所見物，則物與虛不相資，卒陷於浮圖以山河大地爲見病之説。山河大地正指物言之也，若謂指物言之可也，則浮圖見病之説，不足非矣，此與佛氏以心法起滅天地，更當究

觀。所謂心法起滅天地之旨，未易以一言攻之也，更詳味之如何？或有未盡，無惜疏示。《與楊仲遠書》其三

克己者，揚雄所謂勝己之私是也。反身而誠，則常體而足，無所克也。故前書論反身與克己異意耳。更詳考之，告子知生之謂性而不知生之所以謂之性，故失之，非生之謂性有二說也，特告子未達耳。其四

諸子之學，折諸聖人，猶望洋向若，其辨自屈也。儒佛之論，造其極致，則所差眇忽耳。其義難知而又其辭善遁，非操戈入室，未易攻也。雖橫渠之博辨精深，猶未能屈之爲城下之盟，況餘人乎？置而勿論可也。要當深造而自得之，則其辨自見矣。近日治經讀史如何？家居既不爲外事湮汩，諒須精到也。或有論議，寄示爲幸。其六

夫聖人，人倫之至也，豈有異於人乎哉？堯、舜之道曰孝弟，不過行止疾徐而已，皆人所日用，而昧者不知也。夏葛而冬裘，渴飲而饑食，日出而作，晦而息，無非道也，譬之莫不飲食，而知味者鮮矣。推是而求之，則堯、舜與人同，其可知也已。然而爲是道者，必先乎明善，然後知所以爲善也。明善在致知，致知在格物，號物之多至於萬，則物蓋有不可勝窮者，反身而誠，則舉天下之物在我矣。《詩》曰：“天生蒸民，有物有則。”凡形色具於吾身者，無非物也，而各有則焉，反而求之，則天下之理得矣。由是而通天下之志，類萬物之情，參天地之化，其則不遠矣。夫入德之門，有宜先傳者，有後倦者，其序不可誣也。若洒掃應對，則門人小子所宜先傳者，苟於成人而復使爲之，則或倦矣。然聖人所謂性與天道者，亦豈嘗離夫洒掃應對之間哉。其始也，即此而爲學，其卒也，非離此以爲道。後倦焉者，皆由之而不知者也。故曰：“有始有卒者，其唯聖人乎？”某之所聞如此。《答李杭》

伊川先生在時，世人迂怪之論皆歸之，以爲訕笑。今往矣，士大夫尊信其學者漸衆，殊不可曉也。先生語録傳之浸廣，其間記録頗有失真者。某欲收聚，删去重複與其可疑者，公幸閒居無事，可更博爲尋訪，恐有遺失。聞朱教授在洛中所傳頗多，康侯皆有之，候尋便以書詢求，異時更相校對，稍加潤色，共成一書，

以傳後學,不爲無補。先生之門,所存惟吾二人耳,不得不任其責也。與《游定夫》其六

致知必先於格物,物格而後知至,知至斯知止矣,此其序也。蓋格物所以致知,格物而至於物格,則知之者至矣。所謂止者,乃其至處也。自脩身推而至於平天下,莫不有道焉,而皆以誠意爲主。苟無誠意,雖有其道,不能行也。故《中庸》論天下國家有九經,而卒曰:“所以行之者一。”一者何?誠而已。蓋天下國家之大,未有不誠而能動者也。然而非格物致知,烏足以知其道哉。《大學》所論誠意、正心、脩身、治天下國家之道,其原乃在乎物格推之而已。若謂意誠便足以平天下,則先王之典章文物皆虛器也,故明道先生嘗謂“有《關雎》、《麟趾》之意,然後可以行《周官》之法度”,正謂此耳。《與學者》其一

學之廢久矣,詖淫邪遁之辭盈天下,士溺於所習,冥行而已。予嘗考之《周官》,司徒以知、仁、聖、義、忠、和六德教萬民。夫仁與聖,孔子不敢居,而先王以是教萬民者,蓋天地萬物一性耳,無聖賢知愚之異。故顏子曰:“舜何人也?予何人也?有爲者亦若是。”孟子亦曰:“人皆可以爲堯、舜。”故學者必以聖人爲師,猶之射者棲鵠於侯以爲的。司徒以仁、聖教民,蓋亦棲鵠之義,與之爲的耳。然仁之爲仁,聖之爲聖,必有在矣。學者未知仁、聖之所以爲仁、聖,雖有學,猶虛器也。世之論者以謂仁者愛而已矣,蓋未嘗究觀孔子之言耳。知孔子之言仁,則聖亦從而可知矣。《浦城文宣王殿記》

學始於致知,終於知止而止焉。致知在格物,物固不可勝窮也。反身而誠,則舉天下之物在我矣。《詩》曰:“天生蒸民,有物有則。”凡形色之具於吾身,無非物也,而各有則焉。目之於色,耳之於聲、口鼻之於臭味,接乎外而不得遁焉者,其必有以也。知其體物而不可遺,則天下之理得矣。天下之理得,則物與吾一也,無有能亂吾之知慮而意其有不誠乎。由是而通天下之志,類萬物之情,贊天地之化,其則不遠矣。則其知可不謂之至矣乎。知至矣,則宜有止也。譬之四方萬里之遠,苟無止焉,則將焉歸乎?故見其進未見其止,孔子之所惜也。古之聖人,自誠意、正心至於平天下,其理一而已,所以合內外之道也。世儒之論,以高明處己,中庸處人,離內外,判心迹,其失是矣。故余竊謂《大學》者,其學

者之門乎。不由其門而欲望其堂奧，非余所知也。蕭君欲仁，志學之士也，録示
《大學》一篇，求余言以題其後，其意蓋非苟然者，故聊爲發之。苟於是盡心焉，
則聖人之庭户可策而進矣，欲仁其勉之哉。《題蕭欲仁〈大學〉篇後》

學士廖用中先生剛以下門人。

廖剛，字用中，順昌人。少從陳瑩中及楊龜山學。崇寧五年登第。宣和初，
自漳州司録除國子録，擢監察御史。蔡京當國，論奏一無所避，以親老乞補外，
出知興化軍。欽宗即位，以右政言召。丁父憂，服闋，除工部員外郎，以母疾歸。
紹興元年，盜起旁郡，官吏悉逃去。部使者檄剛撫定，剛遣長子遲諭賊，賊知剛
父子信義，亦散去。除本路提點刑獄，尋召吏部員外郎，遷起居舍人，權吏部侍
郎兼侍講，除給事中。丁母憂，服闋，復拜給事中。言江淮兵備，莫若屯田，可以
免待哺轉餉之患，爲三説以獻。時朝廷推究章惇、蔡卞誤國之罪，追貶其身，仍
詔其子孫不得官於朝。於是章傑自郎中出知婺州，蔡僅自大府丞提舉江東茶鹽
事。剛封還詔書，謂如此豈足以示懲。有旨悉與之祠。遷刑部侍郎。乞補外，
除徽猷閣直學士、知漳州。漳俗侈靡，喪娶踰制，剛立條約諭之。值日食求言，
剛請正建國儲君之號，布告中外。異時雖百斯男，不復更易，乃可以承天意，示
大公。高宗讀之竦然，詔拜御史中丞。奏臣職糾奸邪，當務大體，若捃摭細故，
非臣本心。又奏經費不支，盜賊不息，事功不立，命令不孚，及兵驕官冗之弊。
時諸將恃功希恩，所請多廢法。剛隨事論列，至于四五，諸將蕭然。鄭億年與秦
檜有連，遂得美官。邊報至，從官會都堂，剛謂億年曰：“公以百口保金人，今已
背約，有何面目在朝廷乎？”因顯疏其惡，億年奉祠去。復乞起舊相之有德望
者，處以近藩。秦檜聞之，曰：“置我何地耶？”改工部尚書，以王次翁代其任。
次翁劾剛薦劉昉、陳淵，相爲朋比。以徽猷閣直學士提舉亳州明道宮。明年致
仕。以紹興十三年卒。著《詩經註解》，《性理》，《小學集註》，學者稱古溪先
生。子四人，遲、過、遂、邊，皆秉麾節，邦人號爲“萬石廖氏”。《閩書》、《道南源
委》、《宏簡録》、《延平府志》

## 宗正陳知默先生淵

陳淵，字知默，初名漸，字幾叟，沙縣人。瑩中從孫。淵初受業程門，獨先於瑩中，繼亦受業龜山，與羅豫章爲友。龜山稱其深識聖賢旨趣，妻以女。當知餘杭時，嘗送南歸詩云：“幾年夢想到親闈，身逐行雲萬里飛。苕水未殊沂上樂，春風無負舞雩歸。”紹興五年，近臣廖剛、胡寅等薦，充樞密院編修。丞相李綱重其行，爲布衣交，至是爲江南西路安撫制置大使，辟爲制置司機宜文字。七年，詔舉直言，以胡文定安國薦召對，改官賜進士出身，除監察御史，遷右正言。入對，言：“比年以來，恩惠太濫，賞給太厚。”又論程頤、王安石學術同異。高宗曰：“楊時之學能宗孔、孟，其《三經義辨》理甚當。”對曰：“楊時始宗安石，後得程頤師之，乃悟其非。”高宗曰：“觀《三經義解》，具見安石穿鑿矣。”對曰：“穿鑿尚小，至於道之大原，安石無一不差。”上曰：“云何？”對曰：“聖賢所傳，止有《論》、《孟》、《中庸》，《論語》主仁，《中庸》主誠，《孟子》主性，安石皆昧其原。仁道至大，《論語》隨問隨答，以‘愛人’語樊遲，特其一端而已，安石遂以愛爲仁。其言《中庸》，則謂中庸所以接人，高明所以處己。《孟子》七篇，專發明性善，而安石取揚雄善惡混之言，至謂無善無惡，又溺於佛，其失性遠矣。”因論和議，願以和爲息戰之權，以戰爲守和之具。章五上，益梗切，秦檜惡之。復疏論其親黨鄭億年。檜益怒，遂解言職，除宗正少卿，以何鑄論罷，管台州崇道觀。十五年，卒。著有《默堂集》三十卷。《閩書》、《道南源委》、《宏簡錄》

## 朝請林朝彥先生宋卿

林宋卿，字朝彥，仙遊人。崇寧五年進士。與廖剛同造陳了翁受教。了翁徐曰：“頭項直。”宋卿言下領悟爲多。又嘗從楊龜山學。召試秘書省正字，出知恭州。時邊臣多以拓地蒙賞，瀘南帥司因奏開溪費州，置一州二縣，宋卿疏以爲不可。徽宗詔罷其役。龜山聞之，曰：“朝彥真百鍊鋼也。”時尚書省令夔路斂十萬縑充燕山軍需，宋卿言夔門至隘，人心易搖，事遂已。又請蠲恭民宿逋二十萬八千餘緡，米十五萬四千餘石。自受俸，非祿令所著者，一介不取。家繪生祠奉之。靖康中，僑寓涪陵之朝亭，日與其士大夫倡酬自適。涪人以宋卿才學出處與黃太史相後先，因號小涪尹。和靖見之，曰：“溪費一奏，皆自養氣中得之。”薦於張浚，辟參謀軍事，力辭。建炎三年，以涪守王擇仁及河北帥臣薦，充湖南帥司參議。浚視師江上，欲以宣撫判官辟，不就。及還朝，首薦之。蒙召，乞祠，終朝請大夫。《莆陽文獻》、《閩書》、《道南源委》

### 運判盧公圭先生奎

盧奎，字公圭，邵武人。居太學，作《毋我論》，爲衆所推，號盧毋我。講學，於楊龜山所論仁及忠恕一貫，皆的確有味。登政和間進士，仕至江西運判。有《筆錄》十卷。《道南源委》、《閩書》

### 主簿蕭子莊先生顗

蕭顗，字子莊，浦城人。天資樸實。少孤，事母以孝聞。母喪，盧墓有靈芝之異。與李郁、陳彥、羅從彥同受業楊龜山之門。嘗答友人書云：“士之所志，舍仁義何爲哉？仁必欲熟，義必欲精。仁熟則造次顛沛有所不違，義精則利用安身而德崇矣。”後以累舉得官，爲清流簿，終歲而歸，徜徉閭里。朱韋齋嘗師事之。《道南源委》、《閩書》

### 陳先生好

陳好，初名豪，晉江人。受業楊龜山。後在太學與陳東上書留李綱。東被誅，變名游瓊州，即家焉。《閩書》

### 提刑黃用和先生鐋

黃鐋，字用和，浦城人。政和五年進士。從楊龜山學，甚見器重。及爲工曹，守將高其才，多委以事。適諸邑大水，按視官希部使者意，多不以實聞。鐋獨減蠲田租十之八,使者怒加誚責,終不可奪。再調西安丞。靖康初,李綱宣撫河東,辟幕屬。高宗朝,拜監察御史,首陳七事,深蒙嘉納。一日,問孟子與齊、梁國君問答之説,鍰對詞義敷暢。高宗曰:"卿可謂非堯、舜之道,不陳王前。"因諭曰:"黃鍰論人君治心事甚詳,當處以諫職。"會有阻之者,除江西提點刑獄,乞祠歸。鍰在臺越月,風節凜然,縉紳推賢,天下誦直。有奏議、雜著、《論語類觀》、《唐史篤論》,共二十卷。《建寧府志》、《道南源委》、《通志》

### 廖仲辰先生衜

廖衜,字仲辰,將樂人。龜山姪壻,善爲詩論議,得龜山壺奧而年不永。

### 學士江全叔先生琦

江琦,字全叔,建陽人。宣和三年進士。文學行誼知名當世,從遊多鉅人長者。覃思《春秋》之學,著《春秋經解》三十卷、《辨疑》一篇,楊龜山見而稱之。又著《語》、《孟説》各五卷。仕永州學教授,歷官宣教郎,終徽猷閣學士。《建寧府志》、《道南源委》、《閩書》

### 參議章希古先生才邵

章才邵,字希古,崇安人。以父蔭補官。少時謁楊龜山先生。先生教以熟讀《論語》,才邵玩味躬行,世目爲篤實君子。歷典賀、辰二州,改荊湖北路參議官。

### 楊遵道先生迪以下家學。

楊迪,字遵道,龜山子也。鬌齡已能力學。既冠,益貫穿古今,孝友和易,中外無間言。平居無喜愠色,至急人困乏,而樂其爲善。與人辨論,綱振條析,發微詣極,冰解的破,聞者欽聳。退而察其私言,若不能出諸口,蓋度不身踐,不苟言也。抱經遊伊川之門,以藐然少年,同門之士,咸斂手推先。伊川少然可,雅器許之,嘗《答龜山書》曰:"令子好學美質,當成遠器。"其於《易》、《春秋》尤精。朱韋齋撰墓誌云："予不及識公,自來閩中,多從龜山門士遊,間論近世學者,至公,皆曰:'吾不及也'。"官至奉議大夫。朱韋齋先生撰墓誌畧

楊仲遠先生敦仁以下交友。

楊敦仁,字仲遠,將樂人。元祐三年進士。龜山先生答書云:"得所惠書,謂能不變於俗,此固區區所望。道廢千年,學士大夫溺於異端之習久矣。士志於道者,非見善明,用心剛,往往受變而不自知,此俗習之移人,甚可畏也。若夫外勢利聲色,不爲流俗詭譎之行,以是爲不變於俗,則於學者未足道也。吾子勉之。"又曰:"爲己之學,正猶饑渴之於飲食,非有悦乎外也,以爲弗飲食,則饑渴之病必至於致死,人而不學,則失其本心,不足以爲人。然古之善學者,必先知所止,知所止,然後可以漸進。佷佷焉莫知所之,而欲望聖賢之域,多見其難矣。"又常與往返,論養氣克己之學,異端佛老之非。《閩書》、《楊龜山先生文集》、《延平郡志》

宣教郎翁好德先生邵

翁邵,字好德,順昌人。初名醇。篤信好古,博學工文。元豐八年進士,調崇安尉。時,劉鞈在布衣,邵待以國士。遷丞福清,廉謹方正。當路聞其名,欲羅致之,檄至公堂,猶責以苛。邵拂衣,面有棄官意。檄者愧悔,委曲慰安之。已而以疾歸里,縣令俞偉大興學政,屈邵主師席,堅讓不出。友人楊龜山貽書敦譬,不獲已,應之,數州之士負笈雲集。官至宣教郎。又龜山先生常與書曰:"某愚無似,加以齒少,視公爲前輩,每辱眷遇,進之爲執友之遊,顧何足當?自惟直諒多聞之益,所得於長者多矣。"《延平府志》、《楊龜山先生文集》

審律吳國華先生儀

吳儀,字國華,世爲延平人。自少篤志彊學,老益不懈,六經百代之書,無所不究,窮探博取,自信不疑,尤深於《詩》、《易》,皆有成説。晚益玩心於象數、音律之學,自爲一家。崇寧五年,詔求天下遺逸,部使者以先生應詔,辭不就。已

而敦迫之，乃乘驛就道。授將仕郎，大晟府審驗音律。未幾府罷，先生亦浩然而歸，不復出。先生爲人，剛毅篤實，洞見城府，而善善惡惡無所容貸。其事親以孝顯，交朋友以義著。嘗漁釣橘溪之上，時或行歌松蹊竹疃，莫窺其際。龜山先生撰先生墓誌言：“吳氏以學行著聞鄉間者有三人焉，曰某字及之，曰熙字季明，而審律先生其一也。當嘉祐、治平之間，士方以聲律偶儷之文爭名於時，而三人者獨與切磋，以窮經學古爲務，不事科舉。退老於家，若將終身焉。其後，季明以經行被召，不赴，授某官，而審律先生晚亦出仕，獨及之老於布衣。予視三人者爲前輩，而少得從審律遊最厚云。”又龜山嘗與先生往復論王氏學，嘗題其釣臺及咏歸堂。豫章羅氏曾師事焉。自號審律，學者稱爲審律先生。《閩書》、《楊龜山先生集》

### 吳季明先生熙

吳熙，字季明，博學勵操，與兄國華齊名，時稱“雙璧”。或從之談道論文，傾心瀉意，語以勢利，俛焉不答。元祐間，陳瑩中瓘以其兄弟學行言於郡守，延至學，爲諸生講經。薦於朝，被召，不赴，授某官。按：《道南原委》載得召赴闕，茲從《龜山先生文集》。

### 楊先生希旦

楊希旦，將樂人。自少文行知名，屢舉不第，退老於家，詩書自娱。敦樸夷易，晬然長者之風。龜山先生言：“某嘗侍先生燕閒，善言懿行，飫聞習見。”又爲序其集，言其詩文，清切平易，不尚雕琢。《閩書》、《延平府志》

# 閩中理學淵源考卷二

## 文肅游廣平先生酢學派

謝上蔡先生曰："昔在二程門下,明道最愛中立,伊川最愛定夫,觀其二人,氣象亦相似。"又前儒嘗論程門高弟,傳其學者惟龜山爲最盛,次之而上蔡謝氏。今考先生門徒,所傳莫詳,僅錄一二。考簡肅黃公母游氏,爲文肅公之妹,每囑簡肅視乃舅而師法之。簡肅幼時,文肅特愛其厚重。今錄附學派之列焉。再考志乘,游、朱、蔡、劉四世家,爲崇安舊族。游氏世有隱德,執中爲定夫先生族父,楊文靖公志其墓,稱其行脩學富,讀書求心到自得,其成就門徒,蓋非碌碌口耳之習。維時定夫與龜山承伊洛之傳,而執中亦卓然自立,開游氏家學之先。厥後,少監及文靖、文清,又與紫陽、南軒講切特至,蓋潛德之光,久而彌茂矣。

### 文肅游廣平先生酢

游先生酢,字定夫,建陽人。與兄醇俱以文行知名,所交皆天下士。伊川先生以事至京師,一見謂其資可與適道。時大程子知扶溝縣事,偕弟伊川方以倡興道學爲己任,設庠序,聚邑人子教之,乃召先生俾職學事,先生欣然從之,得其微言,遂盡棄其學而學焉。元豐六年,第進士,調越州蕭山尉。縣有疑獄十餘年莫能決,先生攝邑事,一問得其情,釋之。用侍臣薦,召爲太學錄。除博士,以奉親不便,求知河清縣。范忠宣公判河清,待以國士。移守潁昌,辟先生爲教授。未幾還朝,復秉鈞軸,即除先生太學博士。已而忠宣罷政,先生亦丐外,授齊州判官。丁父憂,服闋,調泉州簽判。徽宗立,召爲監察御史,出知和州。歲餘,管勾南京鴻慶宮。久之,知漢陽軍,以母老丐祠,提點成都府長生觀。丁母憂,服閩,知舒州,移濠州。罷歸,僑歷陽,因家焉。先生自幼不羣,讀書一過輒成誦。比壯,益自力,心專目到。儀容詞令,粲然有文,望而知爲成德君子也。其事親無違,交友有信,蒞官遇僚吏有恩,人樂自盡。時新法方行,編民困於征斂,所在騷然。先生歷知四郡,處之裕如,即有興建,民若不知而事集,惠政在民,故戴之若父母,去則見思。伊川先生嘗謂龜山曰:"游君德器粹然,問道日進,政事亦絕人遠甚。"其見重如此。宣和五年卒,年七十一,諡文肅。學者稱廣平先生。所著有《易説》、《詩二南義》、《論語孟子雜解》、《中庸義》及文集十卷。祠在建陽禾平里,即先生舊時倡學處也。嘉熙二年,勑扁鷹山書院。弟醳,元祐進士。
楊文靖公撰墓誌、《名儒傳》、《閩書》

## 備　　考

臨川李氏穆堂《識游楊授受考》曰:《朱子大全集》載云,伯謨家所藏胡文定公帖云:"昔事定夫先生,未嘗以言色相假。"由此觀之,則文定爲游氏門人也。晁公武《讀書記》題胡文定《春秋傳》,謂文定師事伊川,誤矣。胡氏《春秋傳》,亦與程《傳》不甚合。然二程子高第弟子稱游、楊、侯、謝,學者謂朱文公得統于程,由楊中立傳羅豫章,豫章傳李愿中,愿中以授文公,是固然矣,不知游定夫傳胡文定,文定傳從子籍溪,籍溪亦以其學授文公。蓋兼承游、楊之統者也。文定又以其學授子五峯宏,宏授張南軒栻。

按:穆堂先生考,胡文定公手帖,以文定爲文肅門人。然考《淵源錄》載呂氏本中撰文定墓誌云,公自謂,吾於游、楊、謝諸公,皆義兼師友,宜尊信之。若論其傳授,却自有來歷。據"龜山所見在《中庸》,自明道先生所授,吾所聞在《春秋》,自伊川先生所發"云云,據此則前帖所謂事之者,似亦致欽仰尊禮之意爾。再考公本傳云:"某出處自崇寧以來,皆內斷於心。雖定夫、顯道諸丈人行,皆不以此謀之。"此亦是前帖事之之意,今姑錄此備考。大抵當以朱子之言爲斷。朱子嘗言文定之學得之上蔡爲多焉。又《答汪尚書書》論周、程受學曰"受學之語",見於呂與叔所記二先生語中。云昔受學於周茂叔,故據以爲説。從遊,蓋所尊敬,而不爲師弟子之辭,故范內翰之於二先生,胡文定之於三君子,某

皆用此字。讀此,則朱子評訂文定於游、楊、謝三君子,端的有在矣。《建寧郡志》

### 進士陳復之先生侁以下門人。

陳侁,字復之,長樂人。擢進士第。娶吳人林旦女。與陳了翁交從甚密。了翁謫廉州,侁以書賀之,至千餘言,由此得罪。又從游定夫先生學得治氣養心行己接物之要。《三山新志》

### 游執中先生復以下家學。

游復,字執中,建陽人。定夫先生之族父,性資孝愛。總角,強學砥礪,竭力養親,家乏經月之儲而親意未嘗不怡。既壯,學富行脩,鄉里旁郡見服,聞者悅而信之,遣子弟從遊者,遠近相屬。其學以中庸爲宗,誠意爲主,閑邪寡欲爲入德之途。晝驗之妻子,夜考之夢寐。其與人謀,不啻自己。其教人禁切其不善而開其善,不啻如其父兄。亦或以忠誨成懟憾,復終不改,曰寧人負我,我毋負人。蓋直道不苟如此。以故鄉曲之士嘗受經其門者,往往率德自好,讀者亦求心到自得,以善其身。其成就人才,蓋非碌碌口耳之習也。少不事舉業,晚徇親意,一舉於有司,不第而止。年六十有五卒。龜山楊文靖公志其墓。楊文靖公撰墓誌

### 奉議大夫游質夫先生醇

游醇,字質夫,建陽人。執中猶子。醇夙以文行知名,所交皆天下士。從弟定夫,得遊程門,與楊中立先生倡道閩南。而醇私淑家庭,上下議論,參考互訂,文章理學,一時推重。仕至奉議大夫。《建寧志·儒林傳》

### 少監游定齋先生操

游操,字存誠,醇之子。少爲定夫先生奇愛,長工於文。紹興中,與潘良能、沈介、黃景伯俱爲秘書省正字,同日赴館職。自秘書少監權禮部侍郎。僑居旴江,奉祠。晚號定齋居士。

### 上舍游子蒙先生開

游開,字子蒙,操季子。同上舍出身。從朱文公遊,編集《中庸》。文公嘗答張孟遠書云:"友人游子蒙,定夫先生從孫,議論文學優贍,可與晤語者。計當自識之。"《建寧郡志·儒林傳》

### 文靖游默齋先生九言

游九言,字誠之,初名九思,文肅三世孫也。嘗於武夷重構水雲寮爲繼述之所。九言開爽慷慨,方十歲,即爲文詆秦檜。及長,銳志當世,熟南北事。初筮古田尉,入監文思院,被旨,視行在諸邑災傷,歸白都堂,放苗八分以上。孝廟攢宮,有司安費希賞,九言上書極諫。張栻帥廣西,辟幕下。栻弟杓帥金陵,復辟撫幹。時禁方嚴,九言記上元縣明道祠,痛議之。調全椒令。開禧初,爲淮西安撫機宜,尋知光化軍,充荆鄂宣撫參謀官,卒。端平中,特贈直龍圖閣,諡文靖。九言始學于栻,栻教以求放心,久之有得。嘗序《太極圖》曰:"周子以無極加太極,何也?方其寂然無思,萬善未發,是無極也。雖云未發,而此心昭然,靈源不昧,是太極也。欲知太極,先識吾心。"讀者稱之。號點齋。弟九功。《閩書》、《武夷山志》

### 文清游受齋先生九功

游九功,字勉之,一字禹成。用廕補官,累遷咸寧令,辟充荆鄂宣撫司。時德安遣戍兵潰,歸有反意,九功即絕江撫諭,衆皆帖服。嘉定中,興元失利,九功知金州,州無城,以便宜遣兵備禦,收復鄰疆。除河北運判,知鄂州。被論,予祠。起爲兵部郎,入見,首言:"守邊必先結人心,今征役無藝,以資苞苴囊橐而民心失,將帥朘削,功賞不以時下而軍心失。倚重諛佞,護疾忌醫而士大夫之心失。"出知泉州。在郡,有清嚴之稱。端平初,召爲司郎少卿。疏論姦貪多佚罰,諸賢或號召未至。又論沿邊夫役之弊。兼樞密副都承旨,出知慶元府,以循吏稱。入權刑部侍郎,丏祠。再調,不赴。除待制,加寶謨直學士,卒。九功清慎廉恪，與兄九言自爲師友，講明理學。平生真體實踐，出於誠意，及門之士，皆心服之。學者稱受齋先生。寶祐中，諡文清。《道南源委》、《建寧郡志》

### 學正游子善先生應翔

游應翔，字子善，酢七世孫也。值宋元兵革未靖，結屋武夷澄川之上，畊隱自晦，人稱其操履端方，無媿先世。後繇武夷直學遷學正。《建寧府志》

### 邑令江處中先生側以下交友。

江側，字處中，建陽人。性純一，以儒學教授其鄉。熙寧中，以學究出身，嘗與游定夫、施景明、葉祖洽講肄於邑之石壁山。官將作監主簿，歷饒、信、洪三邑令。與族子汝舟號二先生。

# 朝奉王信伯先生蘋學派

按，葉文忠公《福清縣學記》畧曰："建溪之業，肇自道南，同時及門，實推信伯。信伯再傳而亦之，又再傳而希逸，星辰沒矣。"又考楊文靖公當時爲程門先進，嘗曰："同門後來成就，莫踰信伯者矣。"今錄其門徒可考者著於篇。

### 朝奉王信伯先生蘋

王先生蘋，字信伯，福清人。自其考徙平江。先生資稟清粹，充養純固，爲程門高弟。平居恂恂儒者，及語當世之務，民俗利病，若習於從政者，然不邀名譽，世罕知之。紹興間，知府事孫祐列先生學行於朝，召見，賜進士出身，除祕書省正字。上言曰："人心廣大無垠，萬善皆備，盛德大業，由此而成，故欲傳堯、舜、禹、湯、文、武之道，擴充是心焉爾。帝王之學，與儒生異尚，儒生從事章句文義，帝王務得其要，措之事業。蓋聖人經世大法備在方冊，苟得其要，舉而行之，無難也。"未幾，兼史館校勘，遷著作郎。丐外補，通判常州。主管台州崇道觀，致仕,官至左朝奉郎。時中書舍人朱公震、寶文閣直學士胡公安國、徽猷閣待制尹公焞皆舉先生自代,胡公薦尤力,謂先生學有師承,識通世務,使司獻納,必有補於聖時。楊龜山常曰:"同門後來成就,莫踰吾信伯矣。"紹興二十三年五月卒,年七十二,葬於胡(湖)州長興縣茅栗山。所著有《論語集解》及著作集。墓誌、《道南源委》

　　吳氏瑞登《諸儒述槩》云:"所記有《春秋録拾遺》。"

<h2 style="text-align:center">教授陳齊之先生長方</h2>

　　陳長方,字齊之,長樂人。父佖見游氏學派。長方長外家,從王信伯蘋游。紹興中,舉進士,授江陰教授。尋歸,居吳中步里,終日閉户,研窮經史。著書名《步里客談》及《春秋》、《禮記》、《尚書傳》、《漢唐論》,俱行世。學者稱唯室先生。弟少方,字同之,亦端慧不羣。孝宗朝爲東宫講官,號二陳。《三山新志》

# 閩中理學淵源考卷三

## 武彝胡氏家世學派

國家當郅隆盛治之時，其英俊多萃于一家一門，相與左右，後先而出，以翼衛道脈，其盛衰升降與國運相爲終始。閩中武彝胡氏，自其先公淵已有孝德聞，其家本深末茂，得中州教澤，又師友於龜山。先生世傳家學，發《春秋》、《大易》之旨，論者謂渡江以來，儒者進退合義，以文定及尹公爲稱首云。馥嘗聞之先訓云：《魯論》八士者，一家之瑞耳，而繫之周者，以見盛時風流篤茂，其英才皆萃而生者也。胡氏父子叔姪，闡發經旨，紹述儒學，世以五賢並稱。厥後蔡氏九儒、劉氏五忠繼之，亦以見間世之英，並時而出，謂非世運之所肇基而覆育者哉。再按，南軒張氏撰廣仲墓誌言："胡氏至文定公始大，其上世皆在建州崇安里中，文定宦遊荆楚歲久，父澤之先生淵歿，葬於荆門。紹興初，因徙家衡嶽之下，於是二弟實從焉。"間嘗考胡氏論性之旨，《朱子語類》言：胡季隨主其家學，即文定孫五峰之子。說性不可以善言。本然之善，本自無對。才說善時，便與那惡對矣。才說善惡，便非本然之性矣。本然之性是上面一箇，其尊無比。善是下面底，才說善時，便與惡對，非本然之性矣。孟子道性善，只是贊嘆之辭，說好箇性，如佛言善哉。某嘗辨之云：本然之性，固渾然至善，不與惡對，此天之賦予我者然也。然行之在人，則有善有惡，做得是者爲善，做得不是者爲惡，豈可謂善者非本然之性，只行得善便是那本然之性也。若言有本然之善，又有善惡相對之善，則是有二性矣。此文定之說，故其子孫皆主其說。而致堂、五峯以來，其說益差，遂成有兩性。然文定實得於龜山，龜山得之東林常總。總，龜山鄉人，後往廬山東林。總極聰明，深通佛書，有道行。龜山問："孟子道性善，說得是否？”總曰：“是。”又問：“性豈可以善惡言？”總曰：“本然之性，不與惡對。”此語流傳自他，然總之言本亦未有病，蓋本然之性，是本無惡，及至文定，遂以性善爲贊歎之辭。到得致堂、五峯，遂分成兩截，說善底不是性。若善底非本然之性，却那處得這善來？既曰贊歎性好之辭，便是性本善矣。若非性善，何贊歎之有？二蘇論性亦是如此。蘇氏論性説，自上古聖人以來至孔子不得已而命之曰一，寄之曰中，未嘗以善惡言也。自孟子道性善，而中與一始支矣。諸胡之説亦然。按，此段先公《朱子語類》四纂録，在師友淵源類中，見武彝胡氏論性，與程朱有差別處。惟時湖湘學者，崇尚《知言》，大抵多祖是説，故朱子極力而明辨之，今《語類》中講論數條皆是也。朱子又言：“某嘗爲敬夫辨析，甚諱之。渠當初倡道湖南，偶無人能與辨論者。”又説湖南學先體察云：“不知古人是先學洒掃應對？爲復先體察？”按，南軒傳五峯之學者。觀朱子所詳論辨析，箴規救正，皆是論道微言，尤學者所當盡心熟玩云。乾隆辛未四月十八日乙酉書。

## 中大夫胡澤之先生淵

胡淵，字澤之，崇安人。少聰穎能文，長益務強識。熙寧初，以親老家貧，授學浙江。每歲終，度父母所須，力能致者，盡市歸以獻。後以母末疾，不復遠遊，即里閈教生徒，晨夕歸省。每諸生饋食，有甘脆，必持歸佐己箸，而自甘蔬水。初，同里有吳羡門者，號仙州居士，以六經教授。淵往從之。羡門閲淵所寫《論語》、《尚書》，終帙一無差舛，遂妻以女，是生安國。及安國入官，淵盡斥其俸，以贍兄弟之子，又取而教之。以宣教郎致仕，卒。游氏酢銘其墓。後以安國追贈中大夫。《閩書》、《建寧府志》

## 通判胡先生安止

胡安止，父淵，臨訣，以安止與其弟安老授安國，命嚴勅之。安國誓不忍撻，乃撫而教焉。皆感奮力學，俱以經術行義著稱。以兄安國蔭，累官朝奉郎、岳州

通判。政先撫字，不爲鈎距，民安樂之。子實。《閩書》、《建寧府志·冑蔭目錄》

## 州守胡康年先生安老

胡安老，字康年。恬簡澹默，喜周人急用。安國蔭補官，嘗知宜春、羅江二縣，終知袁州。子憲。《閩書》、朱子撰《籍溪行狀》

按，朱子撰《籍溪先生行狀》云："先生諱憲，字原仲，文定公從父兄之子也。祖聳、父淳皆不仕。"考《閩書》及《道南原委》，皆以籍溪爲安老之子，考行狀，爲淳之子，似當從行狀。今此傳仍舊本，籍溪傳則改從行狀。

## 文忠胡致堂先生寅

胡寅，字明仲，本文定弟淳之子。初生，弟婦以多男不舉，文定取而子之。少桀黠難制，閉之空閣，閣上有難木，盡刻爲人形。文定曰："當有以移其心。"置書數千卷其上，歲餘成誦。長，從河東侯師聖遊，十九入辟雍。宣和三年，登進士第，除校書郎。楊龜山爲祭酒，復槖學焉，遷司門員外郎。金人陷京師，議立異姓，先生與張魏公浚、趙忠簡鼎逃太學中，不書議狀。張邦昌僭立，先生棄官歸。建炎三年，高宗幸建康，以張魏公薦爲駕部郎，尋擢起居郎。金人南侵，詔議移蹕。先生上書，乞按行淮襄，絕和議，以圖中原，不宜退保吳越。又言必務實效，去虛文，任君子，斥小人，反覆萬言。宰執呂頤浩惡其切直，除管江州太平觀。會應詔上十事，曰脩政事、備邊陲、治軍旅、用人才、除盜賊、信賞罰、理財用、核名實、屏諛佞、去奸慝。不報。命知永州。復召起居郎。紹興五年，累遷給事中。時議遣使講和，先生援《春秋》大義，以復讎爲請，高宗嘉納，降詔獎諭。既而張魏公自江上還，言遣使爲兵家機權，竟反前旨。先生力言無益者十事，不納，乞便郡就養。除徽猷閣待制，改知嚴州，又知永州。徽宗、寧德皇后訃至，朝議欲用故事以日易月。先生上疏言："禮：讎不復則不除。願詔服喪三年，衣墨臨戎，以化天下。"尋除禮部侍郎，兼侍講直學士院。丁父憂，免喪，時秦檜當國，除徽猷閣直學士，奉祠，俄許致仕。檜憾不已，坐與李光書譏訕朝政。右正言章廈劾先生不持本生母服，不孝；諫通鄰好，不忠，遂落職，新州安置。檜死,詔自便,復其官。卒年五十九,謚文忠。先生志節豪邁,初擢第,張邦昌欲妻以女,不許。文定頗重秦檜靖康之節,及檜擅國,先生遂與絕。新州之謫,即日就道。在謫所,著《讀史管見》數十萬言及《論語詳說》、《崇正辨》,皆行于世。又有《斐然集》三十卷。學者稱爲致堂先生。《道南原委》、《宏簡錄》

### 寺丞胡茆堂先生寧

胡寧,字和仲,文定季子也。用蔭補官。秦檜當國,留意名家子弟,貽書明仲,問寧何不通書? 寧勉陳數事及奏乞二程、邵張從祀。既召試館職,除勅令所刪定官。會秦禧拜元樞。檜問曰:"禧近除,外議何如?"答曰:"外議以相公必不爲蔡京之所爲也。"遷太常寺丞、祠部郎。寧以父兄故召用,及兄與檜忤,言者希意,論寧兄弟阿附趙忠簡,出爲夔路安撫司參議官,除知澧州,不赴,奉祀歸。文定之傳《春秋》也,修纂檢討,多出寧手。又著《春秋通旨》以羽翼之,稱茆堂先生。《道南源委》、《閩書》

### 主簿胡廣仲先生實

胡實,字廣仲,朝奉郎安止子。生晚,不及親受文定之教。自幼氣識異於常兒,年甫十五,從家塾習辭藝。從兄五峯先生察其質之美,從容告之曰:"文章一小技,於道未爲尊。所謂道者,人之所以生而聖賢得之所以爲聖賢也。吾家文定之業,子知之乎?"實由是所見日以開明。五峯没,實獨念前賢淪落,且懼緒業荒墜,慨然發憤,見於辭色,孜孜訪友,惟恐不逮。其居家雍睦而有制,閨門內外無不敬愛之。朝奉公没時,幼子寓僅垂髫,實撫育教訓之。至族姻間不能自振者,實區處調護非一,而其好善疾惡,亦本於天資。平時誦習文定公《春秋》之説,尤患末俗,統系殽亂,每舉"莒人滅鄫"之義,言意深切。其操心主於忠厚,爲學謹於人倫,貴日用而恥空言,行事之可見者,大抵如此。早以門蔭補將仕郎,殆將二紀,約居恬然,不急仕進。後始就廣西銓選,得欽州靈山縣主簿,未上,卒。其殁也,張南軒先生爲之墓誌,言與實交幾十五年,志氣相合,歲時會遇與夫尺書往來，無非以講學切磋爲事。稱其務實趨本，自反於卑近，而虛中求益，不私其故常，所造未可量云。子大同、大有。《道南源委》、《閩書》、南軒撰墓誌

## 僉判胡伯誠先生大正

胡大正，初名愷，字伯誠。用季父寅郊恩補官，調興化尉。鄭僑以疑訟繫於官，大正奇其人，力爲辨白，且勉以遠業。僑感奮，卒以大魁，爲時名輔。再調南康軍司法。史浩、劉珙薦其賢明清介，改秩僉判泉州。劇賊羅動天者，逼漳州甚急，泉爲鄰郡，忽近郊有荷斧者四五十人，兵捕以聞。時郡守政尚勇決，同幕希意請肆諸城下，大正不書牘，曰：“賊欲攻城，乃無戎裝攻具長兵耶?”詢之，果採山菌者，皆釋之，同幕慚服。郡爲蕃商之會，每舶至，驗視者得利不貲，大正秋毫無取焉。

## 胡伯逢先生大原

胡大原，字伯逢，五峯從子。按《朱子文集》答書第四首畧曰：“《知言》之書，用意深遠，析理精微，豈末學所敢輕議? 向輒疑之，自知已犯不韙之罪矣。茲承誨喻，尤切愧悚，但鄙意終有未釋然者。知行先後，已具所答晦叔書中，其說詳矣。乞試取觀，可見得失矣。至於性無善惡之說，則前後論辨，不爲不詳。近又有一書與廣仲論此，尤詳於前，此外蓋已無復可言者矣。然恐蒙垂諭，反復思之，似亦尚有一說。蓋孟子所謂性善者，以其本體言之，仁義禮智之未發者是也。原註：程子曰：“人之生也，其本真而靜，其未發也，五性具焉，曰仁義禮智。所謂可以爲善者，以其用處言之，四端之情發而中節是也。蓋性之與情，雖有未發、已發之不同，然其所謂善者，則血脈貫通，初未嘗有不同也。此孟子道性善之本意，伊洛之所傳而未之有改者也。《知言》固非以性爲爲不善者。竊原其意，蓋欲極其高遠以言性，而不知夫名言之失，反陷性於淫蕩恣睢、駁雜不純之地云。”再按，張南軒先生答書畧曰：“垂諭性善之說，詳程子之言，謂人生而靜，以上更不容說。纔說性時，便已不是性。繼之曰：凡人說性，只是說繼之者善也，孟子言

性善是也。但請詳味此語，意自可見。大抵性固難言，而惟善可得而名之，此孟子之言所以爲有根柢也。但所謂善者，要人能名之耳。若曰難言而遂不可言，曰不容說而遂不可說，却恐渺茫而無所止也。《知言》之說，究極精微，固是要發明向上事，第恐未免有弊，不若程子之言爲完全的確也。某所恨在先生門闌之日甚少，茲焉不得以所疑從容質扣於前，追悵何極？然吾曹往返論辨，不爲苟同，尚先生平日之志哉。”

按：胡氏論性，蓋其家學立論如此，朱子與南軒辨析詳矣。今未得伯逢事實，惟附二先生答書，亦可想見當日論學之砥柱也。馥嘗欲輯乾淳論學往復考，以備伊洛之夾輔，姑存所志而未逮也。

### 胡季隨先生大時附季立、季履。

胡大時，字季隨，五峯季子。師事張敬夫，後從學於晦菴，問答甚多，載《大全集》。再按，《南軒集》有《與季立書》，《朱子集》有《與季履書》，皆講切問學，事實莫考矣。季履，名大壯，季立未詳。按，文公答季隨論延平先生灑落一條云：“‘灑落’二字，本是黃太史語，後來延平先生拈出，亦是且要學者識箇深造自得底氣象，以自考其自得之淺深。不謂不一再傳，而其弊乃至於此。此古之聖賢所以只教人於下學處用力，至於此等則未之嘗言也。”又云：“顏、曾以上都無此等語，子思、孟子以下乃頗有之，亦有所不得已云。”《朱子文集》、《南軒文集》、《閩書》

### 進士胡武宗先生師徐

胡師徐，字武宗，於文定爲疏屬。博學通經，尤長於《詩》。紹興第進士。幼失怙，事母盡孝，朱子稱之。母喪，廬墓三年。以祿不逮養，竟不仕。卒。

# 文定胡康侯先生安國學派

按：武彝胡文定公雖未及二程之門，而師友於游、楊、謝諸公，諸公亦皆以斯文之任期許之。其著書立言,前哲論之詳矣。其學大抵得之上蔡爲多,平日所以治身訓家,尤在踐履上著力。文公稱其《傳家録》"議論極有力,可以律貪起懦"是也。公嘗言曰:"世間事如浮雲流水,不足留意,隨所寓而安也。寅近年却於正路上有箇見處,所以立朝便不碌碌,與往日全不同。"觀此,則公平昔所以訓勉家庭者,尤嚴且正。卒之,明仲兄弟皆能不屈於秦,却其招不往,所以持家聲而勵臣節者大矣。公之諸子,皆能衍述父學,五峯之學傳之南軒,與紫陽相夾輔,所謂湖南一派者,皆其緒餘也。至乾、淳間,文孫季隨切磋於紫陽、南軒、象山之門,其與文公講論家學,再三明辨,尤學者所當詳考云。乾隆丁卯六月望後一日書。

## 文定胡康侯先生安國

胡先生安國,字康侯。少長,入太學,晝夜刻勵。同舍有潁昌靳裁之得程氏學,先生從之講論,自是益進。紹聖四年登第,策問大要欲復熙豐之政,先生推言大學格致誠正之道,以漸復三代爲對,考官定爲第一,宰執以策中無詆元祐語,降其等。哲宗命再讀之,稱善者數,親擢第三。除荊南教授,遷太學博士。足不躡權門,蔡京惡之。俄提舉湖南學事,詔舉遺逸,先生以永州布衣王繪、鄧璋薦,二人乃范純仁客也。零陵簿李良輔希京意,誣爲鄒浩請託。京命湖南提刑置獄推治。獄未成,移北路再鞫,訖不得請託之狀。直除先生名,勒停。湖南帥臣曾孝廣謂人曰:"胡康侯當患難而聲色不動,賢於人遠矣。"先生退居荊門漳水之上,定省外,經籍自娛,家人皆忘其貧而親心適焉。既而良輔以他罪發覺,臺臣乃辨明前事,有旨復官,改正元斷,然先生仕意益薄矣。政和元年,除成都路學事。二年,丁內艱,移江東。父歿,終喪,謂子弟曰:"吾者爲親而仕,今雖有禄萬鍾,將何所施?"遂稱疾掛冠,買田墾傍,築室勤耕,將終身焉。宣和末,侍臣合薦先生經學可用,齒髮未衰,除尚書屯田員外郎,先生入謝且辭。靖康元年,除太常少卿,再除起居郎,三辭不允,乃至京師,方以疾在告。一日方午,欽宗急召,坐後殿以俟。先生入見,奏曰:"臣聞明君以務學爲急,聖學以正心爲要，願擇名儒明於治平之本者，虛懷訪問。”又云：“陛下御極越半年，紀綱尚紊，風俗益衰，大臣爭競而朋黨之患開，百執窺覦而浸潤之姦作，用人失當而名器愈輕，出令數更而士民不信，若不掃除更張，竊恐大勢一傾，不可復正。”除中書舍人，屢辭不受。時門下侍郎耿南仲倚攀附之舊，凡與己不合者，皆指爲朋黨。見奏，怒形詞色，言於欽宗曰：“安國往者不事上皇，今又不事陛下，可謂不臣矣。”欽宗不納。一日，問中丞許翰識安國否，對曰：“自蔡京得政，天下士大夫無不受其籠絡，超然遠迹者惟安國一人。”欽宗稱異。勉令受職，除中書舍人，賜三品服。南仲知上意不可回，乃諷臺諫掎角，言其稽慢不恭，宜從黜削。欽宗終不許。中書侍郎何㮚建議分置四道都總管，先生奏曰：“內外之勢，適平則安，偏重則危。今州郡太輕，理宜通變，然一旦遽以數百州之地分爲四道，則權復太重，萬一抗衡跋扈，號召不至，何以待之？若但委諸路帥臣，專治軍旅，每歲一案，察其部內，或有警急，京城戒嚴，則各率所屬應援，如此則既有擁衛京師之勢，又無尾大不掉之虞。”㮚方得欽宗心，密說京師若不可守，則出幸山南，可以入蜀。其意欲當南道之任，又於先生嘗有推挽之力，必無駁異，至是駁曰：“康侯乃以異議爲高，古人言山林之士不可用，信然。”不得已於四總管之地，各削其遠近州縣而已。及後京師被圍，西道王襄領所部兵翔翔漢上，不復北顧，果如先生所言矣。吏部侍郎馮澥言劉珏行李綱責辭，實爲綱游説，珏坐貶。先生論澥越職，封還詞頭，且言：“陛下欲復祖宗善政，而澥言祖宗未必全是，熙寧未必全非，陰崇王氏之學，再挾紹述之議。”於是耿南仲大怒，宰相唐恪、何㮚從而擠之，遂除右文殿修撰、知通州。行至襄陽，而北騎已薄都城矣。欽宗命召還，旨竟不達。高宗即位，召爲給事中。黃潛善方專政，意欲斥逐忠賢，訪給事中康執權論其託疾，罷之。建炎二年，以樞密使張浚薦，再起給事中。先生子寅時修起居注，高宗賜手札曰：“卿父未到，可諭朕旨，催促前來。”先生行至池州，聞駕幸吳越，遂引疾，提舉洞霄宮。紹興元年，除中書舍人兼侍講，再辭不允，遂行。獻《時政論》二十一篇，復除給事中。高宗知先生深於《春秋》，出《左氏傳》，令點句正音。先生奏：“《春秋》乃仲尼親筆，實經世大典，見諸行事，非空言比。

方今思濟艱難,《左氏》繁碎,不宜虛費光陰。"高宗稱善,除兼侍講,專以《春秋》進講。先生以學未卒業,乞在外編集,未允。會故相朱勝非同都督江、淮、荆、浙諸軍事,先生奏:"勝非與黃潛善、汪伯彥同在政府,緘默附會,馴致渡江,尊用張邦昌,結好金國,淪滅三綱,不顧君父,恐不足倚仗。"詔勝非改除侍讀,先生羞與同列,臥家不出。是時秦檜雖奸,故深相知,而故相呂頤浩自都督江上還朝,欲傾秦檜,未知所出。或曰目爲朋黨可矣,但黨魁在鎖闥,當先去。頤浩大喜,力引勝非爲助,言先生偃蹇朝命,遂落職,提舉仙都觀。是夕,彗出東南。檜三上章乞留,不報,解印去。諫官江躋、吳表臣懇留,頤浩即黜躋等二十餘人,以應星變,臺省一空。勝非遂相。先生歸休于衡嶽之下,作書堂數間,頹然當世之念矣。初,王安石獨用己意著《三經新説》,稱爲道德性命之學,於《春秋》聖人行事之實漫不能曉,則詆爲斷爛朝報,直廢棄之。崇寧間,防禁益密。先生自少年即有服膺之志,嘗曰:"六籍惟此書出先聖之手,乃使人主不得聞講説,學士不得相傳習,亂倫滅理殆由是乎!"於是潛心刻意,採拾辨正,準則之以《語》、《孟》,權衡之以《五經》,據證之以歷代之史,研玩沈酣者三十年。及得程伊川所作《傳》,其間精義十餘條若合符節,益以自信,探索愈勤。至是年六十一而書始就,歎曰:"此傳心要典也。蓋於克己脩德之方,尊君父、討亂賊、存天理、正人心之術,未嘗不屢書而致詳焉。"紹興五年,除徽猷閣待制,知永州,不拜,差提舉江州太平觀。令纂修所著《春秋傳》進入。書成奏御,高宗屢對羣臣稱善。除提舉萬壽觀兼侍讀,委所在守臣以禮津遣,先生以疾未行。會諫官陳公輔乞禁程頤學,先生奏曰:"孔、孟之道不傳久矣,自頤兄弟始發明之,然後知其可學而至。今使學者師孔、孟而禁不從頤學,是入室而不由户也。本朝自嘉祐以來,西都有邵雍、程顥及其弟頤,關中有張載,皆以道德名世,望乞加封爵,載在祀典,仍詔館閣裒其遺書,較正頒行。"奏入,公輔與御史中丞周秘、侍御史石公揆論先生學術頗僻,行義不脩。復除永州,提舉太平觀。久之,高宗念先生訓經納諫之忠,特除寶文閣直學士。紹興八年,卒,年六十有五,謚文定,賜田十頃恤其孤,累贈至中大夫。先生負傑出絕異之資,見善必爲,知惡必去。自幼少時,已有出塵之趣,登科後,同年宴集,飲酒過量,是後終身不復醉。嘗好奕棋,先令人責之曰:"得一第,德業竟耶?"是後不復奕。在長沙日,按行屬部過衡嶽,愛其雄秀,欲一登覽,已戒行矣。俄而思曰:"非職事所在也。"即止。晚居山下五年,竟亦不出也。罷官,荆南僚舊餞行于渚宫,呼樂戲以俟其交代。龜山楊公時具朝膳留先生,鮭菜蕭然,引觴徐酌,置《語》、《孟》案間,清坐講論,不覺日晷云暮也。壬子,赴闕,過上饒,有從臣家居者治饌延先生,飾姬妾請令出奉巵酒爲壽。先生蹙然曰:"二帝蒙塵,國步阢陧,豈吾徒爲宴樂之日?敢辭。"其人赧赧而止。先生風度凝遠,蕭然塵表,視天下無一物足以攖其心者。辭受取捨,一介之微,必度於義,飢不可得而食,寒不可得而衣也。恬静簡默,寡于言動。雖在燕閒獨處,未嘗有怠容慢色。《語》、《孟》、五經、諸史,周而復始,至老未嘗釋手。每晨昏,子弟定省,必問何所業。有矜意,則曰:"士當志於聖人,勿臨深以爲高見。"怠慢不虔,必頻蹙曰:"流光可惜,將爲小人之歸矣。"子弟或近出燕集,雖夜已深,猶未寢,必俟其歸,驗其醉否,且問其所集何客,所論何事,有益無益,以是爲常。士子有自遠來學者,先生隨其資性接之,大抵以立志爲先,忠信爲本,以致知爲窮理之漸,以敬爲持養之要。每誦曾子之言曰:"君子之愛人也以德,小人之愛人也以姑息。"故不以辭色假借。子弟及學者亦未嘗降志遜言,苟爲唯諾,以祈人之悦也。于出處言行,由道據義,以心之所安爲主。志在康濟時艱,見中原淪没,常若痛切於身。自登第逮休致,凡四十年,其在實歷之日不登六載,雖數以罪去,而愛君憂國之志,遠而彌篤。每被召,即置家事不問,或通夕不寢,思所以告君者。然宦情如寄,所好不在焉。嘗語學者曰:"知至故能知言,意誠故能養氣。"又曰:"豈有見理已明而不能處事者。"朱震被召,問出處之宜,先生曰:"世間惟講學論政不可不切切詢究,至於行己大致去就語默之幾,如人飲食,其飢飽寒温必自斟酌,不可決之於人,亦非人所能決也。吾平生出處皆内斷于心,浮世名利如蠛蠓過前,何足道哉?"故渡江以來,儒者進退合義,以先生與尹公焞爲稱首。所與交惟游公酢、謝公良佐、楊公時,皆程門高弟。先生不及二程之門,而三君子皆以斯文之任期先生。謝公嘗語人曰:

"胡康侯正如大冬嚴雪,百草萎死而松柏挺然獨秀也。"先生尚論古人,則以諸葛武侯爲首,于本朝卿相,則以韓忠獻公爲冠。慕用鄉往,言必稱之。性本剛急,及其老也,氣宇粹温,儀貌雍穆,于和樂中有毅然不可犯之象,于嚴正中有薰然可親近之意。年寖高矣,加以疾病,而謹飭於禮,無異平時。其於祭也,必沐浴盛服,率子孫諸婦各執其事。方饗則敬,已祭必哀,濟濟促促如祖考之臨之也。雖在離亂遷次,居處衣食或有不給,而奉先之禮未嘗或闕。由少至老,食不兼味。家世至貧,轉徙流寓,遂至空乏。然貧之一字,于親故間非惟口所不道,故亦手所不書。嘗戒子弟曰:"對人言貧者,其意將何求?汝曹志之。"二程門人侯仲良,言必稱二程先生,他鮮所許可。後至漳濱,先生館留之逾年,仲良潛察先生心意于言笑動止之間,不覺歎服,語人曰:"視不義富貴如浮雲者,當今天下惟公一人耳。"朱晦菴曰:"公傳道伊洛,志在《春秋》,著書立言,格君垂後,所以明天理、正人心、扶三綱、叙九法者,深切著明。而其正色危言,據經論事,剛大正直之氣,亦無愧于古人。"又曰:"文定之學,後來得之上蔡者爲多云。"所著《春秋傳》若干卷、《資治通鑑舉要補遺》一百卷。初娶李氏,繼室王氏,皆贈令人。子三人:寅、寧、宏。姪,憲。葬于潭州湘潭縣龍穴山。明正統間從祀孔廟。國朝康熙四十五年,從學臣沈涵之請,賜御書"霜松雪柏"四大字匾於祠。

《道南源委》、《閩書》、《宏簡錄》、《伊洛淵源錄》、《宋史》、《諸儒述槧》、《聖學知統錄翼》

## 胡文定公文集

窮理盡性乃聖門事業,物物而察,知之始也。一以貫之,知之至也。來書以五典四端每事充擴,亦未免物物致察,非一以貫之之要,是欲不舉足而登泰山也。四端固有,非外鑠。五典天叙,不可違。充四端,惇五典,則性成而倫盡矣。釋氏雖有了心之説,然知其未了者,爲其不先窮理,反以理爲障,而於用處不復究竟也。故其説流遁,莫可致詰,接物應事,顛倒差謬,不堪點檢。聖門之學,則以致知爲始,窮理爲要,知至理得,不迷本心,如日方中,萬象畢見,則不疑所行而內外合也。故自修身至於天下國家,無所處而不當矣。來書又謂充良知良能而至於盡,與宗門要妙兩不相妨,何必舍彼而取此?夫良知良能,愛親敬長之本心也。儒者則擴而充之達於天下，釋氏則以爲前塵爲妄想，批根拔本而殄滅之，正相反也，而以爲不相妨，何哉？

## 提刑范伯達先生如圭

范如圭，字伯達，建陽人。少從舅氏胡文定公受《春秋》學。建炎二年進士，廷對策極論人主正心立志之方，力詆和議、宴安之失，言甚壯切，爲考官抑，實乙科，授武安節度推官。始至，帥將斬人，公白其誤。帥曰："已署矣。"公正色曰："節下奈何重易一字，輕數命耶？"帥矍然從之。尋以憂去。近臣交薦，召試，除秘書省校書郎。會秦檜力建和議，金使鼎來，其詞悖傲，不可聽從。公與同省十餘人合議，并疏爭之。既具草而駭遽引却者衆，公獨手書詆檜，責其曲學倍師，忘讎辱國。且曰："公不病狂喪心，奈何一旦爲此以遺臭萬世。"檜怒，公卒與史官六人上所議草。未幾，金歸河南地以嘗我，檜方自以爲功。公曰："是亦安能久有？"因輪對，言："兩京版圖既入，則九廟八陵瞻望咫尺。今朝脩之使未遣，何以仰慰神靈，下萃民志？"高宗泫然曰："非卿，不聞此言。"立命遣使。檜以公不先白己，益怒之。公亦以先墓久寄荊門，乃謁告歸葬故鄉。既，即以病告。差主管台州崇道觀，前後三請。杜門讀書，不與人事者十餘年。尋起通判邵州，又通判荊南府事。檜死，首被命入對，高宗猶記前議，勞問久之。公因進言："爲治以知人爲先，知人以清心寡欲爲本。"語甚切。至時陳文恭公知政事，亦欲留公朝著，爲檜黨所擠，以直秘閣提舉江西常平茶鹽公事出之。尋改利州提點刑獄公事，復請祠。時宗藩並建，儲位未立，道路竊竊有異言。公雖在遠外，獨深憂之。故嘗刻至和、嘉祐間名臣章奏合爲一書，至是囊封以獻。高宗感其言，語輔臣，歎曰："如圭可謂愛君矣。"遂留陳公決定大計，即日下詔，進孝宗爲建王。因復起公知泉州。既至，舉大體，盡下情，擇任丞史，蠲屬縣負課。以裁正宗官被譖，領祠如故。僦舍邵武，門巷蕭然。士大夫益高仰之，遠近學者多從質問經史疑義。屬疾，移書政府舊交，惟以國事爲寄。卒年五十有九。後兩年，孝宗受內禪，而公已不及見，世亦莫知公之嘗有言也。公爲人篤厚易直，不飾邊幅,忠孝誠實得之於天。其學根於經術,不爲無用之文。有集十卷,皆書疏議論之語。後文公朱子撰公墓碑,末云:"先人爲史官時,實常與公連名奏事。及罷而歸,又與公同日艤舟國門外,其相與期於固窮守死之意,晚而愈篤。先人既没,公所以憐某者亦益厚。至於親爲講畫,反復辨告。蓋惟恐其迷昧没溺,喪失所守,以辱其先人也。此意豈可忘哉?"子念德,見朱子學派。《閩書》、《名臣言行録》、朱子撰神道碑、《建寧府志》

## 召使胡五峯先生宏學派

先公嘗曰:胡氏之學,五峯其優乎!故曰:性立天下之有,情效天下之動,心妙性情之德。又曰:誠者,命之道乎;中者,性之道乎;仁者,心之道乎。又曰:立志以端其本,居敬以持其志。志立乎萬物之表,敬行乎事物之内,而後義可精。此數句,公所屢述,以爲昔賢論學質之也。按《知言》一書,詳於性命道德之旨,其高弟南軒張成公謂是書言約義精,而先生之意每自以爲未足。逮疾革,猶時有所更定,蓋未及脱藁而先生下世矣。是此書恐亦公尚未定之本耳。朱子曾與胡廣仲書言:"《知言》中言善不足以言性,則不知善之所自來。此等議論,與其他好處自相矛盾者極多,惜乎不及供灑掃于五峯之門而面質之。"先公《榕村講授》中纂此書,次於王氏《中説》、邵氏《觀物外篇》之列,其殆論學者所折衷歟。乾隆辛未四月十四立夏後四日書。

### 召使胡五峯先生宏

胡宏,字仁仲,文定子也。授學家庭,聞伊洛之説,欣然心會。年十五,遂自爲《論語説》,編程氏《雅言》,序而藏之,旦夕玩誦。文定懼其果於自用,乃授以所修《通鑑舉要》,於是肆力研究。弱冠,遊大學,與樊光遠、張九成師事楊龜山、侯仲良,而卒傳其父文定之學。優游衡山下餘二十年,玩心神明,不舍晝夜。張敬夫師事之。紹興間,上書論復讎大義,累數千言。有曰:"二帝遠適窮荒,辛苦墊隘,其願望陛下加兵敵國,猶饑渴之於飲食,庶幾父子兄弟生得相見,引領東望九年於此。在廷之人不能對颺天心，充陛下仁孝之志，反以天子之尊北面讎敵。陛下自念，以此事親何如也？陛下御位以來，中正邪佞，更進更退，無堅定不易之誠。陳東以直諫死於前，馬伸以正論死於後，而未聞誅一奸邪，黜一諛佞。雖當時輔相之罪，然中正之士，陛下腹心耳目也，奈何以天子之威，握億兆之命，乃不能保全以自輔助，顧令奸邪得而殺之？竊傷陛下威權之不在己也。"司業高閌請幸太學，先生見其表，作書責其欺天罔人，言當此忘讎滅理，北面敵國之時，既不能建大論，明天人之理以正君心，乃阿諛柄臣，希合風旨，求舉縟節，粉飾太平。聞者歎服。初以蔭補官，不調。秦檜當國，意欲用之，貽書其兄明仲，言二弟何不通問。先生作書，辭氣甚厲，示以不可召之意。時四方從學者甚衆，一隨其高下誘進之，而汲汲乎理欲之辨、仁敬之説。檜死，侍臣交薦，被召，竟以病辭，卒於家。所著書曰《知言》，門人張敬夫稱其"言約義精，實道學之樞要，制治之蓍龜。"尚有詩文五卷、《皇王大紀》八十卷。學者稱五峯先生。《道南源委》、《建寧府志》、《宏簡錄》

### 縣尉詹應之先生慥

詹慥，字應之，崇安人。素與胡五峯、劉屏山諸公遊。少時，甘貧力學，砥節礪行。弱冠，首薦鄉書。試南宮，弗售，遂爲鄉學師。多所造就，爲文涉筆立成，人謂腹藁。晚調信豐尉。會金人渝盟，往見張浚，論滅金秘計。浚辟爲屬，裨贊居多。嘗渡桐江弔子陵，詩云："光武親征血戰回，舉朝誰識渭川才。熊羆果有周王卜，未必先生戀釣臺。"其慨然有用世之志如此。有文集二十卷行世。子體仁，見朱子學派。《閩書》

### 吳晦叔先生翊

吳翊，字晦叔，建陽人。師胡五峯。五峯没，又與其弟廣仲子伯逢就張敬夫論學。翊生平忠信，撫幼孤，曲有恩義。與人交，表裏殫竭，心所不安者，告語切至而不失其和，故朋儕多受益而樂親之。葉衡山稱其賢，妻之以女。翊因導其子定謁張敬夫受學，定卒爲脩士，翊之力也。敬夫門人在衡湘者，日從翊參決所疑。舊有嶽麓書院,設山長教授生徒,尋廢。五峯嘗請復之。乾道初,帥守劉珙始復書院,猶虛山長,後轉運副使蕭之敏以禮聘翔。翔曰:"侯之意美矣。然此吾先師之所不得爲者,豈可以涼德當之哉!"力辭不赴。築室衡山下,有竹林水沼之勝。取程子澄濁求清意,榜曰"澄齋"。日與士友講道讀書,翛然自樂。及歿,朱子爲志狀。《建寧府志》

# 靖肅胡籍溪先生憲學派

按,文公撰先生行狀言:"先生從文定公學,始得聞河南程氏之説,尋與鄉人白水劉致中受學於涪陵處士譙天授,所與同志惟白水先生,既與俱隱,又得屏山先生更相切劘,而韋齋先生亦晚而定交焉。此文公託孤所由來也。文公稟學於三君子,後二劉下世,獨事先生爲最久云。"

## 靖肅胡籍溪先生憲

胡憲,字原仲,文定公從父兄之子也。祖聳,父淳,皆不仕。行狀。先生生而沈静端慤,稍長,從文定公學,始聞河南程氏之説。紹興中,以鄉貢入太學。會元祐學有禁,獨與鄉人白水劉公致中陰誦竊講。既又學《易》于涪陵處士譙公天授,久未有得。天授曰:"是固當然,蓋心爲物潰,故不能有見,惟學乃可明耳。"先生喟然曰:"所謂學者,非克己工夫耶?"自是一意下學,不求人知。一旦揖諸生歸,隱故山。非其道義,一毫不取於人,力田賣藥,以養其親。文定稱其有隱君子之操,鄉人士從者益衆,於是近臣折彦質、范冲、朱震、劉子羽、吕祉、吕本中共以其行義聞於朝,被召,以母老辭。及彦質入西府,又言之,趣召愈急,先生固辭。乃授左迪功郎,添差建州教授,先生猶不出。太守魏矼遣行義諸生入里敦致詔旨,且爲手書力勸,乃勉就職。日進諸生,訓以爲己之學。聞者始而笑,終而疑,久而觀其所以脩身事親接人,無一不如所言,遂翕然悦服。郡人程元以篤行稱,龔何以廉節著,皆迎致之,俾參學政,學者大化。秩滿,復留者再,

蓋七年不徙官。嗣以母老不樂居官舍,求監南嶽廟以歸。久之,起爲福建路安
撫司屬官,時帥張宗元榷鹽急,私販銖兩亦重坐,先生告以爲政大體,帥不悅,遂
請祠去。會秦檜用事,天地閉塞幾二十年,先生已泊然無復當世之念。及檜死,
召大理司直,未行,改秘書省正字。人謂先生必不復起,而先生一拜即受,雖門
人弟子莫不疑之。會次當奏事,病不能朝,即草疏言:"金人大治汴京宮室,勢
必敗盟。今元臣宿將,惟張浚、劉錡在,願亟起之。"時兩人皆爲積毀所傷,未有
敢顯言當用者,先生獨首言之。疏入,即求去,諸公留之不得,上亦感其言,以爲
左宣教郎,主管崇道觀,使歸而食其禄。先生每極論天下事,至於慷慨洒涕。其
以館職召,適秦檜諱言之,後獨與王十朋、馮方、查籥、李浩相繼論事,太學生爲
《五賢詩》以歌之。在位僅半年,人惜其不究云。紹興中卒,年七十七,諡靖肅。
先生質本恬澹,而培養深固,平居危坐植立,時然後言,望之枵然,如槁木之枝,
而即之温然,雖當倉卒,不見其有疾言遽色。人或犯之,未嘗校也。其讀書不務
多爲訓説,獨嘗纂《論語》説數十家,復抄取其要,附以己説,與他文草藁藏於
家。平生與劉公致中同志,既與俱隱,又得劉公子翬與之遊,更相切磨,以就其
學。而朱公松亦晚而定交焉。朱公既病且没,遂因以屬其子晦菴於先生及致
中、子翬之門,而晦菴事先生爲最久。吕祖謙、林之奇、魏掞之、熊克、曾逢皆其
門人。學者稱籍溪先生。《閩書》、《考亭淵源録》、行狀

## 直閣魏良齋先生掞之

魏掞之,字子實,故名挺之,字元履,建陽人。少師事胡籍溪先生憲,已,徧
從鄉儒先長者遊,又適四方,盡交其先達名士,聞見日廣,聲稱日以大。嘗客衢
守章傑家,故相趙鼎以謫死,歸葬常山,傑雅怨鼎,又希秦檜意,逮繫其家人,劾
治甚急。掞之作書譙讓傑,長揖歸。兩以鄉舉試禮部,不第。閩帥汪應辰、建守
陳正同相與論薦於朝。時相尼之,又不得召。後數歲,詔舉遺逸,部刺史芮煇帥
其寮與帥守六人共言掞之行誼。有詔特徵之,辭謝不獲,以布衣入見,極論當世
之務。孝宗獎歎開納,勞問移時,遂詔賜同進士出身,授左迪功郎,守太學録。

既就職,日進諸生教誨之。釋奠孔子祠,先事白宰相陳俊卿,請言於上,廢安石父子勿祀,而追爵程氏兄弟使從食。又言太學之教,宜先德行經術,其次尤當使之通習世務,以備官使,今一以空言浮説取人非是。至他政事,有係安危治亂之機,宰相不能正,臺諫侍從不敢言者,無不抗疏盡言至三四上,並不見納,則移病杜門。曾覿召還,掞之移書與時宰,責其不能救止。時宰雅招徠掞之,至是見其書詞峻切,亦不能平。而掞之前已數求去矣,遂以迎親予告使歸。行數日,罷爲台州學教授。掞之自少有志于當世,晚而遇主,然其仕不能半歲而不合以歸。先是榜其書室曰"艮齋",至是日處其間,條理舊學,以益求其所未至。平生於學無不講,而尤詳於前代治亂興廢存亡之説,以至本朝故事之實。爲文章長於議論,善談説,聽者悚然。居家謹喪祭,重禮法,恤親舊,雖貧不懈。遇歲饑爲粥以食饑者,且請于官,爲之移粟,閭里賴之。鄉人有不葬其親者,爲白於官,請富與之期,貧與之費,賴以掩者,亦以千計。其與人交,嘉善救失如不及。後進以禮來者,苟有一長,汲汲推挽之。嘗有病其太過者,笑曰:"不猶愈于橫目自營者耶?"既卒,孝宗嗟悼,久之,即下詔曰:"朝廷不可無直諫之士。掞之雖死,其以宣教郎、直秘閣告其第。"掞之素與文公朱先生遊,乾道中,文公被召將行,聞掞之去國,遂止。子應仲。見朱子學派。張南軒撰墓表、《閩書》、《宏簡録》

縣令邵秀山先生景之

邵景之字秀山,古田人。從父整著《春秋元經》,以家學相友。景之早負文才,事繼母至孝。登乾道壬辰進士,攝教建寧。受業籍溪胡憲之門,官至莆田令,教授常百餘人。著有《玉坡集》。

按,《閩書》:"邵整,字宋舉,自號蒙谷遺老,與族人景之以家學自相友。"此傳本《道南源委》,稱整爲景之從父。待再考。

# 閩中理學淵源考卷四

## 文質羅豫章先生從彥學派

嘗考史傳,先生從楊文靖公問學,既而築室山中,絕意仕進。終日端坐,間謁楊公將樂溪上,吟咏而歸,恒充然自得。又考延平先生屏退山田,結茅水竹之間,謝絕世故餘四十年。簞瓢屢空,怡然自適。然後知二公安貧守道,優游樂天,守孔、顏家法,私心向往,不禁超然寓懷於塵壒之外矣。豫章之從學,史載年四十餘,後相從尚二十年,所講貫切磨服膺終身。文公嘗言龜山門徒千餘,然語其潛思力行,任重詣極,蓋羅公一人而已。其爲學大旨,嘗令學者於靜坐中看"喜怒哀樂未發之謂中",未發時作何氣象。蓋其所重在涵養操存,以身體之,以心驗之,此非獨楊、羅、李、朱遞傳之學的,即程門二先生學的也。後世於心性根源,隔膜異視,本體不明,反己功疏,故二先生聞發此義,羅、李遞傳,守此尤謹。當日程子所謂須靜坐始能收斂者,蓋收斂方見本體。《易》言利貞者,性情也,《本義》言利貞是收斂歸本體處,於此可見性情之實。在天道於穆不已者,四時不息之運,而收斂翕聚,爲造化生物之本,在人身爲歸根復命之時。伊川程子又恐人鄰於攝心坐禪,只管靜去,與事物不相交涉,故說只用敬,不用靜。蘇氏季明於師門問答,備詳其義。朱子於延平沒後,與南軒講論中和之旨,反復數年,始定其說,無非此也。雖曰靜曰敬,義有偏全,然其體認大本,涵養本源,學者求端性善於人生,而靜以上之,初於靜字,似有端的。伊川解靜,專云不專一則不能直遂,正是此意,則靜中工夫,固是養動之根矣。朱子遠宗伊川,謂觀未發之說,終是少偏,亦是救彼時偏重之弊耳。竊謂論探索之原,而靜之義爲切。求體用兼備,而敬之說爲長。蓋敬統其全而靜極其本,羅、李工夫,朱子累述之,要之，皆並行不悖矣。溯厥淵源，如顏氏之四勿，曾氏之動容貌、正顏色，孟氏之存夜氣以及周、程之主靜定性，無非殊條而共貫也。嗚呼，求道者舍此，亦無所用其力矣。乾隆丁卯六月十日。

## 文質羅豫章先生從彥

羅先生，諱從彥，字仲素，先代自豫章徙劍浦，世稱爲豫章先生。祖、父皆隱身不仕。先生自幼穎悟，不爲言語文字之學。及長，嚴毅清苦，篤志求道。初從審律吳國華遊，已而聞楊龜山得伊洛之學，遂往從焉。初見三日，驚汗浹背。曰："不至是，幾枉過一生矣。"嘗論《易》，至《乾》九四一爻，龜山曰："曩日聞伊川說甚善。"先生遂鬻田走洛，見伊川問之，所聞亦不外龜山之說，於是歸而卒業龜山之門。龜山與語云："今之學者，只爲不知爲學之方，又不知學成要何用，此事體大，須曾着力來。"先生受命益力。既而築室山中，絕意仕進，終日端坐。間謁龜山將樂溪上，吟咏而歸，恒充然自得，自是摳衣侍席二十餘載。初，龜山以《孟子》饑者甘食章令先生思索，先生曰："飲食必有正味，饑渴害之，則不得正味而甘之，猶學者必有正道，不說於小道而適正焉，則堯、舜人皆可爲矣。"龜山曰："此說甚善，更於心害上一着猛省，則可以入道矣。"先生服膺此語，凡世所嗜好，一切禁止，故學問日新，尤不可及。然其晦跡求志，人鮮知者。沙縣陳默堂淵每詣先生，竟日乃還，謂人曰："自得仲素，日聞所未聞，奧學清節，南州冠冕也。"先生與默堂亦多往復問辨，嘗與書曰："承喻聖道甚微，有能於後生中得一個半個可以與聞於此，庶幾傳者愈廣，吾道不孤，又何難之不易也。某聞尊兄此言，尤著意詢訪，近有後生李愿中者，向道甚銳，曾以書求教，趨向大抵近正云。"由是愿中執弟子禮從之學，時政和六年也。其後新安朱喬年官於延，亦同門受業焉。七年，復從龜山於毘陵，授學經年，盡褒得其書以歸。靖康元年，《遵堯錄》成，歷言宋一祖三宗開基紹述，若舜、禹遵堯，相守一道。見王安石用事，則痛心疾首。紹興二年，以特科授惠州博羅縣主簿，適州學落成，郡守周綰命先生行釋菜禮，與諸生等往復論道，有洙泗講切氣象。呂舍人以詩叙諸廟壁。其山居有顏樂齋、寄傲軒、濯纓亭諸勝，每賦詩，與默堂諸公相倡和。所著有《春秋指歸》、《毛詩解》、《中庸語孟説》、《議論要語》、《台衡錄》、《二程龜山語錄》。五年，卒於官。年六十有四。朱晦菴曰："龜山先生倡道東南，士之游其門者甚衆。語其潛思力行，任重詣極如羅公者，蓋一人而已。"又《語類》載道夫言："羅先生教學者靜坐中看'喜怒哀樂未發謂之中'，未發時作何氣象。李先生以爲此意不惟於進學有力，兼亦養心之要，而《遺書》云：'既思，則是已發。'昔嘗疑其與前所舉有礙，細思亦甚緊要，不可以不考。"直卿云："此問亦甚切。但程先生剖析毫釐，體用明白，羅先生探索本原，洞見道體。二者皆有大功於世。善觀之，則亦'並行而不相悖'矣。況羅先生於其靜坐觀之，乃其思慮未萌，虛靈不昧，自有以見其氣象，則初不害於未發。蘇季明以'求'字爲問，則非思慮不可，伊川所以力辨其差也。"先生曰："公雖是如此分解羅先生説，終恐做病。如明道亦説靜坐可以爲學，上蔡亦言多著靜不妨，此説終是小偏。纔偏，便做病。道理自有動時，自有靜時。學者只是敬以直内，義以方外。見得世間無處不是道理，雖至微至小處亦有道理，便以道理處之。不可專要去靜處求。所以伊川謂'只用敬，不用靜'，便説得平。也是他經歷多，故説得恁地正而不偏。若以世人紛擾觀之，會靜得，固好。如講學，則不可有毫髮之偏也。"又曰："靜坐理會道理，自不妨。只是討要靜坐，則不可。"又曰："存養之功，不專在靜坐時，須於日用動靜之間，無處不下功夫，乃無間斷爾。"按：朱子此段與羅、李講習之初畧有出入，真西山嘗言"此朱子發明伊川程子主敬之説，而不專主於靜"云。淳祐間，賜謚文質。明萬曆間，從祀孔子廟廷。國朝康熙四十五年從學臣沈涵之請，賜御書"奧學清節"四大字匾於祠。

　　謹案：豫章先生本傳，《宋史》詳矣。獨其載政和二年壬辰受學龜山於蕭山，年四十一後之纂録斯傳者，考證似有未合。兹輯此傳，從邵氏《宏簡録》、毛氏《豫章事實》、《年譜》、黄氏《宋儒學案》并《龜山集》、《豫章集》、朱子《經義考》諸書輯録而重訂焉。《學案》云：考龜山"丁亥知餘杭，壬辰知蕭山，相去六年。而《餘杭所聞》已有豫章之問答，則其從學非始於蕭山明矣。其言豫章之見伊川，在見龜山之後。伊川卒於丁亥。若見龜山始於壬辰，則伊川之卒已六年矣。又何從見之乎?"以上所考辨,殊有足據。獨《學案》豫章本傳載"崇寧初,見龜山於將樂"。余求其所證未得。考羅氏草《跋豫章師說》云"族兄仲素從龜山遊,摳衣二十餘載。"就豫章授官博羅主簿之歲溯上二十九載,當在崇寧三年甲申。按是年以後,龜山皆赴官,非在家也。所云"見龜山於將樂"者,此則未合。再考《龜山年譜》,辛巳春,沙陽陳默堂淵投書問學。以默堂《跋師說》考之,自云與豫章定交幾四十年,以豫章卒官之歲溯至默堂投書問學之年,有三十五年,亦幾四十年矣。又考《龜山年譜》,自元符二年己卯歸家,三年庚辰講學於含雲寺,作《勉學詩》以示諸生,中有"學成要何用,奔走利名場"之戒,與《語錄》訓豫章語云:"今之學者只爲不知爲學之方,又不知學成要何用"之説語意相同。越一年辛巳,即屬陳氏淵問學之歲,意彼時龜山學成道尊,羣從蔚萃,較其時考其地,似有足徵。蓋自紹聖四年伊川先生以黨論送涪州編管,越兩年,龜山歸自瀏陽,抵家正值洛學黨禁之餘,傳中所謂"杜門累年,沉浸經書,推廣師説"者,此其時也。其指示學者大本所在,以身體之,以心驗之,即其指訣也。至其高弟默堂陳氏淵投書問學,亦適及講學是年之上下。默堂所言訂交於先生者,未始不於此相邂逅也。於乎,四賢一脉,轉相嬗承,其所維繫,誠一縷千鈞之重,斯文其不在兹乎。載籍浸遠,考證莫詳,今將原稾不敢遽下從學何年與受學何處,就前人所考證者,重訂其畧,尚有待於博考者正云。乾隆己丑三月望日清馥謹識。

### 羅豫章先生文集

　　宣和三年,歲在癸丑之中秋,朱喬年得尤溪尉。常治一室,聚羣書,宴坐寢休其間。後知大學之淵源,異端之學無所入於其心。自知下急害道,名其室曰"韋齋",取古人佩韋之義。泛觀古人有以物爲戒者,有以人爲戒者,所謂佩韋,以物爲戒者也。人之大患,在於不知過,知過而思自改,於是有戒焉,非賢者孰能之乎?予始以困撽未能遂志,因作航齋陸海中,且思古人所以進此道者,必有由而然。久之,乃喟然嘆曰:自孟軻氏歿,更歷漢唐,寥寥千載,迄無其人有能自樹立者,不過注心於外,崇尚世儒之語而已。與之遊孔氏之門,入於堯、舜之道,其必不能至矣。夫《中庸》之書,世之學者盡心以知性,躬行以盡性者也,而其始則曰"喜怒哀樂之未發謂之中",其終則曰:"夫焉有所倚,肫肫其仁!淵淵其淵!浩浩其天!"此言何謂也?差之毫釐,謬以千里。故《大學》之道,在知所止而已。苟知所止,則知學之先後,不知所止,則於學無自而進矣。漆雕開之學曰"吾斯之未能信",曾點之學曰"異乎三子者之撰",顏淵之學曰"回雖不敏,請事斯語矣",而孔子悅開與點,稱顏回以庶幾,蓋許其進也。此予之所嘗自勉者也,故以聖賢則莫學而非道,以俗學則莫學而非物。喬年才高而智明,其剛不屈於俗,其學也方進而未艾。齋成之明年,使人來求記於余。余辭以不能,則非朋友之義;欲蹈襲世儒之語,則非吾心。故以其嘗所自勉者併書之,使人知其在此而不在彼也。《韋齋記》

延平先生答晦翁云:"承錄示《韋齋記》,追往念舊,令人淒然。某中間所舉,《中庸》始終之說,元晦以爲'肫肫其仁,淵淵其淵,浩浩其天',即全體是未發底道理,惟聖人盡性能然。若如此看,即於全體何處不是此氣象,第恐無甚氣味耳。某竊以謂'肫肫其仁'以下三句,乃是體認到此達天德之效處,就喜怒哀樂未發處存養,至此氣象,儘有地位也。"

曻曰:《五經》論其理,《春秋》見之行事,《春秋》,聖人之用也。龜山常告人曰:"《春秋》其事之終與,學者先明五經,然後學《春秋》,則其用利矣。"亦以此也。政和歲在丁酉,余從龜山先生于毗陵授學經年,盡哀得其書以歸,掇其至當者,作《春秋指歸》。《春秋指歸序》

## 議 論 要 語

聖人無欲,君子寡欲,眾人多欲。

橫渠教人,且令留意神化二字。所存者神,便能所過者化。私吝盡無,即渾是道理,即所過自然化矣。

正者天下之所同好,邪者天下之所同惡,而聖賢未嘗致憂於其間,蓋邪正已明故也。至於邪正未明，則聖賢憂之。觀少正卯言偽而辨，行僻而堅，孔子則誅之。楊、墨一則爲我，一則兼愛，孟子則闢之。皆邪正未明而惑人者衆，此孔孟之所以汲汲。

教化者，朝廷之先務。廉恥者，士人之美節。風俗者，天下之大事。朝廷有教化，則士人有廉恥；士人有廉恥，則天下有風俗。或朝廷不務教化，而責士人之廉恥，士人不尚廉恥，而望風俗之美，其可得乎？

君子在朝，則天下必治。蓋君子進則常有亂世之言，使人主多憂而善心生，故天下所以必治。小人在朝，天下必亂。蓋小人進則常有治世之言，使人主多樂而怠心生，故天下所以必亂。

朝廷大姦不可容，朋友小過不可不容。若容大姦，必亂天下，不容小過，必無全人。

立朝之士，當愛君如愛父，愛國如愛家，愛民如愛子，然三者未嘗不相賴也。凡人愛君則必愛國，愛國則必愛民。未有以君爲心而不以民爲心者，故范希文謂“居廟堂之上，則愛其民，處江湖之遠，則憂其君”。諒哉！

君明，君之福。臣忠，臣之福。君明臣忠，則朝廷治安，得不謂之福乎。父慈，父之福。子孝，子之福。父慈子孝，則家道隆盛，得不謂之福乎。俗人以富貴爲福，陋哉！

名器之貴賤，以其人。何則？授於君子則貴，授於小人則賤。名器之所貴，則君子勇於行道而小人甘於下僚。名器之所賤，則小人勇於浮競而君子恥於求進。以此觀之，人主之名器，可輕授人哉！

祖宗法度不可廢，德澤不可恃。廢法度則變亂之事起，恃德澤則驕佚之心生。自古德澤最厚莫若唐、虞，向使子孫可恃，則堯、舜必傳其子。至於法度，莫若周家之最明，向使子孫世守，則歷年至今猶存可也。

王者富民，霸者富國。富民，三代之世是也。富國，齊、晉是也。至漢文帝行王者之道，欲富民，而告戒不嚴，民反至於奢。武帝行霸者之道，欲富國，而費用無節，國乃至於耗。

　　西漢人才可與適道,東漢人才可與立,三國人才可與權。杜欽、谷永可與適道而不可與立,故附王氏。陳蕃、竇武可與立而不可與權,故困於宦官。至於諸葛孔明然後可與權。夫人才至可與權,則不可以有加。張良近太公之材畧,諸葛亮近伊伊(尹)之出處。然良佐高祖,論其時則宜,論其德則合。亮處三國,則才大任小,惜哉!

　　士之立朝,要以正直忠厚爲本。正直則朝廷無過失,忠厚則天下無嗟怨,二者不可偏也。一於正直而不忠厚,則漸入於刻。一於忠厚而不正直,則流入於懦。汲黯正直,所以闕張湯之殘刻,武帝享國五十五年,其臣之賢,獨此一人而已,武帝反不用,其君可知。

　　中人之性,由於所習。見其善則習於爲善,見其惡則習於爲惡。習於爲善,則舉世相率而爲善而不知善之爲是,東漢黨錮之士與夫太學生是也。習於爲惡,則舉世相率而爲惡而不知惡之爲非,五代君臣是也。

　　老子曰:"禍兮福所倚,福兮禍所伏。"指國家而言,故晉武平吳,何曾知其將亂? 隋平(文)平陳,房喬陳其不久。禍福倚伏者,其在茲乎。人之立身,可常行者在德,不可常行者在威。蓋德則感人也深,而百世不忘。威則格人也淺,而一時所畏。然德與威不可偏廢也,常使德勝威,則不失其爲忠厚之士;苟威勝德,則未免爲鍛鍊之流。觀羊祜與杜預俱守襄陽,後人思祜之深而思預之淺者,豈祜尚德而預尚威乎?

　　石守道採摭唐史中女后、姦臣、宦官事,各以其類,作三卷,目之曰《唐鑑》,而言曰:"巍巍巨唐,女后亂之於前,姦臣壞之於中,宦官覆之於後。"考其所論,可爲萬世鑑,惜乎不推其本而言之。故人主欲懲三者之患,其本不過有二:以內則清心,以外則知人。能清心,則女后不能亂之;能知人,則姦臣不能壞之,宦官不能覆之。請借明皇一君而論,開元能清心矣,能知人矣,武氏、惠妃、蕭嵩、楊思勉,豈能易其志? 及天寶之際,不能清心矣,不能知人矣,而楊貴妃、李林甫、高力士遂亂其心。清心、知人,其人主致治之本歟?

　　姦邪之人亂國政,李林甫是也。庸鄙之士弱國勢,張禹是也。荀子曰"權出於一者强”,謂權出於一,則主勢不分,而君道尊矣。後世宰相侵君之權而不令終者多,如李文饒尚不能免此,況李林甫之徒哉?爲人臣者,當視此以爲戒。

人世讀經則師其意,讀史則師其迹。然讀經以《尚書》爲先,讀史以《唐書》爲首。蓋《尚書》論人主善惡爲多,唐史論朝廷變故最盛。

## 詩

### 觀 書 有 感

静處觀心塵不染,閑中稽古意尤深。周誠程敬應粗會,奥理休從此外尋。

### 自 警

性地栽培恐易蕪,是非理欲謹於初。孔顏樂地非難造,好讀誠明静定書。

### 示 書 生

知行蹊徑固非艱,每在操存養性間。此道悟來隨寓見,一毫物欲敢相關。

### 顏 樂 齋

山染嵐光帶日黄,蕭然茅屋枕池塘。自知寡與真堪笑,賴有顏瓢一味長。

### 邀 月 臺

矮作垣墻小作臺,時邀明月寫襟懷。夜深獨有長庚伴,不許庸人取次來。

延平先生云:“羅先生《山居詩》,侗記不全,今只據追思,得録去,《邀月臺詩》云云。侗見先生出此語,後兩句不甚愜人意,嘗妄意云先生可改,下兩句不甚渾然。先生改云:‘也知鄉閭非吾事,且把行藏付酒杯。’蓋作此數絶詩正靖康間也。”

### 勉李愿中五首愿中以書求道甚力,作詩五首以勉其意,然借視聽於聾盲,未知是否。

聖道由來自坦夷,休迷佛學惑他岐。死灰槁木渾無用,緣置心官不肯思。學道以思爲上。《孟子》曰“心之官則思”,《書》曰“思曰睿,睿作聖”,“惟狂克念作聖”,佛法一切反是。

### 其 二

不聞雞犬鬧桑麻,仁宅安居是我家。耕種情田勤禮義,眼前風物任繁華。

## 其　　三

今古乾坤共此身,安身須是且安民。臨深履薄緣何事,祇恐操心近矢人。

外吾聖人之學,申、韓、佛、老皆有書,在決擇也。

## 其　　四

彩筆畫空空不染,利刀割水水無痕。人心但得如空水,與物自然無怨恩。

吾道當無疑於物。

## 其　　五

權門來往絕行蹤,一片閒雲過九峯。不似在家貧亦好,水邊林下養疏慵。

### 顏樂亭用陳默堂韻

平時仰止在高山,要以亭名樂內顏。顛倒一生渾是夢,尋思百計不如閒。心齋肯與塵污染,陋巷寧容俗往還? 堅守簞瓢心不改,恐流乞祭向墦間。

### 寄傲軒用陳默堂韻

自嗟踽踽復涼涼,鮒口安能仰四方。目送歸鴻心自遠,門堪羅雀日偏長。家徒四壁樽仍綠,侯户千頭橘又黃。我醉欲眠卿且去,肯陪俗客語羲皇。

## 備　　考

金華胡氏翰撰《羅文質公集叙》曰:尚論人物者,功業易見,學術易知,而道德爲難。顏子之不違仁,必孔子而後知之。有若之似聖人,必曾子而後辨之。一時之門弟子非不賢也,日與之處也,猶不能致察於斯,而況庸常之人方之聖賢才智相百十也,將探其所蘊之精微,孰從而得之乎? 而況世之相去又遠也。將極所至之高妙,孰從而得之乎? 揚子雲曰:"存則人,亡則書。"將必於其書而知之而得之。羅文質公之在宋,仕不登於朝,化不行於國。紹興之末言任斯道之重者,必屬之先生焉。先生受學於龜山楊文靖公,因文靖而見伊川程正公,則固及程氏之門矣。當是時,若李籲之才器,謝良佐之力學,張繹之高識,尹焞之篤行,未嘗不與其進,而道南之歎,明道獨於龜山發之。及論《西銘》,猶不能無疑,伊川以理一分殊喻之,道之難明也如此。先生聞《易》於龜山,與其聞於伊川者無間,則固會而爲一矣。嘗謂漢、唐儒者能自樹立,不過注心於外,與之遊仲尼之門，入堯、舜之道，必不能至此，其志爲何如哉？由是性明行完，擴之以廣大，體之以仁恕，有如李延平之書，潛思力行，任重詣極，有如朱晦菴之言，其所造又何如哉？李、籲、董未聞有以是與之者，今欲以其近似而窺測之，固學者之所惑也。獨不考之先生之遺書乎？蓋博古通今，務以文章爲學者，非先生之學也。忠信愿愨，不爲非義而自守者，非先生之學也。二者不同，而俱失之。先生之學，靜而求之"喜怒哀樂未發之中"，擴而極夫"肫肫其仁，淵淵其淵"，則達天德之妙矣。舉而措之行事，施於有政，則莫非達道之用矣。故先生退而隱居，而志常存乎天下；遭世多故，而義不忘乎朝廷。其言類皆切於時弊，達於治體，其言既足以懲熙寧創殘之失，其授受之際，又足以啓淳熙理學之正。觀是集者，雖不能盡知先生因文以求義，因迹以求用，庶亦得其緒餘乎？余喜遂不墜其家學，以寡聞陋見論前人之道德，其亦過矣。仲尼之門，顏子交一臂而失之，而況其遠者，其亦難言矣，姑存其大要焉。

毛氏念恃撰《豫章羅先生事實》，節署曰：先生清介絕俗，里人知之者尚少，惟郡人李愿中、新安朱喬年，聞先生得伊洛之學於龜山之門，遂執弟子禮從之遊。愿中以書謁先生云："先生性明而修，行全而潔，充之以廣大，體之以仁恕，精深微妙，多極其至，漢唐諸儒無近似者。至於不言而飲人以和，與人並立而使人化，如春風發物，蓋亦莫知其所以然也。故讀聖賢之書，稍有見識者，皆願授經門下，以質所疑。"其愿中之所以心服於先生而善爲形容與？凡從先生學問者，終日相對端坐，解説文字，未嘗一及雜語。晚年以特奏中下科，授惠州博羅縣主簿，或曰博羅尉。紹興二年壬子八月上丁，延平郡守周綰命之領袖諸生，行釋菜禮，有洙泗斷斷氣象焉。蓋先生之道，上得之楊龜山，再上則得之河南程夫子，一傳而爲李延平，再傳而爲朱紫陽，則先生其繼往開來之人哉。其山居有顏樂齋、寄傲軒、邀月臺、獨寐軒、白雲亭，又池畔有亭曰"濯纓"，每自賦詩，默堂諸公皆有唱和。嘗曰："士之立朝，要以正直忠厚爲本。正直則朝廷無過失，忠厚則天下無怨嗟。"又曰："朝廷大奸不可容，朋友小過不可不容。若容大奸，必亂天下。不容小過，則無全人。"又云："教化者，朝廷之先務。廉耻者，士人之美節。風俗者，天下之大事。朝廷有教化，則士人有廉恥。士人有廉恥，則天下有風俗。或朝廷不務教化而責士人之廉恥，士人不尚廉恥而望風俗之美，其可得乎！」又曰：「君子在朝，則天下必治。蓋君子進則常有亂世之言，使人主多憂而善心生，故天下所以治。小人在朝，天下必亂。蓋小人進則常有治世之言，使人主多樂而怠心生，故天下所以亂。」先生之言，其體用兼該如此。所著《詩春秋語孟解說釋例》，今多不傳。其著《遵堯錄》八卷，歷言宋之祖宗紹述，綱舉目張，無漢、唐雜霸之未醇，君聖臣賢，若舜、禹遵堯而不變。迨乎熙寧之間，王安石用事，管心執法，甲倡乙和，卒稔禍亂，爲痛心疾首，義激由中，言言劌切，書成未奏。公歿之後七十九年，爲寧宗嘉定癸酉，延平郡守劉允濟上其書於朝，乞宣付史館，錫諡號。至理宗淳祐六年，提刑楊棟請諡羅、李兩先生。七年，乃錫諡文質。至正三年，有沙縣知縣曹道振者，輯先生之行實爲《年譜》一卷，事雖不詳，亦可寓景行之一班焉爾。善乎廬陵劉將孫之跋先生遺稿也，其文曰：《學記》曰：「三王之祭川也，先河而後海，此之謂務本。」至哉言乎，此師友之定論也。考亭朱子出延平李氏，延平出豫章羅氏，今朱氏之書滿天下，豫章、延平之遺言緒論未有聞者。將孫一來延平，適兵革之後，慨然求之耆舊間，久乃得《延平問答》，其詞語渾樸，皆當以三隅反者，且自謂不能發揮以文。又久之，得豫章家集，所傳者寥寥僅見，又非延平比，益信二先生之所以上接伊洛而下開考亭者。或曰：「其簡也若是，道烏乎傳？」余作而言曰：「茲道之所以傳也。」子曰：「余欲無言。」又曰：「文，莫吾猶人也，躬行君子，則吾未之有得。」言語之道盛，而自得之學隱矣。二先生之自得者，有不能得於言也。其所以傳朱氏者，亦不在於言也。朱氏之得於二先生者，亦有不能言者也。而朱氏之所爲言之長者，其所授者無二朱氏也。朱氏之言，不得已而言者也。而世之求道者，往往必求之言也，則吾爲斯道，慨然於此久矣。此集鳩集勞矣，寶守尤不易，正不必他求而附益之。先生之所以爲先生者，不在此。蓋嘗拜先生之晬容矣。光風霽月，玉色金聲，劍山青青，劍水流清，徘徊瞻極，何往而不聞金石絲竹之音也。是可爲善言道南之學者矣，是可爲善讀豫章先生之集者矣。

# 閩中理學淵源考卷五

## 文靖李延平先生侗學派

　　按：濂、洛元公開主靜之宗，又伊洛二先生訓門人，常以"靜坐"嘆其善學，厥後龜山遞傳豫章以及延平，祖述師説，引學者爲入道之根。朱子嘗言："李先生教人，大抵令於靜中體認大本，未發時氣象分明，即處事應物自然中節，此乃龜山門下相傳指訣。然當時親炙之時，貪聽講論，又方好章句訓詁之習，不得盡心於此。至今若存若亡，無一的實見處，辜負教育之意。每一念此，未嘗不愧汗沾衣也。"此文公答何氏叔京書之語。然文公於羅先生靜坐論中，又言不可偏求之靜。大約在北宋時，程門諸公不無專守靜虛之弊，流及南渡，其弊尤深，於是掃去聞見，只求一心。文公見彼時流風偏弊之漸，引伊川"只用敬，不用靜"之語，故起而揭出"敬"之一字，以救末流之差，而師門授受之旨，何曾錯誤？後之論學者訾議，且上及濂溪主靜之宗，豈不誣哉？嘗考朱子他日答張南軒書云："來教謂言靜則溺於虛無，此固所當深慮。然此二字如佛氏之論，誠有此患。若以天理觀之，則動之不能無靜，猶靜之不能無動也。靜之不能無養，猶動之不可不察也。至靜之中蓋有動之端焉，是乃《易》所謂見天地之心，而先王之所以至日閉關，蓋當此之時，則安靜以養乎此爾，固非遠事絕物而偏於靜之謂。來教又謂：某言以靜爲本，不若遂言以敬爲本，此固然也。然'敬'字工夫，通貫動靜而必以靜爲本，故某向來輒有是語。今遂易爲'敬'，雖若完全，然却不見敬之所施有先有後，則亦未得爲諦當也。"西山先生論主靜一條，録此書，與二先生靜、敬之義參論。先公纂《文公語類》，亦録此書附後，評曰："朱子此書於敬、靜之義盡矣。蓋一動一靜，無時不敬，而必以靜者爲主。不專一則不能直遂，不翕聚則不能發散,理固如此。且當其動時,亦須先一收斂打疊而後應,豈可以爲動而遽隨之? 此皆所謂主靜之旨,而持敬之要也。"馥謹按:周子主靜之義,考之二先生所論,朱子所辨晰,西山所録,先公所纂述,闡發精確,如此説靜,方不入於空寂。《大學》"定而後能靜",亦是從收斂凝定説起,此洙泗微言,周、程之所以淵源於此者。羅、李、朱遞相授受,後先一轍。朱子後來每説"持敬"者,救時之弊,而平昔論學亦未嘗擯却"靜"之一字,而指斥其禪宗,惟在學者善觀之。或疑觀未發前氣象多鄰于空寂者,豈知李先生嘗曰"默坐澄心,體認天理",此正用未發前功夫。曰"默坐澄心"即存養,曰"體認天理"即省察,此從事戒懼慎獨之功者也。文公嘗曰:"舊聞李先生曰:人固有無喜怒哀樂之時,然謂之未發,則不可言無主也。"觀此,則是中有所主,非戒懼慎獨之功不可。又曰:"先言慎獨,然後及中和,此意亦嘗言之。"此則戒懼慎獨後方能養成此中和心體,是又從事大本大原,完養深厚周密。此子朱子所述,見答于林擇之書。

國朝栢鄉魏貞菴先生嘗言:"延平平日存養省察之功,未有所遺,正合戒懼慎獨之學。"又先公曾言周子主靜之義,曰:"人言靜故無欲,而不知無欲故靜也。知靜故無欲,則必專其功于靜,專其功于靜者,釋老之學也。無欲故靜,則必如聖門所謂戒謹恐懼,以完其未發之中而後可,吾儒之學也。"延平先生論學本旨,遞相師授,自有本末,不出戒懼慎獨之義。朱子輓先生詩曰:"河洛傳心後,毫釐復易差。淫辭方眩俗,夫子獨名家。"意彼時流弊已然矣。後世託言心學者,可無辨乎?

## 文靖李延平先生侗

李先生,諱侗,字愿中,南劍州劍浦人。年二十四,聞郡人羅公從彥得河洛之學於龜山楊文靖公之門,以書謁之,遂往師焉。初見時,終日相對静坐,只説文字,未嘗及一雜語。羅公極好静坐,先生退入室中亦静坐。羅公令静中看喜怒哀樂未發前氣象而求所謂中者,久之而知天下之大本真有在乎是也。由是操存益固,涵養益熟,觸處洞然,發必中節。從之累年,授《春秋》、《中庸》、《語》、

《孟》之說。既而屏居山田，結廬水竹之間，謝絶世故餘四十年，簞瓢屢空，怡然自適。其事親從兄有人所難能者，閨門内外，肅穆若無人聲，而衆事自理，生事素薄而處之有道，凡親故鄰里貧不能婚嫁者，節衣食以賑助之。長者事之盡禮，少者、賤者接之盡道。其答問後學，窮晝夜不倦，隨其淺深，必語以反身自得而可入于聖賢之域。嘗謂學者曰：“學問不在多言，但默坐澄心，體認天理，則雖一毫私欲之發，亦退聽矣。”又曰：“學者之病，在於未有洒然冰解凍釋處，縱有力持守，不過苟免顯然尤悔而已。若此者，恐未足道也。”其語《中庸》則曰：“聖賢之所以開悟後學者，無遺策矣，而所謂‘喜怒哀樂之未發謂之中’者，又一篇之要指也。必也體之於身，實見是理，如顏子之嘆，卓然若有所見，而不違乎心目之間，然後擴充而往，無所不通。”語《春秋》則曰：“春秋一事，各是發明一例，如觀山水，徙步，而形勢不同，不可拘以一法。”又嘗曰：“讀書者，知其所言，莫非吾事，而即吾身以求之，則凡聖賢所至而吾所未至者，皆可知矣。若直以文字求之，悅其詞義，以資誦説，其不爲玩物喪志者幾希。”以故未嘗爲講解文字，然其辨析精微，毫釐畢察。嘗以黄魯直所稱周濂溪“胸中灑落，如光風霽月”，爲善形容有道氣象，學者存此於胸中，庶幾遇事廓然而義理少進。又云：“講學切在深潛縝密，然後氣味深長，蹊徑不差。若概以理一而不察乎其分之殊，此學者所以流於疑似亂真之説而不知也。”朱韋齋松與先生爲同門友，嘗與沙縣鄧迪語及先生曰：“愿中如冰壺秋月，瑩徹無瑕，非吾曹所及。”遂命朱晦菴往師焉。後晦菴撰先生行狀，稱先生資禀勁特，氣節豪邁，充養完粹，無復圭角精純之氣達于面目。色溫言厲，神定氣和，語默動静，端詳閑泰，自然之中，若有成法。平居恂恂，於事若無甚可否。及其酬酢事變，斷以義理，則有截然不可犯者。蚤歲聞道，即棄場屋，超然遠引，若無意于當世。然憂時論事，感激動人。其論治道，必以明天理、正人心、崇節義、勵廉恥爲先，本末具備，可舉而行。異端之學，無所入於其心，然一聞其説，則實知其詖淫邪遁之所以然，而辨之於錙銖毫忽之間。蓋其德純道備，學術通明。既不求知於世，亦未嘗輕以語人，庶幾乎遯世不見知而不悔者。年七十有一，卒。諡文靖，學者稱延平先生。生平不著書，不作文,所傳有《延平問答》及《語録》行世。子友直、信甫,皆舉進士。信甫見家學。理宗朝,追贈謚文靖。萬曆四十二年從祀孔廟。國朝康熙四十五年,從學臣沈涵之請,賜御書“静中氣象”四大字匾于祠。行狀、誌銘、《宋史》、《道南源委》、《閩書》

## 書

### 初見羅豫章先生書

　　侗聞之,天下有三本焉,父生之、師教之、君治之,闕其一則本不立。古之聖賢,莫不有師,其肄業之勤惰,涉道之淺深,求益之先後,若存若亡,其詳不可得而考。惟洙泗之間,七十二弟子之徒,議論問答,具在方册,有足稽焉,是得夫子而益明也。孟氏之後,道失所傳,枝分派别,自立門户,天下真儒,不復見於世。其聚徒成羣,所以相傳授者,句讀文義而已耳,謂之熄焉可也。恭惟先生鄉丈服膺龜山之講席有年矣,況嘗及伊川先生之門,得不傳於千五百歲之後,性明而修,行完而潔,擴之以廣大,體之以仁恕,精深微妙,各極其至,漢唐諸儒,無近似者。至於不言而飲人以和,與人並立而使人化,如春風發物,蓋亦莫知其所以然也。凡讀聖賢之書,粗有識見者,孰不願得受經門下,以質所疑,至於異論之人,固當置而勿論也。侗之愚鄙,徒以習舉子業,不得服役於門下。今日拳拳欲求教於先生者,以謂所求有大於利禄也。抑侗聞之:道之可以治心,猶食之充饑、衣之禦寒也。身有迫於饑寒之患者,遑遑焉爲衣食之謀,造次顛沛,未始忘也,至於心之不治,有没世不知慮者,豈愛心不若口體哉?弗思甚矣。侗不量資質之陋,妄意於此,徒以祖父以儒學起家,不忍墜箕裘之業,孳孳矻矻爲利禄之學,兩終星紀,雖知真儒有作,聞風而起,固不若先生親炙之,得於動静語默之間,目擊而意會也。今生二十有四歲矣。茫乎未有所止,燭理不明而是非無以辯,宅心不廣而喜怒易以搖,操履不完而悔悋多,精神不充而智巧襲,揀焉而不净,守焉而不敷,朝夕恐懼,不啻猶饑寒切身者求充饑禦寒之具也。不然,安敢以不肖之身爲先生長者之累哉。

### 與教授公書

　　侗塊處山樊,絶無曩昔師友,不聞道義之訓,朝夕兀坐,賴天之靈,尚得以舊學尋繹，以警釋貧憊而已，其他亦何足言。苦於無侶，可以縱步，前造齋館，以承近日餘論。臨紙馳情。

## 又與教授公書

侗塊處山間，絕無過從，賴有經史中古人心迹可以探賾，雖粗能遣釋朝夕，然離羣索居，不自知其過者亦多矣，尚何敢疏一二於吾兄者邪。忽得不外，指示所志，一一諦思，足見別後造道之深。欽服！欽服！侗文采鄙拙，未嘗輒敢發一語，近爲朋遊見迫，有一二小詩，輒不揆録去求教，取笑而已，非敢以報來辱也。便次有以警誨者，千萬勿悋。至懇！至懇！

## 與羅博文書

元晦進學甚力，樂善畏義，吾黨鮮有。晚得此人，商量所疑，甚慰。又曰：此人極穎悟，力行可畏，講學極造其微處。某因此追求有所省，渠所論難處，皆是操戈入室，須從源頭體認來，所以好説話，某昔於羅先生得入處，後無朋友，幾放倒了。得渠如此，極有益。渠初從源頭善處下工夫來，故皆就裏面體認。今既論難，見儒者路脉，極能指其差誤之處。自見羅先生來，未見有如此者。又云：此人別無他事，一味潛心於此。初講學時，頗爲道理所縛，今漸能融釋於日用處一意下工夫。若於此漸熟，則體用合矣。此道理全在日用處熟，若静處有，而動處無，即非矣。

## 與劉平甫書

學問之道，不在於多言，但默坐澄心，體認天理。若真有所見，雖一毫私欲之發，亦自退聽矣。久久用力於此，庶幾漸明講學，始有力也。

## 又與劉平甫書

大率有疑處，須静坐體究，人倫必明，天理必察，於日用處著力，可見端緒在。勉之爾。

# 答　問　上

丁丑六月二十六日書云：承諭涵養用力處，足見近來好學之篤也。甚慰，甚慰。但常存此心，勿爲他事所勝，即欲慮非僻之念自不作矣。孟子有夜氣之說，更熟味之，當見涵養用力處也。於涵養處着力，正是學者之要。若不如此存養，終不爲己物也。更望勉之。

戊寅七月十七日書云：某村居，一切只如舊，有不可不應接處，又難廢墮，但靳靳度日爾。朝夕無事，齒髮已邁，筋力漸不如昔。所得於師友者，往來於心，求所以脫然處，竟未得力，頗以是懼爾。

《春秋》，且將諸家熟看，以胡文定解爲準。玩味久，必自有會心處，卒看不得也。伊川先生云：“《春秋》大義數十，炳如日星，所易見也。唯微辭奧旨，時措從宜者，所難知爾。更須詳考其事。又玩味所書抑揚予奪之處，看如何。積道理多，庶漸見之。大率難得學者無相啓發處，終憒憒不灑落爾。”

問：“吾十有五而志于學”一章，橫渠先生曰：“常人之學，日益而莫自知也。仲尼行著習察，異于他人，故自十五至於七十，化而知裁，其進德之盛者與。”伊川先生曰：“孔子生而知之，自十五至七十進德直有許多節次者，聖人未必然，亦只是爲學者立下一法，盈科而後進，不可差次，須是成章乃達。”兩說未知孰是。先生曰：“此一段，二先生之說各發明一義，意思深長。橫渠云：化而知裁。伊川云：盈科而後進、不成章不達。皆是有力處，更當深體之可爾。某竊以謂聖人之道中庸，立言常以中人爲説。必十年乃一進者，若使困而知學，積十年之久，日孳孳而不倦，是亦可以變化氣質而必一進也。若以鹵莽滅裂之學而不用心焉，雖十年亦只是如此，則是自暴自棄之人爾。言十年之漸次，所以警乎學者，雖中才，於夫子之道，皆可積習勉力而至焉。聖人非不可及也，不知更有此意否。”

問：“或問禘之説”一章，伊川以此章屬之上文，曰不知者蓋爲魯諱。知夫子不欲觀之説，則天下萬物各正其名，其治如指諸掌也。或以爲此魯君所當問而不問，或人不當問而問之，故夫子以爲不知，所以微諷之也。餘如伊川説，云龜山引《禮記》禘嘗之義大矣，治國之本也，不可不知也。明其義者，君也。能其事者，臣也。不明其義，君道不全。不能其事，爲臣不全。非或人可得而知也。其爲義大,豈度數云乎哉?蓋有至賾存焉。知此則於天下乎何有?此數説不審孰是。先生曰:"詳味'禘自既灌'以下至'指其掌'看,夫子所指意處如何,却將前後數説皆包在其中,似於意思稍盡,又未知然否?"

問:子曰:"參乎!吾道一以貫之。"曾子曰:"唯。"子出,門人問曰:"何謂也?"曾子曰:"夫子之道,忠恕而已矣。"熹謂:"曾子之學主於誠身,其於聖人之日用觀省而服習之,蓋已熟矣,惟未能即此以見夫道之全體,則不免疑其有二也。然用力之久而亦將有以自得,故夫子以'一以貫之'之語告之,蓋當其可也。曾子於是默會其旨,故門人有問而以忠恕告之。蓋以夫子之道,不離乎日用之間,自其盡己而言則謂之忠,自其及物而言則謂之恕,莫非大道之全,雖變化萬殊,於事爲之末,而所以貫者,未嘗不一也。"然則夫子所以告曾子,曾子所以告其門人,豈有異旨哉?而或者以爲忠恕未足以盡一貫之道,曾子姑以違道不遠者告其門人,使知入道之端,恐未曾盡曾子之意也。如子思之言忠恕違道不遠,乃是示人以入道之端。如孟子之言行仁義,曾子之稱夫子乃所謂由仁義行者也。先生曰:"伊川先生有言曰:維天之命,於穆不已,忠也。乾道變化,各正性命,恕也。體會于一人之身,不過只有盡己及物之心而已。曾子於日用處,夫子自有以見之,恐其未必覺,此亦是一貫之理,故卒然問曰'參乎!吾道一以貫之'。曾子於是領會而有得焉,輒應之曰'唯',忘其所以言也。東坡所謂口耳俱喪者,亦佳。至於答門人之問,只是發其心耳,豈有二耶?若以謂聖人一以貫之之道,其精微非門人之問所可告,姑以忠恕答之,恐聖賢之心不如是之支也。如孟子稱堯、舜之道孝弟而已。人皆足以知之,但合内外之道,使之體用一源,顯微無間,精粗不二,滾同盡是此理,則非聖人不能是也。《中庸》曰'忠恕違道不遠',特起此以示人相近處,然不能貫之,則忠恕自是一忠恕爾。"

十一月十三日書云:吾人大率坐此窘寠,百事驅遣不行,唯於稍易處處之,爲庶幾爾。某村居兀坐,一無所爲,亦以窘迫遇事窒塞處多,每以古人貧甚極難堪處自體,即啜菽飲水,亦自有餘矣,夫復何言!

來諭以爲人心之既放,如木之既伐。心雖既放,然夜氣所息而平旦之氣生焉，則其好惡猶與人相近；木雖既伐，然雨露所滋而萌蘗生焉，則猶有木之性也。恐不用如此説。大凡人理義之心何嘗無？唯持守之即在爾。若於旦畫間不至梏亡，則夜氣存矣。夜氣存，則平旦之氣未與物接之時，湛然虚明，氣象自可見。此孟子發此夜氣之説，於學者極有力。若欲涵養，須於此持守可爾，恐不須説心既放，木既伐，恐又似隔截爾。如何？如何？

己卯六月二十二日書云：聞不輟留意於經書中，縱未深自得，亦可以驅遣俗累，氣象自安閒也。

己卯長至後三日書云：今學者之病，所患在於未有洒然冰解凍釋處，縱有力持守，不過只是苟免顯然尤悔而已。似此，恐皆不足道也。

庚辰五月八日書云：某晚景别無他，唯求道之心甚切。雖間能窺測一二，竟未有洒落處，以此兀坐，殊憒憒不快。昔時朋友絶無人矣，無可告語，安得不至是耶。可歎可懼！示諭夜氣説甚詳，亦只是如此，切不可更生枝節尋求，即恐有差。大率吾輩立志已定，若看文字，心慮一澄然之時，略綽一見，與心會處，便是正理。若更生疑，即恐滯礙。伊川《語録》中有記，明道嘗在一倉中坐，見廊柱多，因默數之，疑以爲未定，屢數愈差，遂至令一人敲柱數之，乃與初默數之數合，正謂此也。夜氣之説，所以於學者有力者，須是兼旦畫存養之功，不至梏亡，即夜氣清。若旦畫間不能存養，即夜氣何有！疑此便是日月至焉氣象也。某曩時從羅先生學問，終日相對靜坐，只説文字，未嘗及一雜語。先生極好靜坐，某時未有知，退入室中，亦只靜坐而已。先生令靜中看喜怒哀樂未發之謂中，未發時作何氣象，此意不唯於進學有力，兼亦是養心之要。元晦偶有心恙，不可思索，更於此一句内求之，靜坐看如何，往往不能無補也。

承惠示濂溪遺文，與潁濱《語》、《孟》，極荷愛厚，不敢忘，不敢忘。《通書》向亦曾見一二，但不曾得見全本，今乃得一見，殊慰卑抱也。二蘇《語》、《孟》説，儘有可商論處，俟他日見面論之。嘗愛黄魯直作《濂溪詩序》云"舂陵周茂叔人品甚高，胸中洒落，如光風霽月"，此句形容有道者氣象絶佳。"胸中洒落"即作爲盡洒落矣。學者至此雖甚遠，亦不可不常存此體段在胸中，庶幾遇事廓然,於道理方少進。願更存養如此。

羅先生山居詩,某記不全,今只據追思得者錄去。《顏樂齋》詩云:"山染嵐光帶日黃,蕭然茅屋枕池塘。自知寡與真堪笑,賴有顏瓢一味長。"池畔亭曰"濯纓",詩云:"擬把冠纓掛墻壁,等閒窺影自相酬。"《邀月臺》詩云:"矮作墻垣小作臺,時邀明月瀉襟懷。夜深獨有長庚伴,不許庸人取次來。"又有《獨寐榻》《白雲亭》詩,皆忘記。白雲亭坐處望見先生母氏墳,故名。某向日見先生將出此詩,《邀月臺》詩後兩句不甚愜意,嘗妄意云:"先生可改下兩句,不甚渾然。"先生別云:"也知鄰鬭非吾事,且把行藏付酒杯。"蓋當作此數絕,時正靖康間也。

聞召命不至,復有指揮,今來亦執前說辭之,甚佳。蓋守之已定,自應如此。縱煎迫擾擾,何與我事? 若於義可行,便脫然一往亦可也。某嘗以謂遇事若能無毫髮固滯,便是洒落,即此心廓然大公,無彼己之偏倚,庶幾於道理一貫。若見事不徹,中心未免微有偏倚,即涉固滯,皆不可也。未審元晦以爲如何? 爲此說者非理道明,心與氣合,未易可以言此。不然,只是説也。

庚辰七月書云:某自少時從羅先生學問,彼時全不涉世故,未有所入,聞先生之言,便能用心靜處尋求。至今漉泊憂患,磨滅甚矣。四五十年間,每遇情意不可堪處,即猛省提掇,以故初心未嘗忘廢,非不用力,而迄於今更無進步處。常竊靜坐思之,疑於持守及日用,儘有未合處,或更有關鍵未能融釋也。向來嘗與夏文言語間稍無間,因得一次舉此意質之,渠乃以釋氏之語來相淘,終有纖巧打訛處,全不是吾儒氣味,旨意大段各別,當俟他日相見劇論可知。大率今人與古人學殊不同。如孔門弟子羣居,終日切磨,又有夫子爲之依歸,日用間相觀感而化者甚多,恐於融釋而脫落處非言説可及也。不然,子貢何以謂夫子之言性與天道,不可得而聞耶? 元晦更潛心於此,勿以老邁爲戒而怠於此道爲望。

所云:見《語録》中有"仁者渾然與物同體"一句,即認得《西銘》意旨,所見路脉甚正,宜以是推廣求之。然要見一視同仁氣象却不難,須是理會分殊,雖毫髮不可失,方是儒者氣象。

又云:"便是日月至焉氣象"一段,某之意,只謂能存養者,積久亦可至此,若比之不違氣象,又迥然別也。今之學者雖能存養,知有此理,然旦晝之間一有懈焉,遇事應接舉處,不覺打發機械,即離間而差矣。雖存養熟理,道明,習氣漸爾銷鑠,道理油然而生,然後可進,亦不易也。來諭以謂能存養者,無時不在,不止日月至焉。若如此時,却似輕看了也。如何?

某兀坐於此,朝無一事,若可以一來,甚佳,致千萬意如此。然又不敢必覬,恐侍旁乏人,老人或不樂,即未可更須於此審處之。某尋常處事,每值情意迫切處,即以輕重本末處之,似少悔吝。願於出處間更體此意。

問:"性相近也,習相遠也。"二程先生謂:"此言氣質之性,非性之本。"尹和靖云:"性一也,何以言相近?蓋由習相遠而爲言。"熹按:和靖之意云性一也,則正是言性之本,萬物之一源處,所以云近,但對遠而言,非實有異品而相近也。竊謂此說意稍渾全,不知是否。先生曰:"尹和靖之説雖渾全,然却似没話可說,學者無着力處。恐須如二先生謂此言氣質之性,使人思索體認氣質之説道理如何爲有力爾。蓋氣質之性不究本源,又由習而相遠,政要玩此曲折也。"

問:太極動而生陽,先生嘗曰此只是理,做已發看不得。熹疑既言動而生陽,即與《復》卦一陽生而見天地之心何異?竊恐動而生陽即天地之喜怒哀樂發處,於此即見天地之心。"二氣交感,化生萬物",即人物之喜怒哀樂發處,於此,即見人物之心。如此做兩節看,不知得否?先生曰:"太極動而生陽,至理之源,只是動靜闔闢,至於終萬物,始萬物,亦只是此理一貫也。到得二氣交感,化生萬物時,又就人物上推,亦只是此理。《中庸》以喜怒哀樂未發已發言之,又就人身上推尋,至於見得大本達道處,又滾同只是此理。此理就人身上推尋,若不於未發、已發處看,即何緣知之?蓋就天地之本源與人物上推來,不得不異,此所以於動而生陽難以爲喜怒哀樂已發言之。在天地只是理也,今欲作兩節看,切恐差了。《復》卦見天地之心,先儒以爲静見天地之心,伊川先生以爲動乃見,此恐便是動而生陽之理,然於《復》卦發出此一段示人,又於初爻以顏子不遠復爲言,此只要示人無間斷之意。人與天理一也,就此理上皆收攝來,與天地合其德,與日月合其明,與四時合其序,與鬼神合其吉凶,皆其度内爾。妄測度如此,未知元晦以爲如何? 有疑,更容他日得見劇論。語言既拙,又無文采,似發脱不出也。元晦可意會稍詳之,看理道通否。”

辛巳上元日書云:昔嘗得之師友緒餘,以謂學問有未愜適處,只求諸心。若反身而誠,清通和樂之象見,即是自得處。更望勉力以此而已。

承諭,近日學履甚適,向所耽戀不洒落處,今已漸融釋。此便是道理進之效,甚善,甚善。思索有窒礙,及於日用動靜之間有拂戾處,便於此致思,求其所以然者,久之自循理爾。

“五十知天命”一句,三先生之説皆不敢輕看。某尋常看此數句,竊以謂人之生也,自少壯至於老耄,血氣盛衰消長自不同,學者若循其理,不爲其所使,則聖人之言自可以馴致,但聖賢所至處,淺深之不同爾。若五十矣,尚昧於所爲,即大不可也。橫渠之説似有此意,試一思索看如何。

承録示《韋齋記》,追往念舊,令人凄然。某中間所舉《中庸》終始之説,元晦以爲肫肫其仁,淵淵其淵,浩浩其天,即全體是未發底道理,惟聖人盡性能然。若如此看,即於全體何處不是此氣象? 第此無甚氣味爾。某竊以謂“肫肫其仁”以下三句,乃是體認到此達天德之效處,就喜怒哀樂未發處存養,至見此氣象,儘有地位也。某嘗見吕芸閣與伊川論中説,吕以爲循性而行,無往而非禮義。伊川以謂氣味殊少,吕復書云云,政謂此爾。大率論文字切在深潛縝密,然後蹊徑不差。釋氏所謂一超直入如來地,恐其失處正坐此,不可不辨。

某衰晚碌碌只如舊,所恨者中年以來,即爲師友捐棄,獨學無助,又涉世故,沮困殆甚。尚存初心,有端緒之可求,時時見於心目爾。

壬午四月二十二日,書云:吾儕在今日,止可於僻寂處,草木衣食,苟度此歲月爲可,他一切置之度外,惟求進此學問爲庶幾耳。若欲進此學,須是盡放棄平日習氣,更鞭策所不及處,使之脱然有自得處,始是道理少進。承諭應接少暇,即體究,方知以前皆是低看了道理。此乃知覺之效,更在勉之。有所疑,便中無惜詳及,庶幾彼此得以自警也。

壬午五月十四日,書云:承諭處事擾擾,便似內外離絕,不相該貫。此病可於靜坐時收攝,將來看是如何,便如此就偏着處理會,久之知覺,即漸漸可就道理矣。更望勉之也。

壬午六月十一日,書云:承諭"仁"一字條陳所推測處,足見日來進學之力,甚慰。某嘗以謂"仁"字極難講說,只看天理統體便是。更"心"字亦難指說,唯認取發用處是心。二字須要體認得極分明,方可下工夫。"仁"字難說,《論語》一部只是說與門弟子求仁之方,知所以用心,庶幾私欲沉,天理見,則知仁矣。如顏子、仲弓之問,聖人所以答之之語,皆其要切用力處也。孟子曰:"仁,人心也。"心體通有無、貫幽明,無不包括,與人指示於發用處求之也。又曰:"仁者,人也。"人之一體便是天理,無所不備具。若合而言之,人與仁之名亡,則渾是道理也。來諭以謂仁是心之正理,能發能用底二箇端緒,如胎育包涵其中,生氣無不純備,而流動生發自然之機又無頃刻停息,憤盈發洩,觸處貫通,體用相循,初無間斷。此說推擴得甚好。但又云:"人之所以為人而異乎禽獸者,以是而已。若犬之性,牛之性,則不得而與焉。"若如此說,恐有礙。蓋天地中所生物,本源則一,雖禽獸草木,生理亦無頃刻停息間斷者。但人得其秀而最靈,五常中和之氣所聚,禽獸得其偏而已,此其所以異也。若謂流動發生自然之機與夫無頃刻停息間斷,即禽獸之體亦自如此,若以為此理唯人獨得之,即恐推測體認處未精,於他處便有差也。又云:"須體認到此純一不雜處,方見渾然與物同體氣象一段,語却無病。"又云:"從此推出,分殊合宜處,便是義。以下數句,莫不由此,而仁一以貫之。蓋五常百行,無往而非仁也。"此說大槩是,然細推之,却似不曾體認得伊川所謂"理一分殊",龜山云"知其理一,所以為仁。知其分殊,所以為義"之意,蓋全在"知"字上用着力也。謝上蔡《語錄》云不仁,便是死漢,不識痛癢了。仁字只是有知覺了了之體段,若於此不下工夫令透徹,即何緣見得本源毫髮之分殊哉? 若於此不了了,即體用不能兼舉矣。此正是本源體用兼舉處,人道之立,正在於此。"仁"之一字,正如四德之元。而"仁義"二字,正如立天道之陰陽、立地道之柔剛,皆包攝在此二字爾。大抵學者多為私欲所分,故用力不精,不見其效。若欲於此進步,須把斷諸頭路,静坐默識,使之泥淬漸漸消去方可,不然亦只是説也。更熟思之。

某幸得早從羅先生遊,自少時粗聞端緒,中年一無佽助,爲世事澒汨者甚矣。所幸比年來得吾元晦相與講學,於頽惰中復此激發,恐庶幾於晚境也。何慰如之。

封事熟讀數過,立意甚佳。今日所以不振,立志不定、事功不成者,正坐此以和議爲名爾。書中論之甚善。見前此赦文中有和議處一條,又有"事迫,許便宜從事"之語,蓋皆持兩端,使人心疑也。要之,斷然不可和。自整頓綱紀,以大義斷之,以示天下向背,立爲國是可爾。此處更可引此。又許便宜從事處,更下數語以曉之,如何?某不能文,不能下筆也。封事中有少疑處,已用貼紙貼出矣,更詳之。明道語云:"治道在於修己,責任求賢。"封事中此意皆有之矣,甚善。吾儕雖在山野,憂世之心但無所伸爾,亦可早發去爲佳。

謝上蔡語極好玩味,蓋渠皆是於日用上下工夫,又言語只平説,尤見氣味深長。今已抄得一本矣,謹以奉内,恐亦好看也。

問:熹昨妄謂"仁"之一字,乃人之所以爲人而異乎禽獸者,先生不以爲然。熹因以先生之言思之而得其説,復求正於左右。熹竊謂天地生萬物,本乎一源,人與禽獸草木之生,莫不具有此理。其一體之中,即無絲毫欠剩,其一氣之運,亦無頃刻停息,所謂仁也。先生批云:"有有血氣者,有無血氣者,更體究此處。"但氣有清濁,故稟有偏正。惟人得其正,故能知其本,具此理而存之,而見其爲仁。物得其偏,故雖具此理而不自知,而無以見其爲仁。然則仁之爲仁,人與物不得不同,知人之爲人而存之,人與物不得不異。故伊川夫子既言理一分殊,而龜山又有"知其理一,知其分殊"之説,而先生以爲全在"知"字上用着力,恐亦是此意也。先生勾出批云:"以上文大概得之,它日更用熟講體認。"不知果是如此否?又詳伊川之語推測之,竊謂理一而分殊,此一句言理之本然如此,全在性分之内,本體未發時看。先生抹出批云:"須是兼本體已發、未發時看,合内外爲可。"合而言之,則莫非此理,然其中無一物之不該,便自有許多差別。雖散殊錯糅,不可名狀,而纖微之間,同異畢顯,所謂理一而分殊也。"知其理一,所以爲仁。知其分殊,所以爲義",此二句乃是於發用處該攝本體而言,因此端緒而下工夫以推尋之處也。蓋"理一而分殊"一句,正如孟子所云"必有事焉"之處,而下文兩句,即其所以有事乎此之謂也。先生抹出批云:"恐不須引孟子説以證之。孟子之説,若以微言,恐下工夫處落空,如釋氏然。孟子之説,亦無隱顯精粗之間。今録謝上蔡一説於後,玩味之,即無時不是此理也。此説極有力。"大抵仁字正是天理流動之機,以其包容和粹,涵育融漾,不可名貌,故特謂之仁。其中自然文理密察,各有定體處,便是義。只此二字,包括人道已盡。義固不能出乎仁之外,仁亦不離乎義之内也。然則"理一而分殊"者,乃是本然之仁義。先生勾斷批云:"推測到此一段甚密,爲得之。加以涵養,何患不見道也? 甚慰。甚慰。"前此乃以從此推出分殊合宜處爲義,失之遠矣。又不知如此上所推測,又還是否? 更乞指教。先生曰:謝上蔡云:"吾常習忘以養生。明道曰:'施之養則可,於道則有害。習忘可以養生者,以其不留情也。學道則異於是。必有事焉勿正,何謂乎? 且出入起居,寧無事者? 正心待之,則先事而迎。忘則涉乎去念,助則近於留情。故聖人心如鑑,所以異於釋氏心也。'"上蔡録明道此語,於學者甚有力。蓋尋常於靜處體認下工夫,即於鬧處使不着,蓋不曾如此用功也。自非謝先生確實於日用處下工夫,即恐明道此語亦未必引得出來。此語録所以極好玩索,近方看見如此意思顯然。元晦於此更思,看如何。唯於日用處便下工夫,或就事上便下工夫,庶幾漸可合爲已物,不然,只是説也。某輒妄意如此,如何? 如何?

　　問:熹又問《孟子》養氣一章,向者雖蒙曲折面誨,而愚意竟未見一總會處。近日求之,頗見大體,只是要得心氣合而已。故説"持其志,無暴其氣","必有事焉而勿正,心勿忘,勿助長也",皆是緊切處。只是要得這裏所存主處分明,則一身之氣自然一時奔湊翕聚向這裏來,存之不已,及其充積盛滿,睟面盎背,便是塞乎天地氣象,非求之外也。如此,則心氣合一,不見其間。心之所向,全氣隨之,雖加齊之卿相得行道焉,亦沛然行其所無事而已,何動心之有?《易》曰:"直方大,不習無不利。"而《文言》曰:"敬義立而德不孤,則不疑其所行也。"正是此理。不審先生以爲何如? 先生曰:養氣大概是要得心與氣合,不然,心是心,氣是氣,不見所謂集義處,終不能合一也。元晦云"睟面盎背,便是塞乎天地氣象",與下云"亦沛然行其所無事"二處爲得之,見得此理甚好。然心氣合一之象,更用體察,令分曉路陌方是。某尋常覺得,於畔援、歆羡之時,未必皆是正理,亦心與氣合,到此若髣髴有此氣象,一差則所失多矣,豈所謂浩然之氣耶?某竊謂孟子所謂養氣者,自有一端緒,須從知言處養來,乃不差。於知言處下工夫,儘用熟也。謝上蔡多謂於田地上面下工夫,此知言之説,乃田地也。先於此體認,令精審,認取心與氣合之時,不倚不偏,氣象是如何,方可看《易》中所謂"直方大,不習無不利",然後不疑其所行,皆沛然矣。元晦更於此致思,看如何。某率然如此,極不揆是與非,更俟他日面會商量可也。

問:熹近看《中庸》鬼神一章,竊謂此章正是發明顯微無間,只是一理處。且如鬼神有甚形迹,然人却自然有畏敬之心以承祭祀,便如真有一物在其上下左右;此理亦有甚形迹,然人却自然秉彝之性才存主着這裏,便自見得許多道理。參前倚衡,雖欲頃刻離而遁之而不可得,只爲至誠貫徹,實有是理。無端無方,無二無雜。方其未感,寂然不動,及其既感,無所不通。濂溪翁所謂"静無而動有,至正而明達"者,於此亦可以見之,不審先生以爲何如?先生曰:此段看得甚好,更引濂溪翁所謂"静無而動有"作一貫曉會,尤佳。《中庸》發明顯微之理,於承祭祀時爲言者,只謂於此時鬼神之理昭然易見,令學者有入頭處爾。但更有一説,若看此理,須於四方八面盡皆收入體究來,令有會心處方是。謝上蔡云:鬼神,横渠説得來别,這箇便是天地間妙用。須是將來做箇題目入思慮始得,講説不濟事。又云:"鬼神自家要有便有,要無便無。更於此數者一併體認,不可滯在一隅也。某偶見如此。如何?如何?"

壬午八月九日書云:此箇氣味而上下相咻無不如此者,這箇風俗如何得變?某於此有感焉。當今之時,苟有修飭之士,須大段涵養韜晦始得。若一旦齟齬,有所去就,雖去流俗遠矣,然以全體論之,得失未免相半也。使衰世之公子皆信厚,須如文王方得。若未也,恐不若且誦龜山與胡文定梅花詩,直是氣味深長也。如何?龜山詩:"欲驅殘臘變春風,只有寒梅作選鋒。莫把疏英輕鬭雪,好藏清艷月明中。"右《渚宮觀梅寄康侯》。韜晦一事,嘗驗之,極難。自非大段涵養沈潛,定不能如此。遇事輒發矣,亦不可輕看也。如何?如何?

十月朔日書云:承諭近日看仁一事,頗有見處,但乍喧乍静,乍明乍暗,仔細點檢,儘有勞攘處。詳此,足見潛心體認用力之效。蓋須自見得病痛窒礙處,然後可進。因此而修治之,推測自可見。甚慰!甚慰!孟子曰:"夫仁亦在乎熟之而已。"乍明乍暗,乍喧乍静,皆未熟之病也。更望勉之。至祝!至祝!

癸未五月二十三日書云:近日涵養,必見應事脱然處否?須就事兼體用下工夫,久久純熟,漸可見渾然氣象矣。勉之!勉之!

## 答　問　下

李延平初間也是豪邁底人,到後來也是磨琢之功。在鄉若不異於常人,鄉曲以上底人只道他是個善人,他也畧不與人説,待問了方與説。

羅仲素先生嚴毅清苦,殊可畏。李先生終日危坐而神彩精朗,畧無隳墮之氣。

問延平先生言行。曰:他却不曾著書,充養得極好。凡爲學,也不過是恁地涵養將去,初無異議。只是先生睟面盎背,自然不可及。

明道教人静坐,李先生亦教人静坐,看來須是静坐始能收斂。羅仲素都是著實仔細去理會李先生氣象好。熹初爲學,全無見成規矩,這邊也去理會尋討,那邊也去理會尋討。後來見李先生較説得有下落,更縝密。

李先生説:人心中大段惡念,却易制伏。最是那不大段,計利害,乍往乍來底念慮,相續不斷,難爲驅除。今看得來,是如此。

或問:近見廖子晦言,今年見先生,問延平先生静坐之説,先生頗不以爲然,不知如何?曰:這事難説。静坐理會道理是不妨,只是討要静坐則不可。理會得道理明透,自然是静。今人都是討静坐以省事,則不可。嘗見李先生説,舊見羅先生説《春秋》,某心嘗疑之,以今觀之,是如此。蓋心下熱鬧,如何看得道理出?須静方看得出。所謂静坐,只是打疊得心下無事,則道理始出。道理既出,心下愈明静矣。

行夫問:李先生謂常存此心,勿爲事物所勝。先生答之云云。頃之,復曰:李先生涵養得自是別,真所謂不爲事物所勝者。古人云終日無疾言遽色,他真個是如此。尋常人去近處必徐行,出遠處行必稍急。先生去近處也如此,出遠處亦只如此。尋常人叫一人,叫之一二聲不至,則聲必厲。先生叫之不至,聲不加於前也。又如坐處壁間有字,某每常亦須起頭一看,若先生則不然。方其坐時,固不看也。若是欲看,則必起就壁下視之。其不爲事物所勝,大率若此。常聞先生後生時極豪邁,一飲必數十盃,醉則好馳馬,一驟三二十里不迴。後來却收拾得恁地醇粹,所以難及。

問:先生所作《李先生行狀》云:終日危坐,以驗夫喜怒哀樂之前氣象爲如何,而求所謂中者。與伊川之説若不相似。曰:這處是舊日下得語太重,今以伊川之語格之,則其下工夫處亦是有些子偏,只是被李先生靜得極了,便自見得是有個覺處,不似別人。今終日危坐,只是且收斂在此,勝如奔馳。若一向如此,又似坐禪入定。

淳問:延平欲於未發之前觀其氣象,此與楊氏體驗於未發之前者,異同如何?曰:這箇亦有些病,那體驗字是有個思量了,便是已發。若觀時恁著意看,便也是已發。問:此體驗是著意觀,只恁平常否?曰:此亦是以不觀觀之。

或問:延平先生何故驗於喜怒哀樂未發之前而求所謂中?曰:只是要見氣象。陳後之曰:持之良久,亦可見未發氣象。曰:延平即是此意。若一向這裏,又差從釋氏去。李先生云:舜之所以能使瞽瞍底豫者,盡事親之道,共爲子職,不見父母之非而已。昔羅先生語此二句,只爲天下無不是底父母。

不以道得富貴不處,不以道得貧賤不去,是説處這事。「君子去仁,惡乎成名」,是主宰處。終食造次、顛沛,是操存處。李先生説得好。

舊曾問李先生:顔子非助我者處。李先生云:顔子於聖人根本有默契處,不假枝葉之助也。如子夏,乃枝葉之助。

問:灑掃應對是其然,必有所以然者,如何?曰:所以然者,亦只是理也。

惟窮理則自知其皆一致,此理惟延平之說在《或問》"格物"中。與伊川差合,雖不顯言其窮理,而皆體此意。"吾與回言終日"章,《集注》載李先生之說甚分明。

問:李先生謂顏子於聖人體段已具,"體段"二字,莫只是言個模樣否?曰:然。

《孟子》養氣一章,李先生曰:配是襯貼起來。又曰:若說道襯貼,却是兩物。氣與道義,只是一滾發出來,後來思之。"一滾發出來"說得道理好,"襯貼"字却說得"配"字極親切。"必有事焉而勿正,心勿忘,勿助長。"熹舊日理會道理,亦有此病。後見李先生說病,去聖經中求義,遂刻意經學,推見實理,始信前日諸人之誤也。

李先生說一步是一步。如說"仁者其言也訒",熹當時爲之語云"聖人如天覆萬物"云云。李曰:"不要如是廣說。須窮'其言也訒'前頭如何?要得一進步處。"

必有事焉,由此可至君子三變。改過遷善,由此可至所過者化。李先生說。

熹舊見李先生時,說得無限道理,也曾去學禪。李先生云:"汝恁地懸空理會得許多,而面前事却又理會不得。道亦無幽妙,只在日用間著實做工夫處理會,便自見得。"後來方曉得他說,故今日不至無理會耳。

李先生嘗云:人之念慮,若是於顯然過惡萌動,此却易見易除。却怕於匹似間底事爆起來,纏繞思念將去,不能除此,尤害事。

延平先生嘗言:道理須是日中理會,夜裏却去靜坐地思量,方始有得。熹依此說去做,真箇是不同。

李先生云:書不要點,看得更好。

李先生言:事雖紛紜,須還我處置。

熹少時亦曾學禪,只李先生極言其不是。後來考究,畢竟佛學無是處。

李先生當時說學已有許多意思,只爲說"敬"字不分明,所以許多時無捉摸處。

闢佛者皆以義利辯之,此是第二義。及見李先生之言,初亦信未及,且理會學問看如何,後漸見其非。

李先生説:横渠説,不須看非是不是,只是恐先入了費力。向時諸前輩,每人各是一般説話,後見李先生較説得有下落,説得較縝密。

"仁"字、"心"字,亦須署有分别始得。記得李先生説:"孟子言'仁',人心也,不是將心訓仁字。"此説最有味,試思之。

吕與叔論"民可使由之"處,意思極好。昔侍李先生,論近世儒佛雜學之弊,因引其説,先生亦深然之。凡百但以此等意思存之,便自平實。

李丈名侗,師事羅仲素先生。羅嘗見伊川,後卒業龜山之門,深見稱許,其棄後學久矣。李丈獨深得其閫奥,經學純明,涵養精粹。延平士人甚尊事之,請以爲郡學正。雖不復應舉,而温謙愨厚,人與之處久而不見其涯,鬱然君子人也。先子與之遊數十年,道誼之契甚深。

"中和"二字,皆道之體用。舊聞李先生論此最詳,後來所見不同,遂不復致思。今乃知其爲人深切,然恨已不能盡記其曲折矣。如云:"人固有無所喜怒哀樂之時,然謂之未發,則不可言無主也。"又云:"'致'字如致師之致。"又如先言慎獨,然後及中和,此意亦嘗言之。但當時既不領署,後來又不深思,遂成蹉過,孤負此翁耳。

熹記頃年汪端明説,沈元用問尹和靖:伊川先生《易傳》何處最切要?尹云:"體用一源,顯微無間,此是最切要處。"後舉問李先生,先生曰:"尹説固好,然須是看得六十四卦、三百八十四爻都有下落處,方始説得此話。若學者未曾子細理會,便與他如此説,豈不誤他?"余聞之悚然,始知前日空言無實,全不濟事,自此讀書益加詳細。

熹自延平逝去,學問無分寸之進。汩汩度日,無朋友之助,未知終何所歸宿。《春秋》工夫未及下手,而先生棄去。然嘗署聞其一二,以爲《春秋》一事各是發明一例,如看風水,移步换形,但以今人之心求聖人之意,未到聖人灑然處,不能無失耳。此亦可見先生發明之大旨也。

李先生曰:"受形天地,各有定數。治亂窮通,斷非人力,惟當守吾之正而已。然而愛身明道，修己俟時，則不可一日忘於心，此聖賢傳心之要法。或者放肆自佚，惟責之人，不責之己，非也。”

李先生曰：“陰陽之精散而萬物得之，凡麗於天，附於地，列於天地之兩間，聚有類，分有群，生者、形者、色者，莫不分繫於陰陽。”

又曰：“陽以燥爲性，以奇爲數，以剛爲體，其爲氣炎，其爲形圓，浮而明，動而吐，皆物於陽者也。陰以濕爲性，以耦爲數，以柔爲體，其爲氣凉，其爲形方，沈而晦，靜而翕，皆物於陰者也。”

李先生曰：“動、靜、真、僞、善、惡，皆對而言之，是世之所謂動、靜、真、僞、善、惡，非性之所謂動、靜、真、僞、善、惡也。惟求靜于未始有動之先，而性之靜可見矣。求真于未始有僞之先，而性之真可見矣。求善於未始有惡之先，而性之善可見矣。”

李先生曰：“虛一而靜。心方實，則物乘之，物乘之則動。心方動，則氣乘之，氣乘之則惑。惑斯不一矣，則喜怒哀樂皆不中節矣。”

思索義理到紛亂窒塞處，須是一切掃去，放教胸中空蕩蕩地了，却舉起一看，便自覺得有下落處。向見李先生曾如此説來，今日方真實驗得。

舊見李先生説：“理會文字，須令一件融釋了後，方便理會一件。”“融釋”二字下得極好，此亦伊川所謂“今日格一件，明日又格一件，格得多後，自脱然有貫通處”。此亦是他真曾經歷來，便得如此分明。今若一件未能融釋，而又欲理會一件，則第二件又不了。推之萬事，事事不了，何益？

人若著此利害，便不免開口告人，却與不學之人何異？向見李先生説：“若大段排遣不去，只思古人所遭患難有大不可堪者以自比，則亦可以少安矣。”始者甚卑其説，以爲何至如此，後來臨事，却覺有得力處，不可忽也。昔聞延平先生之教，以爲爲學之初，且當常存此心，勿爲他事所勝。凡遇一事，即當且就此事反復推尋，以究其理，待此一事融釋脱落，然後循序少進而別窮一事。如此既久，積累之多，胸中自當有灑然處，非文字言語之所及也。詳味此言，雖其規模之大，條理之密，若不逮於程子，然其工夫之漸次，意味之深切，則有非他説所能及者。惟嘗實用力於此者爲能有以識之,未易以口舌争也。格菴趙氏曰:"程子言,若一事窮未得,且別窮一事。"延平則言:"且就一事推尋,待其融釋脱落,然後另窮一事。"其言不同。蓋程子以人心各有明處、有暗處,若就明處推去,則易爲力,非爲一事未窮得而可貳以二參以三也。若延平,則專爲不能主一者之戒。"

李先生居處,有常不作費力事。所居狹隘,屋宇卑小。及子弟漸長,逐間接起,又接起廳屋,亦有小書屋。然甚齊整瀟灑,安物皆有常處。其制行不異於人,亦常爲任希純教授延入學作職事,居常無甚異同,頹如也。真得龜山法門,亦嘗議龜山之失。

李先生不著書,不作文,頹然若一田夫野老。

《正蒙》、《知言》,李先生極不要人傳寫及看。舊嘗看《正蒙》,李甚不許。然李終是短於辨論邪正,蓋皆不可無。無之,即是少博學詳説工夫也。

李先生之學云:常在目前。只在戒謹不睹,恐懼不聞,便自然常存。顔子非禮勿視聽言動,正是如此。

熹初師屏山、籍溪,自見於此道,未有所得,乃見延平。

熹赴同安任,時年二十四五矣。始見李先生,曾與他説禪,李先生只説不是,却倒疑李先生理會此未得,再三質問。李先生爲人簡重,却不甚會説,只教看聖賢言語。熹意中道,禪亦自在,且將聖人書來讀。日復一日,覺得聖賢言語漸漸有味,回看釋氏之説,漸漸破綻,罅漏百出。

李先生云:"賴天之靈,常在目前。"如此,安得不進? 蓋李先生爲默坐澄心之學,持守得固。龜山之學,以身體之,以心驗之,從容自得於燕閒静一之中。李先生之學出於龜山,源流是如此。

李先生教學者於静中看喜怒哀樂未發之氣象爲如何,伊川謂即思即是已發。道夫謂,李先生之言主於體認,程先生之言,專在涵養,其大要實相表裏。

舊見李先生常説少從師友,幸有所聞,中間無講習之助,幾成廢墜。然賴天之靈,此箇道理只常在心目間,未嘗敢忘。此可見其持守之功矣。然則所見安得而不精,所養安得而不熟邪?

"學者須常令胸中通透瀟落,恐非延平先生本意。"此説甚善。大抵此箇地位乃是見識分明,涵養純熟之效,從真實積累功用中來,不是一旦牽強著力做得。"灑落"兩字,本是黃太史語,後來延平先生拈出,亦是且要學者識箇深造自得底氣象,以自考其所得之淺深。

熹蚤從延平李先生學,受《中庸》之書,求喜怒哀樂未發之旨,未達而先生没。聞張敬夫得衡山胡氏學,則往從而問焉。敬夫告余以所聞,亦未之省也。暇日檢故書,得當時往還書藁一編,題曰《中和舊說》。獨恨不得奉而質諸李氏之門,然以先生之所已言者推之,知其所未言者,其或不遠矣。

熹生十有四年,而先君子棄諸孤,遺命來學於籍溪胡公先生,草堂、屏山二劉先生之門。先生飲食教誨之,皆無不至,而屏山獨嘗字而祝之曰:"木晦於根,春容華敷。人晦於身,神明内腴。"後事延平李先生,先生所以教熹者,蓋不異乎三先生之説,而其所謂"晦"者,則猶屏山之志也。

《通書》者,濂溪夫子之所作也。熹自蚤歲即幸得其遺編而伏讀之,初蓋茫然不知其所謂,而甚或不能以句。壯歲獲遊延平先生之門,然後始得聞其説之一二。比年以來,潛玩既久,乃若粗有得焉。

往年誤欲作文,近年頗覺非力所及,遂已罷去,不復留情其間,頗覺省事。講學近見延平李先生,始畧窺門户。而疾病乘之,未知終得從事於斯否耳。大概此事以涵養本原爲先,講論經旨特以輔此而已。

李先生意只是要得學者静中有箇主宰存養處。

李先生教人,大抵令於静中體認大本未發時氣象分明,即處理應物自然中節。此乃龜山門下相傳指訣。

## 附　　録

羅先生《與陳默堂書》曰:"承喻聖道甚微,有能於後生中得一箇半箇可以與聞於此,庶幾傳者愈廣,吾道不孤,又何難之不易也。從彦聞尊兄此言,猶著意詢訪,近有後生李愿中者,向道甚鋭,曾以書求教,趨向大抵近正。謾録其書,并從彦所作小詩呈左右,未知以爲然否?"《勉李愿中詩》五首,已見《羅豫章先生集》。

陳淵答李先生書云:"仲素晦迹求志,人罕知者,吾友獨能自拔流俗而師尊之,其爲識慮,豈淺淺者所能窺測? 聖學無窮,得其門者或寡,況堂奧乎? 孔子之門,從遊者三千,獨得顏子爲殆庶,又不幸短命,道之難也如此。"

文公彊志博見,凌高屬空,自受學于李先生,退然如將弗勝,於是斂華就實,反博歸約。

文公學靡常師,出入於經傳,泛濫於釋老。自受學于李先生,洞明道要,頓悟異學之非,專精致誠,剖微窮深,晝夜不懈,至忘寢食,而道統之傳始有所歸矣。

文公常言:"自見李先生,爲學始就平實,乃知向日從事於釋老之説皆非。"

延平於韋齋爲同門友,先生歸自同安,不遠數百里,徒步往從之。延平稱之曰:"樂善好義,鮮與倫比。"又曰:"穎悟絶人,力行可畏。其所論難,體認切至。"自是從遊累年,精思實體,而學之所造者益深矣。

羅博文云:"延平先生之傳,迺某伯祖仲素先生之道,河洛之學,源流深遠。"

陳淵《語孟師説跋》有曰:"《孟子》,饑者甘食,渴者甘飲與,人能無以饑渴之害爲心害,則不及人不爲憂矣。"仲素思之累日,疏其義以呈龜山。龜山云:"此説甚善,但更於心害上一著猛省留意,則可以入道矣。"今日李君愿中,以其遺書質予,其格言要論,自爲一家之書。閱其學益進,誦其言益可喜,信乎自心害而去之也。自仲素之亡,傳此書者絶少,非愿中有志於吾道,其能用心如此專乎?"劉將孫《跋豫章藁》曰:"考亭朱氏出延平李氏,延平李氏出豫章羅氏,今朱氏之書滿天下,延平、豫章之遺言緒論未有聞者。將孫一來延平,適兵革之後,慨然求之耆舊間,久乃得《延平答問》,其詞語渾樸,皆當以三隅反者。且自謂不能發揮以文,又久之得豫章家集,又非延平比。愚于是益信二先生之所以上接伊洛而下開考亭者,初不在於言也。"按:《豫章集》此跋後有"元貞第二春廿有二日,廬陵後學劉將孫手書"。劉公係延平教授也。

## 李先生行狀節録

初,龜山先生倡道東南,士之遊其門者甚衆。然語其潛思力行、任重詣極如羅公者,益一人而已。先生既從之學,誦講之餘,危坐終日,以驗夫喜怒哀樂未發之前氣象爲何如,而求所謂中者。若是者蓋久之,而知天下之大本,真有在乎是也。蓋天下之理,無不由是而出,既得其本,則凡出于此者,雖品節萬殊,曲折萬變,莫不該攝洞貫,以次融釋而各有條理,如川流脉絡之不可亂。大而天地之所以高厚,細而品類之所以化育,以至于經訓之微言,日用之小物,折之於此,無一不得其衷焉。由是操存益固,涵養益熟,精明純一,觸處洞然,泛應曲酬,發必中節。

又嘗曰:"學者之病,在於未有灑然冰解凍釋處,縱有力持守,不過苟免顯然悔尤而已。若此者,恐未足道也。"又嘗曰:"今人之學與古人異,如孔門諸子,羣居終日,交相切磨,又得夫子爲之依歸,日用之間,觀感而化者多矣。恐於融釋而脫落處,非言説所及也。不然,子貢何以言,夫子之言性與天道,不可得而聞也邪?"

## 墓誌銘節録

元晦之爲人,應宸所畏也,審於擇善,嚴于衛道,遺佚窮困,而不以外物易其所守之錙銖。其事先生,久益不懈,以爲每一見則所聞必益超絶。蓋其上達不已,日新如此也。應宸守福唐,聞先生之言行于元晦爲詳,他日移書屈致,先生不予鄙,惠然來臨,庶幾聞所未聞焉。至三日,方坐語,忽疾作,而已不救矣。其孫護喪以歸,將以二年八月庚申葬于所居山之左,而以銘見屬。應宸于先生,雖不獲從容敬請,以畢其所欲見之志,而其景慕之誠,非苟然者。

## 祭李延平先生文朱文公撰。

道喪千載,兩程勃興。有的其緒,龜山是承。龜山之南,道則與俱。有覺其徒,望門以趨。惟時豫章,傳得其宗。一簞一瓢,凜然高風。猗歟先生,早自得師。身世兩忘,惟道是資。精義造約,窮深極微。凍解冰釋,發於天機。乾端坤倪,鬼秘神彰。風霆之變,日月之光。爰暨山川,草木昆蟲。人倫之正,王道之中。一以貫之，其外無餘。縷析毫差，其分則殊。體用混圓，隱顯昭融。萬變並酬，浮雲太空。仁孝友弟，灑落誠明。清通和樂，展也大成。婆娑丘林，世莫我知。優哉遊哉，卒歲以嬉。迨其季年，德盛道尊。有來摳衣，發其蔽昏。侯伯聞風，擁篲以迎。大本大經，是度是程。稅駕云初，講義有端。疾病乘之，醫窮技殫。

又曰：嗟惟聖學，不絕如綫。先生得之，既厚以全。進未獲施，退未及傳。殉身以没，孰云非天。熹也小生，丱角趨拜。恭惟先君，實共源派。誾誾侃侃，斂袵推先。冰壺秋月，謂公則然。施及後人，敢渝斯志。從游十年，誘掖諄至。春山朝榮，秋堂夜空。即事即理，無幽不窮。相期日深，見勵彌切。蹇步方休，鞭繩已掣。安車暑行，過我衡門。返斾相遭，凉秋已分。熹於此時，適有命召。問所宜言，反覆教詔。最後有言，吾子勉之。凡兹衆理，子所自知。奉以周旋，幸不失墜。歸裝朝嚴，訃音夕至。失聲長號，淚落懸泉。何意斯言，而訣終天。

### 輓李先生詩

河洛傳心後，毫釐復易差。淫辭方眩俗，夫子獨名家。本本初無二，存存自不邪。誰知經濟業，零落舊烟霞。

### 其　二

聞道無餘事，窮居不計年。簞瓢渾謾興，風月自悠然。灑落濂溪句，從容洛社篇。平生行樂地，今日但新阡。

### 其　三

岐路分南北，師門數仞高。一言資善誘，十載笑徒勞。斬板今來此，懷經痛所遭。有疑無與析，揮淚首頻搔。

### 備　考

後學趙氏師夏，撰先生文集序曰：延平李先生之學，得之仲素羅先生。羅先生之學，得之龜山楊先生。龜山蓋伊洛之高弟也。先生不特以得於所傳授者爲學,其心造之妙,蓋有先儒之所未言者。今觀此編與行述之所紀,智者觀之,當見之矣。始,我文公朱先生之先人吏部公,與延平先生俱事羅先生,爲道義之交,故文公先生於延平爲通家子。文公幼孤,從屏山劉公學問,及壯,以父執事延平而已,至於論學,蓋未之契,而文公每誦其所聞,延平亦莫之許也。文公領簿同安,反復延平之言,若有所得者,於是盡棄所學而師事焉,則此編所録,蓋同安既歸之後也。文公先生嘗謂師夏曰:“余之始學,亦務爲儱侗宏闊之言,好同而惡異,喜大而耻於小,於延平之言則以爲何爲多事若是,天下之理一而已,心疑而不服。同安官餘,以延平之言反覆思之,始知其不我欺矣。”蓋延平之言曰:“吾儒之學,所以異於異端者,理一分殊也。理不患其不一,所難者分殊耳,此其要也。”今文公先生之言行布滿天下,光明俊偉,毫厘必辨,而有以會其同,曲折致詳,而有以全其大。所謂致廣大而盡精微,極高明而道中庸,本末兼舉,細大不遺。而及門之士,亦各随其分量,有所依據,而篤守循序而漸進,無憑虛蹈空之失者,實延平先生一言之緒也。世之學者其尊信文公之道者,則以爲聰明絕世,故其探討之微,有不可及。至於不能無疑者,則又以爲其學出於性習之似,得之意好之偏而已,而不知師弟子之間,離合從違之際,其難也如此。嗚呼!此蓋爲千古計也,豈容有一毫曲徇苟合、相爲容悦之意哉?北海王耕道舊讀此書而悦之,攝郡姑孰,取之刊之郡齋,以畀學者,其惠宏矣。師夏贊貳于此,因得述其所聞于後,以告同學者,蓋丙辰夏夜之言也。幸畀其僭。嘉定甲戌三月望日,後學趙師夏謹識。

　黄東發先生《日抄·讀延平先生集》曰:按:程門高弟如謝上蔡、楊龜山,末流皆不免畧染禪學,惟尹和靖堅守不變,其後龜山幸三傳而得朱文公,始哀萃諸家而辨折之,程門之學因以大明。故愚所讀先儒諸書,始於濂溪,終於文公所傳之勉齋,以究正學之終始焉。次以龜山、上蔡,以見其流雖異,而源則同焉。又次以和靖,以見源雖異而其流有不變者焉。次以横浦、三陸,以見其源流之益別焉。然上蔡、龜山,雖均爲畧染禪學,而龜山傳之羅仲素,仲素傳之李延平,延平亦主澄心静坐,乃反能救文公之幾陷禪學,一轉爲大中至正之歸。致知之學,豪釐之辨，不可不精，蓋如此。故又次延平於此，以明心學雖易流於禪，而自有心學之正者焉。此書文公所親集，延平之學，以涵養爲功夫，以常在心目之間爲效驗，以脱然洒落處爲超詣之地。文公之問，多本《論語》，多先孝弟，此皆學者所當熟味。序此書者廖德明載文公之言，謂先生隱居不仕，燕閒體察，默而成之，非他人能及。若夫經綸天下之大經，措諸事業，時有勞逸之殊遇，故二程因發明"敬"字，合内外，貫動静，敬附録云。

明蔡松莊元偉《考德録》曰：喜怒哀樂未發之中與發而中節之和，是戒懼慎獨後養成心體如此。李延平先生是如此説，朱子《章句》不從其説，後來累悔，不及改正，謂孤負此翁。今當以延平之説爲定。

國朝孫夏峰奇逢曰：人固有無喜怒哀樂之時，然中無所主，冥然不靈，與醉夢何異？固不可謂之未發。未發謂中，發而中節謂和，非戒懼慎獨之後，焉能有此中和乎？延平以此指授晦翁，其所陶鑄深矣。

國朝魏貞菴裔介曰：後世之學者，蓋亦習於格物窮理之説，主敬脩身之言，然於大本之卓然者未能有見，則沈潛淵默之中，既失所以自養，而浮游怠惰之氣，遂無所以勝之，此所以遇物而爲物所乘，處事而爲事所紛，發而不能中節，舛錯叢脞，其端皆起於此也。李延平受學於羅仲素，羅仲素受學於楊龜山，龜山則伊洛之高弟也，其學問源流，固已有所自矣。至其所謂學者，則惟在静中看喜怒哀樂未發前氣象而求所謂中。嗚呼，中者何？即所謂天命之性也。天命之性不可見，故於喜怒哀樂未發時驗之，此時情欲不萌，思慮未動，而天之所以與我者固渾然其全備於此，體認涵養主宰，豈語言文字之所及乎？朱元晦曰："先生之學云嘗在目前，只是戒謹不睹，恐懼不聞，便自然常存。顔子非禮勿視聽，正是如此。"而又曰："吾儒之所以異於異端者，理一而分殊也。理不患其不一，所難者分殊耳。"即此二段，見先生之學，内而不遺乎外，隱而不遺乎顯，有得於形下形上之一致，道心、人心之密幾也。夫以朱元晦豪傑之才，聖賢之質，猶嘗氾濫於諸家，出入於佛老，而延平有以正之，後來考究，乃漸見其非是。元晦之所以爲大儒者，延平成之也。延平之功，顧不偉哉。王氏云"顔子没而聖人之學亡"。夫聖學豈遂亡也,由延平澄心體認天理之説求之,則顏子之"不遠復,無祗悔。不遷怒,不貳過"之學,或庶幾焉。

又曰:佛氏者流,著有《心經》,於諸經之中,自尊爲無上妙義,然不過《大易・艮》卦象辭"艮其背,不獲其身。行其庭,不見其人"之説,蓋於人心之危者,似已絶其幾矣,而於道心之微者,未嘗有所窺也。人心,情也。道心,性也。"惟精惟一,以執厥中",則道心之微者,不雜於人心之危矣。佛氏但言心而不知性,彼防其心之變,則以爲五蘊皆空。聖賢言心而必言性,默察其心之理,則以爲五性皆實。實而未嘗不虛,則喜怒哀樂之未發謂之中之謂也。虛而未嘗不實,則發而皆中節謂之和之謂也。《易》曰:"天下何思何慮? 天下同歸而殊途,一致而百慮。天下何思何慮?""《易》無思也,無爲也,寂然不動,感而遂通天下之故。"此可謂善於形容中體者矣。李延平之觀喜怒哀樂未發氣象,朱元晦以爲龜山門下相傳指訣。夫豈徒觀其氣象而已哉? 正觀其天下之大本耳,觀其上天之載無聲無臭者耳。由是以戒懼慎獨,存天理,遏人欲,是之謂上達之超詣也,而豈空觀者流哉? 或曰:"延平但言觀未發,子今益之以戒懼慎獨,豈延平之學高而有所遺與?"曰:"非也,延平答元晦曰常存此心,勿爲他事所勝,即欲慮非僻之念,自不作矣。孟子有夜氣之説,更熟味之,當見涵養用力處也。於涵養處著力,正是學者之要,觀此語,則涵養省察之説,延平未有所遺,而元晦之得力於延平,固昭然可考矣。"

先文貞公《觀瀾録》曰:延平學於豫章,豫章學於龜山,屏山、白水、籍溪,則韋齋托孤,朱子禀學焉。然其終身誦説師承,列爲七賢而釋奠於精舍,延平一人而已。誦其詩,讀其書,則諸子高而延平卑也,故道以切近精實爲至。

又《榕村語録》曰:延平受學羅仲素,仲素受學於龜山,朱子於楊、羅皆有微辭,獨延平無間。然滄洲精舍祀七人,周、程、張、邵、司馬及延平,意可見已。

## 承議郎羅宗禮先生博文

羅博文,字宗禮,一字宗約。祖畤,太常博士。從祖爲仲素先生。博文用祖廳補將仕郎、福州司户參軍,再調靜江府觀察支使。時秦檜用事,士大夫以忤意竄斥南來道出府下者,博文皆善遇之,至竭廩奉、鬻衣服以濟其乏。改知瑞金縣,始至,歲歉,先事儲備,及饑,發粟賑贍,躬親厝置,又推其餘以及旁縣。縣故多盜,計獲渠魁數人,寘諸法。在官餘九月,會張魏公都督江淮,辟爲幹辦公事。以嗣位恩,轉通直郎,賜五品服。使募兵江西,又繹建康,皆有成績。得知和州,未上,而吏部侍郎汪公應辰制置全蜀,辟爲參議官。汪既虛心好問,博文亦推誠啓告,成都之政,遂最天下,博文之助爲多。嘗以致遺錢不得辭却,蓄之公帑,取二程遺文與他名臣論奏纂述之可垂世者,募工鋟板。橫渠張子之家,避地流落,貧不自振,爲言汪公,延置府學。士大夫遊宦,貧不能歸,或不幸死,不克葬者,皆出俸金以振業之。累遷承議郎。秩滿,自請奉祠,得管台州崇道觀。卒,朱晦菴爲撰行狀曰:公資禀和粹,沉静寡欲,處己待人,一主誠敬。聞人之善,稱慕如不及。視人患難困乏,如切其身,經營周救,必盡其力。聞天下士有一言一行之幾乎道,至或千里求之。嘗從同郡李愿中先生遊,聞河洛所傳之要,多所發明,于是喟然歎曰:“儒佛之異無他,公私之間耳。”由是,沛然自信,其守益堅。其亦受學于李先生之門,先生爲某道公之爲人甚詳。其于從辟江淮也,喜而言曰:“張公高明閎大有餘,而宗禮以精密詳練佐之,幕府無過事矣。”時某未識公也。及先生没,乃獲從公遊,而得其志行之美,然後益信先生爲知人。然公自是入蜀,相望數千里,日夜望公之還,得復相與講其舊學,而公乃以喪歸,惜其不及大爲時用,又傷吾道不幸而失此人焉。所編有《延平語録》,黄氏震曰:“此書本名《欽佩録》,然其所載多高深,閒又造語如諸子之立論者,視朱文公所編《答問》,似不同云。”《朱子文集》、《延平府志》

御史李先生信甫以下家學。

李信甫,名友諒,以字行。文靖侗次子。同兄友直登紹興二十七年進士第,歷監察御史,出知衢州。善政善教,不忝家學。擢廣東憲,以特立不容,罷去。《閩書》、《延平府志》

# 閩中理學淵源考卷六

## 崇安劉氏家世學派世住崇安之五夫，號東族。

按：崇安、建陽劉氏合二族，實伯、仲分派也。二族以忠名世者，得五人，世稱爲五忠云。考是時，劍、建間密邇京室，故家舊俗懷仁思而伸義憤者，惟以三綱不振爲深恥，故其平昔家庭之際，所告戒訓勵者，孰有大於君臣之際乎。忠顯公之使金營，是二帝未北狩之時也，乃能不辱朝廷。卒之，子孫族姓，皆能以忠悃翊衛王家，鞠躬臣節。而屏山、草堂二先生，又以師資付授紫陽，以聖賢之學相砥礪，此其學問源流，所以疊出於儕輩也。今附滕氏祐《五忠堂記》於後，以備參考焉。

### 劉聖仕先生民先

劉民先，字聖仕，崇安人。屏山先生叙其世譜畧云："劉居建之潭溪九世，餘二百年矣。其初京兆人，唐僖宗時有爲將軍者，歲久名逸。五季亂時，有諱庸者南遊於此，愛其形勝，因家焉。按，熊勿軒撰《劉氏族譜序》謂：庸即金吾上將軍翔所出。今推爲始祖，以其近可考也。蕩拓焚拂，以啓山林，二世而廬室完，三世而田疇闢。庸生光信，光信生玉，玉生文廣，文廣生朝議公太素。於是崇禮文，篤經術，謹遊從，厚風化，識者知其後必大云。"民先即朝議公子也，敦謹有行，從安定胡先生受《春秋》學。晚以累舉得官。歸家教授，學者至數百人。作一枝堂潭溪之上，與弟民覺奉母以終餘年。既葬廬墓，日夜哀悲，鄉評尚之。子翰、轓、韞。《閩書》《劉屏山集》《朱子文集》

### 劉莘材先生民覺

劉民覺，字莘材，朝議次子也。爲人淳樸謙厚，恪紹前修，早自知名。正奉遊學。時普寧暨夫人老矣，民覺嘗留侍，以故不遑科舉之事。夫人年九十六而卒，民覺始終孝養，敬不弛顏，鄉評尚之，耆老聚而請曰："非公孰爲吾黨指南？"民覺據師席二十餘年，毓英導秀，多所成就。忠顯之守會稽長樂，嘗迎民覺就養，欲請於朝官之，民覺曰："衰朽那復有此意。"其恬曠自適，世網莫之能攖也。年八十四卒，後屏山爲表其墓。劉屏山撰墓表

## 忠顯劉仲偃先生韐

劉韐，字仲偃。紹聖元年進士，調豐城尉。歲饑、多盜，他邑率以捕殺希賞。韐曰："此饑民救死耳。"率豪右賑濟，多所全活。歷陝西轉運使，攝帥鄜延。夏人攻振武，韐出奇兵擣之，解其圍。乞祠。起知越州。方臘陷衢、婺，越大震，官吏悉遁。韐曰："吾當與城存亡。"寇至城下，擊敗之。河北盜起，韐守真定，單騎赴鎮，招諭賊首柴宏。時金人方謀南牧，韐諜得實，陰治城守以待變。金人治梯衝設圍，示欲攻擊，韐發強弩射之。金人知不可脅，竟退。欽宗善之，拜資政殿學士，充河北河東宣撫副使。太原陷，召入爲京城四壁守禦使，宰相沮罷之。初，敵之入真定也，父老號呼曰："使劉資政在鎮，豈有此？"敵益知韐名。及京城不守，必欲得之。宰相紿以割地，遣韐使金營。金人素知其名，命僕射韓正館之僧舍，正曰："國相知君，今用君矣。"韐曰："偷生以事二姓，死不爲也。"金人退，即手書片紙，召指使持歸報諸子，沐浴更衣，酌卮酒而縊，顏色如生。金人嘆其忠，瘞之壽聖寺西崗上，遍題窗壁，識其處。年六十一。建炎元年，贈資政殿大學士，謚忠顯。韐莊重寬厚，寡言笑。與人交，謙恭若有所畏，至臨大事，則毅然不可奪。累歷大藩，事無巨細，必親臨之。爲政愛人，出於誠心，求民瘼如去己病。小民犯罪或越法縱舍，至大奸，則立斷不疑。軍中家報有曰："今日邊鄙多事，只得盡忠死節，餘不足言。"其素如此。靖康死難之臣，蓋韐爲尤著云。子子羽、子翼、子羣。按，韐之裔孫名頜者，收峒寇有功，謚忠簡。名純者，死邵武寇，立廟封忠烈。韐子子羽，謚忠定。孫珙，謚忠肅。故世號五忠劉氏云。《通志》、《閩書》

### 郡守劉仲固先生韞

劉韞，字仲固。以門蔭入仕，歷倅三州、典二郡，皆有聲，後以朝散大夫致仕。築室縣南，有臺榭花木之勝，自號秀野。與劉子翬、朱元晦諸賢倡酬甚多，時人謂之"吟龍子"。子翔，丞瀏陽，秩滿不仕。亦能詩，有父風，時人謂之"詞虎"。

### 忠定劉彥修先生子羽

劉子羽，字彥脩，韐長子。以蔭補官。韐帥浙江，子羽年二十五，佐以主管機宜文字，用羸卒數百破方臘數十萬衆，全其城。歷知池州，改秦州。未行，高宗召赴行在，除樞密院簡詳文字。建炎三年，大將范瓊擁強兵跋扈不臣，與樞密院事張浚密謀誅之。浚宣撫川陝，遂辟爲參議軍事。至秦州，立幕府節度五路諸將，規以五年而後出師。明年，金人窺江淮甚急，浚欲合五路兵進撓之。子羽諫，不聽。比至富平，與金人戰，敗績。力言當留興州，以安關蜀，收集散亡，分布險隘，堅壁固壘，觀釁而動，庶幾可以補前愆而贖後悔。浚然之，而諸將無敢行者，子羽即單騎就道至秦州，召諸亡將。諸將聞命大喜，悉來會，命忠州防禦使吳玠柵和尚原，守大散關，而分兵守險。金人知有備，引去。會秦鳳、金房二鎮皆饑，鎮帥吳玠、王彥皆願得子羽守漢中，浚乃承制，拜子羽利州路經畧使，兼知興元府。既至，通商輸粟，二鎮獲安。除寶文閣直學士。金人復攻金州，彥失守，退保石泉。子羽急移兵守饒風關，馳告玠列營以拒金。金人從間道繞出玠後，玠不能支，遽還漢中，全蜀大震。玠邀子羽俱去，子羽固持不可，留玠先柵定軍山以守，玠不從，子羽不得已退守三泉，從兵不滿三百，乃築壘於潭毒山上，儲粟十餘萬石，積石數十百萬。數日，候騎報敵軍且至，即下令蓐食。遲明上馬，先至戰地前，當山角據胡床坐。諸將泣請曰："此非待制坐處。"子羽慷慨語曰："將死於此。"諸將皆奮，會敵乏食，亦引去，子羽與玠引兵合擊之，墮溪谷死者不可勝計，其餘衆不能自拔，降者十數柵，敵之喪失莫甚於此。是時，金人主兵用事者計必取蜀，以窺東南，其選募戰攻不遺餘力。惟時爲必守計者，惟子羽與浚協心戮力,毅然以身當兵衝,將士感激争奮,全蜀卒賴以安。四年,坐富平之役,與浚俱罷。尋爲言者所論,責貶單州團練副使、白州安置。吳玠始爲裨將,未知名,子羽獨奇之,薦於浚。至是,玠上疏訟子羽功,請納節贖罪,得復原官,提舉江州太平觀,復爲集英殿修撰,知鄂州。未幾,召公赴闕,使諭指西師,且察邊備虛實。子羽還奏:“敵未可圖,宜益治兵,廣營田以俟機會。”時又方議易置淮西大將,且以其兵屬子羽。子羽復以爲不可,遂以親老乞郡,乃以徽猷閣待制知泉州。已,淮西軍亂,議者反謂子羽實使然,不責,無以係叛將南歸之望,遂以散官安置漳州。十一年,以張浚薦,復原官,知鎮江府兼沿江安撫使。建議清野,徙淮東人於鎮江,撫以恩信,兵民雜居,無敢相侵者。十二年,復待制,進爵子,益封二百户,竟以不附秦檜和議奉祠歸。卒贈少傅,謚忠定。子羽平生慷慨屬節,有忘身徇國之忠,衆人惶惑失措,子羽色愈屬,氣愈勁。遇事立斷,凜不可犯,料敵決勝,雖古名將不能過之。至其爲政,愛民禮士,敦尚教化,摘奸發伏,不畏強禦。而天性孝友,接人樂易,開心見誠,豁然無纖芥滯吝意。好賢樂善,輕財喜施,於姻親舊故貧病困阨之地,尤孜孜焉。朱文公嘗稱:“子羽在川陝,雖盛寒,必侵晨着單衣汗衫入教場,射箭三百,率以爲常。”又言:“幼常侍側,賓客滿座,見其目覽書册,耳聽指授,口供應對,手答書疏,頃刻之間,五官並用,百函俱發,並無差錯,真人傑也。”子琪。《通志》、《建寧府志》、朱子撰《劉公神道碑》、《名臣傳》

## 郡守劉彦禮先生子翼

劉子翼,字彦禮。少精敏力學,用蔭補承務郎,調秀州司録。時朝廷割地議和,遣人持詔取河北監司分畫地界。翰鎮真定,稱詔拒之。靖康元年,翰遣子翼入奏事,賜對延和殿。欽宗見子翼進止閒雅,因而受知。未幾,除江西轉運使司,歷轉宣議郎。建州熊志寧、范汝爲相繼叛,有旨除子翼知建州。道路梗塞,或勸子翼從王師航海進,子翼曰:“不可。”乃單車自崇安入。賊方棲山守險,所在屯布,子翼崎嶇行賊營,以誠信諭之曰:“汝輩誤及此,今王師且至,若能自新,釋兵歸農,太守能活汝。不然,悔無及。”賊皆曰:“我輩生矣。”羅拜去。王師尋下，多所俘獲。子翼分別善惡，縱釋之。賊首逸去，子翼設方略購獲之。尋知南劍州，躬減科斂，一新郡治。紹興二年，應詔獻言，忤當路，奉祠。俄以薦知撫州，徙信州。爲人開明勤決而本之以恕，所至簡易不擾，甚得民心。《閩書》、郡志

## 忠肅劉共父先生珙

劉珙，字共父。少長，從季父屏山受書，知刻苦自勵，以祖韐死節恩，補承務郎。舉紹興十二年進士，中乙科，累遷禮部郎，官中書舍人。秦檜當國，欲爲其父作謚，珙不亟奉行。檜怒，諷言者論去之。檜死，累遷吏部郎，權秘書少監、中書舍人。金人渝盟，高宗將興兵復讎，一時詔檄多出珙手，詞氣激烈，聞者感奮泣下。從幸建康，兼直學士院。車駕將遷臨安，時江淮軍務未有所付，衆望屬於張浚，而詔乃以楊存中爲宣撫使，珙不書錄黃，奏論其不可。高宗怒，顧宰相曰：“劉珙之父爲張浚所知，此奏專爲浚地耳。”宰相召珙喻旨，且曰：“再繳，累且及張公。”珙曰：“珙計國家故，不暇爲張公謀，若爲張公謀，不爲是矣。”再論愈力，存中命乃寢。孝宗隆興元年，除集英殿修撰，知泉州，改衢州，又改潭州，兼湖南安撫使。討平宜章寇李金，孝宗賜璽書嘉勞，於是湖南地方數千里姦盜屏跡。三年，召還，除翰林學士知制誥兼侍讀。因陳聖王之學，以正心明理爲萬事之綱，上亟稱善。擢拜中大夫、同知樞密院事，辭謝不獲，乃就職。因薦汪應辰、陳良翰、張栻，請召用之，孝宗可其奏。既入西府，日召諸軍將佐從容訪問，盡得其材器所宜，以待選用。詔兼參知政事，與陳俊卿同心輔政，因奏：“自今聖旨不經三省、密院者，所下之官皆請俟奏審乃得行。”孝宗不悅，罷爲端明殿學士在外宮觀，改知隆興府、江南西路安撫使。明年，除資政殿學士，知荆南湖北路安撫使。始至，條上荆襄兵少財匱之狀，詔即委珙措置。珙因行視襄鄂兵屯並邊形勢，盡得其實，處畫各有條理。明年，遭內艱。八年，免喪，乃復除知潭州，安撫湖南。淳熙二年，除知建康府、安撫江南東路，留守行宮。會歲水旱，珙首奏躬賦税，設法賑貸，闔境數十萬人，無一人捐瘠流徙者。孝宗賜書褒諭，進觀文殿學士。五年，屬疾，請致仕。臨卒，草遺奏千餘言，極言近習用事之禍，且薦陳

俊卿、張栻可用。卒年五十有五，贈光禄大夫，罷朝一日，賜諡忠肅。珙爲人機鑑精明，議論英發，遇事立斷，威不可犯。而居家極其孝慈，内外功緦之戚，必素服以終月數，在官爲罷燕樂，聞同寮有喪者，亦如之。在朝危言正色，直前無避，其忠義奮發，不以死生動心。在荆州時，北敵亦每使諜者訶珙家世，蓋知其忠義之有傳也。所著有文集八卷、奏議十卷、内外制二十卷。以學雅、學裘爲後。

## 劉平父先生坪

劉坪，字平父，屏山先生嗣子。用門蔭調邵武軍户曹，遂力請復南嶽祠官。坪少有奇質，長事胡籍溪，請問講學之要，天姿孝友，事生母卓氏盡孝，鄉人化之。先廬在屏山之下，坪廣其觀遊，種竹疏泉上下磵谷，爲退隱計。復善脩身，悟古人日損日益之意，自號曰"七者翁"，名其齋曰"七者寮"。每與朱文公諸賢倡和，有詩集十卷。子五人，録學古、學博、學箕。朱子撰墓誌，《閩書》

## 縣令劉先生學古

劉學古，坪之子，屏山之孫，文公壻也。嘗爲臨桂縣令。弟學博，俱從文公游。《考亭淵源録》

## 劉先生學箕

劉學箕，恬於仕進，年未五十，即南山之下家焉。扁曰"方是閑堂"，若將終身。爲文高爽閒雅，得其家傳。有《方是閒小藁》行世。《建寧府志》

## 劉正之先生學雅

劉學雅，字正之，忠定公之孫。馳騁東西，爲諸侯客，已而以憤世嫉邪、斥辱權要罷歸田里。弟學裘。

## 郡守劉傳之先生學裘

劉學裘，字傳之，忠定公之孫。用父蔭補郎，守撫州，移守邕州，有惠政。後以疾，累得郡不赴，終朝散大夫。

# 建陽劉氏家世學派世住建陽之麻沙，號西族。

按：劉氏東、西族二派，已敘述前編矣，此不重述。

## 忠簡劉子誠先生頜

劉頜，字子誠，建陽人。與翰同祖，翰之七世孫也。頜紹興間爲廣州參謀，盗綦母謹和尚陷三水鎮，帥兵剿捕。後爲淮東提刑，金主亮趨淮東，力戰死之。諡忠簡。弟崇之。《閩書》

## 文忠劉瑞樟先生崇之

劉崇之，字智父。淳熙二年進士，授福清簿。梁克家帥三山，檄攝幕，甚器之。與詹體仁等六人同薦於朝，除定詳三司敕令所删定官。遷太府丞，應詔上書，論弭變五説。除秘書省校書郎。光宗内禪，上書請朝重華宫，除行太常寺丞權兵部郎中。朱文公罷經筵命從中出，崇之率同列請留之，辭極剴切。僞學禁興，力請外，得荆湖南路常平使者。嘉泰初，起知贛州，言者論周必大併及崇之，因請祠。久之，除成都路提刑，應詔條上蜀民利害九事。已而除户部郎中，領四川宣撫兩司節制。未幾，吴曦變作，上表待罪，請師平賊，除荆湖北路提刑。被論，永州安置。開禧中，四川宣撫使安丙表陳崇之不汙之節，詔復原官。崇之天資穎敏，居左塾讀書三十年，未嘗移他所。文章温潤典雅，有光制誥而用非其長，論者惜之。卒諡文忠，號瑞樟先生。子純。《閩書》、《建寧府志》

## 忠烈劉君錫先生純

劉純，字君錫，建陽人。少年喜騎射，以父蔭授沙縣簿。歲大疫，治粥藥存活之，死而無收者，作大塚瘞焉。秩滿，丞分宜，復值歲旱，極力賑救，如簿沙時。

繼入京,監和劑門。紹定己丑,閩寇晏頭陀等嘯聚汀郡,殘破寧化、清流、將樂,陷劍南,犯建寧。純適調湖北帳幹,聞賊迫近其鄉里,即歸,散家財招唐石義勇千人討之。樵守王遂請於朝,命知邵武縣,俾將所招軍往,立官府,收散亡,軍勢大振。事聞,改宣教郎,詔號其軍曰"忠武",與招捕使陳韡擊破連城潭飛潀,諭降其七十餘寨。頭陀計窮,伏誅。而邵武盜又有劉安國者,先因民困貪暴,鼓衆而起。官軍不能敵,而又無以招撫之,坐是建寧復騷。建守趙紡夫請於朝,移純軍於縣。命下即行,得賊所募爲首者二人,斬以獻。會旴守遣邑令將兵來援,爲賊所圍,純斬數賊,拔令歸。又入富田剿其渠魁,賊懼,合諸寨攻純,純令統制周喜領淮西軍繞賊後,擊其巢,俘獲甚衆,安國就擒。次日,純率兵往招降下瞿賊,爲賊所得,不屈死之。事聞,贈朝散郎,加諡義壯。郡人立二廟於邵武、麻沙祀之,後賜額忠烈。《閩書》、《建寧府志》

## 郎中劉潤之先生滋

劉滋,字潤之。景德中,試開封、禮部,皆第一,調知無錫縣,通判福州。仁宗時,知南劍州。州北黯淡灘善覆舟,滋別開灘傍灌疏三巨洲,鑿七盤石,轉山曲二百餘丈,以舒水勢,自是舟行無患。歷典九郡,皆有惠政。官至職方郎中,累贈開府儀同三司、吏部尚書。始滋未貴時,嘗夢神人携印一簏,令吞之,印大小凡百餘顆,滋吞至十四,印文纍纍然見腹間。後更中外十四任,而典郡者九。滋子同,大理寺丞;勳,知臨江軍;照,河陽令。孫元振,曾孫瑋、勉之。瑋有詩名,與劉子翬多所唱酬。勉之,別見本學派。《閩書》

## 劉君式先生元振

劉元振,字君式。少沉静有器識。季父照當任子,將屬元振,辭與其弟睨。弱冠,游太學,持身有禮,衆敬憚之。國子先生呂大臨、游酢皆與友善。元豐中,士子方尚文華,元振獨沉涵載籍,深造義理,是以不合有司,遂篤意養親,放情泉石。子勉之。《閩書》、郡志、《朱子文集》

按,朱子撰《聘君劉公墓表》云:"公之曾大父諱滋,大父諱照,父諱元振。"此傳云季父照,疑錯,似當以朱子文集爲據。

### 朝奉劉恒軒先生懋

劉懋,字子勉,白水孫也。博學通經,文辭奇偉。長受學屏山先生,得其論著。繼從胡籍溪游,始知爲學大旨。自是易象、天文、地理、律曆之奧,無所不通。受迪功郎,任會昌西尉兼學事。秩滿,轉文林郎,奉祠,監衡州南嶽廟,以朝奉大夫致仕。杜門掃軌,仰師聖賢,鄉人子弟多所造就,學者稱恒軒先生。以子爔貴,贈金紫光禄大夫。所著《禮記集説》、《論孟訓解》。子爔、炳、炯。

### 郎中劉韜仲先生炳

劉炳,字韜仲。與兄爔從文公游,文公編集《程氏遺書》,炳兄弟研窮誦讀,晨夜不息。舉淳熙五年進士,授迪功郎,知應城縣。好賢禮士,修飾儒學,訪求前令謝良佐遺跡,創上蔡先生祠於講堂東隅,朱文公爲記。再調劍浦丞,專以仁義教化,平易近民,民有訟,委曲訓戒之。後有鬧者愬於官,曰:"何面目復見公耶?"累官兵部郎中、朝散大夫,乞祠。閑居,誦讀不輟。自號悠然翁。所著有《睦堂類藁》若干卷、《四書問目》、《綱目要略》、《堂銘故事》傳於世。子填。孫應李、銓。《閩書》

### 縣令劉季明先生炯

劉炯,字季明。慶元五年進士,授進賢丞,遷固始令。早從文公學,比掛冠,倘佯武夷九曲間,悠然自尋其樂焉。《閩書》

### 忠簡劉子時先生欽

劉欽,字子時,伯醇子。幼在襁褓中,或啼哭,示以書帙,即嬉笑。甫能言,母梁氏教以古詩,輒成誦不忘。七歲,日受數千言,每夜達旦,母憐而節之,乃匿膏室中,候寢熟復燃。從蔡沈學,精於《易》。以祖蔭補官承事郎,知嵊縣,有政聲。轉朝奉大夫,出知饒、處、邵武、南康。時江、汀、邵寇竊發,境內騷動,欽募義勇勦捕,誅其首惡,餘悉縱還鄉。事聞,陞殿中侍御史,同知樞密諫院事。歸隱武夷茶洞口,築茶巖小隱堂爲終焉計。自號冰壺散人。終朝請大夫,諡忠簡。所著有《書經衍義》、文集十卷。《閩書》、郡志

## 縣令劉子靜先生鑑

劉鑑,字子靜。以祖澤蔭桂東令。工詩文翰墨,如《題文天祥贊》、《答尹虛齊僚》諸詩,深得風人之旨。鄧尤薦,稱其一生琢對匠語,洗削冶澤,齒牙間纚纚有聲,大率精切得意處,前無古人。至老,皮毛落盡,孤興兀然。雷霹之琴,大成之鑢,潮湍激齧之山,皆天然成趣,不繩削而自合。《閩書》、郡志

## 主簿劉希泌先生應李

劉應李,字希泌,初名榮。謹厚莊重,博習修潔。舉咸淳十年進士,調建陽簿。至元,不仕。與熊禾、胡廷芳講道洪源山,居十有二年。後建化龍書院於莒潭,聚徒講授,厚給課試,悉倣州縣法。《閩書》

## 縣尉劉子平先生銓

劉銓,字子平。慶元五年進士。博通《詩》、《禮》,學宗考亭。尉臨川,有聲。尤工吟咏,著《傷時歌》,深悼世人不務本實,穆然有返樸之思焉。《閩書》

## 備　考

滕氏祐撰《劉氏五忠堂記》曰:郡之望曰劉氏,其先仕唐宋爲顯官者,不知凡幾百人。其功烈炳著,以忠名世者,合二族得五人焉。其所自出,則漢楚元王之裔,由京兆遷入閩。曰翔者,居崇安之五夫。曰翱者,居建陽之麻沙。翔八世孫曰韐,靖康間以資政殿學士使金營,金人欲相之,韐作書與家訣,自縊而死。

贈太師,追封魏國公。翰生子羽,宣和間,爲徽猷閣待制,與張浚協力拒金人以保全蜀,卒贈少傅,追贈魏國公。子羽生珙,在孝宗朝官至同知樞密院事,立朝臨陣,亡身憂國,卒贈太師,封魯國公。此皆五夫之劉,世曰東族也。翰七世孫曰頜,紹興間爲淮東提刑,金兵入淮,頜死之。又十二世而生純,紹定間知邵武縣,率兵破賊,爲餘寇所執,不屈而死,郡人立廟祀之,贈太尉,謚義壯。此皆麻沙之劉,世謂西族也。是五公者,或臨難,或死節,或立朝盡瘁,事有不同,其爲忠一也。故其謚也,翰以忠顯,子羽以忠定,珙以忠肅,頜以忠簡,而純之廟號賜忠烈,名之稱情,其若是哉?嗚呼,偉矣!人得天地剛大之氣以生,養而爲全人,蓄而爲德行,措而爲事業。其在人國也,平時則效誠宣力,而爲翊國之忠,臨難則致命遂志,而守殉國之節。存乎方寸之微,充乎天地之大,行之一時之近,昭乎萬世之遠。使三綱不至於淪斁,人極不至於破壞,而天下後世永有賴焉。蓋如是而後爲全人,如是而後無愧乎天地之生人矣。五公者,其養之厚,蓄之深,其措之而沛然者乎?其足以扶三綱,立人極,位兩間而無愧,得有生而獨全者乎?況忠臣烈士,世不常有,扶輿間氣之所生,非偶然也。今以劉氏一門而爲忠者有五,奇勳大節,高爵鴻名,累數世而迭出,此尤自昔之所罕見,舉世難得者。嗚呼,盛哉!祐嘗竊怪漢高祖以仁厚得天下,而後世未嘗有大惡如桀紂,徒以強臣跋扈至於亡國。今其末流子孫散在天下,生於異代者,猶烈烈間出,爲世偉人,以扶植人極於不墜,則其仁厚之餘澤,詎可誣哉?前此五公未嘗有祠,且以世遠不得與四代之祭。夫有祖宗如此,而子孫乃使之泯然,不得與血食,於人心何如也?祐姊壻太學生甌寧劉君澤,翰十三世孫也,以弘治己酉十月構堂於屏山祠右,設木主而奠焉,牓其額曰"五忠",蓋崇先德、啓後思而闡世澤於無窮,其用意也遠矣。堂成,祐喜其事於名教有關,非特可以勵劉氏後也,作文記之。

# 文靖劉屏山先生子翬學派

按:屏山先生爲忠顯公季子,家學相承,一門忠節炳著,外此不知師承何人，惟朱子作墓表言公與胡原仲、劉致中爲道義交，相見講學外無一雜言，又爲韋齋先生託孤，則其源流亦可考矣。

## 文靖劉屛山先生子翬

劉子翬，字彥冲，崇安人。贈太師韐之季子。以父任補承務郎，辟真定府幕屬。韐死靖康之難，先生痛憤，廬墓三年。服除，通判興化軍。寇入閩境，與郡將張當世畫計備衛，如素服戎事者，賊不敢犯。年方三十，自以哀毀致羸疾，不堪吏責，丏閒局，主管冲祐觀以歸，不出者凡十七年。世家屛山下潭溪之上，有園林水石之勝。俯仰其間，盡棄人事，自號病翁。獨居危坐，嗒然竟日夜，意有所得，則筆之於書。至聞人有片言之善，則從容咨叩，必竭兩端。後生來問學，則隨其器識告語成就，無倦色。間數日，輒一走父墓，涕咽或累日乃返。事繼母呂夫人及兄子羽、子翼極盡孝友。兄子珙幼敏嗜學，先生教之不懈，珙卒有立焉。素與胡原仲、劉致中爲道義交，每相見，講學外無一雜言，所與游皆當世知名士。朱韋齋且死，囑晦菴師事之。晦菴將冠，先生命字祝詞。晦菴嘗言：某蚤以童子獲侍左右，先生始亦但以舉子見期，某竊窺見其自爲與教人者若不相似，暇時僭請焉。先生嘉其志，乃開示爲學門戶，朝夕誨誘不倦。先生深於《易》，家有東、西二齋，東以"復"名，西以"蒙"名。一日，晦菴侍疾，請問先生平昔入道次第。先生欣然告之曰："吾少未聞道，官莆田時，以疾病始接佛老之徒，聞其所謂清淨寂滅者而心悅之，以爲道在是矣。比歸，讀吾書而有契焉，然後知吾道之大，其體用之全乃如此。抑吾於《易》得入道之門焉。所謂'不遠復'者，則吾之三字符也。佩服周旋，罔敢失墜。於是嘗作《復齋銘》、《聖傳論》以見吾志。然吾忘吾言久矣，今乃相與言之，汝尚勉哉。"晦菴頓首受教。先生妻死，不再娶。以兄子翼幼子坪爲後。年四十七得微疾，即入謁宗廟，泣別母夫人前，徧以書告訣素所往來者，召其姪珙付以家事，指示葬處。既已，則與學者論説修身求道之要，作訓誡數百言，彈琴賦詩，澹如平日。後兩日而歿。學者稱"屛山先生"。謚文靖。有文集二十卷。《閩書》、《名臣言行録》、《宏簡録》、《宋史》、朱

子撰墓表

## 聖傳論録四首

《易》固多術，或尚其辭，或尚其變，或尚其象，或尚其占，皆用也。盡其本，則用自應。何謂本？《復》是矣。嘗竊爲之説曰：學《易》者，必有門户，《復》卦《易》之門户也。入室者必自户始，學《易》者必自《復》始，得是者其惟顔子乎。不遠而復，稱爲庶幾，蓋本夫子嘗以復禮爲仁之説告之矣。顔子躬行允蹈，遂臻其極。一己既克，天下歸仁，復之之功至矣。如何天下歸仁？惟踐履實地，自然洞徹爲一。顔子終日如愚，《論語》所載，惟發二問，一爲仁，一爲邦。夫子答之，皆極天理人事之大者。原《易》之用，内焉惟窮理盡性，外焉惟開物成務。顔子盡之，雖無諸子之著撰，謂之通《易》可也。《文中子》言“九師興而《易》道微”，九師之前，未有爲《易》之説者，豈《易》道本於踐履，非區區言説所能至耶。是知《復》之一義，爲平白坦易之塗，聖人善誘之上機，學者用心之急務也。余嘗作《復齋銘》曰：“大《易》之旨，微妙難詮。善學《易》者，以《復》爲先。惟人之生，咸具是性。喜怒哀樂，或失其正。視而知《復》，不蝕其明。聽而知《復》，不流於聲。言而知《復》，匪易匪輕。動而知《復》，悔吝不生。惟是四知，本爲則一。孰覺而存，孰迷而失。勿謂有本，勞思内馳。亦勿謂無，悠悠弗思。廓爾貫通，心冥取舍。既復其初，無復之者。蕩蕩坦坦，周流六虚。昔非不足，今非有餘。伊顔氏子，口不言《易》。庶幾之功，默臻其極。今我仰止，以名斯齋。念兹在兹，其敢怠哉。”《顔子》

曾子之孝，立身揚名，惟此一節而於聞道最爲超警。生死之際，粲然明白。蓋由始則因孝心而致敬，終則因敬心而成己。驗其平日服膺，念兹在兹而已。啓手足，則見於戰戰兢兢之時，發善言，則存乎容貌辭氣之際，皆敬之謂也。《戴經》所記，奧義甚多，首文三語，已盡其要，學者非弗知也，然皆有愧於曾子者，行之弗至也。恭於昭昭者，孝之名也。謹於昏昏者，孝之實也。求其名，匹夫匹婦能焉。核其實，聖人以爲難矣。曾子曰：“養，可能也，敬爲難。敬，可能也，安爲難。安，可能也，卒爲難。”斯須之敬，人能勉强，至於能安能卒，非確然自信,毅然必爲,未有能樂其常而至其至也。此無他,疑情未除也。學者之害,疑情爲大,彼窮搜博覽,惟恐不聞者,疑情未除也。朝咨夕叩,請益不休者,疑情未除也。博量揣摸,求合乎似者,疑情未除也。情既有疑則中不安,不安則輕聽而易移。輕聽則不能尊其所聞,易移則不能行其所知。二者交亂其間,方且以禮法爲拘因,專精爲滯着,求其有始有卒,難矣。曾子遊聖門最爲年少,夫子與之言道,唯諾而已,夫豈有毫髮疑情哉。宜其成就巍巍,度越諸子矣。《曾子》

唐李翶自謂得子思《中庸》之學,著《復性》三篇,會理者稱其卓絶,然差之毫釐,異乎吾所聞矣。其説曰:"人之所以惑其性者,情也。喜怒哀懼愛惡欲,皆情之所爲也。情者,妄也,邪也,妄情息滅,本性清明。"又曰:"循理而動,所以教人忘嗜欲,歸性命之道也。"迹其推衍,大約皆以滅情爲言。其言非不高妙,然非子思中庸之學也。中庸之學,未嘗滅情也。夫情與生俱生,果可滅耶?情可滅,性可滅矣。今持一葉以示嬰兒,與之則笑,奪之則啼,此喜怒哀樂之端也,情之所發也,與生俱生。而欲滅之,猶惡水之波而涸之,其源益流;惡木之花而截之,其根浸傷。聖人不過節之,防之,止之,不使其爛熳害性而已。善養性者,不汩於情,亦不滅情,不流於喜怒哀樂,亦不去喜怒哀樂。子思所謂中也,即喜怒哀樂以爲中不可,離喜怒哀樂以爲中亦不可,如金石之有聲,如飲食之有味,非合非離,中即契焉。故喜怒哀樂之未發謂之中,子思姑約此以明中,非舍此而中可得也。《子思》

聖人標指,固非一途,前學以是流布,後學以是進修。孟子乃斷然言曰:"君子深造之以道,欲其自得之。"夫以聖賢標指,拳拳服膺,自應有至,何復名自得耶?自得者,得之於心也。心無所得而蹈規守矩,終出勉強,不能從容優入聖域。是學也,父兄至愛不能發其端,師友至密不能進其道。必也靈襟中啓,獨見内融,洞洞然,屬屬然如平昔之傳聞想像,一旦親覿焉,庶乎其可也。夫學者之心,發於慣慣,其見必卓,開於冥冥,其詣必至。故拙魯愚鈍爲道之資,智巧聰明爲性之障。真志立於懦,真習養於徐,真用發於常,真樂生於淡。軒軒之志久必墜,皎皎之習久必疏,揭揭之用久必變,沾沾之樂久必渝,是以學貴終始也。

千了萬通，愈失真宗，惟循惟默，乃能自得。回之愚，參之魯，在孔門所得最深，皆用心於無所用，若退而進者也。去聖已遠，自得之學湮没無聞，非唯學者之失也，亦教者之過焉。六經之言，毫髪分辨。聖人之意，極口宣揚。諄諄屑屑，無舉隅善誘之方，將以利之，反以害之。學者亦曰如是足矣，理盡於此矣，拾前人之咳唾，遵舊轍以驅馳。故思學廢於箋解，省學廢於譏議，悟學廢於揣度，通學廢於偏黨，默學廢於領略，敏學廢於疑貳。六學廢而道衰矣，孰以孟子自得之言啓之哉？孟子有自得之言，無自得之迹，但言居之安，資之深，左右逢其源而已，不可以意義形容也。《孟子》

## 漢 書 雜 論

班固作《漢書》，惟紀最爲嚴密。事皆詳載於傳，而撮其要書於紀，固自名之曰《春秋考紀》，其言有深意焉。

班固作史贊，非獨詳於紀善也，又重美之。非獨略於紀過也，又婉其辭。其紀善也，雖小善必録。其紀過也，非大過不書。文帝之仁言儉德，贊中總列十數條，嘆曰“嗚呼仁哉”。於景帝，贊又曰“至於孝文，加以恭儉”。於武帝，贊又曰：“文景務在養民。”非詳於紀善，又重美之乎？武帝之窮兵奢侈，其贊曰：“雄才大略，不改文景之恭儉，詩書所稱，何以加焉。”非略於記過，又婉其辭乎？元帝之號令溫雅，成帝之穆穆之容，皆見稱述者，不以一失廢其他長也，故曰“雖小善必録”。吕后之寵産、禄，景帝之殺晁、周，皆略而不言者，不以小疵玷其全美也，故曰“非大過”不書。

史贊諸帝皆稱述，獨高祖贊推其世系運統而已，無所稱也。蓋以高祖之盛德大業，不假言而自著，亦非一二言可贊也。故贊衛、霍不言征伐之功，贊相如不論文章之美，其他則片善寸長，贊皆言之，有餘易見，不足難知故也。

《朱元晦祝詞》曰：冠而欽名，粤惟古制。朱氏子熹，幼而騰異。交朋尚焉，請祝以字。字以元晦，表名之義。木晦於根，春容華敷。人晦於身，神明内腴。昔者曾子，稱其友曰：有若無，實若虛。不斥厥名，而傳於書。雖百世之遠也，揣其氣象,知顏氏如愚,迹參并游,英馳俊驅。豈無他人,夫誰敢居。自諸子言志,回欲無伐,一宣於聲,終身弗越,陋巷闇然,其光烈烈。從事於茲,惟參也無慚。貫道雖一,省身則三,夾輔孔門,翱翔兩驂。學的欲正,吾知斯之爲指南。惟先吏部,文儒之粹。彪炳育珍,又華其繼。來茲講磨,融融熹熹。真聰開廓,如源之方駛。望洋渺瀰,老我縮氣。古人不云乎,純一不已。悵友道之衰變,切切而唯唯,子德不日新,則時余之恥。勿謂此耳,充之益充。借曰合矣,宜養於蒙。言而思毖,動而思躓。凜乎惴惴,惟顏、曾是畏。

遺訓曰:木穉而曲,其老不舒。人穉不攻,其成必愚。故善學者必謹其初。凡日用間,業業乾乾,散佚必恭,執事必處中。惟不自輕,雖奴隸亦尊。唾地如汙,其畏如是。寢則易安,食則知味。頮面奏圜,脫襟屨履,每每存之,斯無過矣。自朝至昏,以一條貫焉,勿謂末也,本實由之。毋悅於新,毋駭於奇,驟得必夸,久而寖微。習而察焉,豈曰無徵,出指於西,底止必秦。其次也,頃刻之功,初若不足,外務奪之,或斷或續,及其至焉,皆其所積。故君子許其進,而惰夫疑以自絕。

## 黃子厚先生銖

黃銖,字子厚,甌寧人。朱文公年十五六時,與相遇於劉屏山齋中,俱事屏山先生。銖少文公一歲,與文公切磋,讀書爲文,略相上下。一日,忽踴躍猛進,出語驚人,文公嘆其超然不可追逐。其後詩文益工,文公每得其藁,未嘗不賞嘆移日。銖文學太史公,詩學屈、宋,書隸學魏晉以前。中年不得志於場屋,遂發憤謝去,杜門讀書,清坐竟日。間軋曳杖,行吟田野間。其於騷詞,能以楚聲古韻爲之節族。晚節詩彌高古,其變化開闔,恍惚微妙,又不止於昔日也。《閩書》、《朱子文集》

## 運幹歐陽慶嗣先生光祖

歐陽光祖,字慶嗣,崇安人。九歲能文,人稱童瑞。從劉子翬、朱文公講學,子翬甚重之,文公亦遣子師事焉。乾道八年,再舉登第,不赴。趙汝愚、張栻列

薦於朝，方欲召用而趙公去國。後爲江西運幹，致仕。卜築松坡之上，湛然終老。《閩書》

# 劉白水先生勉之學派

先生偕籍溪初學《易》於涪陵譙氏，後從龜山於毘陵。其問業之廣，久而有得，則從元城劉公始，故其成就卓犖，爲韋齋托孤，晦菴師事之，其聲氣感通，豈偶然哉？兹特著其派系附焉。

## 聘君劉白水先生勉之

劉勉之，字致中，崇安人。父元振。先生自幼强學，日誦數千言，肆筆爲文，滂沛閎闊，凌厲頓挫。踰冠，以鄉舉詣太學。時蔡京用事，禁士挾元祐書制。師生收書連坐，罪至流徒，名爲一道同風，實以鉗天下之口。先生知其非是，陰訪伊、洛、程氏之傳，得其書藏去，俟深夜同舍生熟寐，乃探篋燃膏，潛抄默誦。涪陵譙天授嘗從二程游，兼邃《易》學，適以事至京，即往叩焉，得其本末，遂棄録牒，挶諸生歸。道南都見劉元城，過毘陵見楊龜山，皆從請業。元城尤奇之，留語數十日，告以平生行己，立朝大節，以至方外之學，無不傾盡。先生聽受其言，精思力行，久之若有所得。與劉彥冲及胡籍溪講論切磋爲事，其於當世之務，若不屑焉。亂後，故山室廬荒頓，乃即建陽近郊蕭屯別墅結草爲堂，讀書力穡，無求於世，賢士大夫咸高仰之。紹興間，中書舍人吕本中與同列曾天游、李似之、張子猷共薦於朝，特詔赴闕。劉屏山作《招劍文》送之。既至，秦檜方主和議，恐觸忌諱，但令對策，不令入見。先生知時不合，即日謝病歸，杜門不復出。平居嚴敬自持，而接物恂恂，色笑可親。臨事財處，不動聲氣。學子造門，隨其材品，爲開説聖賢教學之門，前言往行之懿。故相趙鼎出鎮南州，道出里門，紆轡入謁，坐語移日，彌加嘆賞。蚤與朱韋齋先生友善，韋齋臨老，命晦菴師事焉，屬以後事。先生經理其家，愛晦菴如己子，以女妻之。所居有白水，學者稱白水先

生。孫懋。《道南源委》、《宏簡錄》、《名儒傳》、朱子撰墓表

# 光澤李氏家世學派

子朱子撰《特奏名李公墓誌銘》曰："邵武軍光澤縣東里其處曰烏洲,李氏世居,爲郡著姓。其先有贈大理評事者諱鐸,始以文行知名鄉里。生太常博士誥,始發進士第,卒贈朝請大夫。陳忠肅公賢之,稱其率真樂易,有古人風。其仲子深,紹聖間以論斥時相之姦,與任公伯雨俱入元祐黨籍。季曰處士藩,隱處不仕。其葬也,修撰李公夔實銘之。蓋自其先世所與交遊姻好,盡一時知名士,故其子弟見聞開廓,趣尚高遠,不與世俗同。若特奏府君諱純德,字得之,則處士之長子也。"按:李氏族系,文公敘述詳矣。上官氏祐稱:"光澤一邑,由西山李先生得道南之緒,大倡斯道,月洲、雲巖教音嗣布,與考亭師友,濟美當世。而過化之澤,浹乎人心,流風餘韻,猶有存云。"兹再備錄於編。

## 博士李先生誥

李誥,贈大理評事,鐸之後。誥舉進士第,官至太常博士。卒贈朝請大夫。陳忠肅公瓘賢之,稱其率真樂易,有古人風。弟詳。子深。孫純德。曾孫呂。玄孫閎祖。《閩書》

## 寺丞李自明先生詳

李詳,字自明。幼警悟,善屬文,議論純正。登嘉祐八年第,知潯州。立學校,革夷俗。官終大理丞。《邵武府志》

## 朝散李叔平先生深

李深,字叔平。登熙寧九年進士第,調濟陰簿,歷鄱陽、遂平二縣,以清慎稱。召爲編敕所詳簡役法文字,與蔡京、章惇廷爭,奪一官。已,叙復,遷朝散郎。陞

辭,以言事論斥時相之姦,與任公伯雨等罷,入元祐黨籍,安置復州。四年,移建昌軍,改青州。五年,復官。有《杭州集》二十卷。弟勉,子階、郁。《閩書》《邵武府志》

## 縣令李安道先生勉

李勉,字安道,舉進士,知尤溪、順昌二縣。素負氣節,多忤於時,遂謝事休致,亦入黨籍。《閩書》

## 郡守李進祖先生階

李階,字進祖。崇寧二年,禮部第一,特奏名安忱對策言"使黨人之子魁南宮多士,無以示天下",遂奪階出身。遇赦復官,調鹽城尉。建炎初,攝臨安府比較務,州卒陳通脅叛,階叱之,遂遇害。事聞,贈右承事郎,與一子官。《閩書》

## 特奏李得之先生純德

李純德,字得之,處士藩之長子。少治《周禮》兼《左氏春秋》,爲文簡古,不逐時好。事親至孝,篤友諸弟。遇族黨有恩,意少有忿爭,即爲居間,極力平處,不令至官。不幸死喪,則爲經理家事,而任其婚嫁之責。有以惡聲至者,未嘗與較,至周其急,輟衣食不恤也。諸弟嘗問善人之道,答曰:"臨事而無陰據便利之心,斯可矣。"又嘗語人:"事有當爲,力雖未及,亦勉爲之。若必有餘而後爲,則終無時矣。"此其行身及物之本意也。平居方嚴,不妄戲笑。性敦厚質實,發言處事,不以幽顯物我爲間。樂聞人善而務掩其惡,所與交皆巨人長者。從弟郁嘗面嘆曰:"兄於答問,若不經意,而受其言者反覆十思,終無以易。"紹興五年,以特奏恩將入奉廷對,先卒。朱晦菴爲作墓銘。子呂。《閩書》《邵武府志》、《朱子文集》

## 李澹軒先生呂

李呂,字濱老,號澹軒,深之從孫。蚤孤,事母孝,育弟妹有成。聚族千指,昕夕序揖致禮,自少至老,不以寒暑少變。幼從學於從父郁,郁學於楊龜山,家傳遠有端緒。淳熙六年,年已晚,見朱文公於廬阜,遂爲講學之友。邑令張訴者,病己無社倉,以其事就呂圖焉。呂爲條畫精明,綜理縝密,文公爲之記。呂學甚富,尤深於《易》,每言《易》在識時,和之以義,苟非眞知義之所在,而喜言變通,反害於《易》矣。所著有《周易議說》、《澹軒集》。子閎祖、相祖、壯祖。孫方子,俱見朱子學派。《閩書》、《考亭淵源録》、《邵武郡志》

### 縣令李守約先生閎祖弟相祖、壯祖。

李閎祖,字守約,別號絅齋,呂之長子。蚤授庭訓,與其二弟登晦菴先生之門,篤志强力,精思切論。晦菴延之家塾,以訓諸孫,爲編《中庸章句或問輯略》。登嘉定四年進士。廷對,發明所學,不逐時好。調靖江之臨桂簿,提刑方信孺待以國士,漕使陳孔碩引以自輔,兩臺之事咸倚以決。暇日即詣學,訓迪諸生,士習丕變。調福州古田令,終廣西經略安撫司幹官。黃幹、李燔、張洽、陳淳皆敬重之。有《師友問答》十卷。

李相祖,字時可。嘗以晦菴命編《書說》三十餘卷,辨質詳明,用心精切。平居謹飭,雅言矩步,見者爲之肅敬。

李壯祖,字處謙。初以書見朱子求教,朱答書嘉其有志,遂語以爲學之要。後與兄守約同第進士,調閩清尉,眞西山薦之,稱爲典型人物。

### 州牧李公謹先生文子

李文子,字公謹。方子之弟。亦從朱子學。紹熙四年進士,歷知閬、潼二州,吏譽藹然。持麾蜀中二十年,以道學倡,蜀人宗之。著《蜀鑑》十卷。《道南源委》、《考亭淵源録》

# 李西山先生郁學派

朱子答李濱老呂書云:"某少時讀程氏書,年二十許,始得西山先生所著《論》、《孟》諸說讀之,又知龜山之學横出此枝,而恨不及見也。既而得從何兄叔京遊，乃知足下蓋得其家傳者。是時家居，西距高隱不遠，不得一往質其所疑，徒往來於心不忘云。"

## 删定李西山先生郁

李郁，字光祖，光澤人，元祐黨人朝散郎深之子。幼不好玩，坐立必莊。從舅氏陳忠肅公學，踰冠乃見龜山而請業焉。龜山一見奇之，妻以第三女。是時，龜山以程氏説教授東南，一時學者翕然趨之。而龜山每告之曰："道之所以傳，固不在於文字，而古之聖賢所以爲聖賢者，其用心必有在矣。"及請見於餘杭，則其告之亦曰："學者當知古人之學何所用心，學之將以何用。若曰'孔門之學仁而已'，則何爲而謂之仁？若曰'仁，人心也'，則何者而謂之人心？"公退求其説不合，因取《論》、《孟》讀之，晝夜不懈，十有八年，乃渙然有得，龜山蓋深許之。龜山没，以所學淑後進，亦曰："學者於經，讀之又讀，於無味處益致思焉。至於群疑並興，寢食不置，然後始當驟進耳。"陳默堂稱其學口目俱到，未見其比。游太學。紹興中，以遺逸召對，陳當世大務。高宗改容傾聽，補迪功郎，除勅令所删定官。丁憂，服関，會秦檜用事，自度不能俯仰禄仕，築室於邑西山。家計屢空，曠然不爲意，當世賢大夫益高仰之。辟福建帥府機宜文字，日訪民間利病，告其長而興除之。一日，帥欲毀民居數十爲列肆，酤酒要利。爭之不聽，以老病謝歸，帥慚謝强留。卒於官，年六十五。先生天資粹美，涵養有方，誨人無倦色。自奉甚約，而事親極其厚。承朝散公遺命，爲其叔父庭之後。庭卒，毀瘠如禮，治喪必誠必敬。兄階駡賊死，先生事嫂如母，撫其子女如己出。凡世務人情，官政文法，以至行陣農圃之事，靡不習知。所著有《易傳》、《論孟遺藁》，及遺文數十卷，藏於家。學者稱西山先生。朱晦菴表其墓曰："聖賢遠矣，然其所以立言垂訓，開示後學，可謂至哉！顧自秦、漢以來，道學不傳，儒者不知反己潛心，而一以記覽誦説爲事，是以有道君子深以爲憂，然亦未嘗遂以束書不讀，坐談空妙爲可，以徼幸於有聞也。若龜山之所以教，與西山之所以學，其亦足以觀矣。予是以著之而并記其行事，後之君子尚有考焉。"《道南源委》《朱子文集》

## 縣令張叔澄先生彥清

張彥清,字淑澄,浦城人。紹興元年進士。初,主光澤簿,教授泉州,丞安福。用薦者改秩,知慶元縣。彥清生紹興之季,長於乾道、淳熙間。初從朱文公游,得其大旨,及仕光澤,與隱君子李濱老呂游,質疑辨惑,造詣日深。其爲人以孝友忠信爲根本,潔廉勁挺爲質幹。親蚤歿,恨養弗逮,不茹甘服美者終其身。女兄未嫁,捐所有資之。少從鄉先生徐君翮學,徐喜其開敏,欲妻以女,未及而死。既與薦,有富室將女之,彥清曰:"忍負徐公!"仕雖久,家無旬月儲,歲暮貧且迫,不肯苟受。嘗被檄試士三山,時僞學之論方熾,同列以是發策。士子希主司意,爭詆訾先儒,彥清獨取持議不阿者與其選。陳丞相自强嘗校文于建,彥清其所取士也。及自强爲相,屢欲鉤致彥清,彥清弗屑就。及陳敗,衆始嘆服有守。其施之政,則自始仕以勤民爲心。慎於治獄,曾被臬司命往鞫疑案,將至,微服徒行,訪得其冤狀,至獄,破械將釋之,吏爭不可,弗聽。未幾,真殺人者獲於他邑,彥清亦絶口勿言。吉安峒蠻竊發,燬永新,蹂龍泉,距縣不百里。彥清佐其長聚兵防之,蠻訶知有備,引去。俄傳寇且至,彥清徧諭居人慎勿動,已而傳者果妄。郡檄彥清行眂永新,既至,餓民纍纍,請加賑恤,未報,而命彥清督其租。彥清歎曰:"此豈催科時耶?"晚宰慶元,甫至而目眚作,以疾請主管台州崇道觀。真文忠公銘其墓。《閩書》、《建寧府志》、《通志》

# 閩中理學淵源考卷七

## 延平陳氏家世學派

按：延津楊、羅、李、朱四賢之外，私淑程門而與龜山師友者，忠肅與默堂二先生爲最著。考忠肅先世，乃祖爲光遠先生世卿，父爲君舉先生偁，皆清宦夙學，肇啓後人。讀王忠文公菉泉時《咏陳公偁祠詩》曰："九年地主百年祠，民自元豐結去思。善政在人宜有後，堂堂忠肅見公兒。"今録自君舉先生而下著於編。

### 朝議陳君舉先生偁

陳偁，字君舉，沙縣人。以父任補太廟齋郎，再調羅源令，有惠政。調通判蔡州，力爭死獄五人。知惠州，州有豐湖，稅民魚，湖廢而稅尚存。偁堤湖數里，時蓄洩，魚利歸民，奏免其課錢凡五十餘萬，民建祠祀焉。移治宿州，用嚴爲治，獄空訟息。召知開封府，屬新法行，請外，知泉州。未幾，坐開封府陷失青苗錢罷，州人聞之，期三日哀錢五十萬償負，贖留之。改知尉州，築堤十里以防皖溪之患。元豐五年，再知泉州。歲旱，教民用牛車汲水入東湖溉田。舊法，番商至，必使詣東廣，否則没其貨，偁請立市舶司于泉，哲宗立，詔從其議。以朝議大夫致仕，贈特進。子璦，汀州推官。珏，校書郎。瓘，見下。璣，知吉州。《延平府志》

## 忠肅陳瑩中先生瓘學派

按：紫陽先生每以公與元城忠定、劉公並論，大抵其志氣相同，其才畧亦同

103

也。王龜齡梅溪自云："丱角讀書，聞先生長者之論，即知欽慕公之爲人。宦遊絕嶠，獨携温公、忠肅二畫像以行。"其爲賢哲所心仰可想矣。平生學問，私淑程門，於龜山在師友之間，一時英賢林立，講習而服行之。其踐履篤實，百折不挫，稱有體有用之學。梅溪列韓、范、司馬十二名臣，以公爲殿後云。再按：龜山先生《題李丞相送陳幾叟序》謂"李公視了翁爲前輩，雖未嘗從游，而聲氣相求非一日也。問道之勤，見於斯文，惓惓之意厚矣"。今特附之交友云。

## 忠肅陳瑩中先生瓘

陳先生瓘，字瑩中，號了翁。沙縣人。偁之子。少好讀書，不務進取，父母強之，乃應舉。元豐二年甲科第三人，調湖州掌書記。元祐四年，僉書越州判官。時蔡卞爲越州守，察其賢，每事加禮。而先生輒自遠，屢乞歸，章不得上，檄攝通判明州。章惇入相，先生隨衆道謁。惇聞先生名，邀與同舟，問當世務。先生以所乘舟勢偏輕偏重喻之，因問："今天子待公爲政，公將奚先？"惇曰："司馬光奸邪，所當先辨耳。"先生曰："公誤矣，果爾，將失天下之望。"惇厲色曰："司馬獨執朝柄，不務纘述先烈，大更神考之政，誤國如此，得非奸邪？"先生曰："不察其心，而疑其跡，則不爲無罪。若揭爲奸邪，重復改作，則誤國滋甚。爲今之計，惟當消朋黨，持中道，庶可捄弊。"惇意雖忤，然亦驚異之，留先生共飯而別。到闕，召爲太學博士。先生聞其與蔡卞方合，知必害於正論，遂以婚嫁爲辭，久乃赴官。時羣邪得志，卞黨薛昂、林自議毀《資治通鑑》板，先生聞之，因策士題特引神宗序文。自驚曰："此豈神考親製耶？"先生曰："誰言其非也？"自曰："亦神考少年之文耳。"先生曰："聖人之學，得之天性，豈有少長之異？"自以告卞，卞乃密令學中置板高閣，不復敢議毀。嘗爲別試所主文，自謂蔡卞曰："聞陳瓘欲盡取史學而黜通經之士，意在動搖荆公之學也。"卞怒，謀因此害先生。先生固預料其如此，乃於前五名悉取用王氏學者，卞無以發，然五名之下往往皆博洽稽古之士。先生嘗曰："當時若無矯揉，則勢必激壞，故隨時所以救時，不必取快目前也。"遷秘書省校書郎。紹述之説盛行，先生入奏哲宗言："堯、舜、禹皆

以‘粵若稽古’爲訓。粵者，考論舊事。若者，順而行之。稽者，詳其當否，所以
成帝王之治。帝王之孝，與士大夫異。”帝反覆究問，語遂移時，意甚感悅，令再
入見，有變更時事之意。執政聞而憾之，出通判滄州，知衛州。徽宗即位，以韓
忠彥薦，召爲右正言，遷左司諫。蔡京、蔡卞羽翼章惇，京復陰結權貴，徽宗將有
大用之意。先生上疏力言，先後凡十上，末疏言：“翰林學士承旨蔡京，當紹聖
之初，兄弟在朝，贊導章惇，共作威福。卞則陰爲謀畫，惇則私斷力行，而京則且
謀且行。惇之矜伐，卞之乖悖，京實贊之。七年之間，擠陷言官常安民、孫諤、董
端逸、陳次升、鄒浩等五人，掩朝廷之耳目，成私門之利勢。言路既絕，人皆鉗
默，凡所施行，得以自恣，遂使當日之所行，皆爲今日之所蔽。”遂舉京四事皆天
下所譏議者，爲徽宗言之。徽宗以先生所論不根，罷右司諫，添差揚州糧料院。
將出都，併奏所未上四章。尋改知無爲軍。明年，還爲著作郎，遷右司員外郎兼
權給事中。宰相曾布屢薦先生于徽宗，遣人諭意云將大用。先生作書投布，兼
以《日録辨》、《國用須知》送布，言布尊私史而厭宗廟，緣邊費而壞先政，二者天
下所共知，而聖主不得聞其説，蒙蔽之患莫大於此。布得書大怒，爭辨移時，至
箕踞詬語。先生色不爲動，徐曰：“昔所論者國事，是非有公議，公未可遽失待
士禮。”布矍然改容。先生出，即録所與布書及《日録辨》、《國用須知》録以狀申
三省乞行竄逐。信宿，出知泰州。崇寧中，除名，竄袁、廉二州。五年，遇赦，移
彬州，稍遷宣德郎。以子正彙在杭，告蔡京有動搖東宮之跡。杭守蔡薿執送京
師，先飛書告京。事下開封府制獄，併逮先生。京使權尹李孝壽治其獄，獄具，
正彙坐流海上，先生安置通州。在通州時，復取前在明州時所著《日録辨》，推
而廣之，名《尊堯録》，釐爲八門，合論四十九篇，而爲之序。張商英爲相，獨取
其書，既上，而商英罷，又徙先生台州。時宰遍令所遇州出兵甲遞送至台，每十
日一徙，且命凶人石悈知州事，執至庭，大陳獄具，將挾以死。先生大呼曰：“今
日之事，豈被制旨耶？”悈曰：“朝廷令取《尊堯集》耳！”先生曰：“然則何用如
此？君知‘尊堯’所以立名乎？蓋以神考爲堯，主上爲舜，助舜尊堯，何得爲罪？
時相學術粗淺，爲人所愚。君所得幾何，亦不畏公議耶？”悈時已窘先生百端，

而宰相猶以爲怯而罷之。在台五年,乃得自便。纔復承事郎,徽宗令再叙一官,仍與差遣,執政持不行。卜居江州,復有譖之者,至不許輒出城。旋令居南康,纔至,又移楚州,使不得一日安處。先生平生論京、卞,皆披摘其處心,發露其情慝,最所忌恨,故得禍最酷。劉安世聞其疾,使人勉以醫藥曰:"天下將有賴于公,當力加保愛,以待時用。"宣和六年,卒于楚州,年六十五。靖康初,詔贈諫議大夫,召官其子正彙。紹興中,高宗讀《尊堯錄》,謂明君臣大分而是之,賜謚忠肅。先生謙和矜莊,通《易》數,言國家大事,後多有驗。嘗與校書郎范淳夫同事,淳夫論顏子不遷怒、不貳過,唯伯淳有之。先生驚問爲誰? 淳夫默然久之曰:"不知有程伯淳耶?"先生深以寡陋爲媿,作《責沈文》自責焉。子正彙,官至直秘閣。次子正同,敷文閣待制。從孫淵,見龜山學派。所著有《了齋集》。《通志》、《閩書》、《名臣傳》、《宏簡錄》、《名臣言行錄》

## 教授林商卿先生象

林象,字商卿,仙遊人。幼孤,隨母鞠於外祖陳次升家,以故得盡讀六經百氏之書,多聞元祐名臣出處大節與宋累朝典故。後僑居真州,又得事劉安世、任伯雨、陳瓘諸公,而與任申先、象先兄弟爲忘年友。紹興初,嘗爲簽樞徐俯禮致,而終不受其薦。奉母歸閩,菽水盡歡。母沒終喪,寓居僧舍,不謀婚娶,曰:"吾有弟,不至絕先人世。"不問家事,曰:"吾以付二弟。"隆興元年春,監司帥臣列薦,召赴行在,力以疾辭。其秋,丞相陳康伯,樞密黃祖舜令監司、郡守敦促之,復引疾不就。於是,陳孝則、林孝澤皆泉莆偉人,適以憲漕會閩中,相繼率數百人以象名聞。參政周葵爲轉上之,詔再促召,亦不赴。乾道四年,特與進士出身,添差興化軍教授,未一考,卒年七十。自號萍齋。《閩書》、《仙遊志》

## 教授陳伯嶠先生葵

陳葵,字伯嶠,閩縣人。初入太學,試上舍優等,中南省第三人,擢甲科。蔡京籍元符中上書王定等十八人,奏乞編置,葵其一也,謫居衡州。三年,雷震元祐黨人碑,得釋還,詔有司許依元考定甲分註官,授樂清尉,再調建州,以陳瓘門人復爲京黨劾罷。高宗即位，訪求元祐黨人，胡世將、孟庾宣諭福建，以葵應召，授承事郎、將作監丞。尋召對，除諸王官教授。踰年，又以趙鼎黨罷歸。葵屢遭躓蹶，操尚不改，時論高之。《閩書》

### 直講張聖行先生讀

張讀，字聖行，安溪人。紹聖四年，以上舍生擢第，調潁昌府法曹參軍，除編修國初《會要》。以父年逾九十求便養，通判本州，後除王府直講。未幾，請郡，知興化軍。時靖康初，士卒驕恣，一日，謹趨庭下，乞額外給賜。先生正色叱之，諸卒感服，反告其渠魁，即梟於市，一郡肅然。建炎初，被召，以疾辭，奉祠。性至孝，居喪廬墓，蔬食終制，杜門却掃。所交皆天下士，始與陳瑩中友善，既仕，爲趙清獻、范純禮所獎重，後與李方叔、端叔爲蘇、黃門客。子由作東坡墓銘以示先生，先生曰："斯文妙盡東坡平生，恐仇人復藉此媒蘖，不若刮摩之爲愈。使東坡無此銘，萬世之下，其不知有東坡乎？"晚年，徙晉江，與李文肅邴過從尤密。善屬文，閩中碑碣多出其手，貲入即分親故之貧者。壽八十卒，李文肅哭以詩，有"累日塵生甑，經年肘見衿"之語。嘉熙中，邑令趙崇栗表其鄉曰"曾子里"。《閩書》

### 教授王酉室先生伯起

王伯起，字聖時，福清人。曾祖仁績不受閩王審知僞命，終隱南山。伯起少遊京師，受經于王安石，學文於曾鞏。樞密曾孝寬聞其賢，延館之。奏授將仕郎，試國子監簿，以假承務郎，授嚴州教授，力辭不就。解官歸，題其齋曰"酉室"，一時名人若江公望、陳瓘皆與友。有詩曰《唱道野集》。卒，贈右宣教郎。《閩書》、《三山新志》

## 邵武李氏家世學派

按，龜山楊文靖公撰李公夔墓誌云："余與公同爲諸生，肄業于上庠，挾策考疑，時相過從。"又與陳公了翁亦最相善，忠定跋了翁文云："余政和乙未歲自尚書郎謁告，迎親雪溪，時了翁自天台歸通川，與余相遇於姑蘇。一再見，有忘年之契。後四年，當宣和之初，余以左史論事謫沙陽，了翁方居南康，余因序送陳淵幾叟并寓書通慇懃。了翁答書，辭意懇懇，至舉狄梁公及本朝李文靖、王文正二公事業以相勉。余竊怪公相期太過，非所敢當也。又後七年，靖康改元，歲次丙午，余蒙異恩，自奉常不旬日擢參大政，實總軍旅之事。踰月寇退，宗社已安，四方敉寧，叨處樞輔，追感知己，恨公不見及也。”以上錄楊、陳二先生語，想見一時英賢碩德，群聚類處，交相期待，非偶然也。因錄李氏家世，著之篇端。

## 龍圖李師和先生夔

李夔，字師和。其先江南人。唐末避亂，徙居邵武。夔幼孤，鞠於外家。成童猶未知書，而穎悟絕人。舅氏資政黃履每器重之，因授以書，凡耳濡目染，過即成誦。自是六經諸子百氏之書，下至毛鄭箋傳無所不窺，學由是日進。逮居上庠，與龜山楊時最相善。元豐三年，登進士第，爲華亭尉，又調松溪尉兼主簿。遷司封員外郎，力請外補，除知蔡州。朝廷惜其去，留爲宗正少卿，訓辭有曰“非清德老儒，曷任茲選”。轉朝請大夫，累官集賢館修撰，知鄧州兼西南路安撫使。夔下車，盡革前弊，紀綱大整，遂以疾請祠，章再上，除提舉杭州洞霄宮。東歸，家於梁溪錫山之傍，日以文字爲娛。子綱爲鎮江教官，就養子舍。及公爲尚書郎，丐迎養京師。除夔提舉醴泉，轉中大夫，改右文殿修撰，終龍圖閣待制。所著文集二十卷，《禮記義》十卷，藏於家。子四：綱、維、經、綸。年七十五卒。龜山爲撰墓誌。

## 忠定李伯紀先生綱

李綱，字伯紀。其先江南人，唐末徙邵武。父夔與楊龜山先生同爲諸生，肄業上庠，相友善。公登政和二年進士及第，積官監察御史，以言事忤權貴，改比部員外郎，遷起居郎。宣和元年，京師大水，疏言陰氣太盛，當以盜賊外患爲憂。調監沙縣稅務。七年，爲太常寺少卿。金人渝盟，邊報狎至，朝議欲避敵，公上

《禦敵五策》，因語給事中吳敏曰：“皇太子恭儉聞天下，以守宗社可也。”敏曰：“監國可乎？”公曰：“肅宗靈武之事，不逮（建）號不足以復邦，而逮（建）號之議不出於明皇，後世惜之。”翼日，敏請對，因言李綱論與臣同。有旨召公入議，公刺臂血上疏，於是徽宗內禪之議遂決。欽宗即位，召對延和殿，時遣李鄴使金議割地，公奏：“祖宗疆土當以死守，何可尺寸與人！”欽宗嘉納，除兵部侍郎。靖康元年，以吳敏爲行營副使，公爲參謀。金兵渡河，徽宗東幸，宰執議請上暫避敵鋒。太宰白時中謂都城不可守，公曰：“都城，宗廟社稷、百官萬民所在，捨此何之？但當整飭軍馬，固結民心，堅守以待勤王之師。”欽宗問可將者，宰相因推公，即除尚書右丞，又以公爲東京留守。公爲欽宗力陳所以不可去之意，欽宗意頗悟。會內侍奏中宮已行，欽宗變色，倉卒降御榻曰：“朕不能留矣。”公泣拜，以死邀之。欽宗顧公曰：“朕今爲卿勉留，治兵禦敵，專以責卿。”公惶恐受命。未幾，復決意南狩，公趨朝，則禁衛擐甲，乘輿已駕矣。公急呼曰：“爾等願守宗社乎？願從幸乎？”皆曰：“願死守。”公入見曰：“六軍父母妻子皆在都城，願以死守，萬一中道散歸，陛下孰與爲衛？且敵兵已逼，倘知乘輿未遠，健馬疾追，何以禦之？”欽宗感悟，遂命輟行。公傳旨語左右曰：“敢復有言去者斬！”禁衛皆拜伏呼萬歲，六軍聞之，無不感泣。命公爲親征行營使，以便宜從事。公治守戰具，不數日畢。敵兵攻城，公身督戰，募壯士縋城下，斬酋長十餘人，衆數十級。金人知有備，又聞欽宗已內禪，乃退。求遣大臣至軍中議和，公請行。上遣李梲，公曰：“臣恐梲怯懦，誤國家。”欽宗不聽，竟遣梲往。金人須金幣以千萬計，求割太原、中山、河間地，以親王、宰相爲質。梲不措一辭，還報。公謂：“所需金幣，竭天下且不足，況都城乎？三鎮，國之屏蔽，割之，何以立國？至於遣質，即宰相當往，親王不當往。若遣辯士姑與之議，宿留數日，大兵四集，彼孤軍深入，不得所欲，亦欲速歸。此時與盟，則彼不敢輕中國，而和可久也。”宰執議不合，公不能奪，求去。欽宗慰諭曰：“卿第出治兵，此事當徐議之。”公退，則誓書已行，所求皆與之，以皇弟康王及少保張邦昌爲質。時朝廷日輸金幣，而金人需求不已，日肆屠掠。四方勤王之師漸有至者，种師道、姚平仲亦以涇原、秦鳳兵來。公奏言："金人無厭，勢非用師不可。且彼以孤軍入重地，當以計取之。今若扼河津，絕饟道，分兵復畿北諸邑，而以重兵臨敵營，堅壁勿戰。俟其食盡力疲，然後以一檄取誓書，復三鎮，縱其北歸，半渡擊之，此必勝之計也。"欽宗深以爲然，約日舉事。會姚平仲急於要功，先期夜斫敵營，欲生擒斡里雅布及取康王以歸。夜半，中使傳旨諭公速援。公率諸將且出封丘門，與金人戰，却之。平仲竟以襲敵營不克，懼誅亡去。金使來，宰相李邦彥語之曰："用兵乃李綱、姚平仲，非朝廷意。"遂罷公以謝金人。太學生陳東等詣闕上書，明公無罪。軍民集者數十萬，呼聲動地，至殺傷内侍。欽宗亟召公，公入見，泣拜請死。欽宗亦泣，命公復爲尚書右丞，充京城四壁守禦使。公下令能殺敵者厚賞，衆無不奮躍。金人懼，稍稍引却，且得割三鎮詔及親王爲質，乃退師。除公知樞密院事，公奏請如澶淵故事，遣兵護送，且戒諸將可擊則擊之。乃以兵十萬分道並進，將士受命，踴躍以行。宰相咎公盡遣城下兵追敵，恐倉卒無措，急徵還。諸將已追及金人邢、趙間，遽得還師之命，無不扼腕。迨公力爭，復追，而將士解體矣。詔議迎太上皇還京，徽宗還次南都，以書問改革政事之故，且召吳敏及公。公至，具道皇帝仁孝思慕，欲以天下養之，意請陛下早還京師。語多調和兩宮，徽宗感悟，出玉帶、金魚、象簡賜公。時北兵已去，太上還宮，上下恬然，置邊事不問，公獨以爲憂。靖康元年四月，公在密院，與同知樞密許翰議調防秋兵。時太原圍未解，种師中戰没，師道病歸，南仲曰："欲援太原，非綱不可。"乃以公爲河東、北宣撫使。公即移疾，乞致仕，且曰："此必有建議不容臣於朝者。"辭章十餘上，許翰書"杜郵"二字遺公，公惶恐受命。行次懷州，有詔罷減諸路所起兵，公奏："太原之圍未解，河東之勢甚危。臣出使未幾，朝廷盡改前詔，臣誠不足任此。且以軍法勒諸路起兵，而以寸紙罷之，臣恐後時有所號召，無復應者矣。"疏上，不報。御批日促解太原圍而諸將承受御畫，事皆專達，宣撫徒有節制之名，俄又以議和止公進兵。每一次詔下，公皆上疏極論之，不報。未幾，徐處仁、吳敏皆罷，而相唐恪，進聶山、陳過庭、李回等。公聞之，歎曰："事無可爲矣。"即上疏丐罷曰："自秋以來，沿邊探報，金人日聚兵爲南牧深入之計，朝廷日罷

兵如太平無事之時,無謂和議之使一遣,便可恃以爲安也。"乃命种師道代公,
而召公赴闕。尋除觀文殿學士、知揚州,公奏辭。未幾,以公專主戰議,喪師費
財,落職予祠,責授建昌軍安置,再謫江寧。及金兵再至,欽宗始悟和議之非,除
公資政殿大學士,領開封府事。公行次長沙,被命。按行狀,靖康元年冬,都城圍急,
朝命始以京尹召公。至次年四月,公始聞召命,其辭免開封府事表文云:"果聞鐵騎再犯金城,號令
阻隔者半年,煙火斷絕者千里。雖心馳魏闕之下,常夢清都,而身滯江湖之濱,莫陪義旅。"即率
湖南勤王師入援,未至而都城失守矣。高宗即位,拜尚書右僕射兼中書侍郎,趣
赴闕,力辭,不許。因上十事,以比姚崇,一議國是,二議巡幸,三議赦令,四議僭
逆,五議僞命,六議戰,七議守,八議政本,九議久任,十議脩德。翌日,頒公議于
朝堂,惟僭逆、僞命三事留中不出。於是公再言:"留中二事乃今日政刑之大
者,陛下欲建中興之業,而尊崇僭逆之臣,何以示四方? 不問僞命之汙,何以厲
時節?"時黃潛善主邦昌甚力,公因泣拜曰:"臣不可與邦昌同列,當以笏擊之。
陛下必欲用邦昌,第請罷臣。"高宗頗感動,乃貶邦昌潭州,吳并、莫儔而下皆遷
謫有差。公又言:"羣臣能仗節死義者,在内惟李若水,在外惟霍安國,願加贈
恤。"高宗從之,因詔諸路詢訪死節者以聞。有旨兼充御營使。入對奏:"當今
之務,非有規模而知先後緩急之序,則不能以成功。所謂規模者,外禦彊敵,内
消盜賊。脩軍政,變士風,裕邦財,寬民力,改弊法,省冗官。誠號令以感人心,
信賞罰以作士氣。擇帥臣以任方面,選監司、郡守以奉行新政,俟吾所以自治
者,政事已脩,然後可迎還二聖,此所謂規模也。至於所當急而先者,則在料理
河北、河東。蓋河北、河東者,國之屏蔽也,莫若於河北置招撫司,河東置經制
司,擇有才略者爲之使,宣諭天子恩德,所以不忍棄兩河與敵之意。有能全一
州、復一郡者,以爲節度、防禦、團練使,如唐方鎮之制,使自爲守。非惟絕其從
敵之心,又可資其禦敵之力,此最今日先務也。"高宗善其言,問誰可任,公薦張
所、傅亮,遂以所爲河北招撫使,亮爲河東經制副使。開封守闕,公薦宗澤,高宗
從之。時議遣使於金,命草表,奏言:"堯、舜之道,孝悌而已。陛下以二聖遠
狩,不甘寢食,此孝悌之至,正宜枕戈嘗膽,使刑政脩而中國强,則二帝不俟迎請
而自歸。不然,雖冠蓋相望,卑辭厚禮,恐亦無益。"乞降哀痛之詔,以感動天

下。又乞省冗員,節浮費。高宗皆從之。一日,論靖康事,高宗曰:"淵聖勤於政事,覽章奏,終夜不寢,何以卒致播遷?"公曰:"人主之職,在知君子小人而進退之,則大功可成。否則,雖衡石程書無益。"因勸上以明恕盡人言,以恭儉足國用,以英果斷大事。皆嘉納焉。又奏:"臣嘗言車駕巡幸之所,關中爲上,襄陽次之,建康爲下。陛下縱未能行上策,當且適襄、鄧,示不忘故都,以係天下之心。不然,中原非復我有,車駕還闕無期矣。"高宗乃詔諭兩京以還都之意,讀者皆感泣。未幾,有詔欲幸東南避敵,黃潛善、汪伯彥實陰主之,高宗意已決。綱謂:"國之存亡,於是焉分,吾當以去就爭之。"即上疏極論其不可。疏上,留中不出。已而遷公爲尚書左僕射兼門下侍郎,黃潛善除右僕射兼中書侍郎。公奏:"招撫、經制,臣所建明,而張所、傅亮,臣所薦用。今潛善沮所與亮,正所以沮臣。"亮竟罷,因再疏求去。先是,公嘗具三疏請募兵買馬與募民出財助兵,諫議大夫宋齊愈聞而笑其非,策疏論之。未幾,齊愈以議立張邦昌僭逆附僞之罪坐誅,張浚乃劾公以私意殺侍從,且論其買馬招軍之罪。詔罷爲觀文殿大學士,奉祠。尚書右丞許翰言公忠義,捨之無以佐中興。會高宗召見陳東,東言:"潛善、伯彥不可任,公不可去。"東坐誅。翰遂求退。後有旨,奪公職,居鄂州。公爲相僅三月,而張所旋以罪去,傅亮以母病辭歸。招撫、經制二司皆廢。車駕遂東幸,兩河郡縣相繼淪没,金人攻京東、西,殘毀關輔,而中原盜賊遽起矣。紹興二年,除觀文殿學士、湖廣宣撫使兼知潭州。是年,荆湖江、湘盜以萬數,方議屯宿重兵鼎、澧、岳、鄂荆南一帶,以圖恢復中原之漸。議未及行,而諫官徐俯、劉棐論劾,復罷,奉祠西京崇福宮,福州居住。四年冬,金人及僞齊來攻,公具防禦三策,詔付樞密院及三省施行。五年,詔問攻戰、守備、措置、綏懷之方,公奏言:"宜於防守既固,軍政既備之後,即議攻討。至於守備之宜,則當料理淮南、荆襄,以爲東南屏蔽,有守備矣,然後議攻戰之利,分責諸路,因利乘便,收復京畿,以及故都。斷以必爲之志,勿失機會。若夫萬乘所居,必擇形勝,建康江山雄壯,地勢寬博,宜權駐蹕。至於西北之民,其心未嘗一日忘宋,天威震驚,必有結納,願爲内應者,宜給之土田,予以爵賞,優加撫循,使益堅戴宋之心。"因條上六事,高宗賜詔褒諭,除江西安撫制置大使兼知洪州。及張浚以呂祉敗引咎罷相,言者引漢誅王恢爲比。公言:“浚措置失當,誠爲有罪,然其區區徇國之心,有可矜者。願少寬假,以責來效。”時車駕將幸平江,公以爲平江去建康不遠,徒有退避之名,不宜輕動。八年,朝廷遣王倫使金還,與金使偕來,以詔諭江南爲名。公憤懣上疏言:“卑辭厚幣,廢祖宗之業,失生靈之望。願陛下請詔群臣,講明長久之策,擇善而從之。”疏奏雖與衆論不合,高宗曰:“大臣當如此矣。”九年,除知潭州、荆湖南路安撫大使,具奏力辭,遂允其請。十年,薨,年五十八。訃聞,朝廷軫悼,遣使賻贈,撫問其家,給喪葬費。贈少師,官其親族十人。孝宗朝,諡忠定。公筮仕三朝,負天下之望,以一身用捨爲社稷生民安危。雖身或不用,用又不久,而其忠誠義氣,凛然動乎遠邇。每宋使至燕山,必問李綱、趙鼎安否。《宋史》論當時排和議以禦敵爲己任者,在廷惟公一人而已。夫公之進退,布衣之士捐生爲白於朝,非忠所動曷能爾? 顧反不信於主上,取嫉於同列,至如張浚賢者,亦不免見忌而訾其短。嗚呼! 無亦天未悔禍使然耶? 公晚年於《易》尤有所得,著《易傳》内篇十卷、外篇十二卷,頗取卦變互體爲説,動有所稽,異於今世君子所辨釋。又著《論語詳説》十卷,文章、歌詩、奏議百餘卷,又有《靖康傳信録》、《奉迎録》、《建炎時政記》、《建炎進退志》、《建炎制誥表劄集》、《宣撫荆廣記》、《制置江右録》。《宋史》、《名臣傳》、《宏簡録》

# 文昭林拙齋先生之奇學派

　　按:先生學於紫薇呂公本中,本中學於尹公和靖,至呂公伯恭,則先生之門人也。李氏士英《言行録》云:“公自少講學,即聞父祖至論,又從游、楊力叩微旨,復造劉安世,陳瓘之門請益。公之學問,端緒深遠如此。”呂成公祭公文曰:“昔我伯祖西垣公即本中先生。躬受中原文獻之傳,載而之南,裴回顧瞻,未得所付。踰嶺入閩,而先生與二李伯仲實來,一見意合,遂定師生之分。於是嵩洛、關輔諸儒之源流靡不講,慶曆、元祐羣叟之本末靡不咨。以廣大爲心而陋專門之曖昧，以踐履爲實而刊繁文之枝葉。致嚴乎辭受出處而欲其明白無玷，致察乎邪正是非而欲其毫髮不差。昕夕函丈，聞無不信，信無不行，前望聖賢，大路九軌，自謂以必可至。"又曰："里居之良，若方、若陸。旁郡之士，若胡、若劉。更唱迭和於寂寞之濱，韜積渟蓄。未幾，聲光四出，而不可遏，州黨推擇居東面之席，踵門請起至再三，不得已而臨之。長樂之士，知鄉大學，知尊前輩，知宗正論，則皆先生與二李之力焉。嗚呼！西垣公既不及公道之伸，而二李每皆以布衣老，獨先生甫入東觀，若將有爲而病輒隨之。中原諸老之規模，迄不得再白於世，其用必有所繫矣。某未冠，綴弟子之末行，期待之厚，獨出於千萬人之右。顧齒髮日衰，業弗加脩，大懼先生之功力爲虛施，每覥然慚、惕然恐也。惟當與二三子尊所聞，行所知，使先生未伸之志獨有考焉。"今謹撮此大略，著之篇端。

## 文昭林拙齋先生之奇

　　林之奇，字少穎，侯官人。紫薇舍人呂公本中入閩，先生甫冠，從之學。鄉舉，赴禮部試，行至衢州，以不得事親，翻然而歸。向學益力，本中奇之，從學者踵至。登紹興二十一年進士，調莆田簿，改尉長汀，召爲秘書省正字，輔校書郎。時猶用《三經義》說，先生亟請罷斥，上言："王氏《三經》，率爲新法地。晉人以王、何清談，罪深桀、紂。本朝靖康禍亂，考其端倪，王氏實負王、何之責，正所謂邪說淫辭之不可訓者。"或傳金人南侵，先生作書抵當路言："久和畏戰，人情之常。故彼常以虛聲恫喝，示我以欲戰之意，非果欲戰，所以堅吾和也。吾果欲與之和，宜無憚於戰，則其權常在我矣。"以痺疾乞外，由大宗正丞提舉閩舶。奉祠家居，呂公祖謙因之受學。卒，年六十五。有《尚書集解》、《春秋周禮論》、《論語孟子講義》、《楊子解義》、《道山記聞》、《拙齋集》行世，學者稱拙齋先生。諡文昭。從子子冲。《閩書》、《三山新志》

## 潘　先　生　滋

　　潘滋，懷安人。林先生之奇高弟也。黃勉齋嘗學焉。《閩書》

### 縣丞林通卿先生子冲

林子冲,字通卿。學問德業有聲鄉里,從游者數百人。爲南豐簿,邑民交頌。太守陳岐請脩禮樂書,以子冲大儒之後,延以特榻。子冲隨文釋義,補闕訂訛。書成,周必大、楊萬里稱其精密。調將樂丞,未上,留盱,攝郡太學。丁外艱,以哀毀卒。子畊,字畊叟,衡州教授,能傳家學。《閩書》《朱子經義考》

### 備　　考

孫畊後序曰:畊自兒時侍先君盱江官舍,郡齋修刊禮樂書,先君實董其事,與益國周公、誠齋楊先生書問往來,訂正訛舛甚悉。暇日,因與言曰:"吾家先拙齋《書解》今傳於世者,自《洛誥》以後皆訛。蓋是書初成,門人東萊呂祖謙伯恭取其全本以歸,諸生傳録,十無二三,書坊急於鋟梓,不復參訂,訛以傳訛,非一日矣。"先君猶記鄉曲故家及嘗從先拙齋遊者,録得全文。及歸,方尋未獲,不幸此志莫償。畊早孤,稍知讀書,則日夕在念慮間。汩汩科舉業,由鄉選入太學,跋涉困苦,如是者三十餘年。淳祐辛丑,僥倖末第,閒居需次,得理故書,日與抑齋今觀文陳公、虛齋今文昌趙公參考講求,摳趨請益。抑齋出示北山先生手蹟,具言居官婺女日,從東萊先生學,東萊言吾少侍親官於閩,從林少穎先生學,且具知先拙齋授書之由。時抑齋方閱六經,尤加意於林、呂之學,虛齋亦倣朱文公辨安國書著本旨,畊得互相詰難。其間凡諸家講解,搜訪無遺。一日,友人陳元鳳儀叔攜《書説拾遺》一集示予,蠹蝕其表,蠅頭細書,云得之宇文故家。蓋宇文之先曾從拙齋學,親傳之藁也。其集從《康誥》至《君陳》,此後又無之,遂以鋟本參校,《康誥》、《酒誥》、《梓材》、《召誥》皆同鋟本,自《洛誥》至《君陳》與鋟本異,其詳倍之。至是益信書坊之本誤矣。當令兒輩作大字謄出,以元集歸之,然猶未有他本可以參訂也。又有一朋友云,建安書坊余氏數年前新刻一本,謂之三山林少穎先生《尚書全解》,此集蓋得其真,刊成僅數月而書坊火,今板本不存矣。余亦未之信,因遍索諸鬻書者。乙巳春仲,一老丈鶉衣衒袖,踉蹌入門,喜甚,揖余而言曰:"吾爲君求得青氈矣。"開視,果新板,以《尚書全解》標題,書坊果建安余氏,即倍其價以鬻之。以所謄本參校,自《洛誥》至《君陳》及《顧命》以後至卷終,皆真本。向者麻沙之本自《洛誥》以後果僞矣。朋友轉相借觀,以爲得所未見。既而畊暫攝鄉校學錄,葉君真,里之耆儒,嘗從勉齋遊,其先世亦從拙齋學,與東萊同時,又出家藏寫本林、李二先生《書解》及《詩説》相示。較之,首尾並同,蓋得此本而益有証驗矣。嗟夫!此書先拙齋初著之時,每日誦正經自首至尾一遍,雖有他務不輟,貫穿諸家,旁搜遠紹,會而稡之,該括詳盡,不應於《洛誥》以後詳略如出二手。今以諸本參較,真贗曉然,信而有徵,可以傳而無疑矣。《書解》自麻沙初刻,繼而婺女及蜀中皆有本,然承襲舛誤,竟莫能辨。柯山夏氏解多引林氏説,自《洛誥》以後則畧之,僅有一二語,亦從舊本,往往傳訛。東萊解只於《禹貢》引林三山數段,他未之詳。東萊非隱其師之説,蓋拙齋已解者,東萊不復解,而惟條暢其義。嗟夫!《書》自安國而後,不知其幾家,我先拙齋裒集該括,自壯及耄,用心如此之勤,用力如此之深,始克成書,而傳襲謬誤,後學無從考証。我先君家庭授受,中更散亡,極意搜訪,竟無從得。畊恪遵先志,又二十餘年,旁詢博問,且疑且信。又得宇文私錄,又得余氏新刊《全解》,又得葉氏錄家藏寫本,稽驗新故,訂正真贗,參合舊聞,而後釋然以無疑,確然而始定。然則著書傳後,豈易云乎哉!畊既喜先拙齋之書獲全,又喜先君縣丞公之志始遂,顧小子何力之有,抑天不欲墜廢斯文,故久鬱而獲伸歟?不然,何壁藏、汲冢之復出也?淳祐丁未之歲,石鼓冷廳,事力甚微,學廩粗給,當路諸公不賜鄙夷,捐金撥田,悉有所助。三年之間,補葺經創石鼓兩學,輪奐鼎新,書板舊帙缺者復全。於是慨然而思曰:"吾先君未償之志,孰有切於此者?吾先世未全之書,豈容緩於此者?實爲子孫之責也。"乃會書院新租歲久之積,因郡庠憲臺撥鐲之羨,搏學廳清俸公給之餘,計日命工,以此全書亟鋟諸梓,字稍加大,匠必用良,板以千計,字以五十萬計,釐爲四十卷。始於乙酉之孟冬,迨明年夏五月而畢。是書之傳也,亦難矣哉,亦豈苟然哉?舊本多訛,畊偕次兒駿伯重加點校,凡是正七千餘字,今爲善本,庶有補於後學。淳祐庚戌夏五，嗣孫迪功郎衡州州學教授兼石鼓書院山長畊謹書。

鄧均曰：觀林君畊叟序述其先王父全書始末，兩世訪求，志亦苦矣。先是抑齋陳先生爲僕言閩學源流，開教甚悉，乃知始於紫薇呂公載道而南，而拙齋先生實親承心學。拙齋著書多，而於《尚書》尤注意，即少穎先生《書解》是也。然自《洛誥》以後，傳者失真，世不得其全書爲恨。先生之猶子諱子冲，登癸丑科，爲南豐簿，嘗分教旴江，再轉爲丞。僕頃在庠序，尚及識縣丞公於文席。縣丞公在旴，據勘遺文多矣，獨於拙齋全書散佚之餘，訪求而未得，不幸齎志以歿。又數十年，而先生之孫畊始克摹就。豈其書之泰阨，固自有時耶？拙齋雖不克竟其用，而傳聖賢之心，壽斯文之脈，其功大矣。縣丞公刻志世其學，而暑不獲施於用，至畊而全書始出以傳，惟拙齋之學卓然光明，久而益昌，何容繪畫？畊字畊叟，暨先生甫三世，其孜孜問學，多識往行，好修者也。君子曰：“無忝厥祖。”淳祐十年七月既望。

按：畊叟序中言“抑齋今觀文陳公”疑即北山先生之子韡，時爲觀文殿學士，後諡忠肅。言“虛齋今文昌趙公”者，考《三山藝文志》，趙公以夫有《虛齋樂府》二卷，疑即此公也。二公淵源正學，宋季士林多推重之。

# 閩中理學淵源考卷八

## 文節林艾軒先生光朝學派

陳正獻公曰:"閩中洛學之興,肇自建劍,而莆儒風之盛,自紹興以來四五十年崇尚洛學,艾軒先生實作成之。"林公希逸曰:"自南渡後,洛學中微。朱、張未起,以經行倡東南,使知聖賢心不在訓詁者,自莆南夫子始。"莆南者,艾軒先生也。朱子曰:"這道理易晦而難明。某少年過莆,見林謙之與方次雲說一種道理,說得精神爲之踊躍鼓動,退而思之,至忘寢食。後來過莆,二公已往,無有能繼其學者矣。"劉後村曰:"以言語文字行世,非先生意也。先生乾、淳間大儒,國人師之。文公於當世之學,間有異同,惟於先生加敬。于時朝野語先生不以姓名,皆曰艾軒。"觀此,則公之從游陸公子正,淵源程氏之學,其時豈特爲莆所宗仰哉?先生曾與楊次山手札,自言與方次雲論晉代人物如寒蟬孤潔,不入俗調,心甚樂之。方云:"此數人來孔子之門,恐一日著腳不定。"乃悟夫子之門爲人物準的,千歲人物要入得此窠樣中,乃爲無愧耳。此又先生與方氏默會孔門親切之訓者也。維時莆之宗派,發自艾軒,其平日師友講習,多從事於經術行檢,使人知聖賢心不在文字訓詁間也。聖學湮廢,寥寥千載,於孔門德行之科,莫能尋討契合,而不知其體認於學問,根柢淵源未易窺也。朱子嘗釋善言德行之說,謂所言皆其自己分上事,故當時惟顏、閔以上從事此工夫。自洛閩之學興,師弟講切,無非此義,而一發千古之曚,方、林二公得程氏緒餘,殆窺見此旨歟。乾隆辛未四月望後一日書。

### 文節林艾軒先生光朝

林光朝,字謙之,莆田人。學者稱艾軒先生。少有聲場屋,再舉禮部不第,不復以得失爲意。聞吳中陸子正學出尹和靖，遂往從之。自是專心聖賢踐履之學，通六經，貫百氏，出入起居，必中規矩。歸莆，設講於東井、紅泉，四方來學者無慮數百，稱爲南夫子。蓋先生之學，一傳爲林亦之，再傳爲陳藻，三傳爲林希逸。其爲教，以身爲律，以道德爲權輿，不專習詞章爲進取計。平生未嘗著書，其於聖賢微旨，有得於師傳者，惟口授學者，使之心通理解。嘗曰：“道之全體存乎太虛，六經既發明之，後世註解，固已支離，若復增加，道愈遠矣。”又曰：“日用是根株，言語文字是註脚。學者須求之日用，求之不已，則察乎天地。”隆興元年，年五十，始以進士及第，授袁州司戶參軍。乾道三年，龍大淵、曾覿以潛邸恩倖進，先生與劉朔，以名儒薦對，頗及二人罪，由是改知永福縣。而大臣論薦不已，召試館職，爲秘書省正字，歷著作郎，進國子司業兼太子侍讀。九年，張說再除簽書樞密院，先生不往賀，遂以顯謨閣出爲廣西提點刑獄。淳熙元年，移廣東，以擊殺茶寇功拜國子祭酒。四年，孝宗幸國子監，命講《中庸》，大稱善，面賜金紫，除中書舍人兼侍講。時史部郎謝廓然以曾覿薦，賜同進士出身，除殿中侍御史。命從中出，先生愕然曰：“是輕臺諫，羞科目也。”立封還詞頭。孝宗度先生必不奉詔，改權工部侍郎。請外，遂以集英殿修撰出知婺州，引疾，提舉江州興國宮。年六十五卒，諡文節。先生老儒，通達世務，負士望甚重，出使入朝，徇義忘私，無田宅以遺妻子。在後省久，未有建明，呂東萊私謂所知曰：“未知此老若爲收煞。”及繳駁謝廓然除命，乃喜曰：“此舉過江後未有也。”先生既没，朱文公嘗嘆曰：“某少年過莆，見林謙之、方次雲説得道理極精細，爲之踴躍鼓動，退而思之，至忘寢食。後來再過，則二公已没，更無一人能繼其學者矣。”陳正獻公曰：“莆儒風特盛，自紹興以來四五十年，士始知洛學，而以行義脩飭聞於鄉里者，艾軒實作成之也。”有集二十卷，陳氏宓謂其“森嚴奧美，上參經訓，下視騷辭”。劉氏克莊亦謂“高處迫《檀弓》、《穀梁》，平處與韓並驅”。林氏俊曰：“艾軒不獨道學倡莆，詩亦莆之祖，用字命意無及者。後村雖工，其深厚未至也。”按：先生嘗師事同郡林霆，林公深於象數之學者。所著有《易論》、《詩書語録》、《中庸解》等集。《莆陽文獻》、《閩書》、《朱子語類》、《林貞肅集》

## 文暑

《與朱編修元晦》曰：前此數得來書，祝耕老有五夫便人去，令來取書，因循如許，言之愧甚。去年過黃亭，只相隔得三二日，所欲道者亦何數，唯耿耿。比承除書之下，此在公論以爲太遲，不知賢者出處自有時，直道之信，善類增氣。見教恭而安數語，乃是從根株上說過來。別後對此，如一對面語，但所謂與虞仲達及此一節，更記憶不上。是日說數件語，當不止此耳。林用中聞以館舍處之，得質正所聞而求所未聞，甚善。復之到官已三月，偶疾，唾中有血雜出，令人憂懸也。

《與楊次山》曰：某授徒三十年，不過爲場屋舉子之習，學問一事雖稍涉其涯，而所以作語及所以傳授於人，唯是一律，豈敢輒出場屋繩尺之外也。某年近二十，未知龜山所遺後來者爲何書，及隨計走都下，此說一歷耳，又二三年中乃得之。是時有周先生、尹先生，諄諄然八九十歲人，乃文靖公一輩流也。王信伯得之於龜山，施廷先得之於信伯。廷先吾友也，廷先每說洞庭之野有一人吾所畏，當買舟同一見之。不及見此人，廷先死矣。傷哉廷先，每對人道說，必爲之出涕。廷先乃吾亡友方正字次雲之友，某以次雲六兄之故，遂定交。某幼歲聞李太白、石曼卿之爲人，即踴躍道其事。又初讀《晉書》，見一樣人物，如寒蟬孤潔，不入俗調，此心甚樂之。一日，對次雲說古人如此，終是不俗。六兄云："此數人來孔子之門，恐一日着腳不定。"某乃悟夫子之門爲人物準的，千歲人物要入得此寨樣中，乃爲無愧耳。

## 詩

《送別湖北漕李秘監仁甫》詩曰：文字眇煙雲，過眼徒浩浩。所有未見書，惜哉吾已老。子雲客長安，陳迹如一掃。同叔向來人，我生苦不早。亦聞青城山，斯翁爲有道。瞿塘不可上，秋夢長顛倒。白日來西崑，一見自應好。縱譚百代前，至境非枯槁。多爲開口笑，明日生懷抱。黃鶴有高樓，悅如事幽討。攬轡逢道州,聽書下下考。周南勿留滯,掇拾供史藁。分手重酸辛,璠璵衆所寶。十日不得面,何爲太草草。

## 備　考

陳正獻公俊卿撰《艾軒祠堂記》署曰:淳熙壬寅夏四月,永嘉林仲元來守此邦,以厚風俗、敦教化爲本。闔郡之士咸造於庭曰:"莆雖小壘,儒風特盛。自紹興以來,四五十年,士始知洛學,而以行義脩飭聞於鄉里者,艾軒先生實作成之也。先生學通六經,旁貫百代。蚤游上庠,已而思親還里,開門教授。四方之摳衣從學者,歲率數百人,其取巍科、登顯仕者甚衆。先生之爲教,以身爲律,以道德爲權輿,不專習詞章爲進取計也。其出入起居,語默問對,無非率禮蹈義。士者化之,間有經行井邑,而衣冠肅然,有不可犯之色。人雖不識,望之知其爲艾軒弟子也。莆之士風,豈無所自?先生殁已六年,人思其矩範,願得立爲祠宮,春秋薦以苾芬,以慰邦人之思。"太守乃擇南城隙地,爲屋十六楹,丹雘一新。因謀刻歲月,謁記於予。予於艾軒游四十年,所謂三益之友,其可辭乎?

明貞肅蕭氏俊撰《艾軒文選序》略曰:吾家艾軒先生崛起南服,專志聖賢。于時遺儒陸子正、旋廷嘗學和靖、龜山先生,特從指授,以上紹伊洛之傳,窮博而會之要,絕意著述,東井倡道盡羣俊,而朋來之四方。年五十始奏名,十一轉而至中舍。平茶寇,講《中庸》,一再爲孝宗褒獎。坐封還詞頭,改工部侍郎,以集英修撰知婺州,提舉興國宮以卒。先生長晦翁一十六歲,晦翁商署理道,獨先生意合,嘉其精細,退若有得,請質時見於書。兌澤,南軒於《易》有所異,爲晦翁獨與其繳駁新端也。東萊曰:"平生保任此老不負諡文節也。"君子謂允。去今三百五十年,祠久圮,墓之田易數姓,穉弱二孫,稀落可念。龍坡之爲仰止書院,馮公行健、雷公孟升意也。俊偕汝華謀曰:"先生嘗同晦翁講道,以齒則兄,以道則友。晦翁固道學淵源,先生亦道學名派,一方而名,天下稱'南夫子'無異詞,宜並祀。"雷喜,白之馮暨貳暨大巡宣司、監司、督學,議可並祀二先生,侍以莆高弟子,而復梓其文以傳云。

侍講陳英仲先生士楚以下門人。

陳士楚,字英仲,莆田人。從學林公光朝。登乾道八年進士,調臨江戶曹,攝新喻縣,政化大洽①。改秩,調侯官。丞相周必大薦之以國子監簿,召對,孝宗獎其誠實。紹熙初,除宗正丞兼嘉王府直講。一日,百官已趣班,雪大作,宰相索表稱賀,援筆立就,朝士稱嘆。青宮開經筵,講《周書·無逸》章,其解"稼穡艱難"曰"百穀麗於土,荄萌既敷方有實。三農力於田,莠草既除方有秋",以諷小人妨君子之意。壽皇傳諭曰:"陳直講說《書》,議論精詳,理致深奧,得師儒之道。"除右侍郎、右史。退葺御書閣,扁陽春堂、挹壺樓、觀稼亭,皆宸筆揮洒。慶元改元,除侍講。林希逸守莆,祠艾軒、綱山、樂軒于穀城山,後人以士楚侑饗云。《莆陽文獻》、《閩書》

### 主簿黄季野先生勑

黄勑,字季野,莆田人。少從林艾軒學,志行高古,自劉夙、劉朔、林亦之而下,皆推讓焉。登紹興二十一年進士第,調懷安簿,未上,卒。二劉葬之,表其墓。《莆陽文獻》、《閩書》

### 推官卓進之先生先

卓先,字進之,莆田人。少從林艾軒學。年十五,拔鄉解。紹興四年,年四十,以特科調龍溪主簿。歲旱疫,多所全活,累遷建寧軍節度推官。歲亢旱,松溪、政和、建陽、浦城四邑仰食下流客米,府禁米舟出城。先爭曰:"四邑非建民耶?"平生居官廉静,言論據經,與人寡合。陳宓、鄭爍許與特甚,而傅伯成尤敬重之。族孫得慶。《莆陽文獻》、《閩書》

### 魏天隨先生几

魏几,字天隨,福清人。從林艾軒,以克己復禮問,艾軒曰"五湖明月",因以穎悟。賦《丹霞夾明月》,有"半白在梨花"之句,人以"半白梨花郎"目之。其昆仲有雪堂、天游,亦名士也。《閩書》、《三山郡志》

### 林載德先生阿鼈

林阿鼈,字載德,福清人。林高諸孫也。從林艾軒學,苦六經無所入,至欲投江死。艾軒稱之謂"魚鹽中膠鬲"。《閩書》、《三山郡志》

### 陳先生叔鼈

陳叔鼈,福清人。少從林艾軒講學,出揖客而容頳,艾軒曰:"心不負人,面無頳容。"叔鼈悟而自克,遂以行誼名。《閩書》、《三山郡志》

### 傅景初先生蒙

傅蒙,字景初,仙遊人。少從林艾軒學。工詞賦,兼五經。孝宗朝,嘗上萬言書。退而講學龍池,以淑後進。《閩書》、《仙遊邑志》

### 教授林恭之先生肅

林肅,字恭之,仙遊人。淳熙三年進士。少有文名,與傅蒙遊林艾軒之門。試教官科,授臨安教授,卒。《仙遊邑志》、《閩書》

### 提舉楊似之先生興宗

楊興宗,字似之,長溪人。祖惇禮,字穆仲。興宗少師事鄭夾漈,後執經林謙之之門。登紹興三十年進士,調鉛山簿。孝宗登極,上封事,末陳以守爲攻之策。時相湯思退主和議,使人要曰:"若登對無立異,當以美職相處。"卻之,累書抵東府力爭。孝宗嘉其志,除武學博士。丞相陳俊卿舉充館職,條對時弊。歷遷校書郎,與林謙之同校文省殿,擢鄭僑、蔡幼學、陳傅良,時稱得人。脩四朝《會要》,歷遷司勳郎。論張説不當與趙汝愚同拜,不報。又駁楊和王存中封爵

太優。忤時相虞允文,乞祠,出守處州,大有政聲。除知溫州,改嚴州,終湖廣提舉。著有《自觀文集》。《閩書》

### 林先生恂如

林恂如,莆田人。少從林艾軒學。嘗傾貲殫力,脩築木蘭坡之南岸堤。祖國鈞建紅泉學,延族子艾軒爲師焉。《閩書》

### 判官林井伯先生成季以下家學。

林成季,字井伯。艾軒從子。有學行,從朱子游,朱子深器重之,所與筆札甚多。趙忠定禮爲上客,每事必咨。仕興國軍判官。《莆陽文獻》

### 備　考

劉後村《跋趙忠定公朱文公與林井伯帖》:某爲童子時,受教於先友井伯林丈,初筮主靖安簿,辱授印焉。卷中諸帖,昔皆嘗見,後三十餘年,復從君保陳君見之,蓋先友冢上之木已拱而其家亦益落矣。感今念昔,不勝悲慨。當乾淳間,艾軒先生與忠定相君同館,井伯丈以艾軒猶子爲忠定上客,所交皆當世名人,而於朱、張、呂三君子尤厚。忠定帖雖家事瑣碎亦謀焉。文公帖如黨論之興、大愚之貶、衡陽之薨,皆當時大變故,士大夫掩耳不敢聞,公獨諄諄然赴告於井伯丈。一太學生未脫韋布,而隱然任世道之隆替,受諸老之付囑,可不謂賢哉?初,餘干縣尹有憾於忠定,謫命下,祖昔人憾萊公、元城故智,張皇特甚。井伯丈適在吳中,先馳書以報,忠定賴以自安。嗚呼!使遇良史筆之,豈減於陳仲弓、郭有道耶?

### 漕舉吳省齋先生澥以下交友。

吳澥,字清臣,龍溪人。兩請鄉舉,有聲。又請漕舉及同文館舉。澥著述甚富,援筆立成,皆極精妙。與陳知柔、林光朝諸公爲莫逆交。知柔嘗擊節稱賞,謂其"貌古、心古、學古、文古"。三山林子晦亦嘆其爲天下奇才。學者師之，稱省齋先生。有《省齋集》行世。《道南源委》、《閩書》

### 縣令陳元榘先生昭度

陳昭度，字元榘，興化人。紹興五年進士第，爲尤溪主簿，部使者檄令捃摭屬吏細過，昭度憮然拂衣去。閒居讀書著文，十餘年不出，與鄉大夫林迪爲忘年友。艾軒林光朝、次雲方翥、正字劉夙兄弟皆嘗至其家登堂拜母，誼均兄弟。既而教授藤州。藤地鄙遠，俗尚庫陋，昭度勵士以致知謹獨之學，由是士競於學，知所指歸。改知長樂縣，未上，卒。昭度淵源濂、洛，爲文得古法，簡嚴閑淡，理致深遠。艾軒志其墓，謂"不緣師授，視橫渠爲同時獨曉者"。《莆陽文獻》、《閩書》

### 鄭夾漈先生樵

鄭樵，字漁仲，興化人。父國器，太學生，嘗鬻己田築蘇洋陂，人食其德。沒於姑蘇，樵年十六，徒步歸葬。自是謝絕人事，結廬越王山下，閉戶誦習，卜築草堂夾漈居之。久之，出遊名山大川，搜奇訪古，遇藏書家，必留借讀。夜則仰觀星象，寒暑寢食爲之都忘。一時名人如李綱、趙鼎、張浚皆器重之。初爲小學、經旨、禮樂、文字、天文、地理、蟲魚、草木、方書之學，皆有論辨。紹興十九年上書曰："草萊臣鄭樵昧死百拜獻書皇帝陛下。臣本山林之人，入山結茅，欲讀古今之書，通百家之學，討六藝之文而爲羽翼。忽忽三十年，著述之功，百不償一，不圖晚景獲見太平，松筠之節不改歲寒，葵藿之心難忘日下。恭惟陛下留心聖學，篤志斯文，擢用儒臣典司東觀內外之藏，治有條理，百代之典，燦然可觀。臣伏觀秘書省歲歲求書之勤，臣雖身在草萊，亦欲及時效茲尺寸，謹繕寫十六部百四十卷，恭詣簡院投進。其餘卷帙稍多，望賜睿旨，許臣料理餘書[②]，續當上進，得展盡底蘊。"詔以其書藏秘府。歸而益屬所學，從者二百餘人。尋喪母，哀毀廬墓。部使者舉孝廉者三，舉遺逸者二，皆不就。二十七年，以侍講王綸、賀允中薦應召。明年，上殿奏言："臣處山林三十餘年，脩書五十種皆已就。其未成者,臣取歷代之籍,始三皇,卒五季,彙緝爲一,名曰《通志》。體參馬遷,法則稍異。謹摭其要覽十二編,名曰《脩史大例》先上之。"帝曰:"聞卿名久矣! 敷陳古學,自成一家,何相見之晚耶?"授右迪功郎、禮兵部架閣。爲御史葉義問所劾,力乞還山,改監南嶽。還家論著,閱四年,《通志》就,詣闕請上。會高宗幸建康,命爲樞密院編修官,尋兼攝簡詳諸房文字。因求入秘書省繙閱典籍,詔許於三館假書觀之,陸務觀以爲一時快事。又坐言者,寢及駕歸,繳進《通志》,而樵卒,時年五十九矣。生平枯淡好施,居鄉累歲,不一詣守令。筆札雖詔從官給,未嘗取也。見人寸善,推譽如有不及。有來質問者,爲之顛倒。數於當路薦林光朝、林彖。學者稱夾漈先生。詩文有《谿西集》五十卷。《莆陽文獻》、《閩書》

## 州守蔣元肅先生雝

蔣雝,字元肅,仙遊人。少博學強記,下筆輒數千言,曲盡其妙。鄉先輩宋藻舉經傳扣雝,隨問隨答,每以"南方夫子"稱之。設席郡庠,戶履常滿。與林光朝同時,十人俱知名,號"莆陽十先生"。登紹興二十一年進士,教授泉州。守王十朋見其文,大加賞識,雝因作《夢仙賦》以獻,十朋曰:"長卿《大人》、太白《大鵬》之比也。"又撰《時政十議》,十朋嘆曰:"此經世之文矣。"後知江陰軍,再知通州。以郡人張次山坐與程明道、邵康節同好惡得罪,及陳瑩中、任德翁嘗遷謫於此,合爲堂祀之,扁曰"三賢",以厲風俗。秩滿,入覲。首言江東鹽課較之淳熙七年出入之數虧二萬緡,主筴者方以衍課增秩。上矍然曰"某人欺朕",因訪本末,雝口誦指畫,應對如響。上曰:"卿材通練,合以蒲郡處卿。"雝拜謝。上目其背方面材也,將除贛州,爲宰執所沮,退居樸鄉十餘年。凡四請祠,以壽終。著有《樸齋文集》。子祈,從子有秋。《仙遊邑志》、《閩書》

## 徵士方直甫先生秉白

方秉白,字直甫,莆人。隱居教授,林謙之、方次雲、劉賓之、復之諸名士皆其友也。孝宗朝,以孝廉薦,不起。郡守趙彥勵嘗辟脩《莆陽志》。有《草堂文

集》。《閩書》

### 州守方先生漸

方漸,莆田人。重和元年進士,紹興中判韶州,知梅湖、南恩,歷官朝散郎。平生清白,無十金之產。所至挾書自隨,積至數千卷,皆手自纂定。就寢不解衣,林謙之質之,答曰:"夜或有尋討,便不懷安。"爲小屋三間,以藏其書,榜曰"富文",鄭節仲嘗就讀焉。子林,鄉貢進士。孫其義,曾孫應發。《莆陽縣志》

## 文介林綱山先生亦之學派

按:先生師事艾軒三十餘年,莆人推先生嗣講席,後先生之學授之陳樂軒藻,亦嗣綱山講席。林氏希逸創三先生祠奉祀,并錄其遺文。所謂"三先生"者,莆南林公光朝、福清林公亦之、陳公藻也。惜三先生之學至希逸林氏而無傳矣。葉文忠公向高曰:"王信伯再傳而亦之,又再傳而希逸,星辰沒矣。源流正學,溯於前修。"固皆同爲洛學淵源也。於乎,懿哉!

### 文介林綱山先生亦之

林亦之,字學可,閩縣人。盛年挾策遊四方,卒不契,去之紅泉,謁林艾軒光朝而師之,左右三十餘年,遂爲高弟。艾軒卒,莆人推亦之嗣講席。艾軒之學一本躬行,亦之戶外履幾半於師矣。或勸其著書,答之詩曰:"講學紅泉不著書,只將心學授生徒。"趙汝愚帥閩,辟入東井書堂,待以賓禮,上其學業於朝。命未下,卒。學者稱綱山先生。一曰魚月先生。著《論語》、《考工記》、《毛詩》、《綱山詩集》。景定間,林希逸追舉其賢,贈迪功郎,賜謚曰文介。子簡,字綺伯,莆中劉克莊少師之。《閩書》

### 文遠陳樂軒先生藻

陳藻,字元潔,福清人。師林亦之,得艾軒經學之傳,爲時通儒,遂嗣亦之講席。藻家貧，篤志於學，不求人知。入則課妻子耕織，出則誘生徒絃誦，登山臨水而已。學者稱樂軒先生。所著有《語孟莊子杜詩解》并詩集。景定間，門人林希逸薦其賢，贈迪功郎，賜諡曰文遠。《閩書》、《三山新志》

## 中書林竹溪先生希逸

林希逸，字肅翁，號鬳齋，福清人。師事陳藻，藻之學出於林亦之，亦之出於林光朝，其授受遠有源委。登端平二年進士，爲平海軍節度推官，以清白稱。淳祐中，遷秘書省正字。入對，乞信任給諫，又乞早決大計，以慰人望。理宗皆開納。歷翰林權直學士兼崇政殿說書。以直秘閣知興化軍，下車首詔學者云："自南渡後，洛學中微，朱、張未起，以經行倡東南使知聖賢心不在訓詁者，自莆南夫子始。初疑漢儒不達性命，洛學不好文辭，使知性與天道不在文章外者，自福清兩夫子始。學者不可不知信從也。"因立三先生祠祀之，併鋟其遺文以傳。莆南夫子者，林光朝，兩夫子者，亦之、藻也。景定四年，舉亦之及藻爲有道之士，又舉林光遇幼承父澤，奉親不仕，並乞褒崇。詔有司爲三人樹表書諡，並祀之學宮。希逸官司農少卿，終中書舍人。所著有《易講》、《春秋正附篇》、《考工記解》、《竹溪稿》。子泳，歷興化倅、國子監丞。劉克莊序希逸詩。宋自光朝三傳至希逸，比之于師，槁而華矣。明代郭萬程曰："自道學興，辭命多鄙，光朝之門，獨爲斐然。閩自楊氏道南，蓋光朝可接羅、李之宗，惜時儒未深知者，至希逸而亡傳矣。"《閩書》、《莆陽文獻》、《三山新志》

## 朝奉嚴坦叔先生粲

嚴粲，字坦叔，一曰明卿，邵武莒溪人。精《毛氏詩箋註》，嘗自註《詩》曰《嚴氏詩緝》，朱文公《詩傳》多采其說焉。《邵武郡志》

按：嚴氏粲自序《詩緝》在理宗淳祐戊申，去朱子捐館之歲已四十八年。林氏希逸撰《嚴氏詩緝序》言："華谷嚴君坦叔早有詩名江湖間，甲辰，余抵京，以同舍生見，時出《詩緝》語我，其說大抵與老艾合。遂求全書而讀之。"今以序詩之年考之，亦後於朱子四十餘年。嚴氏本傳所言"朱子採其說"者，自《邵武郡志》如此。今讀《詩緝》中所引用諸說，凡"朱氏曰"者，皆文公朱子之說，嚴氏採朱子之説,而立傳者反謂朱子採其説,相沿承誤,似無可疑。今録原序并林序二篇附後,俟考訂者再詳之。

## 備　考

嚴氏粲自序《詩緝》曰:二兒初爲《周南》、《召南》,受東萊義誦之,不能習,余爲緝諸家説,句析其訓,章括其旨,使之瞭然易見。既而,友朋訓其子若弟者,競傳寫之,困於筆劄,胥命鋟之木,此書便童習耳。《詩》之興,幾千年於此矣。古今性情一也,人能會孟氏説詩之法,涵泳三百篇之性情,則悠然見詩人言外之趣,毛、鄭以下且束之高閣,此書覆瓿可也。淳祐戊申夏五月華谷嚴粲序。

林氏希逸《詩緝序》曰:六經皆厄於傳疏,《詩》爲甚。我朝歐、蘇、王、劉諸鉅儒,雖罷落毛、鄭舊説,爭出新意,而得失互有之。東萊吕氏始集百家所長,極意條理,頗見詩人趣味,然疏缺渙散,要未爲全書。蓋《詩》於人學,自爲一宗,筆墨蹊徑,或不可尋逐,非若他經。然其流既爲《騷》、爲《選》、爲唐古律,而吾聖人所謂可以興觀羣怨,孟子所謂“以意逆志”者,悉付之明經家。艾軒林先生嘗曰:“鄭康成以《三禮》之學賤傳古詩,難與論言外之旨矣。”艾軒終身不著書,遺言間得於前一輩鄉長老,客遊二十年,未有印此語者。華谷嚴君坦叔早有詩名江湖間,甲辰,余抵京,以同舍生見,時出《詩緝》語我,其説大抵與老艾合,且曰:“吾用於此有年,非敢有以臆決,摭諸家而求其是,要以發昔人優柔温厚之意而已。”余既竦然起敬,遂就求全書而讀之。乃知其鈎貫根葉,疏析條緒,或會其旨於數章,或發其微於一字。出入窮其機綜,排布截其幅尺,辭錯而理,意曲而通,逆求情性於數千載之上,而興寄所在,若見其人而得之。至於音訓疑似,名物異同,時代之後前,制度之纖悉,訂證精密,開卷瞭然。嗚呼!《詩》於是乎盡之矣。《易》盡於伊川,《春秋》盡於文定,《中庸》、《大學》、《語》、《孟》盡於考亭,繼自今,吾知此書與並行也。然則華谷何以度越諸子若是哉?余嘗得其舊藁五七言,幽深夭矯,意具言外,蓋嘗窮諸家閫奥而獨得風雅餘味,故能以詩言《詩》,此賤傳所以瞠若乎其後也。余曰:“艾軒惜不見子。”君曰:“子又豈容遺艾軒之言?”

故不自揆,而爲之叙云爾。是年十有二月,竹溪鬳齋林希逸書。

【校記】

① "洽",《閩書》作"治"。

② "書"字原缺,據《夾漈遺稿》補。

# 閩中理學淵源考卷九

## 莆田劉氏家世學派

彭從吾先生曰:"莆壤土褊小,至宋始成郡,而文獻特盛,忠惠、蔡襄。文節、林光朝。正獻陳俊卿。三五公爲之冠冕。最後,後村劉先生起而繼之,文章流布,事業兼備,論者謂三五公而下,一人而已。蓋劉自著作、夙。正字朔。二先生師事文節公,道同行偕,齊名乾淳間,蔚然爲文章家。著作之子吏部侍郎彌正,與羣從又皆以行義名世。吏部之子則後村先生,資禀既異,濡染亦深,壯而益學,以至於成,加以壽數之高,位遇之顯,遂以文事紹先聞於天下。當世大儒真文忠公辟帥參,且以"學貫古今,文追騷雅"薦於朝。晚乃薦,歷工部尚書,以龍圖閣學士致仕,年八十三而没。

### 著作劉賓之先生夙

劉夙,字賓之,莆田人。與弟朔師事林艾軒,得其傳。紹興二十一年登第,歷臨安教授。以弟朔爲溫州司户迎母就養,因乞與溫州教授莫冲兩易以便親,從之。作養人材,多所成就。陳傅良以諸生見,夙賞重之,果以文名。孝宗即位,召除樞密院編修,以親老求去。無何,兼國史院編修,力辭不就,除著作佐郎。所對館職策,言薦舉之弊曰:"此執政大臣爲惠而不爲政致之也。陳執中、章子厚,人知其小人也,然能不以官私其親。今將告執政大臣曰:'子爲子厚乎? 子爲執中乎?'則艴然怒矣。至其行事,則有爲子厚、執中所不爲者矣。"又上封事曰:"陛下與曾覿、龍大淵輩觴詠倡酬,字而不名,罷宰相、易大將,待其言乃決。嚴法守、裁僥倖,當自宫掖近侍始。"所請凡六事。丐外,除荆湖北路安撫司參議。乾道元年，以親老丐祠，主台州崇道觀。三年，差知衢州，期年，政平訟簡，郡人祠之。會曾覿副賀金正旦，道衢入謁，弗納。復求去，徙溫州，禱雨，全家淡食八十餘日。明年，引疾歸。率鄉人救荒，愬莆之剩米斛於朝，盡蠲之。又明年，卒。是歲，王龜齡、芮司業皆先夙卒，呂東萊悼以詩云：“諸老收身盡，佳城又到公。蒼天那可問，吾道竟成窮。”林謙之亦云：“賓之愛君均於愛親，憂國過於憂身，古有遺直，今難其人。”真西山《書二公誌銘後》云：“紹興末迄淳熙中，名儒十餘人言論同，出處偕，如立直木於通達之衢，後生有所望而趨。”讀之，令人慨嘆不已。二公在當時名論最高，惜皆弗究於用云。所著有《春秋解義》。弟朔，子彌正，彌邵。《莆陽文獻》、《道南源委》、《黃氏日抄》、《真西山題跋》

## 正字劉復之先生朔

劉朔，字復之。紹興三十年，試禮部第一，廷試甲科，調溫州司戶參軍。計口受禄，以其餘救饑疫，飼棄兒。孝宗初立，與林光朝同召，對曰：“陛下何不延納憤激敢言之士，而聽訐直難堪之言，因以自考察成敗得失。”且及曾覿、龍大淵罪狀。改宣議郎，知福清縣。以至誠待民，聽訟，使兩詞自詣。市食，掛錢於門。會病作，請祠歸。再召入對，時虞允文贊孝宗恢復，士多嚮之，朔極諫，以為宜選兵將，廣儲峙，責成於端重堪事者，從容以待其變，不可憑虛蹈空，過為指料，決天下於一擲。孝宗竦然，除秘書省正字。以疾丐外，除福建安撫司參議。朔與兄賓之皆為時望所推，學者輻輳其門。兄性挺特，不以色假人，朔則濟以和易。至輕禄位而重出處，厚名義而薄勢利，盡言於朝，盡心於官，飭廉隅，公是非，殆不相讓云。著《春秋紀年》。二子，起晦、起世。《莆陽志》、《道南源委》、《閩書》

## 侍郎劉先生彌正

劉彌正，夙之子。淳熙八年進士。嘉泰初，以承議郎知臨川縣，入為諸司粮料院。時韓侂胄為相，兵禍萌芽，召使如兩淮議鐵錢，實欲付以邊事。彌正還言：“無故而先發，天理不順。無豫而輕舉，人謀弗從。”侂胄怒。嘉定初為考功郎,覆朱子謚議曰:"謚,古也。複謚,非古也。謚法曰:'謚生於行者也。'苟當於其行,一字足矣,奚複哉!故侍講朱公没於爵,未得謚,上以公道德可謚,下有司議所以謚,謹獻議曰:六經,聖人載道之文也。孔氏没,子思、孟軻更述其遺言以持斯世,文幸未墜。漢末諸儒採掇以資文墨,鄭司農、王輔嗣輩又老死訓詁,謂聖人之心真在句讀而已。隋、唐間,河汾講學,已不涉聖賢閫奥。韓愈氏復出,特其文近道爾。蓋孔氏之道,賴子思、孟軻而明,子思、孟軻之死,明者復晦,由漢而下闇如也。及本朝而又明,濂溪、横渠剖其幽,二程子宿其光,程氏之徒嘘其熖,至公,聖道粲然矣。公之學,以誠持中,敬持外。其於書,尊六籍,則諸子曲説不得干其思。其於道,不敢深索也,恐入乎幽。不敢過求也,恐汨其説。讀書初貫穿百氏,終也縮以聖人之格言,自近而入微,由博而歸約,原心於眇忽,析理於錙銖。采衆説之精而遺其粗,集諸儒之粹而去其駁。嗚呼,醇矣哉!孟氏以來不多有也。公中科第猶少也,薄游徑隱,閉門潛思。朝廷每以好官召公,莫能屈,不得已而出,惟恐去之不早。自官簿書考者九,而閒居者四十餘年,山林之日長,問學之功深也。平居與其徒磨切講貫,皆道德性命之言,忠敬孝愛之事。由公學者,必行己莊、與人信,居則安貧而樂道,仕則尊君而憂民。重名節而愛出處,合於古而背於時。若此者,真公之學也。嗚呼!師友道喪,人各自是。公力扶聖緒,本末宏闊,而弄筆墨小技者以爲迂;癯於山澤,與世無競,而汨没朝市者以爲矯;自童至耄,動以禮法,而跆弛於繩墨者姍以爲誕。世嘗以是病孔、孟矣,公何恨焉。初,太常議以文忠謚公,按公在朝之日淺,正主庇民之學鬱而不施,而著書立言之功大暢於後,合文與忠謚公,似矣而非也。有功於斯文而謂之文,簡矣而實也。本朝歐、蘇不得謚文,而得者乃楊大年、王介甫,介甫經學非醇也,其事業亦有可恨,楊公正復文士爾。文乎文乎,豈是之謂乎?世多評韓愈爲文而非也,《原道》謂軻之死不得其傳,斯言也,程子與之。公晚爲韓文立《考異》一書,豈其心亦有合歟?請以韓子之謚謚公。謹議。"終吏部侍郎。林侶之建臨川三賢祠于學宫,祀黃勉齋、文丞相,而彌正與焉。弟彌邵,子克莊。

### 處士劉習靜先生彌邵

劉彌邵,字壽翁。素性狷介,早孤,遺書數厨,晨夕抄纂,考論古今,斷制義理,一以洙泗濂洛爲宗。嘗質經於陳宓,評史於鄭寅,問《易》於蔡淵。郡守楊棟創尊德堂於學宮以處之。及棟提點福建刑獄,復論薦於朝,未報。卒年八十二。彌邵平生爲學專務實踐,自幼至老,確然不移者。有《易藁漢考》、《讀書日記》諸書,學者稱習靜先生。子崴,寶慶二年進士,歷羅源、青田令,爲政以風俗教化爲本。《道南源委》、《莆田邑志》

### 文定劉後村先生克莊克遜、克剛。

劉克莊,字潛夫,夙之孫,莆田人。嘉定二年,以郊恩補將仕郎,調靖安簿,以宣教郎知建陽縣。新考亭祠,祀朱、范、劉、魏四賢於學,糶賑糶倉二千斛。方以邑最聞,而言官李知孝、梁成大箋其所詠《落梅》有"朱三"、"鄭五"之句,以謗訕擿其罪,鄭清力爲之辨釋。得通判潮州,改吉州。真德秀辟爲帥參,且以"學貫古今,文追騷雅"薦於朝。與祠,未幾,漸致從班,遂除樞密院編修官兼權右侍郎。輪對言:"服天下莫若公,今失之私;鎮天下莫若重,今失之輕。"又言:"權臣壞朝綱,開邊釁,兵驕楮賤,貪饕僥倖之俗不可回。諸賢起而當之,天人未應。願堅凝初意,無使邪説淫奪正論。"又拳拳於濟王苔川之獄"雖復其爵,未雪其冤",皆人所難言。尋除知漳州。嘉熙元年,改知袁州。坐先言濟王事,爲御史蔣峴所劾,與方大琮、王邁同罷。既與祠,擢廣東提舉,就升漕攝舶,俸給、例券皆却不受,買田二十畝,爲南仕歸喪之費。淳祐四年,除將作監,改直華文閣,因舊任。六年,令赴行在奏事,道除大府少卿。既至,面對三劄。御劄:"劉克莊文名久著,史學尤精,可特賜同進士出身。"除秘書少監,兼中書舍人。史嵩之服闋,御筆除職予祠,令克莊行詞。克莊奏:"嵩之有無父之罪四,無君之罪七,舊相致仕合有誥詞,今臣行嵩之之詞,未知爲褒爲貶。"論奏不已,爲殿中侍御史章琰劾罷。尋依舊職,知漳州,就除秘閣修撰、福建提刑以便養。甫及

月,丁内艱。方禫,除崇政殿説書、史館同修撰。時事多内出,克莊言:"祖宗盛
時,内降絶少。今中外除授,不由大臣啓擬,求者、與者、奉行者,習以爲常,臣竊
惜之。"忤當國意。尋除起居舍人,進言愈切,力奏不草史宇之答詔。除右文殿
修撰,知建寧府,改福建轉運使。以鄭發疏褫職,寢新命,提舉明道宮。景定元
年,賈似道還朝,歷遷權工部尚書兼侍講,以年迫,堅乞納禄。除焕章閣學士,守
本官致仕。咸淳四年,特除龍圖閣學士,致仕仍舊。年八十三卒,謚文定。所居
後村,人因稱爲後村先生。彭韶《祠堂記》曰:"維莆至宋,文獻特盛,蔡忠惠、林
文節、陳正獻三五公爲冠冕。最後,先生起而繼之,文章流布,事業兼備,論者謂
三五公而下,一人而已。賈似道當國,貪收德望,以慰人心。公爲之出,蓋賈蹈
蔡氏用龜山之故智云。"所著有《後村》前、後、續、新四集。弟克遜,以父任補
官,調古田令,累遷知邵武軍。除劇盗,興教化。改潮州,移泉州,以疾奉祠。一
生清貧,工於詩。葉適、趙汝談皆稱之。克剛爲泉州録參,真文忠薦知沙縣。寶
祐二年,知惠州。清約多才,修弊起廢。建豐湖書院祀羅豫章,闢四齋以居生
徒,擇州學博士兼山長領之,并增學舍,惠人始知伊洛之學。《莆陽文獻》、《閩書》

教授劉建翁先生起晦起世、希仁。

劉起晦,字建翁。擢淳熙五年第,知貴溪縣。召試秘書省正字,歷益王府教
授。蔚有時望材行,不忝其父,而言官指爲僞學,劾罷之。弟起世,擢慶元二年
第,南海尉。子希仁。希仁擢嘉定四年第,因郊有雷雹之異,摭七事應詔,尤於
人材致意焉。又曰:"論事之臣,惟知攻上躬;任事之臣,惟知舉權要。"所言皆
劘切貴近,時論壯之。在仕途六十年,閒散時多。所薦士如徐鹿卿、皮龍榮等多
貴達,而希仁屢以謗退,官止中大夫。顧每遇遷擢,必有論建,身雖屏處,猶上箴
闕失,惓惓忠愛,眷畎不忘云。《莆陽文獻》、《閩書》

備　　考

《黄氏日抄》曰:愚觀水心誌陳君墓,寂寥歉然。今二劉官不爲顯,文無行

於世者，而所載言行煒然耀人，蓋所誌諸公貴人皆無及此者，故節錄特備。節錄中遺事已錄入本傳，此不具錄。又曰：劉彌正，劉夙子也，幼率諸弟勤苦緝故業，貧不能得膏火，旁嫗夜績者，光射公牖，輒携書就之。後皆中第，其在朝，丞相陳自强惡其不附己。開禧，敵入寇，遂用公提淮鹽，蓋以陷之危地。自兵起，鹽商不行，公盡通鹽利，就爲運判。後爲浙漕，北使自淮至浙，凡送迎之事，皆公裁定爲成式。其爲浙漕也，不與内臣相見。官至吏部侍郎。

真氏西山《書二劉公誌銘後》曰：永嘉葉公之文於近世爲最，銘墓之作於它文又爲最，著作、正字二劉同爲一銘，筆勢雄拔如太史公，歎咏悠長如歐陽子，於他文又爲最。嗚呼！二劉公不可復見矣，若永嘉之文，亦豈易得哉？其言“紹興末迄淳熙中，名儒十餘人言論同、出處偕，如立直木於通達之衢，後生有所望而趨”，讀之令人慨歎不已。夫言論同、出處偕，世之所指爲朋者也，名儒十餘人既爲一朋，望而趨者不知幾千百，又爲一大朋，則士之相朋莫斯時若也。然適是以增淳熙之盛，其功及於紹熙、慶元間。至韓氏用事，惡其朋而盡錮之，其患有不可勝言者，乃知阜陵規摹誠可爲萬世法，而歐陽子信爲知言也。二劉在當時名論最高，惜皆弗究於用。今建陽大夫克莊昆弟方以文學材猷自奮，其尚有以成前人之志云。

又《書著作〈春秋講義〉後》曰：昌黎公寄玉川子詩有“《春秋》三傳束高閣”之語，學者疑之，謂未有舍傳而可求經者。今觀著作劉公《講義》，一以聖筆爲據依。其論秦穆公以人從死者，晉文公之召王，宋襄公之用人於社，皆以經證傳之失，所謂偉然者也。昔歐陽子患僞説之亂經，著爲《論辨》，自謂時雖不同，千歲之後必有予同者。曾未二百年，而劉公之論《春秋》蓋與之合，公而有知，當不恨後世之無子雲矣！所講纔十有二條，麟經大指，略盡於此。其言曰：“吾聞法吏以一字輕重矣，未聞聖人以一字輕重《春秋》也。”旨哉言乎，足以破世儒之陋，學者其深味之。

又跋劉彌邵《讀書小記》曰：莆陽劉隱君以《讀書小記》示予，予讀之，嘆曰：“懿哉！劉君可謂知學問之本矣。”孔門獨一顏子爲好學，顏子所問，前曰爲仁，後曰爲邦，舍是無他學也。蓋爲仁者成己之極，而爲邦者成物之極，體用本末,究乎此矣。顏子所以亞於聖人,而孟子期之以禹、稷之事業,豈非內聖外王之學已備故邪?漢以後,學者始多端,記問綜古今,文章妙機軸,號為儒者極摯。然以成己則不足,以成人則甚難,其亦何貴乎學?予屏居八年,呻吟蠹簡,未有云獲。獨嘗竊謂士之於學,窮理致用而已,理必達於用,用必原於理,又非二事也。朝思夜索,惟此是求。間以語諸人,鮮不憮然者。蓋後世之學,言理或遺用,其病為空虛;言用或遺理,其弊為麤淺。不知理即用,用即理,非渾融貫通,不足以語學之成。今觀劉君之書,內不遺理,外不遺物,乃深有契於予心。雖然,道無窮,學無止,以劉君之靜且篤,懋懋而弗舍,庸知不詣其極乎?故識於末編以待。

劉克莊《書季父〈易藁〉序》曰:《易》學有二;數也,理也。漢儒如京房、費直諸人,皆舍章句而談陰陽災異,往往揆之前聖而不合,推之當世而少驗。至王輔嗣出,始研尋經旨,一掃漢學,然其弊流而為玄虛矣。本朝數學,有華山陳氏、河南邵氏,今邵氏之書雖存,通者極少。理學有伊川程氏、新安朱氏,舉世誦習,眾說幾廢。余嘗恨程、邵同時不相折衷,曰《傳》、曰《皇極經世圖譜》,遂判為二書而不可合。天下豈有難通之書,亦豈有理外之數哉?噫!《易》更三聖,說《易》者非一家。程氏排臨川之學者,及教人讀《易》,必先輔嗣、介甫。朱氏尊伊川之言者,至《本義》,則多程子所未發。議論以疑難問答而詳,義理以講貫切磋而精,此季父《易藁》之所為作也。初,余為建陽令,季父訪余縣齋,因質《易》疑於蔡隱君伯靜。後二十餘年而書成,大旨由朱、程以求周、孔,由周、孔以求義、文。其篤守師說,雖譙天授、袁道潔無以加,視世之高談先天、徑造微妙,彼虛而此實矣。季父名彌邵,字壽翁。中歲棄科舉,閉門著書,動必由禮,為鄉先生。家貧,食於學,晚舍去,併學俸卻之。太守眉山楊侯棟、郡博士括蒼俞君來,即學為堂,示舍蓋之意,季父僅一至焉。後楊侯使本道,又論薦於朝,不報。卒年八十二。俞君乃取昔所卻俸為刊《易藁》,而授簡其猶子克莊序之。

# 莆陽方氏家世學派

按:莆陽方氏本徽之歙人,自廷範先生分支六派,以"仁"字行。相宅於莆之刺桐巷,奕葉繁衍,曰龍圖公儀一派,即仁岳之後也;曰開府公慎言及郎中公慎從者,即仁載之後也。二支科名顯仕,儒流濟美。又有司理公峻、太常公嶠者,亦"仁"字分派,遷住於白社,淵源所漸又盛。考峻官潤州,識程公珦。其子道輔先生元寀少與二程同遊,得聞伊洛之學。至次雲先生疇,即景通先生之曾孫也,杜門誦讀,不求干進,與林公艾軒同學,又與鹽官施氏廷先遊最久。而廷先之學,得之信伯王氏,爲程門的傳。子朱子嘗少年過莆,見林謙之、方次雲,稱其講說道理極精細,爲之踴躍鼓動,忘寢食焉。至嶠之子仲宇,學於安定先生,尤其最初者也。噫!方氏一門,祖孫父子得聞程、胡諸賢之旨,厥後次雲先生又與紫陽上下議論,至次雲之孫輩禾、耒、壬與履齋、伯謨諸公雲集執經於紫陽之門,至忠惠又薰炙于西山、鶴山二老。是方氏家學,自宋初至季世,儒業勳名,指不勝屈,得於師友傳習考證深矣。述其家世大畧,著之篇首。

## 著作方先生儀

方儀,其先本歙人,至廷範歷知長溪、古田、長樂三縣,居莆刺桐巷。六子皆仕閩王氏。仁逸,檢校水部員外郎。仁岳,秘書少監。仁瑞,著作郎。仁遜,大理司直。仁載,禮部郎中。仁遠,秘書正字。儀,仁岳季子也。咸平三年,與從子慎言同登第。初,興化軍未有學,儀伏闕上書,乞建軍學,立夫子廟,得旨賜地,儀入貲助成之。復與弟能及慎言奏請脩三禮堂步廊、崇閣及學制之未備者,由是莆之學校日盛。歷官大理寺丞,遷著作佐郎。卒,郡學繪其象祀焉。《閩書》、《莆陽文獻》

## 提刑方孚若先生信孺

方信孺,字孚若,興化人。儀七世孫。父崧卿,擢隆興元年進士,歷官政績茂著,家藏書四萬卷,皆手自校讎。信孺少有雋材,未冠能文,周必大、楊萬里咸器之。以父廕補番禺尉,轉蕭山丞。時朝廷悔侂胄啟邊釁,金亦厭兵,時方議和。開禧三年,近臣薦信孺爲樞密院參謀官使金,至濠州,金帥紇石烈子仁止信孺獄中,露刃環守之,要以五事。信孺曰:"反俘、歸幣可也,縛送首謀,古無是事,稱藩、割地,則非臣子所忍言。"子仁怒曰:"若不望生還耶?"答曰:"將命出國門,已置生死度外矣。"至汴,見左丞相完顏宗浩,反覆辯折不少詘。自春至秋三往,還言敵所欲者五事:割兩淮一,增歲幣二,犒軍三,索歸正等人四,諱其五不敢言。伾冑再三問,至屬聲詰之,徐曰:"欲得太師頭耳。"伾冑大怒,奪三秩,羈管臨江軍,年纔三十。歸,營居室巖竇,自放於詩酒。已而,王柟定議增幣、函首,皆信孺所持不可者。柟歸,具言金人每問信孺安在,乃起通判肇慶府。峒寇竊發,被旨同廖德明措置收捕,就命知韶州。至郡,即封崇張九齡、余靖墓,擒赤水峒賊首戮之。尋提點廣東刑獄,奏縱不決之獄數千人。遷淮東轉運、判知真州,即北山匱水築石堤,袤二十里,人莫知其所爲。後金兵薄儀真,守將決水匱以退敵,城賴以全。山東初內附,信孺請選威望重臣將精兵數萬往開幕,以主制客,以重馭輕,可以固江北,瞰兩河。坐責,降三秩,再奉祠,卒。《閩省通志》、《莆陽文獻》

## 郎中方先生龜年

方龜年,景祐元年進士,與蘇緘齊名,仕至屯田郎中。所著有《經史解題》、《群書新語》。卒葬姑蘇。子惟深,舉進士不第,晚爲興化軍。王安石最愛其詩精詣警絕,謂元、白、皮、陸有不到處。《莆陽志》

## 提刑方公美先生廷實

方廷實,字公美。父監,紹聖四年與曾從祖旬、從子天若三人同榜,官至廣東提舉。廷實政和五年賜進士出身,累遷御史臺簡法官。秦檜方主和議,金使適至,廷實疏言:"金使以江南詔諭爲名,或傳陛下欲屈膝受詔。夫陛下縱未能克復神州,尚可保守江左,何至遽爾貶尊?"除監察御史,尋以宗正少卿被旨宣諭三京、淮北。廷實至京西,伏謁陵寢,見永昌諸陵皆驚犯而泰陵暴露,解衣覆之。北還,檜預使戒曰:"幸見上,無言及。"且約以美除。廷實曰:"欺君之事,吾不忍爲。"既見,爲高宗涕泣歷道,遂力求補外,不許,請益力,除直徽猷閣提點福建獄。至則首請解官贖胡銓罪,檜益銜之。時海寇竊發,廷實謂當以盜禦盜,有習歷風濤心懷歸正者,即可用之。有鄭廣輩故繇此塗得武官,廷實不以往事遇之,延問方略,廣感激自劾,盜相繼遁去。復奏除鋪例免行錢,發常平米賑泉州饑。尋改知泉州,未上,丁內艱歸。服闋,除廣南東路提刑。有挾檜勢爲威福者,廷實廉得其實案之,章再上,不下,遂上章納祿,未報,卒官。廷實負才識,善鑒裁,平生薦士如林安宅、龔茂良、何大圭、傅自得、林孝澤、吳迪、宋藻、黃濬皆一時之選也。工詩律,有集行世。《莆陽文獻》《閩書》

## 朝請方應之先生慎言

方慎言,字應之,仁載孫,儀再從姪。咸平三年進士,知信豐、蘭谿二縣。祥符初,以殿中丞擢屯田員外郎。仁宗即位,改侍御史。屬丁謂得罪,遣慎言籍其家,得士大夫干請書,悉焚之,人稱長者。後請便郡,知泉州。歲饑,大發官廩貸民,奏免其丁稅,父老感泣,生子多以方名。歷兩浙轉運使,錢塘江決數十里,慎言庀工授財,疊石立柱以殺潮勢,賜璽書褒美。改知潭州,潭人像祀之。入爲諫議大夫,會擇重臣鎮南越,遂以朝請大夫知廣州。卒,贈開府儀同三司。孫通,熙寧六年進士,歷官知睦州。坐子軫上書論列蔡京謫官,以朝請大夫老於家。通子軫,以父任太廟齋郎,極論蔡京過惡,所疏凡千餘言。詔罷父通職,勒軫貸命,追毀出身以來文字,編管嶺南。尋放歸。靖康元年,與父通復收敘原官,後遷鄞縣令。貧不能歸,寓於慈谿,至今子孫繁盛。《莆陽文獻》《通志》《閩書》

## 郎中方惟之先生慎從

方慎從,字惟之。景德二年進士,知弋陽、導江等縣,歷潮、漳、嘉三州,再知漳州,改都官郎中。以老歸,卒。慎從所至,有德於民。在導江時,有楠木連理、嘉禾九穗之祥,璽書褒異。守漳之日,適慎言守泉,旌麾相望,二州榮之。及再至漳,漳人夾道歡呼曰:“吾父復來矣。”《通志》

## 忠惠方德潤先生大琮

方大琮,字德潤,慎從七世孫也。祖萬,擢紹興三十年進士。大琮以詞賦爲開禧元年省試第三人,授南劍州學教授。爲江西轉運司參議官,決獄平允。改知將樂縣,式楊時廬,祀八賢於學。丁外艱,服除,知永福縣。值兵饑,守隘立柵,禁港發廩無虛日,時延名士講論文義。丁內艱,起復,累遷太府寺丞,歷秘書郎、著作郎。除右正言,疏論天下大勢,適理宗不御殿,封上之。踰月,入對,復言:“理亂安危自君心始,格其非者在大臣,捄其源者在諫臣。”又以女寵侈費爲戒。遷起居舍人兼實錄院檢討官,奏乞還魏了翁以重朝廷。先是,有諫言綱常者,竄謫相望。及理宗親政,大琮敢言復故王爵,召用諸老,於是言路稍開。殿中侍御史蔣峴惡之,疏劾王邁、劉克莊等,以大琮爲魁傑,請置重辟。大琮遂罷去,予祠,尋改集英殿修撰,知廣州廣東經畧。淳祐四年,加寶章閣待制,進直學士,因舊任。大琮在廣五年,百度具舉,以禮義化人,期盡變其故俗。改知隆興府,命下,卒。諡忠惠。贈寶謨閣學士,依尚書例致仕。大琮內溫和而外方嚴,平居抑畏,言不出口,至立殿陛爭是非可否,雖賁育不能奪。祖尚晦翁,沾溉醇馥于真西山、魏鶴山,而追慕劉元城之爲烈。與劉後村同時,著述甚謹,尺楮片翰,刊落陳言,辨博雖間不及後村,而粹縝過之。有奏議、外制、雜著若干卷。子演,孫侍父,未嘗跬步離側,爲政以表勵風俗爲急。《通志》、《莆陽文獻》

　林貞肅俊撰《方忠惠公文集序》曰:宋自晦翁朱夫子起建安,以上集四儒之成,四方學士師宗之,閩爲盛。莆又宗之,方爲盛,履齋、若水、伯謨尤著者也。迨尚書忠惠公祖尚真源,沾溉醇馥于西山、鶴山二大老,而追慕元城公爲烈,“鐵庵”之號見志也。公弱冠,擢南宮詞賦第三人。不祈速化,沉鬱下僚者餘三十年,亦遺材矣。端平初,鄭性之當國,搜名進士,拔致諫垣,危言正論,選親賢,遠聲色,杜佞幸。以襄之失,蜀之敗爲恥,荊、淮之擾爲懼。及繳駁數事,尤忠戀所難言,公無諱焉。申大義以雪濟邸之冤,追罪奸相之彌遠,屢言之,臨安火,又言之,爲其黨蔣峴所中,予祠鴻禧。噫,是無遺直者與? 公終寶章學士、廣東安撫使。爲治尚風化,崇正學,表先賢,薄官征,卹民隱,參行晦翁家禮、社倉諸法,利關人國,爲之力無阻。以故生有祠,歿致薦享舉扶,插竹以奠,請贈諡而梓行其遺文,皆廣人德公之報也。噫! 是無遺愛者與? 公歿淳祐丁未,至是二百六十有七年,公族孫雪筠良節嗣響家學,大參廣藩,因舊本輯之爲若干卷,復梓以傳盛舉也。公,後村同時人。平時著述甚謹,尺楮片翰,刊落陳言,辨博雖不及後村,而粹縝過之。命詞運意,以心術爲根柢,氣節爲枝幹,義理爲華實,名賢爲標格。澄潤豐潔而丰神自適,爭先覩之爲快,亦名作矣。太常謚議謂源流晦翁,徐騐之,晦翁及公仕籍俱四十年,晦翁在朝不滿四十日,公亦僅一年幾半,其出處概自相類。莆先正自端明蔡公謚忠惠,繼之亦僅公一人而已。端明慶曆四諫,溫陵海橋之聲蹟,天壤俱敝可也,而胤嗣凉落,遺文晦蝕,逮之今無幾。公舊本無恙,兹復煥然一新,梓行又適在廣,是固德門子姓錫類之賢,文獻足賴,抑公之精神在廣與,故民相糾結不渙散,以黙運之今耶,不能不爲德名幸也。俊鄉闒晚出,前哲景行。序文大參之請,抑亦俊之責也。公諱大琮,字德潤,累贈銀青光禄大夫。

## 方履之先生大壯

方大壯,字履之,莆田人。少穎悟,操筆成章,艾軒、二劉咸推重之。年長不事場屋,專心求道。朱子至莆,大壯舉所學就正,日與同志講明,自號履齋。性至孝,執父喪,三年不出户。臨没,戒衣冠束帶而逝。學者稱履齋先生。子東叔,孫澄孫,曾孫公權。《閩書》《莆陽文獻》

## 通判方子約先生苻

方苻,字子約,大壯兄子。少授學於叔父,以鄉試上春官,道考亭,拜朱文公於精舍,留語累夕,爲作《字説》。第慶元己未進士,文公以書賀大壯云:"苻清苦自勵,窮達得喪,惟命之安。"歷潤、衢二州教授,知瀏陽縣,通判徽州。未上,卒。《通志》《閩書》《莆陽文獻》

## 秘書方蒙仲先生澄孫

方澄孫,名蒙仲,以字行。淳祐七年,廷對萬言,大約欲聚君子、明公論,以續國脉、强精神。又請立涪陵後，錮秦檜子孫，竄史嵩之以謝天下。擢甲科，爲邵武軍教授。賓禮耆宿，作成俊乂，置貢士莊。秩滿，監激賞所酒庫，以憂去。入爲國子監庫官，校藝南宮，坐商論去取，不能下氣，出通判泉州。辟淮西制置司參議官，適元兵渡江，治法征謀，悉見咨訪。元兵退，知邵武軍，表倡儒術，著《女教》一書，以崇風化。請立樵川書院，祠李忠定，以廣教學。郡最聞，增一秩。尋以秘書丞召，卒。澄孫高才能文，有氣節，一時諸賢如方大琮、王邁、劉克莊皆與爲友。初以文字爲賈似道所知，及似道相，澄孫獨求補外終其身。所著有《通鑑表微》、《洞齋集》。子公權。

## 主簿方立道先生公權

方公權，字立道。學有淵源，尤粹於理。以父澄孫廕補將仕郎，擢咸淳元年第，歷廣州教授、太常主簿以歸。有氣節，宋亡不仕。人稱石巖先生。著《古易義》、《尚書審是》。

## 司理方景通先生峻

方峻，字景通。廷範之後有名衡者，與其弟彬始居白社。峻，衡之子也。天聖八年進士，爲建安簿。景祐初，試秘書郎、福州司理。嘉祐中，請老，分司南京。居家聚徒講學，榜所居曰"植德堂"。嘗於舍傍鑿井及泉，禱曰："願子孫居官清白如此水。"初，峻官潤州，識程大中珦。及卒，伊川先生頤爲狀其行，又托范祖禹爲撰神道碑，其見重如此。弟嶠，子士寧、子容、元寀。士寧字彥昌，少聰敏强學，時方習尚詩賦，士寧推究經史，尤工古文詞。凡四上鄉書，第慶曆六年進士。嘗爲劍浦，有治績，三司使蔡襄薦其才，從而薦者十餘人。官至都官郎中。子容字南圭，皇祐五年甲科，歷守惠州。蘇東坡謫惠日，相與倡和。東坡嘗爲點勘六經及書峻神道碑額。官終朝請大夫。子絢，篤學力行，好古文辭。晚以八行舉，辭不就，隱於西山草堂，門人稱濯錦先生。孫蘭輿，官教授，以致知慎獨教學者。《莆陽文獻》、《閩書》

### 推官方道輔先生元寀

方元寀,字道輔。元祐六年特科出身,官終威武軍節度推官。少與程伊川先生同遊潤學,至老書問不絕。家藏伊川手跡十餘紙,有比得二書,皆有與世背馳,求合古聖賢之語:"足下非混俗之流,其志道之士乎。願足下精心致志,期於至而後已。聖人之道,坦如大路,學者病不得其門耳。求入其門,不繇經乎?今之治經者衆矣,誦其言辭,解其訓詁,無用之糟粕耳。願足下繇經以求道,勉之又勉。異日見卓爾於前,然後不知手之舞之,足之蹈之,將不加勉而自不能止矣。"朱文公書帖後云:"伊川先生德盛言重,不輕與人接。今觀其眷眷如此,則方公之賢可知也。"孫翥。《莆陽文獻》《閩書》

### 正字方次雲先生翥

方翥,字次雲,元寀之孫,岙之子。從《莆陽文獻》底本。幼孤,多所通解,書過目即貫穿,下筆有軼語。其從兄畧作萬卷樓,儲書千二百筍,語先生曰:"次雲才性,不出戶十年,可移吾書入肝膈矣。"登紹興八年進士,調閩清尉。到官未一載,歸。閉戶十八年,盡讀其書,無干進意。有旨召對,除秘書省正字,凡九月,以風聞論事聽外補。卒於家。先生道古,非緣章句,而終不肯著書,有吟寫多出偶然。羣處無羈束,有寒蟬、野鶴蕭然出俗之度。初,艾軒幼時喜李白、石曼卿之爲人,又喜晉人風度不入俗調。先生曰:"此數人來孔門,恐一日着腳不得。"艾軒遂悟,以先生爲先聞道,兄事焉。蓋龜山之學傳之王信伯,信伯傳之鹽官施廷先,先生與廷先居最久,而與林艾軒、陸子正友善。及歸,益與艾軒講明道理,以淑後進。曾孫耒、壬。《莆陽志》《道南源委》《閩書》《莆陽文獻》

### 縣令方耕道先生耒弟禾。

方耒,字耕道,莆田人。元寀曾孫。《閩書》《莆陽志》作仲宇曾孫,今從《莆陽文獻》作元寀曾孫。少孤苦學,其弟于、來、禾皆自教之。家貧奉母,典衣不足,繼以鬻田。兄弟杜門力學，已而見文公于建陽。乾道二年登第，調善化尉，歷知潭州攸縣。邑有茅將軍祠，愚民歲取人子女殺以祭，名曰"樂神"。未始至，牒諸保聚藥於祠中，遣吏酻以文而焚之，其害遂絕。復因文公謁張南軒，南軒深器之，謂其"可與共死生，同禍福"。後南軒帥荊南，辟未及游九言爲屬，曰："是二人者，能攻吾過。"未感激知己，遇事無隱。終宣教郎、知連江縣。禾字耕叟，亦登文公之門，文公告以改過脩己之方莫切於《論語》"弟子入則孝"一章。禾佩服之。《考亭淵源錄》、《閩書》、《莆陽文獻》

## 主簿方若水先生壬

方壬，字若水。淳熙中遊太學，往謁朱文公，以進退之說爲請。十四年擢第，除長泰主簿。會文公守漳，請壬主學事，壬條上講說、課試、差補等十事，文公命屬邑皆倣之。會朱子召還，出《大學章句》付壬俾刻示學者。明年，龍巖有蠻卒殺人，獄吏逼同行者誣伏。漳浦有僧死於佃，而鞫驗者皆曰飲鳩，壬皆閱實抵罪。文公聞之，與壬書曰："龍巖之行，使無罪者不冤，有罪者莫逃，此非細事。"秩滿，知寧鄉縣，未上，卒。壬性孝友，與弟申始終無間，家人議析先世田廬，既具草，壬流涕不忍視而止。孫之泰，紹定五年第進士，見洪文毅天錫交友。

## 縣令方子實先生泳之

方泳之，初名芹之，字子實，莆田人。元寀曾孫。《莆陽志》。亦與文公遊。廉介好學，不肯俛仰于世。登淳熙第，教授衡州，改知南豐縣。撙節浮費，抑罷科斂。知巴陵縣，撫摩甚至，縣中稱治。《閩書》、《莆陽志》

## 通判方嚴仲先生之泰

方之泰，字嚴仲，壬之孫。《莆陽志》。紹定初進士，歷英德府教授，用中州法課試，陋士變習。方大琮爲閩漕，辟幕府，與洪天錫、徐明叔號"幕中三賢"。遷知長溪縣，以邑前輩楊楫、楊復及師儒黃榦並祠，汰庠序冗職，增弟子員，蠲民間取例錢。終袁州通判。《閩書》、《莆陽志》、《通志》

## 光禄方次山先生嶠

方嶠,字次山。景祐元年進士,初調平陽尉,改福州司理參軍。遷秘書省著作郎、知山陽縣,移知循州,改秘書丞,就遷太常博士、知潮州。潮與循鄰,民熟知其治行,不待教而服。兩州皆爲立祠,而潮以配韓愈。累遷屯田員外郎,通判淄、濰二州,權密州,撫循有方,密人德之。故相龐籍、學士孫沔交薦可用,余靖、韓宗彥又舉才行遺逸,會遣使寬恤諸路民力,乃以嶠使福建。嶠詢訪利病,條上多見施行。英宗即位,改職方員外郎,通判吉州,遷屯田都官郎中,守汀州。汀、虔鹽寇剽劫,至悉討平之。汀有巡檢與賊戰死,部卒懼失主帥并誅,遂謀爲亂。嶠諜知,取其首謀三人斬之,餘悉奏免,所活數百人。遷司封郎中,改太常寺卿,卒。與兄峻並贈金紫光禄大夫,莆人稱"白社二金紫"。子伯鶱、仲宇、叔完宙。

## 縣令方先生仲宇

方仲宇,嶠之子。治平四年進士。少穎悟,日誦數千言。年十二,從胡安定學,諸生嘗千餘人較藝,屢居上列。官終知南安縣。

## 方立之先生審權

方審權,字立之。嶠之玄孫。曾祖宙舉進士,除司農丞,章惇、蔡確、蔡京交薦,將處以臺閣,宙恥之,力請外補。父銓以詩名,有《真窞翁集》。審權少從伯父鎬宦遊江湖,所至交其豪傑,及歸,慨然罷舉業。先世積書甚富,環所居田若干畝,曰:"吾耕讀于此了一生矣。"與王邁、方蒙仲、劉克莊友善。平生志業率於詩發之,有《聽蛙集》。

## 方伯謨先生士繇

方士繇,字伯謨,莆田人。會之曾孫也。父豐之,工詩。士繇少孤,依母家邵武呂氏,已而徙崇安。從文公遊,遂棄去舉業,直以學古爲事,薰陶涵養,日進高明，不數年遂稱高弟。六經皆通，尤長於《易》。聰明絶人而持之以謙厚，利禄貨産絶不介意。其氣貌簡遠，涉世若甚疎者，至講明治道，援古斷今，瞭然明白。紹熙間，文公之門人有至行在者，公卿延致惟恐後。士縡在遠聞之曰：“異時必學者禍。”未幾，學禁果作矣。又嘗勸文公少著書，以文公教人讀《集註》爲未然，其憂深思遠多類此云。所著有《遠菴詩集》。子幽父，一作丕父，見黄勉齋學派。《莆陽文獻》、《考亭淵源録》、《閩書》

　　按：文公與伯謨書問最多，其跋伯謨家藏胡文定公帖在乾道八年壬辰，時朱子四十三，應是早歲及門者。

# 閩中理學淵源考卷十

## 海濱四先生學派

　　海濱四先生者,忠文陳公襄、助教周公希孟、祭酒鄭公宏中、教授陳公季慈,同時倡學於閩者也。閩自唐歐陽四門開人文之先,海濱四先生繼之。先哲嘗述宋初安定、徂徠、泰山三先生倡學於周、程未起之先,功不可忘,若四先生在閩倡學於楊、羅、李、朱未起之日,功亦豈可没哉? 按,楊文靖公撰《浦城學記》曰:"國家慶曆中詔天下郡縣立學,是時陳先生襄以經術德義爲一時儒宗,適主縣簿,孜孜以教育人材爲務。"又朱子曾言:"安定胡氏規模雖稍疏,然却廣大著實。如孫明復《春秋》雖過當,然占得氣象好。如陳古靈文字尤好。嘗過台州見一豐碑,説孔子之道,甚佳。此亦是時世漸好,故此等人出,有'魯一變'氣象,其後遂有二先生。若當時稍加信重,把二先生義理繼之,則可以一變,而乃爲王氏所壞,亦是氣數使然。"觀此,則古靈與孫、胡諸先生同時羽翼明道,而先哲共以儒宗追許之也。又按,蔣氏垣叙閩學源流曰:"四先生倡明道學,德動朝廷,遂召陳季慈爲國子直講,厥後道南勃興,劉修撰藻、林文昭之奇、黄勉齋幹諸公繼之,儒道盛行,故吕東萊詩云:'路逢十客九青衿,半是同窗舊弟兄。最憶市橋燈火静,巷南巷北讀書聲。'朱子見當時諸儒輩出,大書'海濱鄒魯'四大字扁於西關譙樓,則海濱四先生實操道化之始,以丕變舊俗云。"今備列伊洛諸學派,而繼之以宋初海濱四先生者,蓋溯閩學興廢所自,其漸有因,尚論啓迪開倡之功,其淵源豈可誣哉? 再按:陳氏襄、劉氏彝、陳氏祥道兄弟闡述經説,至今言禮者因之,所謂"代用其書,垂諸國胄"者也。後之欲擬議陳請經師進於俎豆者,似當倣古者樂祖祭於瞽宗之義歟? 謹述以俟採擇。乾隆庚午九月十四日書。

### 忠文陳古靈先生襄

陳先生襄，字述古，侯官人。少孤自立，出遊鄉校，與鄭穆、周希孟、陳烈爲友。一時學者沉溺彫琢之文，所謂知天盡性之説，皆迂闊之而莫之講。先生與三人者始相與倡之海濱，聞者始皆驚笑，四人者不爲變，守之益堅，躬行於家，達於州閭，久之信從者衆，由是閩中士人宗之，稱爲“海濱四先生”。先生舉慶曆二年進士，調簿浦城，攝令事。縣多世族，以請托脅持爲常。先生欲革其俗，每聽訟，召數黠吏前立，私謁者不得發，老奸縮手。慶曆中，詔天下郡縣立學，是時先生以經術德義爲一時儒宗，孜孜以教育人材爲務，遂繕學舍，學成，使邑之子弟造焉。先生爲入學講説不斁，士風翕然。知河陽縣，留意教化。時富弼爲郡守，一見即禮遇之。至和二年，富公入相，首以文學政事薦公。召試秘閣校理、判祠部。出知常州，濬導蘇、常二州積水之患，民害以除。郡庠下窄，公更爲經始。晨入其中，授諸生經義，旁決郡事。由是興學造士，請顧臨秘校主教事，毗陵學者盛於二浙。將行，閱公帑雜收無名錢，輸償無力官通。入爲開封府推官，鹽鐵判官。神宗立，奉使契丹，以設席小異，不即坐。契丹移檄疆吏，坐出知明州。熙寧元年，還鄉省松楸。是冬，被召。二年夏到闕，遷尚書刑部郎中，同脩起居注、知諫院，改侍御史。上殿劄子進誠明説，上學校貢舉劄子。又論青苗法不便，乞貶王安石、呂惠卿以謝天下。又乞罷韓絳政府，以杜大臣争利而進者。不聽，召試知制誥。先生以言不行，辭，乞補外。上惜其去，留脩起居注。復懇辭，諭以手詔，乃就職。安石累擠之，上不許。踰年，擢知制誥，尋直學士院，益爲安石所忌，摘其書詔小失，出知陳州，徙杭州，入爲樞密直學士，知通進、銀臺司兼侍讀，判尚書都省。元豐三年，卒，年六十四。贈少師，諡忠文。家居古靈，時稱古靈先生。先生蒞官所至，務興學校，講求民生利病。在經筵，上顧遇甚厚。訪以人才，舉司馬光、呂公著、韓維可備心膂，不宜久外。鄭俠愚直敢言，願乞生還。又薦范純仁、程顥、張載、蘇軾、蘇轍等三十三人，上不能盡用。葉氏祖洽撰行狀,門人孫覺撰墓誌。劉氏彝撰先生《祠堂記》略曰:"先生於學,志在考古,以治其性爲本,事君以建其忠爲業。始與里人陳烈、周希孟、鄭穆友善,同志於道。比仕,則彝也又以經術政事更相磨琢,而銳於經綸天下大務。尤能受盡言,樂聞己過,喜於爲善。而夙夜弗忘者,《詩》與《易》也。故其鈎考皆得姬、孔幾微之蘊,傳注所至,弗迨其藩籬矣。度量淵廣,長於包荒,樂於教民。其職精於治體,其政先於變俗,其仁勤於濟衆,其交貴於謙光,故其出入中外,裕裕然弗以進退榮辱動其心焉。每曰:'惟大人爲能格君心之非,吾徒之事也。其講求賢才,以永基祚,莫若興起學校,教之經術,用其德行之爲要云。'故常州之學,人材輩出,世以其功比安定胡公焉。"其記文,元祐八年延平陳了翁先生瓘爲之書刊于碑石云。所著《易講義》一卷、《中庸講義》一卷、《郊廟奉祀禮文》三十卷、《古靈集》二十五卷。孫宇,累官知州。曾孫塏,官終端明殿學士,諡清毅,皆有聞於時。《宋史》、《閩書》、《陳古靈先生集》

## 與陸學士説

天下士儒,惟言泉、福、建、興化諸郡爲盛,其間中高第歷顯官、福吾天子之民者爲不少,然而守是土者,奉天子詔令外,興學養士,無如此急也。泉之學興久矣。養士之資與器莫不備具,但未有能舉之者。執事之去是邦士儒之望固如何? 宜舉之也。然興學之本要在得士,得士之要在於擇守長。守長賢則上下服,上下服則舉所有之士莫不備至矣。某嘗聞州之進士有蔡黃庭、楊舒、辛維、莊覃、王實、李翼者,皆善講説,而黃庭、維、覃,尤有行檢。黃庭通三《傳》,不善臨幹學事,但可講授耳。舒有老學,然困於貧窮,時不能固陳從古,蓋長者。若崔虞臣、郭堪、陳説者,皆有材行文學,可使爲之長,而堪通講郡經,呂鑑、許蕃、柯適、柯述、柯迪,皆儁邁有詞學。蕃作事近古有節槩,適、述、迪,皆有志於古而勇於道。一學之中,若盡得此十數人者,同居而和,相屬以道,而執事政有餘閒之時,不憚煩勞,日往臨之,俾有宗主。有賢行者尊寵之,有才美者長育之,有不能招來者以身下之,有貧窮難安者以資養之,有不能長者以禮退之,有不能羣者以義導之，有過缺未至者以道屬之，有不率教者以法移之。如此行之數月，則舉郡之士皆必興於學矣。賢人事業，未必不由此而光大也。某之所聞，蓋得於士大夫間，未必盡詳，抑猶有不知者，尚在執事求而擇之也。士患有其道而無其位與其地耳，既有其道又得其位與地，然而不爲之者，真可惜也。伏惟執事留意焉。

## 與福州蔡學士書

某聞有道之士不假言辭而後通，非有道之士言辭雖呕通，而其志愈辱而窮。長樂，小人父母之邦也。太守，長民也，治其土以保安先人之墳墓而已，又爲之氓。《詩》曰："維桑與梓，必恭敬止。"假使至者絶庸常人，苟不一候其起居，通其言辭，尚爲廢禮，矧遇執事，禮宜如何？今反箝口默默，無一字以通左右，豈無說焉？竊念古人之相待，苟其心相通，其道相同，雖去之千百年，立言行事，和合如一。況生而同俗，學而同道，仕而同時哉？則其所相待者宜愈昵也。夫道者，所以冒天下而非私於一身。先進之於人，與己同道，雖往者呼之，不與己同道，雖來者拒之，固不必言而後通，不言而後以爲不同也。至於後進亦然，與己同道則合而不求，不與己同道，雖求而不合，亦不必言而後從，不言而後爲不恭也。小人之待執事，持此説焉。二者又自患乎己之道未有所立，非進取之時，言之無益，兹固弗言，皆所以憚執事也。方欲引退林壑，求其二三友生，終始力學以成志，其庶幾得朝夕繼見執事，爲之師資，可進而後進焉。今兹尚縻於官，不得即去，言念君子，憂心不遑。歲晏，伏惟起居萬福，謹先奉書以聞左右，伏冀憐察。

## 常州請顧臨祕校主學書

某竊以東南之學廢而不振也已久。安定先生之去吳興，蓋十餘年，天下學者之興，較之當時，固已寖盛，而東南之士又常倍之，然而魁奇特起之才，禮樂愷悌之風，反不如吳興昔時之盛何也？豈非庠序之教所由廢興也歟？某之不肖，領郡于兹，雖不敢以斯道爲己任，然常患近世之士溺於章句之學而不知先王禮義之大。上自王公，下逮士人，其取人也莫不以善辭章者爲能，守經行者爲迂闊，而士之榮辱亦從而應之。以是天下之士習非舍是，固已塗瞶其耳目而莫之能正矣。某自蒞事以來，惟日汲汲以興學養士爲先務，以明經篤行爲首選，其心如是，直將以待夫有志之士焉耳。彼州人之子弟與夫四方之學者，輕千里而至，其亦有望於兹也。雖然，德薄任重，知不足以獨當其責，思得先生老成之士爲之表率而未能也。伏惟足下，才足以宰制於人，義足以矯厲於時，其所爲文，又有以驚動時人之耳目，今將表一學之生徒而教之以德行道藝之術，所宜無讓也。謹遣諸生躬詣門下以請。

## 答 周 公 闢 書

某前月領書及將公儀詩序，其文與韓退之相比，甚善甚善。續承教命，予字曰述古者，使之慎取堯、舜、周、孔之作而侈大之，甚非余敢當也。抑嘗聞字者，朋友之職，大體有激勸，則不敢有辭讓云。比辱書勸諭諄誨，以古聖人經籍大旨爲之依歸，又見吾黨於半生交遊中所補者大。近予亦以閒燕之隙，觀詩及書，以稱道堯、舜、文、武之德而慎簡之。自餘《三禮》書紀綱文章，《易》、《春秋》天人之説，猶所未至，蓋力不足故也。予觀唐室若子厚輩，皆有名於當時，至於韓文公，未始以一言稱譽其道者，豈非駁而不純者乎？自秦、漢以來，去聖日遠，珊、周、楊、墨、釋子之説衣被天下。故後之習孔子者，多聞見則易，慎擇之則難。自予來居西山，窮且病，吾道無一相往來，獨混然與浮屠居，幸望其少過，蓋亦難矣。足下近以予不助二教者，心誠有之，亦嘗患今之人不若古，故予未易言之。前日，豫章公來此，篤信他道，予亦以言排之。自時復有書相往來，俱以理勝，且未嘗屈己之道以從彼之欲，此足下知予心所處者如何耳。孔子曰："攻乎異端，斯害也已。"孟子曰："生於其心，害於其事，作於其事，害於其政。"此之謂也。雖然，亦豈謂登泰山之高，不測東海之深哉？大抵知名教有歸耳。昔人有言曰："摧枯朽者易爲力，拔深根者難爲功。"自唐韓退之擯二氏，當時蓋六百年有餘矣。迨今歷世寖遠，枝葉延蔓，後復有爲退者，雖持獨智，豈易爲力哉？知季甫比日於吾儒有功。鄭第晦居菌山，抑有遠志，冀足下慎而折衷之。天其意者，將以有爲也。《詩》云：“庶幾夙夜，以永終譽。”在二三故人勉旃。足下比眼疾安否？盛夏炎燠，善自愛。某無力，書不能多云。

### 天台縣孔子廟記皇祐元年。

孔子，聖人之大備者也，使得百里之國，以爲政於天下，雖堯、舜不可及已。爲天子者，不以有己，聽命以治其天下。爲諸侯者，不以有己，聽命以治其國，則必期月而爲東周矣。惜乎天民之不遇，命也。自唐以來，天下郡縣始立孔子廟，追尊王爵，春秋釋奠，天子以下皆執弟子禮，世以爲尊用孔子之道，如是豈其然耶？生而有盛德於民，死以祭禮報之，如曰尊用其道，則未也。天下之文弊久矣，自周至於今，宜黜浮僞、尚忠厚。百物或有失職者，宜正名。王澤或有壅滯者，宜任大臣。遠近官政或有冗濫者，宜能官人。賢者以政，不賢者以祿。教或有未至者，宜興學校，隆師儒。禮或有未脩者，宜教民冠昏喪祭。樂或有未作者，宜考五聲十二律，放鄭衛。豪傑或有未出者，宜拔賢才、舉逸民。鰥寡孤獨或有未養者，宜弛力舍禁，授田以制，取財以節。民之蠹或有未去者，宜黜佛老。戎狄之患或有未備者，宜足兵。孔子之道，用必先於此數者。夫能立廟以守其祭祀，尚無得禮者，而況於用乎？天台縣有孔子廟不脩，縣令石牧之始至，歲十月，相縣之城南隅，大作新廟屋，總六十有二楹，先樹正殿，塑孔子南向，左右十哲，曾子自餘弟子六十有一人與諸儒傳經者二十有一人，皆圖諸壁間，皆以其所追爵等降，如周之服冕圭璧，惟孟軻、荀卿、揚雄、韓愈氏服儒服焉。中樹講堂，圖古之儒服、禮樂之器於其兩壁。後又設學舍，生師講習，咸有位序。祭器在西房，庖廚在東房，周迴門廊，環以墻宇。又考古器，作籩豆、簠簋、樽罍、俎爵之屬。十二月，廟成。明年春秋釋奠，入而行禮，生徒與事。品物如制，像圖尊嚴，籩俎新嘉，神明燕喜，人物觀化。先，茲邑民不識儒學，又故廟湫隘，與民雜居，侮慢不尊，至是耳目間覺始有學者。嗟乎！石君可謂有志矣。區區小邑而能爲孔子立廟，制度以禮，春秋以時祀之，俾民不忘，是已無愧於心。如其欲用孔子，則天也,非力之所能及也。天其不欲以斯道覺斯民也,則其已矣乎。如欲以斯道覺斯民也,石君之志,其必有遇矣。

### 備　考

忠肅陳氏瑩中詩曰:"迺翁德望如丘山,北斗以南誰可班。熙寧天子自拔擢,報君常以人所難。忠誠皎皎落諫疏,史臣編綴不敢刪。當年十語九十用,真譽聞隨公議還。三十三公半台輔,經筵薦墨猶未乾。雖然年位俱不極,却得千載聲名完。薦賢之家門必大,來者繩繩知可觀。"

右司諫陳氏公輔跋云:公輔爲兒童時,聞陳密學先生名,今四十年,始遇其長嗣中散來官臨海,得公遺文而觀焉。方熙寧間新法用事,大臣以權利籠取天下士,而一時沽榮希進之徒爭相傾附。公獨忠憤激發,忘身許國,與君實、獻可諸公出力排之。公有《青苗疏論》尤詳,知此法一行,騷動天下,胎禍之端自此始。使當時從其言,豈復有今日事哉? 建炎二年九月。

### 縣令黃仲實先生穎

黃穎,字仲實,莆田人。嘗從陳襄學於毘陵,質疑於孫莘老,爲襄、莘老所愛重。元祐間,舉經明行修,不就。時天下弗就舉者二人,而穎其一。適莘老爲中丞,因哲宗問及,條其學行以對,詔降袍笏,即家起之。更三期,母促之行,始調清溪尉。歷知長泰縣、劍浦簿,郡守方全道以改官薦,力辭,請畀同列。知長泰縣,晨興治事,日中與諸生講肄,有職田穀三百餘石,悉與耕民。尋權龍溪尉,卒。二縣士民齎賻金帛,其子公坦一無所受。公坦舉進士,官終通直郎。《莆田邑志》、《閩書》

### 少師傅元通先生楫

傅楫,字元通,仙遊人。少自刻勵,從孫覺、陳襄學,襄女妻之。治平四年登進士,調揚州司户參軍。揚守遇僚屬屬甚,楫遇事未嘗希守意,至捕其從者寘法,守內不能平,欲以煩劇困之,檄攝天長令,發摘隱伏,姦猾屏跡。轉福清丞,帥曾鞏知其人,與鈞禮。歷大谷令,則鞏弟布爲帥,曰:“是吾兄所重者。”卒部使交薦,改知龍泉。孫覺爲御史中丞,語之曰:“君盍少留,朝廷且用君。”楫曰:“仕宦所樂居中者,免外臺督責耳。今俯首權門,與外臺奚擇?”遂去不顧。道除太學博士,居四年,未嘗一跡大臣門。既滿,徑赴銓曹。楫嘗受知曾鞏,及是布方執政,薦爲太常博士。徽宗爲端王,就學資善堂,升楫記室參軍,進侍講、翊善。時官僚多與中人涉事者狎,楫獨穆然不可親,一府嚴憚之,五年不遷。鄒浩得罪貶,楫以贐行免官。徽宗即位,召爲司封員外郎,歷監察御史、國子監司業、起居郎,拜中書舍人。曾布自以於楫有汲引恩,冀爲之用,楫持正略無所傾下,凡命令有不當,用人有未厭,悉極論之,布大失望。徽宗以舊學故,多所延訪,楫每以遵祖宗法度,安静自然爲言。歸則削稿,雖至親莫得而聞。他日,李清臣勸徽宗清心省事,徽宗曰:“近臣中惟傅楫嘗道此。”然後人始知其所以啓迪君心者,切至如此。在朝歲餘,見時事寖異,竊嘆曰:“禍始此乎?”遂上疏丐去,以龍圖待制知亳州。卒年六十一。徽宗念其藩邸舊臣,賜絹三百匹。子諒友、謙受、義夫。《仙遊志》、《閩書》

### 助教周公闢先生希孟

周先生希孟,字公闢,侯官人。通五經,尤邃於《易》,知州劉夔、曹穎叔、蔡襄皆親至學舍,質問經義。部使相繼論薦,詔賜粟帛。授將仕郎,試國子監四門助教,充本州學教授。三表力辭,不許。卒,門人曾伉等七百人相與塑像祀之於五福寺。所著有《易義》、《詩義》、《春秋義》、《雜文》等書。《閩書》、《通志》、《三山舊志》

### 侍郎劉道元先生夔

劉夔,字道元,崇安人。大中祥符八年進士,累遷屯田員外郎,權侍御史。會李昭改製大樂鐘磬,夔奏:“樂之大本與政化通,不當輕易其器。願擇博學之士以補卿丞,凡四方獻妄説以要進者,請一切罷之。”帝善其言。歷三司户部判官直史館,知陝西,改太常少卿,知廣州,所至有廉名。桂陽盜起,夔以右諫議大夫龍圖閣直學士知漳（潭）州，兼湖南安撫使。初至，遣人諭降。不從，乃舉兵擊敗之，境內獲安。河北大水，民流爲盜，詔諭京東守備，進夔給事中、樞密直學士以往。至即發廩賑饑，全活甚衆，盜賊衰息，上賜書褒諭。大臣議欲復河故道，夔極言不可，遂罷。遷工部侍郎、知福州，嘗親至周希孟學舍質問經義。以户部侍郎致仕，歸武夷山。嘗遇隱者，得養生術，疏食獨居，退居一閣，家人罕見其面。至老，手足耳目强明如少壯時。不治財産，所收私田餘穀以賑鄉里貧人。英宗即位，改吏部侍郎。前數日自作遺表，卒年八十三。富文定公弼稱其"天賦絕識"，孫公沔稱其"進爲卿相，退爲神仙"，范文正公仲淹稱其"高風孤蹈，賀監以後一人"，其見重於名流如此。《閩書》、《閩學源流》、《宏簡録》

### 祭酒鄭閎中先生穆

鄭先生穆，字閎中，侯官人。好學深造，心仁氣正，勇於爲義，進退容止，動依禮經，門人從學以千數。四冠鄉書，遂登皇祐五年進士第，主簿壽安。召爲國子監直講，積官太常博士。乞納一秩，先南郊追封考妣，從之。改集賢較理，求外補，通判汾州。熙寧三年，召爲岐王侍講。嘉王出閣，改諸王侍講。府僚闕員，御史陳襄請擇人，神宗曰："如鄭穆德行，乃宜左右。"凡居館閣三十年，而在王邸一紀，非公事未嘗及執政之門。講説有法，岐、嘉二王咸敬禮焉。元豐三年，加朝散大夫，出知越州，奏免鑑湖連年水溢民逋官租萬緡。元祐初，除直集賢院，拜國子祭酒。每諸生請益，無間寒暑，雖童子必朝服延接，以禮送迎。諸生皆尊事其經術，服其教訓。俄兼荆、揚二府侍講，揚、徐二府翊善，拜給事中兼祭酒。五年，除寶文閣待制，仍祭酒。六年，請老，提舉洞霄宫，公卿大夫各爲詩贈行，空學出祖汴東門外，都人觀者如堵。明年卒，年七十五。子瓘，事推官。《閩書》、《宏簡録》

### 州牧余景召先生祖爽

余祖爽，字景召，莆田人。初名祖禹，唐校書鎬之後。未冠，補太學生，爲學官鄭穆、范祖禹及同舍生胡安國、宗澤所器愛。登元符三年進士，通判建州。鄉人林學淵母老，遠倅邠，慨然請易之。自邠移蘭，會地大震，公私廬舍陷折，祖禹若有神護置隙地者。迺亟拯傷殘，活數百人，瘞死賑饑，恩卹備至，蘭人德之。代還，主管福建轉運司文字。屬葉儂叛，挺身諭賊，以功轉南恩州。海寇卓全高沿海焚掠，祖禹內嚴控制，外示閒暇，賊不敢犯。召對，指陳時弊，忤秦檜意，引疾乞祠歸，封文安縣開國男。祖禹性至孝，居母喪，廬墓。父喪，過時猶毀瘠，甘露降於塋林者兩月，因名其墳菴曰“甘露城”。子武弼、武揚。《莆陽文獻》《閩書》

### 教授陳季慈先生烈

陳先生烈，字季慈，侯官人。性孝友，居親喪，勺飲不入口者五日。自壯及老，奉事如生。學行端飭，動據禮文，里中賢父兄以訓子弟，必舉先生言行示之。冠婚喪祭，請而後行，從學者常數百。鄉薦，試京師，不遇，遂絕意仕進。仁宗屢詔，不起，曰：“吾學未成也。”公卿、郡守、鄉老交章稱賢。嘉祐中，以爲本州教授。歐陽修、司馬光等言於朝，召[①]爲國子直講，皆不就。陳襄薦先生：“心仁氣剛，才智篤越。學聖人之言而踐其實，稽先王之法而適於時。博通群經，尤明典禮。文章淵源浩博，肆筆而成。求之今日，鮮有倫儷。安貧力學，積四十年。著書數萬言，未見其止。累降召命，辭謝不至。世以烈爲潔身獨行之士，非知烈者也。烈學師孔、孟，足興事業。伏望陛下以禮特聘，賜對清閒，使陳二帝三王之術，六經四子之要，當世之務，必有以上稱尊賢重德之舉。”元祐初，部使者復申薦之，詔從其尚，以宣德郎致仕。明年，復教授本州。在職不受廩俸，鄉里遺問絲毫無所納。卒年七十六。《宋史》《閩書》

# 三山劉氏家世學派

馬恭敏撰《鳳岡劉氏諸賢祠記》曰：“劉氏諸賢祠祀宋名儒劉公彝、康夫、藻、砥、礦五先生，尚遺其三，初議或未之考耶？”馥按：三賢者，樂昌令嘉譽、迪功郎世南并子玠也。再按《閩書》：“劉氏之初，其先泉人，後徙居閩。至若虛先生舉進士,仕至尚書屯田員外郎,知邵武軍,有進退大節,通五經大要,又欲措之修身治官之用,不爲空言,宜其家學樸茂,代有聞人也。夫當洛學未開之先,彞從胡安定學,康夫從周希孟學,皆能傳述經旨根柢,道德彬彬乎‘魯一變’之風。迨秘閣修撰藻、樂昌令嘉譽從羅、李遞傳中州派的,至孫曾等又出紫陽、拙齋、勉齋諸公之門,信乎家多異才也。夫山川炳靈,代不世有,況乎萃一門之英,潛心大業,是淑於家庭者,淵源有自,稟之師訓者,啓迪尤深也。”再按:《閩書》劉氏彞、康夫、藻三先生屬閩縣,劉氏嘉譽、世南、砥、礪、子玠五先生屬長樂,似分派兩支,但《恭敏祠記》稱諸賢並生一門,而巡撫龐惺菴與監察雙江曾豎華表,題曰“一門道學”。觀此,則諸先生雖分兩派,而皆係一族無疑,況恭敏屬三山舊獻,其撰述似不至差訛。故今仍舊記,列爲家學云。

## 尚書郎劉叔揚先生若虛

劉若虛,字叔揚。其先泉人,徙居閩縣。父甫,仕錢吳越,鄉閭稱廉孝。若虛舉咸平五年進士,以大理評事知永嘉縣。還,上所爲文章,真宗召試,就遷寺丞,知溫泉縣,移通判保定軍,再遷太常博士,通判洪州,改尚書屯田員外郎,知邵武軍卒。蔡襄銘其墓。若虛嚴明有大略,通五經大旨,摘其旨義以爲修身治官之用,不苟爲利祿學。丁謂爲宰相,私天下士,士必歸我乃得進。聞若虛名,欲屈見之,若虛辭不往。居家事親,親有疾,不食酒肉。居親側,雖大暑中,夕必嚴衣冠。其莅官敏於決疑,靜於臨劇,初若不更意,慮及施下皆當理要,守法不貸,而民不敢怨。子奕、昇,孫康夫,姪彞。《閩書》

## 通判劉象伯先生奕

劉奕,字象伯。天聖八年進士,歷知榮陽縣。慶曆間用兵,韓魏公爲經略使,辟奕鳳翔府判官,兵民事劇,多倚辦集。時連年兵敗民窮,奕上書朝廷,言兵所以敗,民所以窮之狀,格不報。歷通判漳州、潤州。漳浦縣有虔民四百餘人入縣,買官所賣鹽,令捕之,民因鬭拒。令遂鞫其私販窮治之,其法應死,囚久繫,瘐殍相屬。奕爲察其非私販,而出其不鬭拒者,坐法數十人而已。卒於潤州。
歛無新衣,囊無餘貨,民集錢二百千以賻,奕妻辭卻之。奕於文章,要以道理爲
的,不苟爲聲律。其論性情,推明孔子之法,力教於人,開曉其路,從之學者咸以
吾道自處。《閩書》

## 評事劉成伯先生异

劉异,字成伯。隱居不仕,鄉人號曰"隱君"。後以州郡薦强起,授將仕郎、
大理評事。按《選舉志》載天聖八年進士。《閩書》

## 教授劉公南先生康夫

劉康夫,字公南。幼聰敏,不嬉玩,名奇童。父奕,卒潤州,僚佐憐而厚賻
之,康夫尚幼,謂母曰:"勿污吾父。"却不受。服除,就府學庠。周先生希孟門
人數百,而康夫獨見推重。其居家嚴憚,遇親族有恩,故鄉人師其孝悌仁愛,而
康夫亦以敦厚風俗、崇獎名教爲己任。主鄉校者三十餘載,從游千餘人。部刺
史張伯王、元絳、程師孟皆優禮之。治平中,舉孝廉,本道以康夫應詔,坐後時
罷。熙寧中,廣東人乞請主番禺學,朝廷下其事,索所爲文,進《志述》二十七
篇,竟以未仕不合格止。異日,大臣有言於天子曰:"劉康夫天下士,惜其幾老
不得用。"將有特詔,事遂成,寢。復主溫陵,學士之精敏勤勵者,必見推許,而
荒慢怠游者,必見斥罰。其引經質問,雖終日不倦。泉人蔡彰録其溫陵教授之
功,以傳諸人。初,康夫不爲詞賦,莆陽蔡公襄勉使爲之,一試而魁中,由是屢
薦。至元祐中,以特奏名舉,前未唱名二日卒。鄭俠表其墓,謂康夫性純孝,居
喪盡禮,蓋年未弱冠而所以慎終大事者,成人有所不逮。蓋其事親事長,與夫恤
窮撫稚,訓養豪雋,成就才哲,發於誠心,施於行事,無不可以勒金石,感鬼神。
爲文下筆千百言,若不繇思慮,而羽翼詩書,根柢仁義,雖素構無以過之。所著
有《經訓》若干卷,雜文及古律詩若干卷。其在熙寧苗役之役,康夫嘗狀其事,
爲之圖籍以獻,竟不報。又嘗擬《乙丑廷策》,其略云:"去冬今春,積陰常寒,陽

氣不達,恐有以臣議君,以子改父者,乃致斯譴。"因具言更張所宜,而未嘗示人。既亡,而遺藁在笥,見者始知公之憂其君與民爲何如。門人諷誦緒餘,遵承規矱,皆可以致主安民,垂之文字而示後人學者云。《閩書》、《省志》、鄭俠《西塘文集》撰墓表

### 徵士劉孟潛先生渙

劉渙,字孟潛,太子洗馬仲甫之孫。隱釣北溪之上,歌詩自娛。元祐中,鄉人千餘薦之。郡守許懋乞應逸民之詔,懋聞于朝,渙力辭不就。子達夫。《閩書》

### 教授劉宣子先生達夫

劉達夫,字宣子。元豐中,入太學,以父渙年老,歲一歸省。父卒,遂無仕進意,隱居北山數十年。崇寧中,舉遺逸,有司以應詔,授松江簿,擢溫陵教授。有薦于朝者,召見,將仕,以中都官辭曰:"非志也。"遷越州教授。卒。按:《選舉志》載政和二年進士。《閩書》

### 修撰劉先生藻

劉藻,懷安縣人。按,馬氏森撰《鳳岡劉氏諸賢祠碑記》云:"秘閣修撰藻從羅豫章學,以孝聞於朝,賜粟帛并名其里爲'錫類'。"著《禮書》、《易解》。

按:《閩書·福州英舊傳》遍考未得此公名字,只《韋布傳》云:"劉藻,字昭信,閩縣人。與王普、任文薦,同以《禮》學稱。"朱子所謂"三山前輩有明禮者",此三人是也。其傳中改易數語,見《朱子語類》,乃與朱子答問之說。但《閩書》劉藻入韋布,閩縣人,乃未入官者。今考馬氏《鳳岡劉氏碑記》有"劉藻者,係秘閣修撰",似登仕籍而非韋布矣。惟著《禮書》、《易解》二書似相近。又考《閩書·英舊選舉目錄》內懷安故縣紹興五年乙卯有劉藻,係劉偶姪,是懷安與閩縣不相符,但馬氏《碑記》中言懷安故縣即諸劉故里,似即此劉氏耳。再考《新福州府志·選舉》內亦是紹興五年乙卯附王普傳,屬懷安縣人。竊疑劉公藻或以朱子表章《禮》學,後人立傳,只載朱子問答往復之語,而他細事或不致詳,亦未可知。然據馬恭敏稱爲羅豫章門徒,又以孝德著聞於朝,以名其里,官至秘閣修撰。則當時乃表著人物,相去數百載,名公鉅儒採志乘者,豈有不詳考立傳?似不宜有闕漏也。今將馬氏《祠記》附諸劉之後待考,并撮其語爲傳。再按:黃氏海《道南統緒》辨正諸人出處

之訛,謂紹興之進士禮部員外郎劉藻,訛爲布衣,意即其人,但其歷官與馬恭敏《祠記》未符,待考證之。

## 縣令劉德稱先生嘉譽

劉嘉譽,字德稱,一名岡,長樂人。官至樂昌尉。嘗受業李延平。子世南,孫砥、礪。

## 司理劉景虞先生世南

劉世南,字景虞。受業林之奇,與吕祖謙相友善。秉禮蹈義,鄉邦敬仰。官至吉州司理參軍。

## 劉履之先生砥

劉砥,字履之,別號存菴。六歲時,日誦千言,至覽忠孝大節,輒激憤感慨。十歲,通九經傳記,綴詞賦。與其弟礪舉乾道二年童子科。嘗讀《錫老詩》嘆曰:"此不足習。"乃治舉子業,又嘆曰:"此不宜專習。"因徧取伊洛諸書讀之。偕弟礪往受業於朱文公,文公授之《先天太極圖傳》,充然有得。文公晚收禮書,砥預編次,以時方攻道學,益無復仕進意。年四十五,卒。爲文醇雅宏博,詩不加琢而能達其意。著《論語解》、《孟子解》、《王朝禮編》。弟礪。

## 劉用之先生礪

劉礪,字用之,別號在軒。幼穎悟孝弟,與黄勉齋最善。朱子《答陳才卿書》曰:"禮書得直卿、用之,漸可整頓。"又曰:"二劉到此,并手料理,方有汗青之日。"僞學禁興,志尚愈篤。蔡西山竄道州,礪兄弟饋贐特厚。子子玠。

## 劉君錫先生子玠

劉子玠,字君錫,礪子。從黄勉齋學,非名士不交,非義理之書不存。平居退讓若無有,及其見義,必爲不類流俗,則尤人所難者。以上《閩書》,參《三山郡志》

## 備　考

明馬氏森《鳳岡劉氏諸賢祠碑記》曰：劉氏諸賢祠祀宋名儒劉公彝、康夫、藻、砥、礪五先生也。永樂間，當路肇建於懷安邑鄉之八都，豈以近里居而追崇表章樹之風聲哉？初扁名“賢祠”，督學潘樸溪公改名“諸賢祠”，宋陽山公、二山公、龍灣公僉議著之祀典，每春秋次丁，委官致祭，蓋自萬曆二年始也。夫聖賢之生弗偶，五百年必有王者興，其間必有名世者。唐、虞、三代，氣運隆升，應期而出。至孔子時，降世異故，不得位而但與三千之徒，大明其道以詔後世。孟子没而學絕。周濂溪崛起，得不傳之緒於遺經，以授二程。吾閩楊龜山載道而南，其一脉所宗者，羅豫章、李延平視當時諸賢較著。朱晦翁則集諸儒之大成，濂、洛、關、閩並稱天下，萬世宗之，固鄒魯乎濱海者也。楊、羅、李、朱皆延、建産也。其在福，則有劉氏諸賢，銀青光禄大夫彝從胡安定學，居官多治績，召對以正學啓沃，著《七經中義》百七十卷，《明善集》、《居易集》各三十卷，《水經》四卷及註《禮記大全》。奉議郎康夫從周希孟學，著《志述》二十七卷。秘閣修撰藻從羅豫章學，以孝聞於朝，賜粟帛并名其里爲“錫類”，著《禮書》、《易解》。樂昌令嘉譽從李延平學。迪功郎世南從林拙齋學，與吕東萊相友善，父子潛心問學，蹈義秉禮，爲鄉邦敬仰。砥、礪中神童科，從朱晦菴學，嘉其篤志，授《先天太極圖傳》，嘗言“履之兄弟可與進德”，以時禁僞學，弗仕，著《王朝禮》、《論語》、《孟子解》。子玠，從黃勉齋學，克承父志。是皆賢人也，而並生於一門，世豈有盛於此哉？是宜祠而祀之。然所祀止五賢，尚遺其三，初議或未之考耶？程叔子謂：“無善治士，猶得以明乎善治之道，以淑諸人而傳之後。無真儒，則天下貿貿然莫知所之。”是可見澤在當時，終不若繼往開來爲扶世功大也。若劉氏諸賢，究其所學，皆足以羽翼夫道統，則固不可謂之非真儒也。是故既崇之學宮，列之道南書院，又專祠特舉秩文祀典如此其詳悉，有以哉？今撫龐惺菴公因前監察臺雙江公曾竪華表題曰“一門道學”，既兵火，復申題之，屬予爲之記云。

明蔣氏《以忠龍峰巖記》略曰：長樂之北有龍峰，去縣治十里許。里先輩劉砥者與其弟礪，當宋乾道間，嘗築室讀書其上。屬晦翁朱子南遊至邑，二公從講學，留斯巖最久。又翁在巖時，曾作"讀書處"三大字勒於巖，今隱隱滅無，乃鄭司寇環浦復補書之，余爲琢石刻諸門内，以見朱子之所留，而又以明此山非黃冠緇流之所得而有也。是爲記。

## 光禄劉執中先生彝學派

按：宋初三山劉執中與陳古靈、周希孟諸先生皆以經學爲邑人倡，其時周、程尚隱濂、洛，三山前輩之學以經鳴者，皆淵源于四先生及先生云。

### 光禄劉執中先生彝

劉彝，字執中，閩縣人。若虛從子。從胡安定學，安定謂其善治水，凡所立綱紀規式，先生力居多。慶曆六年進士，爲邵武尉，調高郵簿，移胊山令。邑人紀其事目曰"治範"。熙寧初，爲制置三司條例官屬，以言新法非便罷。神宗擇治水官，除先生都水丞。爲兩浙轉運判官，知虔州，著《正俗方》訓斥尚鬼之俗，使易巫爲醫。加直史館，知桂州。禁與交人互市，交阯陷欽、廉、邕三州，坐貶均州團練副使，安置隨州。又除名爲民，編隸洉州，徙襄州。元祐初，復以都水丞召還，病卒。贈銀青光禄大夫。先生故明胡瑗學，神宗熙寧三年召，問："從學何人？"對曰："臣少從學於安定胡瑗。"神宗曰："某人文章與王安石孰優？"先生曰："胡瑗以道德仁義教東南諸生時，王安石方在場屋修進士業。臣聞聖人之道，有體、有用、有文。君臣父子，仁義禮樂，歷世不可變者，其體也。詩書史傳，垂法後世者，文也。舉而措之天下，能潤澤其民歸於皇極者，其用也。國家累朝取士，不以體用爲本，而尚其聲律浮華之詞，是以風俗偷薄。臣師瑗當寶元、明道間，尤病其失，遂明體用之學以授諸生。夙夜勤瘁，二十餘年，專功學校。始自蘇、湖，終于太學，出于門者，無慮二千餘人。故今學者明夫聖人體用以爲政教之本,皆臣師之功也。"神宗曰:"其門人今在朝爲誰?"對曰:"若錢藻之淵篤,孫覺之純明,范純仁之直温,錢公輔之簡諒,皆陛下所知也。其在外明體適用教於民者,迨數十輩。其餘政事、文學粗出於人者不可勝數。此天下四方所共知而嘆美之不足者也。"神宗悦。所著有《周禮中義》十卷、《古禮經傳續通解》二十九卷、《洪範解》六卷、《七經中義》一百七十卷,又有《明善集》、《居易集》、《水經注》、《禮記大全》等書。

## 縣令鄒堯叟先生棐

鄒棐、字堯叟,邵武泰寧人。嘉祐中進士,調淮陽軍司理參軍。丁父憂,服除,再調南劍州劍浦縣主簿,移福州閩清令。用薦者改宣德郎,知宣城令。少有文名,工詞賦。壯遊四方,從中山劉先生彝爲學,浸灌六經,貫穿百氏,各得其宗。棐爲人重厚寡言,雖家人未嘗見其喜愠,貌温氣和,遇事堅正,不可以非義回屈。初在淮陽,卒有受杖不服而肆言,守怒,欲斬之,議不決,以其事付棐。棐以爲事在有司,則有常法,執之不移,士論韙之。其蒞官臨民,雖冗職必盡力,故所至有風績。雖當繁劇,手未嘗廢書也,故其用志益深,學之所造者遠矣。龜山先生嘗曰:"余自垂髫誦先生之文,及長,聞其名藉益甚。元豐初家居,始獲從先生游焉。"其卒也,龜山爲志其墓,并爲文祭之。

# 三山王氏家世學派

按,曾南豐氏序公文集,略曰:"當先王之跡熄,六藝殘缺,道術衰微,天下學者無所折衷。深甫於是奮然獨起,因先王之遺文以求其意,得之於心,行之於己,其動止語默必考於法度,而窮達得喪不易其志也。《文集》二十卷,其辭反覆辨達,有所開闡,非世之別集而已。"又按,西麓周氏曰:"王深甫學於歐陽公,與王介甫、曾子固、劉原甫游,其文出歐陽體而尤純淡,序事曲折不窮,特壯偉不及也。至於摘經傳語以爲賦,詞短而意深,有味其言哉!"又南豐撰深甫之弟容季墓銘曰："容季孝弟純篤,尤刻意學問。言行出處,常擇義而動。容季之伯兄回深甫,以道義文章退而家居,學者所宗。而仲兄向子直亦以文學器識名聞當世。容季又所立如此,學士大夫以謂此三人者皆世不常有,未有同時並出於一家,如此之盛云。"馬氏貴與《文獻通考》云:"侯官三王之文,蓋宗師歐陽公者也。其大家正氣,當與曾、蘇相上下,故南豐折服其文而深悲其早世。然晁、陳二家書錄並不收入,《四朝國史藝文志》僅有《王深甫集》,纔十卷,則止有曾序所言之半,而子直、容季之文無傳焉,亦不能知其卷帙之多少,可惜也。"今備錄諸考論,著之於編。

### 推官王深甫先生回

王回,字深甫。父平,仕御史,見《閩書》。平卒,葬潁州,即家焉。回敦友孝行,質直平恕,造次必稽古人。舉嘉祐二年進士,爲衛真簿,有不合,稱病自免。久之,在廷多薦者,治平中以爲忠武軍節度推官,知南頓縣。命下,卒。王氏安石誌其墓曰:"吾友深甫,書足以致其言,言足以遂其志,志欲以聖人之道爲己任,蓋非至於命弗止也。故不以小廉曲謹以投衆人耳目,而取舍、進退、去就必度於仁義。世皆稱其學問文章治行,然真知其人者不②多,見謂迂闊不足趣時合變。嗟乎! 是乃所以爲深甫也。令深甫而有以合乎彼,則必無以同乎此矣。"曾鞏序其文曰:"回當六藝殘缺,道術衰微之後,奮然獨起,因先王遺文以求其意,得之於心,行之於己,作爲文詞,反覆辨達,有所開闢,其卒蓋將歸於簡也。其破去百家傳註,推散缺不全之經,以明聖人之道於千載之後,振斯文於將墜,回學者於既溺,可謂道德之要言,非世之別集而已。"弟向、同。《閩書》

### 主簿王子直先生向弟同。

王向,字子直。與回同舉進士,仕縣主簿。爲文故有英氣,而能力自蟠屈以就法度。自其少時,則已著數萬言,馳騁上下,偉麗可喜。晚自爲不足而悔其少作,更欲窮探力取,極聖人之旨要。大行則欲發而見之事業,窮居則欲推而托之文章,將與詩書之作者並,而未知其孰後先也。冏,字容季。孝弟純篤。自少能爲文章,長於敘事,所爲文出輒驚人。其爲人自重,不馳騁衒鬻,亦不孑孑取名。日與其兄講唐虞、孔子之道,以求其内,言行出處,擇義而動。其磨礱灌養而不止者,方未量其所至,而皆不幸蚤卒。向、冏與兄回之文章,皆宗歐陽脩,正氣大家,欲與曾、蘇上下。曾鞏序向之文,誌冏之墓,深推服而悲其蚤世。《閩書》

# 三山陳氏家世學派

按:三山陳氏祥道以《禮》學名於元祐間,而弟暘著《樂書》在紹聖之代,二書當時皆鈔録進御,纂緝禮制者多折衷之,所謂"代用其書,垂諸國胄"者也。朱子言三山前輩明《禮》者三人,王氏普、劉氏藻、任氏文薦,而祐之兄弟其嚆矢者矣。再,祐之先生從弟剛中以志節著,朱子時,此公已載《長樂志》,遺厥歷官謫死事,後朱子叩其鄉人,表章之,見《朱子文集》。今考本傳已詳及之矣。兹録其家學載於編。

## 秘書陳祐之先生祥道

陳祥道,字祐之,閩清人。治平四年進士。嘗著《禮書》百五十卷,近臣以聞哲宗,詔尚書給筆札抄録。除國子監直講,遷館閣校勘兼太常博士,終秘書省正字。祥道爲《禮書序》曰:"先生(王)之治,以禮爲本。其宮室、衣服、車旗、械用有等,其冠婚、喪祭、朝聘、射御有儀。即器觀理,無非法象之所寓;即文觀義,無非道義之所藏。使人思之知所以教,守之知所以禁,奢者不得騁無度之心,儉者不得就苟難之節,奇不得亂常,衺不得害正,此上下所以辨,民志所以定也。晚周而下,道散於異政,法亡於殊俗,君子不得以行禮,小人得以行非禮。兩觀大路,朱干玉磬,天子之禮在諸侯;塞門反坫,素衣朱襮,諸侯之禮在大夫。繇是先王之制浸以掃地,天下學者亦失其傳。故隨武子不知殽烝,孟僖子不知相禮,范獻子不知問諱,曾子不知奠方,魯不知尚羔,衛不知立市,則時之知禮者,蓋亦鮮矣。漢興，叔孫通之綿蕝，徒規當時之近功，法失於太卑；齊、魯二生論禮樂，必期百年後興，言失於太高。賈誼有修禮之志而困於絳、灌，曹褒有定禮之議而沮於酺、敏，傳咸極論于晉而誚于流俗，劉賁發策於唐而棄於一時。繇漢以來，千有餘載，其間欲起禮法於上者非一君，欲成禮法于下者非一臣。有是君而下不足副之，則禮法終不明；有是臣而上不能任之，則禮事終不行。此龐政薄俗所以繼作，唐、虞、三代之治不復見也。今上有願治隆禮之君，下有博古明禮之臣，都俞賡歌于廟堂交奧之間，四方萬里涵泳德化，制作之盛，在此時矣。臣嘗考六藝百家之文，以究先王禮樂之迹，凡寓於刑名度數者，必辨其志。凡藏於道德仁義者，必發其蘊。發憤二十年，著成《禮書》，總一百五十卷。其於歷代諸儒之論，近世聶崇義之圖，或正所失，或補所闕，庶幾古人之髣髴，可以類推。藏諸巾衍，非敢以施當代。豈謂伏蒙太皇太后陛下、皇帝陛下曲加采聽，特給筆札，俾寫上進。臣自惟淺陋，不足備甄錄，姑用塞明詔。"又有《論語句解》與《禮書》並行於世。弟暘，姪剛中，登第。《閩書》

## 侍郎陳晉之先生暘

陳暘，字晉之。紹聖制科，授順昌軍節度推官。徽宗初，進《迓衡集》以勸導紹述，得太學博士、秘書省正字。所著有《樂書》二百卷，禮部侍郎趙挺之言其貫穿明備，乞援其兄祥道進《禮書》故事給筆札。書成，為序上之，其文曰："臣聞先天下而治者在禮樂，後天下而治者在刑政。三代而上，以禮樂勝刑政而民德厚。三代而下，以刑政勝禮樂而民風偷。恭惟神宗皇帝超然遠覽，獨觀昭曠之道，本之為禮樂，末之為刑政。凡所以綱維治具者，靡不交修畢振，典章文物，一何煥然。臣先兄祥道是時直經東序，慨然興思，求以上副神考修禮正樂之意，既就《禮書》一百五十卷。哲宗皇帝祇遹先猷，詔給筆札繕寫以進，有旨下議太常。臣兄且喜且懼，一日語臣：'禮、樂，治道急務，帝王極功。比籠絡今昔，逮及成書，固亦已勤，乃寤寐在樂而情力不逮，汝勉成之。'臣蒙先帝擢寘上庠，陛下陞之文館，編修論次，積年于茲，著成《樂書》二百卷。曲被誤恩，俾錄上進,臣兄弟得以區區所聞,補聖朝萬一,制作討論,榮幸何如？臣竊謂古樂之發,中則和,過則戾。涵三之道,參和爲冲氣;五六之數,一貫爲中合。故冲氣運而三宮臣焉,參兩合而五聲形焉,參五合而八音生焉,二六合而十二律成焉,數度雖有不同,要之會歸中聲而已。過此,則衛、鄭哇淫而不合於古也。樂之有宮也,與其有黃鍾也,尊而無上者也。五聲十二律,樂之正也。二變以變宮爲君,四清以黃鍾清爲君,樂之蠹也。夫事以時作,固可變也,而君不可變。太簇、大宮、夾鍾或可分也,而黃鍾不可分。既有宮矣,又有變宮焉,既有黃鍾矣,又有黃鍾清焉,是兩之也。爲是説者,古無有也,聖人弗論也,漢唐諸儒之所傅會歟。存之則傷教而害道,削之則律正而聲和。臣是敢辭而闢之也,志在華國,義在尊君,庶幾不失仲尼放鄭聲、惡亂雅之意也。循其序,君子以成焉。明其義,天下以寧焉。樂之時用顧不大哉!"既上,遷太常丞,進駕部員外郎,爲講議司參詳禮樂官。《閩書》

## 縣令陳彥柔先生剛中

陳剛中,字彥柔。建炎進士。性慷慨,有志事功。官迪功郎。紹興初,上書言民力凋瘵,國用匱乏,願罷冗食、去虛文以足邦用。遷太府寺丞。應詔上封事,主議恢復,忤秦檜意。胡銓以言貶韶州,剛中作啓賀行,有云:"屈膝請和,知廟堂禦侮之無策;張膽論事,喜樞庭經遠之有人。"又云:"知無不言,願借上方之劍;不遇故去,聊乘下澤之車。"檜尤憾之,遂與張九成等七人同謫,差知安遠縣。至縣,適有嶺寇來擾,究心招撫,感瘴而没。其妻子扶柩,葬於杭州龍井山風篁嶺之沙盆塢。新《三山郡志》、《朱子文集》

**【校記】**

① "召",原作"右",據《宋史》改。

② "者不",原作"而",據王安石《王深父墓誌銘》改補。

# 閩中理學淵源考卷十一

## 浦城楊氏家世學派

真氏西山曰:"國朝南方人物之盛,自浦城始。浦城人物之盛,自文莊公及文公始。"再考,史稱宋一海内,文治日起,楊文公首以辭章擅天下,爲時所宗,蓋其清忠鯁亮之氣,未卒大施。仁宗嘗稱其有君子大節,特贈其官,諡以文,蓋有由來也。文莊爲文公從父,史稱其純厚清介,尚名教,非道干進,尤所痛嫉,蓋亦卓然儒者程榘矣。兹録二公,著其家世源流所自焉。

### 文莊楊仲猷先生徽之

楊徽之,字仲猷,一名儀之,浦城之(人)。祖郜,仕閩爲義軍校。家世尚武,父澄獨折節爲儒,終浦城令。徽之甫冠,通群經,尤刻意於《詩》,與邑人江文蔚、江爲齊名。嘗肆業廬山白鹿洞,時李氏據有江表,徽之恥官僞廷,乃潛服至汴、洛,以文投竇儀、王朴,深賞遇之。周顯德中,舉進士,歷著作佐郎、右拾遺。力言太祖人望所歸,不宜典禁兵。太祖既得天下,將因事誅之,晉王諫曰:"周室忠臣也。"乾德初,出爲大興令。開寶中,遷左拾遺、右補闕,寖以登用,太宗尤深器之。時青宮初建,命爲首僚,寄之羽翼,因索其所著書。徽之以數百篇奏御,復獻詩爲謝。太宗稱賞,遷侍御史、權判刑部,轉庫部員外郎。奉詔彙編《文苑英華》。歷遷刑、兵二部郎中。端拱初,拜左諫議大夫,出知許州。入判史館事,加修撰。因次對上言:"陛下嗣統鴻圖,闡揚文治,廢墜修舉,儒學響臻。然擅文章者多超遷,明經業者罕除用。向非振舉,曷勸專勤。師法不傳,祖述安在?且京師,四方之會。太學,首善之地。今五經博士並闕其員,非所以崇教化,獎人材,由內及外之道也。望發明詔,博求通經之士,簡之朝著,拔自草萊,增置員數,分教胄子,隨其所業授以廩稍,且優加旌別,使淹貫經士皆蒙厚賞,則天下知所勸矣。"太宗嘉納,謂宰相曰:"徽之儒雅,操履無玷,宜置館閣。"未幾,改判集賢院。坐漏洩張泊語,出爲山南東道行軍司馬,改鎮安軍。真宗咸平初,加禮部侍郎,以足疾請告。真宗駐蹕大名,特降手詔存諭。明年春,車駕還,遣使臨問。卒年八十。贈兵部尚書,賜其家錢五十萬,絹五百疋。無子,錄其外孫宋綬太常寺太祝,姪孫偓、集並同學究出身。徽之純厚清介,多識典故,守規矩,尚名教,非道干進,尤所痛嫉。嘗言:"温仲舒、寇準用搏擊取貴位,使後輩務習趨競,禮俗寖薄。"世謂其知言。寡諧於俗,惟李昉、王祐深所推服,石熙載、李穆、賈黃中則與爲文義友。既没,有集二十卷留於家,真宗令夏侯嶠取以進。後徽之妻卒,乃葬,復以緡帛賜其家。景祐間,賜太子太師,諡文莊。祀白鹿洞。從孫億。《閩書》、真西山撰《文莊公書堂記》、《宏簡錄》

## 文公楊大年先生億

楊億,字大年,浦城人。天資穎悟。七歲,對客談論,爲文揮翰不輟,有老成風。雍熙初,年十一,博覽强記。太宗聞其名,詔江南轉運使張法華就試詞藝,送闕下。連三日,得對試詩賦五篇,下筆立成。太宗深加賞歎,即授秘書省正字。俄丁外艱,服除,會徽之知許州,億往依之。晝夜務學不息,徽之嘆曰:"興吾門者汝矣。"淳化中,改太常寺奉禮郎,仍令讀書秘閣,獻《二京賦》,命試翰林,賜進士第,遷光禄寺丞、直集賢院。表求歸鄉里,賜錢十五萬。至道二年,遷著作佐郎。帝知其貧,屢頒霈賚,每有奏頌,時時稱善。真宗即位,超拜左正言。詔錢若水修《太宗實錄》,奏億參預,凡八十卷,億獨草五十六卷。書成,乞外補就養,知處州。真宗知其才長史學,留不遣,固請,乃許之。召還,拜左司諫知制誥,賜金紫。咸平中,西鄙未寧,詔近臣議靈州棄守之事。億上疏言"存有大害,棄有大利",灑灑千餘言。景德初,以家貧,乞典郡江左,詔令知通進銀臺司兼門下封駁事。俄伴史館,會修《册府元龜》,與王欽若同總其事。序次體制皆億所定,羣僚分撰篇序,詔經億竄改乃用。三年,召爲翰林學士,又同修國史,凡變例皆出億手。大中祥符初,加兵部員外郎、户部郎中。五年,以疾在告,遣中使致太醫視之,億拜章謝,上作詩批紙尾,有"副予前席待名賢"之句。以久疾,求解近職,優詔不許,但權免朝直。億剛介寡合,在書局,惟與李繼、路振、刁衎、陳鉞、劉筠輩厚善。當時文士,咸賴其品題,或被貶議者,退多怨謗。王欽若驟貴,億素薄其人,欽若銜之,屢抉其失。陳彭年方以文史售進,忌億名出其右,相與毁訾,真宗皆不惑其説。天禧二年冬,拜工部侍郎。四年,復爲翰林學士。卒年五十七。初,真宗欲立德妃爲后,欲得億草詔,使丁謂諭旨,億卒不草。及卒,仁宗令議追贈,有司言:"故事,非曾任二府及事東宮,法不應贈。"仁宗曰:"億有君子大節,可贈禮部尚書。"謚曰文。億文格雄健,才思敏捷,精密有規裁,尤長典章制度。喜誨誘後進,以成名者甚衆,人有片詞可紀,必爲諷誦,一時學者翕然宗之。手集當世述作數千篇爲《筆苑時文録》。性耿介,重交遊,尚名節,多周給親友,故所得禄俸亦隨而盡。所著《括蒼》、《武彝》、《潁陰》、《韓城》、《退居》、《汝陽》、《蓬山》、《冠鼇》等集,《内外制》、《刀筆》共一百九十四卷。立從子紘爲後,録爲奉禮郎。《閩書》、《宏簡録》、《通志》

## 備　考

范文正公《贊楊文公畫像》曰:公以命世之才,其位不充,故天下知公之文,而未知公之道也。昔王文正公居宰府僅二十年,未嘗見愛惡之迹,天下謂之大雅。萊公當國,真宗有澶淵之幸,而能左右天子,如山不動,却戎狄、保宗社,天下謂之大忠。樞密扶風公慷慨立朝,有犯無隱,天下謂之大直。此三君子者,一代之偉人也。公與三君子深相交許,情如金石,則公之道,其正可知矣。王沂國文正公曾嘗語曰:昔楊文公有言"人之操履,無若誠實",吾每欽佩斯言,苟執之不渝,夷險可以一致。楊文公在翰林,以讒佯狂去職,然聖眷之不衰,聞疾愈,即起爲郡,未幾,復以判秘監召。既到闕,以詩賜之曰:"瑣闈往年司制誥,共嘉藻思類相如。蓬山今日詮墳史,還仰多聞過仲舒。報政列城歸覲後,疏恩高閣拜恩初。諸生濟濟彌瞻望，鉛槧諮詢辨魯魚。"祖宗愛惜人材，保全忠賢之意如此。文公後卒與寇萊公力排宮闈，協定大策，功雖不終，其盡力於國者，亦可以無愧也。《石林詩話》

真文忠公德秀撰《楊文莊公書堂記》曰：浦城夢筆山等覺院，邑人禮部侍郎楊公澄爲本縣令日所建也。侍郎之子文莊公少讀書於此山，既去，以文學節義擅聲中朝，爲薦紳標式。後人即其處爲書堂，繪公父子祠之。按公名徽之，字仲獻，甫冠通羣經，尤刻意於《詩》，得騷人之趣。時李氏王江表，公恥官僞廷，杖策走中原。以周顯德三年登第，入文館，升諫垣，嘗論太祖有人望，不可典禁兵。國初，出司征於方城，繼爲大興、峨眉二縣令。開寶中召還，寖以登用。太宗尤深器之。世謂帝以能詩知公，而不知公之受知聖明者，不專在是也。當公之去國也，一遷而楚，再徙而秦，又再轉而蜀，山川益寥遠，而公嘉陽諸詠，皆翛然自得，亡秋毫隕穫意，胸中所存，其亦遠矣。入侍禁中，新承聖眷，至摘其詩雋語筆之御屏中。辭章翰墨，同時豈乏其人，而公獨得此者，非重其詩，重其節也。晚事定陵，尤被寵渥。初置翰林講讀學士，公與邢昺首與其選。雖未及大用以終，而平生所立，凜凜玉雪，無一節可疵。從孫文公億少依公以學，既皆以文章名天下，而清風雅操，奕奕相望。浦城人物之盛，自二公始。紹定改元，七世孫震榮將新其書堂之舊，謂某盍爲之記。藐是晚出，匪工於辭，獨念前輩風流相去日遠，後生小子鮮或聞知，故爲推迹本末，刻之堂中，使吾黨之士聞而慕之。平居講學，以淬磨志行自期，有位於時，以扶植世道自許，則公之遺風庶幾復見，而吾邦之人物，其亦有興乎？若夫卑陬洩沑，志於榮寵，利事溫飽而已，豈惟重桑梓之羞，過公之堂，當必有泚其顙者矣。

## 浦城章氏家世學派

按：志乘稱浦城甲族盛矣，蓋楊起於文莊，章肇自郇公，蓋練夫人、孫夫人陰德，世多傳焉。今約錄楊、章二家爲宋代閩中文獻所始，餘未得槩及云。

### 文簡章希言先生得象

章得象,字希言,世家泉州。高祖仔鈞,以戰、攻、守三策投王審知,審知命爲將,戍浦城,遂家焉。咸平五年,進士及第,爲大理評事,知玉山縣,遷大理寺丞。歷知台州、南雄州,徙洪州。楊億以公輔器,薦之。未幾,召試,爲史館、安撫京東權三司度支判官,累遷尚書刑部郎中,使契丹,遂以兵部郎中知制誥。踰年,爲翰林學士,遷右諫議大夫,以給事中爲群牧使,累遷戶部侍郎,遂拜同中書門下平章事、集賢殿大學士。仁宗謂曰:"向者太后臨朝,群臣邪正,朕皆默識之。卿清忠無所干附,今日用卿,職此也。"陝西用兵,加中書侍郎兼工部尚書兼樞密使,辭所加官。明年,以工部尚書爲昭文館大學士。慶曆五年,拜鎮安軍節度使同平章事,封郇國公,徙判河南府守司空,致仕,卒。贈太尉兼侍郎,諡文憲。皇祐中,改諡文簡。得象在翰林十二年,憲章太后臨朝,宦官方熾,太后每遣內侍至學士院,得象正色待之,或不交一言。在中書八年,宗黨親戚,一切抑而不進,以簡重鎮、止浮競而已,他無所建明。至其渾厚有容,喜薦拔人,天下終以爲長者。《閩書》

### 朝奉章端叔先生甫

章甫,字端叔。年十四,辭親求師友,薄游江、淮間殆十年,卒以名聞。熙寧三年進士,調臨州尉。邑有盜獄,株連至不可詰訊,甫按實抵三人於法,餘悉不問。哲宗即位,轉承議郎,通判宿州。先是,南京押綱侍禁史士宗侵耗官米數百石,反訟倉官交納不公,獄久不決,朝廷以委甫。甫至,以片言折之,士宗雖坐流竄,自以爲不冤。兩遷爲朝散郎。繼丁親憂。累遷至太府寺丞。召對稱旨,除府界提舉常平等事。鄢陵舊有雙洎河,數溢,爲民害,爲增濬河外故道。是歲,河朔饑,甫召而廩給之,因以用其力興築。堤成,民不告病,饑者得全活。徽宗立,轉朝奉大夫,未幾除知處州。時承平日久,年穀屢豐,天下諱言災傷。甫還朝,首言淮甸歲凶,宜加賑恤。朝命遣使大發倉廩,民賴以濟。崇寧初,黨論復興。甫除郎官,得旨陛對,抗言:"元祐臣僚削秩投荒,皆緣國事。陛下即位,稍令内徙,道路交慶。今復刻言著籍,禁錮其子孫,恐非陛下本意。"由是與時論不合。尋知泰州,遂掛冠退居吴門。未幾,時旨落致仕,復知泰州。之官數月,乞宫祠。卒。甫莊重簡默,接人以和,行己涖官,一本於誠。其論天下事,不苟不隨,期當理。讀書萬卷,增校精至。有文集二十卷,《孟子解義》十四卷。《閩書》、《通志》

### 州守章榮之先生授

章授,字榮之,得象從孫。少從得象游京師,學擅辭場。紹聖四年,省試第一。元符中,陳瓘薦其賢,除知海州。《閩書》

### 章表民先生望之

章望之,字表民,浦城人。以伯父得象蔭,除秘書省校書郎,監杭州茶庫。踰年,辭疾去。上書論時政凡萬餘言,不報。兄拱之知晉江縣,忤其守得罪。望之號訴於朝,拱之竟得脱。歐陽修、韓絳、吴奎、劉敞、范鎮同薦其才,除簽書建康軍節制判官,又除知烏程縣,俱不赴。遂以光禄寺丞致仕,卒。望之喜議論,宗孟軻言性善,排斥荀卿、揚雄、韓愈、李翱之説,著《救性》七篇。歐陽修論魏、梁爲正統,望之以爲非,著《明統》三篇。李覯謂仁、義、禮、知、信、樂、政、刑皆出於禮,望之著《禮論》一篇以訂其説。又有歌詩、襍文數百篇,集爲三十卷。

## 莆陽蔡氏家世學派

按:公當時與歐陽文忠犯顔廷諍,培沃朝廷正直忠厚之風,與歐陽、徂徠、尹公並稱"四君子"。惜其設施措畫未盡著廟廊,而多布在列郡。歐公撰墓誌言,往時閩人多好學而專用賦以應科舉,公得先生周希孟以經術教授學者,親至學舍,執經講問,爲諸生率。又尊禮陳氏烈、陳氏襄、鄭氏穆,一時人士感奮。是公與"海濱四先生"同時倡學於閩,而後學尚有未及詳考者也。其涖温陵,造建萬安橋,樹植松陰七百餘里,兩至斯郡,惠澤尤深。王忠文公十朋踵公後者,道泉人稱太守之賢者,必以公爲首云。馥嘗往來莆之楓亭,蓋公故里也,遺風八百餘年,訪求舊跡,莫可追尋。拜仰公之墳塋,逼近行路,墓木薿然,而後嗣亦式微播遷,莫可考矣,不禁低徊嗟嘆。夫公之功烈德誼,列郡後嗣尚有追祀馨香者,何獨故邦寂然衰落至此耶? 因輯公家世學派,而重興感云。乾隆丙子十月下澣書。

## 忠惠蔡君謨先生襄

蔡襄,字君謨,仙遊人。年十八,天聖八年舉進士,調西京留守推官,改著作佐郎,館閣校勘。范仲淹以言事忤丞相呂夷簡,落職知饒州。余靖論救之,尹洙請與同貶,歐陽修移書責司諫高若訥不言,由是三人者皆坐譴。公作《四賢一不肖》詩以識其事,詩成,都人士爭相傳寫。契丹使者至,買歸,張於幽州之館,一時稱重。慶曆初,天下無事,士大夫寬弛久安,仁宗慨然思正百度以修太平,排羣議,進退二三大臣,親擢靖、修及王素三人爲諫官,使拾遺補闕。公又以詩賀三人者,以其詩聞仁宗,亦命公知諫院兼修起居注,遇之甚寵。公值事感激,無所迴避,權倖畏斂,不敢撓法干政。而仁宗益與大臣圖議,屢下詔書,勸農桑,興學校,革弊修廢,天下悚然知其銳於治。於此之時,言事之臣,無日不進,公補益尤多。四年,以右正言直史館,出知福州,以便親,遂爲福建路轉運使,復古五塘以溉民田,奏減五代時丁口稅之半。丁父憂,服除,復入修起居注。進知制誥,兼判注內銓。御史呂景初、吳中復、馬遵坐論梁丞相適罷臺職,除他官,公封還辭頭,不草制。其後屢有除授非當者,必皆封還,而仁宗遇公益厚,曰:“有子如此,其母之賢可知。”命特賜冠被以寵之。至和元年,遷龍圖閣直學士、知開封府。三年,以樞密直學士知福州,未幾,復知泉州。公在福州,禮其士之賢者,以勸學興善,而變民之故俗,除所甚害。往時閩人專用賦以應科舉,公得鄉先生周希孟以經術傳授學者,常至數百人,公爲親至學舍,執經講問,爲諸生率。延見處士陳烈,尊以師禮,而陳襄、鄭穆輩,其德行著稱,公皆折節下之,以風教生徒。又作《五戒》以教民，若浮屠、巫覡、蓄蠱之害，一切禁止。其在泉州，距州二十里萬安橋，絶海而濟，行旅苦其險，公立石爲梁，長三百六十丈，種蠣於礎以固梁基，又植松數十里，蔭茇涂行，至今賴焉。嘉祐五年，召拜翰林院學士、權三司使。三司、開封，世稱省、府，爲難治。公居之，談笑無留事，破姦發隱，吏不能欺。至商確財利，則較天下盈虛出入，量力制用，必使下完上給，剗剔蠧獘，簿書紀綱，皆有法程。英宗即位，以母老，求知杭州，即拜端明殿學士。治平三年，丁母憂。卒年五十有六。贈吏部侍郎。公文章清遒粹美，工於書，而仁宗尤愛稱之，詔書御製《元舅隴西王碑》。其後命學士撰《溫成皇后碑》文，又勑公書，則辭不肯，曰："待詔職也。"於朋友尚信義，聞其喪，不御酒肉，爲位哭，盡哀乃止。公三子，勻、旬皆早世，朝廷録季子旻及旬子傳。乾道中，孫伸請於朝，賜諡忠惠。有《莆陽居士集》行於世。

## 特進蔡伸道先生伸

蔡伸，字伸道，襄子旻之子也。與兄仳、佃入太學，俱有聲，時號"三蔡"。佃崇寧二年進士，方廷對時，從祖京當軸，使謂曰："能過我，第一人可得。"佃不屈。及揭卷，佃舉首，京詭辭曰："陛下不以佃不肖而使冠多士，恐天下以陛下私臣。"上以爲誠，乃置第二。會星異，上疏論宰相非人，宜舉漢汲黯故事以應天變。責監溫州稅，官至朝奉郎、直龍圖閣。仳，大觀三年進士，官至徽猷閣待制。伸，政和五年進士，累遷通判徐、楚、饒、真四州。在徐州時，禁卒謀亂，約夜半舉火。伸聞，密爲之備，故緩更籌以誤之。比舉火，則黎明矣，叛卒盡就擒。在真州日，值火災，民露處雪中，伸插置有方，且欲發常平廩以賑，守者不可，伸曰："此國家所以備非常也，如得咎，請獨當之。"事聞，釋不問。改知徐、德、安、和四州。初，伸與秦檜同舍又同年，後伸以趙鼎黨丐祠者累年，檜一日訪伸叙舊好，伸不應，出爲浙東帥司參謀官。建炎、紹興間，盜賊蠭起，伸嘗曰："國步多艱，中原未復，豈能以書生餘技取爵禄耶？"時戚方既降而叛，伸單騎至其麾下説之就招，州民以寧。官至左中大夫。卒。贈特進。子洸，以父任歷官尚書學士,自有傳。從孫戡,進士,僑居毘陵,歷官寶謨閣直學士。著《定齊集》四十卷。

### 朝請蔡子應先生樞

蔡樞,字子應,傳仲子。政和五年,同從父伸登第,歷官西京提舉學司主管文字。御史常安民在黨籍,人多疎之,樞獨事以師禮。提舉湖南學事,時殿中侍御史張所教授潭州,未知名,會所白事,樞問曰:"時事如此,度今誰可任國事者?"所舉劉安世,樞瞿然曰:"自崇觀來,禁錮元祐之學,文字言語稍涉疑似者,必置之法。子爲教官,乃敢伸公論若是耶?"即薦所,後果知名。年四十五,慨然嘆曰:"先公掛冠之年,吾已遇之;時方多事,其可無功冒寵乎?"致仕去。榜所居堂曰"世隱"。宣和末,興燕雲之師,主兵者欲引樞爲謀議官,樞以書止之。累官朝散郎,守職方員外郎。贈朝請大夫。子頔,進士,宣教郎、知寧德縣。孫師言、敷言,皆登第。

### 備　考

明成化六年,巡撫滕昭修墓、建祠、立碑,每歲重陽,令有司遣官致祭。郡人柯潛記略曰:成化六年春,四方多以災沴奏聞,當寧選大臣巡行天下,凡民間利病可興可罷者,皆許便宜行之,庶幾格天心,召和氣,以康惠億兆民。而都察院右副都御史滕自明公在選中,乃奉璽書建節以來吾閩。首訪百司,吏以貪殘著聞及衰耄庸懦不事事者皆斥去,而褒獎廉勤慎厚者,使益修其政,興太平之治。既又巡行諸郡,過興化仙遊之楓亭,見道傍有巨碑刻云"宋端明殿學士忠惠蔡公神道",悚然曰:"此非嘗爲'四賢一不肖'詩,世稱直臣者耶?"遂下馬周視,其墓蒙翳榛莽中,亟發從吏馳諭分巡按察司僉事周君謨亟俾督所司修之。乃以夏六月始事,先封填頹塘,次作享堂,刻歐陽文忠公所撰墓誌立於堂中,以冬十月畢工。方其經始也,或謂公墓在赤湖焦坑,而此爲非是。按:墓誌載公葬於莆田將軍山,當時豈地屬莆田,後又屬仙遊,因此近有將軍墓,故名曰將軍山,今俗人又呼爲蔡山，則因公姓而得名，又況有碑石題識可據，則此爲公墓無疑。赤湖焦坑去此六七里，則其爲父母之墓，文忠公亦嘗銘之，所謂"其里慈孝，其岡平井"，即其地也。歷歲既久，地里紛更，爲子孫者尚亦遺忘，況鄉里之人得於傳聞者，安得不謬誤哉！任其事而考視詳審者，知府蔣君雲漢。協力而成者，同知習君襄、推官李君俊、莆田縣王君玉。既成，合言屬余記云。

# 閩中理學淵源考卷十二

## 温陵陳氏家世學派

按，陳休齋知柔撰《九日山墨妙堂記》云："國朝進士顯名縣大諫錢公、曾楚公、龍學公踵之。"大諫者錢公熙，楚公者曾公會，龍學公即休齋伯祖龍圖學士陳公從易也。諸公爲泉南人物一時之倡。公起家以清德文學知名。景德後，文士雕靡相尚，公力挽頹風，與楊公大雅共矯其弊。《清源文獻》載，《六一詩話》曰："陳舍人當時文方盛之時，獨以醇儒古學見稱，其詩多類白樂天云。"再按：休齋雖繫籍永春，《閩書》録入晉江，附龍圖之後，其家世源流信有本焉。次崖林氏贊休齋"如雲鴻野鶴飛翔於千仞九霄之表"。其贊後嗣曰："中行開邊之策足以定國是，端行江中之語足以懾遠人，介行經學之優，景魏治才之美，皆能世振箕裘，無玷家聲者矣。"今録其世系載於篇。

### 龍圖陳簡夫先生從易

陳從易，字簡夫，晉江人。端拱二年，進士及第，初調彭州軍事推官。王均盜據成都，陷綿、漢諸郡，彭人謀殺都監以應。從易攝州事，擒誅首惡，戒將吏嚴城守，積薪舍後，戒家僮曰："守而不支，薪焚我矣。"賊聞有備，去。召爲秘書省著作佐郎，遷太常博士。出知邵武軍，專務德化。改監察御史，召對，便殿命賦《瑞雪》詩，援筆立就，真宗嘉獎。遷侍御史直史館，知虔州、吉州，改福州。未行，遭父喪，服除，出湖南轉運使，歷太常少卿、直昭文館。後知廣州，遠俗安靖，璽書褒美，加三品服。北還，不蓄南物。仁宗聞之，擢知制誥，飛白書"清"字賜之。初，景德以後，文士雕靡相尚，一時學者向之。及從易知制誥，與楊大雅同官相善,皆好古篤行,獨守不變。適朝廷方矯文章之敝,故並進二人以風天下。兼史館修撰,遷左諫議大夫,以老辭。請補郡,進龍圖閣直學士、知杭州,卒。從易嗜學強記,激直少容,喜別白是非,多面折人,或尤其過,終不改。元豐中,神宗問頌:"卿母誰氏?"頌以從易對,上曰:"天聖間學士邪?"頌因言從易知廣州,不蓄南物。上曰:"清節過馬援矣。"先是,宰相寇準惡從易疎己,除從易吉州。及準貶道州,丁謂語從易曰:"廬陵之事可以釋憾矣。"從易曰:"當以故相之禮待之。"謂有愧色。其志行多類此。所著《泉山集》二十卷、《中書制誥》五卷、《西清奏議》三卷。孫孝則。《閩書》、《萬曆志》、《通志》。

## 提刑陳永仲先生孝則

陳孝則,字永仲,晉江人。舉宣和進士,調東莞尉,以薦改秩,通判潮州,知英州。代還,奏罷涵口稅場。除廣南東路提點刑獄,出舶商於死獄。居家十餘年,舶商至泉中,望廬瞻拜。念祖父之風,結屋城隅,以清名室。守王十朋贈之詩:"我來聚星地,喜見此老成。公清不自言,藹然著鄉評。時尋訪其室,鄙吝不敢萌。如覯任棠水,似濯滄浪纓。"其歿也,復哭以詩,有"心勞撫字陽司業,獄喜平反雋不疑。頭白不忘文字示,室清宜作子孫規"之語。子穎,弟知柔。

## 州守陳中行先生謨

陳謨,字中行。材氣高邁,貫穿經史。開門受徒,户屨常滿。登慶元二年進士,宰執以學行薦,除國子正。開禧初,召試館職,時議開邊,謨對策謂:"王恢首謀之,戮不足以贖僵尸百萬之冤。"參政李璧讀之,嘆曰:"真館職也。"除秘書省正字,校書郎。通判鎮江府,平鹽鈔法,公私俱便。知梅州,多惠政,民爲立祠。改汀州,民以綵旗迎於界上,有曰:"忻迎鄞水新賢守,知是梅州舊使君。"居五月,卒。號可軒,門人多名士達臣。有《經史管窺》行於世。子晉接,紹定壬辰進士,仕國子司業,宗正卿。《泉州府志》、《永春邑志》、《閩書》

### 安撫陳端行先生樸

陳樸,字端行,知柔從子。乾道二年進士,歷知漳州,節浮費五萬,爲民代輸身丁。以左司郎接伴金使,舟行大江中流,風暴作,金使駭汗,樸笑傲自若曰:"此天之所以限南北者。守疆息民,則天福之。江有神,不可欺也。"使者悚然。擢太常卿,除知廣州、兼廣東安撫,革弊例帑羨,受代儲錢數十萬,上於朝。《閩書》

### 陳介行先生機

陳機,字介行。學問該貫,尤長於詩,寫情咏物,若不經思,往往出人意表。嘗有《讀易詩》云:"從此不除窗外草,要觀天地發生心。"又曰:"須信生生是真易,疏籬依舊竹生孫。"其深於經而語意之到如此。《泉州府志》

### 郡守陳先生景魏

陳景魏,知柔從孫。以郊恩補信州鉛山簿,歷監贛州會昌倉。石城寇竊發,景魏請乘機掩捕,郡守然其計,破賊寨,擒其酋,餘黨悉平。辟廣州新會丞,改知潮陽縣。歲輸丁銀,郡守督拘錠頭錢,盡械邑吏,景魏曰:"吾寧以罪去,決不阿奉,貽害無窮。"守不能奪。由提轄文思院改知惠州,郡有疑獄,久弗決,景魏讞出之,重正脊魁之罪。惠經兵燬,痛自撙節,起學宫、官廨,仍以餘力葺白鶴故居、合江樓、六如亭。歲大饑,上言民瘵未瘳,減惠陽糴米三之一。擢知潮州,後知英德,卒。洪天錫狀其行謂:"其少不倨,老不惰,病不昏,化不怛,信善人云。"《閩書》、《泉郡志》

按,《閩書》云:"陳知柔而下,舊入《永春志》,但知柔與孝則親兄弟,不宜分屬,故並載晉江云。"

# 州守陳休齋先生知柔學派

按:永春志乘,次崖林先生曾總厥事,其表章前哲,載於志書及集中特詳,而陳氏一門尤數見者矣。志稱陳自南宋入明，合族以居，歷世十二，內外雍睦。公盛年從仕，以不附秦檜，即矢志歸，自號休齋居士，前後四奉祠，戶外屨滿。又考《王忠文公年譜》并《文集》，乾道四年八月知泉州，是冬蒞泉，六年某月，移知台州。在泉時，贈公詩云："儒先賀州守，正氣超等倫。"又曰："門下有高弟，廟堂手經綸。房魏方得君，詎肯忘河汾？"計彼時泉之在廟堂者，同里有梁公克家。考《宋宰輔年表》，乾道五年四月壬辰，梁公自端明殿學士兼參知政事。但梁公受業師，志乘載永春陳諱光者，見陳光本傳，而忠文之詩所言"門下有高弟"而未指出其人，歷稽志乘，莫有及之者。然考之《忠文年譜》、《文集》，按之《宋宰輔表》，爲梁公似無可疑。再考陳氏光與休齋同邑爲交友，而蔡氏茲與休齋同登第，梁公當軸時，曾經薦除蔡公爲廣憲，是梁公平日師友盡在於永，則其講授於二陳，切磨於蔡公，往復講論淵源，似有由來也。惜休齋諸公著述已殘缺久湮，賴忠文詩章猶可顯證。謹志所疑，登錄梁公，載入休齋學派，俟博考者訂之。再按：公平生與紫陽文公極厚，其經學最顯著，惜亦多佚。嘗自言曰："學者要論當世尚友，考其行事，以無愧於天地間足矣。"次崖林氏稱公"如雲鴻野鶴飛翔於千霄九仞之表"，諒哉！又按，蔣氏亘曰："泉郡如陳體仁崇禮晦翁，傳述經書，與黃景傳巖孫之潛究周、張，蔡白石廷傑之嚴絕浮屠，張子文巽之理辨精微。又如永春蔡光烈茲主貢舉，特拔晦翁，可稱知人。數公皆邃於理學，宜建特祠。"按：蔣公所論後之欲表章泉南人文之倡者，必有取焉。

## 州守陳休齋先生知柔

陳先生知柔，字體仁，永春人。性超邁聰穎，刻志墳籍。紹興十二年進士，授台州判官，辨釋冤盜四十餘人。教授建州、汀州，兩奉祠，歷知循州、徙賀州。先生與秦檜子熺同榜，檜當軸，一時前列十餘人俱以攀援致通顯，先生獨不阿附，以故齟齬，盛年從仕，即有歸志。自號休齋居士，雅好山水，在天台奉安，遍遊名山。歸至會稽，耽其巖壑，留二年。罷賀州，留惠陽三年，暇日泛豐湖，登白鶴峯，和東坡詩。羅浮風物，陶寫殆盡。還，參議福建幕。前後四奉祠，諸生從之，戶屨常滿。寓僧房，四壁蕭然，豪氣不少衰，遇名勝，輒置酒賦詩，相與談論經旨。所著有《易本旨》十六卷、《易大傳》二卷、《易圖》一卷、《春秋義例》十二卷、《古學并圖》二卷、《詩聲譜》二卷、《論語後傳》十卷、《詩話》五卷，又有《梅青傳》，詩、騷、古賦、雜著毋慮千百篇，皆行於世。王氏龜齡贈詩云："我來守清源，德星識二陳。大陳如金玉，一室清無塵。厭世不肯留，至今里稱仁。儒先賀州守，正氣超等倫。胸中包古今，筆下真有神。唾手取巍科，齒髮方青春。聲名滿天下，文字驚縉紳。勞人暫州縣，平步當要津。蹉跎忽至今，此志猶未伸。真人奉香火，蕭寺含悲辛。講席延諸生，黃卷呵古人。異端斥佛老，吾道鳴孟荀。聊藉束脩禮，少資囊槖貧。我忝二千石，二年牧斯民。不能助玉川，恥與韓公均。贈我詩與文，字字皆可珍。寵褒恨太過，感激難自論。願公少自愛，行矣當致身。門下有高弟，廟堂手經綸。房魏方得君，詎肯忘河汾？"知柔卒，朱文公於淳熙十一年三月祭之文："熹少日遊宦，獲從公遊泉、漳間，蒙公愛予，誘掖良厚。其後別去，幾三十年。去歲之冬，復見公，相與開懷握手，如平生歡。公雖老矣，意氣不衰，爲我置酒，談論經義，篇什間作，亹亹不休。相與追遊蓮華、九日、涼峯、鳳凰、雲臺之間，晝則聯車，夜則對榻。視公起居食飲，叫呼談噱，有非後生所能及者，謂公壽考未艾也。及熹之還，公復載酒，餞我洛陽，則操袂分攜，潸然不樂，久而不能平也。不謂未及兩月，公訃遽來。嗚呼痛哉！公於諸經皆有論述，許以寄我，相與考評。而今而後，不復遂此願矣。"《閩書》、《永春志》、《郡志》、《王梅溪文集》、《朱子文集》

## 通判陳又之先生一新

陳一新，字又之，永春人。少受學陳休齋知柔，文章志行，迥出流輩。登紹興元年進士，條對剴切，爲時所稱。教授汀州。慶元四年，較藝漕闈，時韓侂冑用事，一新發策，以"谷永攻君而黨王氏，劉蕡言直而有司不取"爲問，同列請易之，一新堅執不聽，果激韓侂冑怒，將以爲罪，侍臣力救得免。累遷國子博士，輪對，深論權倖。以劾免，通判婺州，知邵武軍，却互送，簡供餽，以廉平稱。卒於官。初，言者請下漕官索考官不習僞學狀，一新曰："吾寧不爲考官，決不書

也。"其守義如此。所著有奏劄、講義、詩詞、雜文,藏於家。《閩書》《永春縣志》

# 同安蘇氏家世學派

昔朱子筮仕同安,爲公建祠,每嘆後生晚學不復講聞前賢風節,學問源流,是致士風日就凋弊。顧念公之道德純懿,即邑人族家子弗克究知,而追惜聞見單淺爲風俗之陋。嗟乎!宋於斯時,正際國運昌明,而遐陬僻邑文獻未彰,亦蹈習乎耳目之近者耳。自朱子表揚倡教之後,泉南風氣日開,踵後起者於是知功烈之盛必本於道德,大賢之澤,其過化有如此者。考魏公之父已遷移外徙,然讀朱子祠記云"有族家子",則尚有族派在同者。再考邑乘,公之弟袞,慶曆六年進士。懷忠公緘之弟結,皇祐元年進士。公之子駟,元豐二年進士。公孫象先,元祐六年進士。公之四世孫漢,慶元二年進士。皆宋世科目,見於《閩書》、邑乘。至明嘉靖,鄉薦有蘇氏瀾,爲公裔孫,精《春秋》學,官至縣令,年九十終。其後嗣登鄉薦文學而名載於鄉賢者尚多。國朝裔孫蘇氏弎寄寓臺灣,登康熙丁卯鄉薦,爲臺科目之始。則公雖遷於外,而苗裔留閩者尚未艾也。尚有在粵,見志邑乘、蘇氏祠記,未及備述。

## 蘇先生光誨

蘇光誨,父益,自光州固始隨王潮入閩,誅叛將黃紹頗,留從劾表爲漳州刺史。陳洪進憚之,計召至同安,爲大第,留不遣,密使人之漳奪其任,遂爲同安人。陳氏納土,後盜起遊洋,光誨夕殪盜魁十餘人,送首級於州將喬維岳。太宗召赴闕,遷左衛將軍。子仲昌,天聖二年殿試,被勳致三班官,歷任荊湖南、北路提點刑獄,知宜、邵、復三州,終左屯將軍。子孫累世貴盛。

## 正簡蘇子容先生頌

蘇頌,字子容,同安人。父紳,葬潤州丹陽,因徙家焉。公登慶曆二年進士

第,歷宿州觀察推官、知江寧。建業承李氏後,版圖無藝,征斂高下出吏手。公
因他事互詰丁產,詳其隱蔽,剗剔夙蠹,簡而易行,諸令視以爲法。調南京留守
推官,留守歐陽脩委以政,曰:"子容處事精審,一經閱覽,吾可不復省矣。"時杜
衍退老睢陽,見公,深器之。曰:"如君,真不可得而親疎者。"悉語以入官至侍
從、宰執所以設施處置,曰:"老夫非自矜,以子相知,且知異日必爲此官耳。"公
後履歷亦略似衍。皇祐五年,召試館閣校勘,同知太常禮院。至和中,有司請建
大臣家廟,下太常。公議謂:"禮:大夫、士有田則祭,無田則薦。今若參今古制
爲之差等,錫以土田,然後廟制可行。不然,時雖建立,子孫無爵無土,制亦易
廢。請考按唐賢寢堂祠饗儀,止用燕器常食而已。"嘉祐中,議立郭后神御殿
事,謂:"郭后無可廢之事,仁宗有不當廢之悔。請附郭后於後廟,加一懷、哀、
愍之諡,以成追復之道,庶盡之矣。"曾公亮深嘆服之。遷集賢校理,富弼與韓
琦爲相,同表其廉退,以知潁州。歷擢知制誥。時王安石用事,以李定爲御史,
宋敏求知制誥,封還詞頭。復下,公當制,公報奏,不具草。次至李大臨,亦封
還。於是并落知制誥,歸工部郎中班,時稱"熙寧三舍人"。歲餘,出知婺州。
方泝桐廬,江水暴迅,舟橫欲覆,母在舟中,公哀號祈籲,舟忽自正。母甫及岸,
舟覆,人謂孝感。尋加集賢殿學士、知應天府。呂惠卿語人曰:"子容,吾鄉先
進,苟一詣我,執政可得也。"公聞之,笑而不應。凡更三赦,得授秘書監、知通
進銀臺司。吳越饑,選知杭州。公宴客有美堂,或告將兵將亂,公密使捕渠領十
輩,荷校付獄中,迨夕會散,坐客不知也。及脩兩朝正史,轉右諫議大夫。使契
丹,遇冬至,其國曆後宋曆一日,北人問孰是,對曰:"曆家算術不同,時刻小異,
或先或後,各從其曆可也。"使還,帝善其對。元豐初,權知開封府,尋貶秘書
監。知濠州,改知滄州,召判尚書吏部兼詳定官制。唐制:吏部主文選,兵部主
武選。帝謂三代、兩漢本無文、武之別,議者不知所處。公言:"唐制,吏部有三
銓法,分品秩掌選事。今欲文、武一歸吏部,則宜分左、右曹掌之,每選更以品秩
分治。"自是吏部始有四選法。又問宗子主祭承重之義,對曰:"古者貴賤不同,
諸侯、卿大夫皆世爵,故有大宗、小宗,主祭、承重之義,匹夫庶人初無與焉。近

代不世爵，宗廟因而不立，尊卑亦無所統，其長子孫與衆子孫亦無以異。今五服，嫡孫爲祖、父爲長子斬衰三年，世俗論爲承重，不知爲承大宗之重也。臣聞慶曆中，朝廷議百僚應任子者，長子與長孫差優與官，餘皆降殺，亦近古立宗之意。請詔禮官、博士參議禮律，合承重者，酌古今收族主祭之禮，立爲宗子以繼祖禰，異於衆子孫。士庶人不當同用一律，使人知尊祖，不違禮教也。"除吏部侍郎，遷光禄大夫。遭母喪，中使唁勞賜金。元祐初，拜刑部尚書兼侍讀。奏言："國朝典章，沿襲唐舊，乞採《新》、《舊唐書》中君臣所行，日進數事，以備聖覽。"因詔經筵官遇非講讀日，進漢、唐故事二條。公所進可爲規戒、有裨時事者，必述己意，反復言之。每進讀至弭兵息民，必援引古今以動人主之意。嘗奏言："陛下聰明，不可有所偏向，有所偏向則爲患大矣。今守成之際，應之以無心，則無不治。"遷吏部尚書，前後掌四選五年。由翰林學士承旨擢尚書左丞，行樞密院事。七年，拜右僕射兼中書門下侍郎。在位務奉行故事，使百官守法遵職，量能授任，杜絕徼倖之原，深戒疆場之臣邀功生事。論議有未安者，毅然力爭之。故當母后垂簾之秋，能使元祐之治比隆嘉祐。時羣臣奏事，但取后旨，帝有言，或無對者。惟公奏太后已，必稟帝命。有宣諭，必命諸臣聽聖語。及后崩，章惇用事，周秩劾之，帝曰："頌知君臣之義，無輕議此老。"乃免。以論賈易事，爲楊畏等所劾，遂上章辭位，罷爲觀文殿大學士、集禧觀使。出知揚州，徙河南，辭不行。告老，以中太一宮使居京口。紹聖四年，加太子少師，致仕。徽宗立，進太子太保，爵趙郡。公建中靖國元年薨，年八十二。詔輟朝，贈司空。理宗朝，賜諡正簡。公器局宏遠，不與人較短長，以禮法自持。雖貴，自奉如寒士。事祖母及母，養姑姊妹與外族數十人，甘旨怡悦，婚嫁以時，妻子衣食，或反不給，晏如也。富弼嘗稱爲"古君子"。潁州通判趙志忠自言己雖生長邊徼，然見義則慕，平生心服者，惟公與魏公耳。自書契以來，凡經史九流百家之説，至於圖緯律呂、星官算法、山經本草，無所不通。尤邃律曆，常請別製渾儀，即命提舉，法度精密，占候不差，前此未有也。深明典故，喜爲人言，亹亹不絕。朝廷有所制作，必就而正焉。嘗議學校，欲博士分經課試諸生，以行藝爲升俊之路。議貢舉，欲先行實而後文藝，去彌封、謄錄之法。有司參考其素行之，自州縣始，庶幾復鄉貢里選之遺範，論者韙之。按，徐氏《却掃編》載：“公之子京，字世美，嘗爲許州觀察判官。時韓黃門特用知州事，甚器愛之，薦於朝，曰‘竊見某讀書知義理，臨事有風力’云。”《宏簡録》、《府志》、《閩書》、徐氏《却掃編》

按：明林貞肅公俊撰《泉州府志叙》稱公爲忠簡，考《同安邑志》，宋理宗朝，邑人吳燧在臺，請謚正簡。並録之，待訂。

## 懷忠蘇宣甫先生緘

蘇緘，字宣甫，紳從弟也。素有俠負，慕古忠臣義士之蹟。寶元五年，登進士第，初授河南簿，再調陽武尉。緘本儒者，嘗馳馬手斬劇盜送府，府尹賈昌期驚曰：“儒生乃能爾耶！”累遷秘書丞、知英州，儂智高圍廣州，緘奮曰：“廣去吾州近，危而不救，非義也。”即募士數千人，委印於提點刑獄鮑軻，夜行赴難。廣人有黃師宓者，爲賊謀生，緘擒斬其父，復捕殺不逞者六十餘人，招其詿誤者六千餘人，使復業。賊勢阻，將解去。緘分兵先扼其歸路，摧傷甚衆。奏至，仁宗語執政曰：“南事淹時，戰將未聞有功，蘇緘儒生，乃能奮勇如此。”優授供備庫副使，充廣南西道兵馬都監，遣中使賜朝衣、金帶以寵之。後以邕大將陳曙失律誅，緘亦坐貶。英宗即位，大臣論薦，始還副使、知廉州。熙寧初，進加京使、廣東鈐轄。四年，交趾謀入寇，以緘充皇城使、知邕州。八年，交寇陷欽、廉，乘勢迫邕。閱郡，得羸卒二千八百人，分城拒守。民驚震四出，緘悉出官帑及私藏示之，曰：“賊已薄城，宜固守以遲外援。若一人舉足，則羣心搖矣。幸聽吾言，敢越佚則孥戮汝。”大校翟績潛出，斬以徇，由是上下脅息。緘晝夜行勞士卒，發神臂弓射賊，所殪甚衆。會劉彝所遣將張守節來救者，猝遇賊，皆覆。蠻獲北軍，使爲雲梯，又爲攻濠洞，蒙以華布，緘悉焚之。蠻計窮，將引去，或教賊囊土傅城者，頃刻高數丈，蟻附而登，城遂陷。緘猶領傷卒馳驅戰愈厲，而力不敵，乃曰：“吾義不死賊手。”亟還州治，殺其家三十六人，藏於坎，乃縱火自焚。城中人五萬八千餘口感其義，無一人降者，蠻遂盡屠其民。緘憤沈起、劉彝致寇，又不救患，欲上疏論之，屬道梗不通，乃榜其罪於市，冀朝廷得聞焉。神宗聞緘死，嗟悼,贈奉國軍節度使,諡忠勇,賜都城甲第一區,鄉里土田十頃。官其子子元,子元爲閤門祇候,召對,謂之曰:"邕州賴卿父守禦,倘如欽、廉即破,則寇乘勝奔突,桂、象皆不可保矣。昔張巡、許遠以睢陽蔽江淮,較之卿父,未爲遠過。"改授殿中丞,通判邕州。次子明、子正及諸孫同死,皆褒贈焉。起與劉彝皆坐謫官。後交人謀寇桂州,行數舍,見大兵從北來,呼曰:"蘇城隍領兵來報怨。"懼而引歸。邕人祠之,賜額"懷忠"。黃萬頃贊曰:"昔守邕州,交寇馮陵。戰厲力窮,義氣猶橫。合家自刃,肯污羶腥。千秋萬歲,烈烈風聲。"

《閩書》原按曰:"緘傳出《宋史》。"又按:《江西志》載緘嘗令崇仁、南城二縣,其令崇仁民喜爭田,有數十年不決者,緘一斷以法,未半歲,庭無留訟。治寶塘堤,冶鐵爲纜以作梁。其令南城,歲凶,民藏粟者固閉待價,緘籍得其數,先發常平穀,定中價,糶於民,揭榜於道曰某家有粟幾何,令民用官價糴,有勒不出及出不如數者,撻於市。以是民無艱食。子元嘗知橫州,以恩信得民。

## 備　考

朱子《請立蘇丞相祠堂申縣狀》曰:右某等伏覩故觀文殿大學士、太子太保致仕,贈司空趙郡蘇公,道德博聞,號稱賢相,立朝一節,終始不虧。自其高曾,世居此縣。比因遊宦,始寓丹陽。今忠義、榮義二坊故宅基址宛然尚在,而後生晚學不復講聞前賢風節、學問源流,是致士風日就凋弊。某等今欲乞改榮義坊爲丞相坊,仍於縣學空閒地架造祠堂一所。不惟增修故事,永前烈之風聲,庶以激勵將來,俾後生之竦飭。謹具狀。

《申縣奉安蘇公祠文》曰:泉人衣冠之盛,自國初以至於今,其間顯人或至公卿者多矣。然而始終大節可考而知,則未有若公之盛者也。惟公著節於熙寧,登庸於元祐,而幅巾謝事,偃仰婆娑於紹聖、元符之間。然則公之所自任於進退出處之間者,可謂無所苟矣。蓋將以比古之所謂大臣者,豈獨泉人數公而已哉?今以邑人之意祠公於學,即事之始,敢布其衷。尚饗!

《蘇丞相祠記》曰:熹少從先生長者遊,聞其道故相蘇公之爲人,以爲博洽古今,通知典故,偉然君子長者也。熙寧中掌外制,時王丞相用事,嘗欲有所引拔,公以其人不可,用且非故事,封上之。用此罷歸,不自悔,守益堅。當世高其節,與李才元、宋次道並稱"三舍人"云。後得毗陵鄒公所撰公行狀,又知公始終大節,蓋章章如是,以是心每慕其爲人。屬來爲吏同安,同安,公邑里也,以公所爲問縣人,雖其族家子不能言,而泉人往往反喜道曾宣靖、蔡新州、呂太尉事以爲盛,予不能識其何説也。然嘗伏思之,士患不學耳,而世之學者,或有所怵於外則眩而失其守。如公學至矣,又能守之,終其身一不變,此士君子之所難,而學者所宜師也。因爲之立祠於學,歲時與學官弟子拜祠焉,而記其意如此,以示邑人云。

陳氏傅良《跋魏公百韻詩稿後》曰:余嘗慕魏公之爲人,今見晚所自叙《百咏》遺稿,非獨其人品殊絕,蓋其及見故老與師友淵源所漸盛矣。余於是知慶曆、嘉祐之際人物之偉。嗚呼!城門之軌,豈兩馬之力哉?自三經之學行,士以師心自賢,不能降以相從,而風俗日壞,其流弊何可勝道?追想前輩,高山仰止。龍圖陳公諱從易,曾、胡、田、楊四公者,諱公亮、宿、況、偉也。楊以慶曆八年,曾、田以皇祐三年、胡以五年相繼爲學士云。

明永新劉氏定之《重建蘇丞相祠堂碑》署曰:公名頌,字子容,當王安石執政,欲擢憸黨,李定公掌外制,堅不肯摛辭,卒就貶謫,可謂文見用而不輕用焉。既以是忤王,而繼王操柄能致士霄漢者呂惠卿,使來告曰:"公吾鄉丈,苟能從吾言,便可同升。"公笑而不答。平生合志者,廬陵永叔嘗爲寮曰:"公處事精審,吾可不復省閱。"眉山子瞻嘗爲寮曰:"見公文德殿,爲三舍人之冠。陪公邇英殿,爲五學士之首。雖凌厲高躅,不敢言同,而出處大節無甚相異,可謂時不合而合於賢焉。"公之先君紳簉迹玉堂,而公踵武,然公尤操行潔特,學問該博。蓋頤之獻替踰於其父環,軾之波瀾弘於其父洵,蘇有宗風,子光乃考,公豈不爲孝乎?公拜相以元祐壬申夏,其罷以明歲癸酉春,踰年而紹聖紀元,新法復用,羣奸起,衆正仆。然則公進焉匡朝寧邦,退焉先幾知止,公豈不爲忠乎?凡是四者,公皆有之,可謂君子也。昔者紫陽朱文公簿同安,嘗飭公祠,廢不復存。余見公邑士族裔,每問其遺跡,莫能知,爲之嘆息。今其邑貳令永新劉珣器謀欲重構之,珣器由賢良舉,明練政務,既修文公舊所居高士軒,乃及兹,良可嘉也。予爲之記而繫以楚詞，使供祠香火者歌以祀公。

# 文靖梁叔子先生克家家世學派

按：宋南渡後，講學論道之盛，必曰炎興乾、淳。余考吾郡士風家法，亦於是時最著，蓋諸儒承北宋流風餘緒，至靖康時，寖微寖晦矣。龜山楊文靖公載道南來，渡江後，歸然仔肩道脈。於時閩之分派者，多屬上游，至是漸徧海滋，蓋風氣日趨於南，人物亦猶是也。紹興之季，文靖梁公首以淳品魁多士，而同郡留忠宣公亦同時聯第，史稱梁“才優識遠，謀國盡忠”，留亦以相業著，二公先後秉軸。考其時所師友者，陳公知柔、陳公光，而知柔休齋氏尤爲一時士類所宗，戶外屨滿，梁公其一也。此見王梅溪贈陳氏知柔詩，可考。然其所薰炙師資，殆有所本爾。考泉之學派，自陳氏好、曾氏恬衍龜山之學，而游文肅公酢又通判於泉，程學至是萌芽矣。迨政和間，草齋朱獻靖公首以河洛之學掌教石井，亦開倡之始也。紹興間，朱子涖同安，遂彰明其學，而派系始盛。休齋斯時與朱子特厚，而蔡公茲與朱子有場屋之知，故其聲氣感通，非偶然也。其時，涖茲土者亦多績學名家，而王公龜齡於乾道五年涖泉，尤爲特出，故當時爲政者倡明於上，在野者講述於里，薰蒸洋溢。至慶元、寶慶，泉之人文極著矣。今錄梁公家世并及吾郡風教源流大畧云。梁公子億克世其家，其從祖梁氏熙志，崇寧間進士，梁氏熙載，大觀間進士，皆無本傳可考。惟郡志載：“梁氏克俊，字叔明，晉江人。歷官知循州，州人多其功，祠之。”未詳其出身始末。又雍正九年《新志稿》載“梁公弟克明與公同登紹興二十三年鄉薦第一”云。

## 文靖梁叔子先生克家

梁克家，字叔子，泉州晉江人。幼聰敏絕人。紹興三十年，廷試第一，授平江僉判。金主亮死，眾皆言乘機進取，克家獨移書陳俊卿，謂：“敵雖遁，吾兵力未振，恐有後悔。”俊卿歸以白丞相陳康伯，嘆其遠慮。孝宗即位，召爲秘書省正字,遷著作佐郎。灾異數見,克家奏宜下詔求言,既得旨,遂條六事,語甚切直。累遷中書舍人。使金,以中朝進士第一,敬待之。金人來賀慶會節,克家奏金使入朝由南門,百官由北門,從者毋輒至殿門外,以肅朝儀,詔著爲令。郊祀雷震,復條六事。遷給事中,凡三年,遇事不當,執奏無隱。嘗言:“陛下欲用實才,不喜空言,固知無益,然以空言爲懲,則諫争之路遂塞,願有以開導之。”上欣納,因命條具風俗之弊,乃列四條,曰欺罔、苟且、循默、奔競,上獎諭。乾道五年二月,拜端明殿學士、簽書樞密院事。明年,除參知政事。又明年,同知樞密院事。在政府,與虞允文可否相濟,不苟爲同。皇太子初立,請選置官屬,增講讀員,遂以王十朋、陳良翰爲詹事,中外稱其得人。初,上命選諫官,允文以李彦穎、林光朔、王質對,不報。克家與允文共争之。允文主恢復,朝臣多迎合,克家密諫,數不合,力丐去。上曰:“兵終不可用乎?”對曰:“兵事以財用爲先,今用度不足,何以聚事?”上改容曰:“朕將思之。”詰朝,面諭曰:“朕終夜思卿言,至當,無庸去。”八年,拜右丞相兼樞密使。一日,上謂宰執曰:“近過德壽宮,太上熙養愈勝,天顔悅懌,朕不勝喜。”克家奏:“堯未得舜,以爲己憂,既得舜,固宜甚樂。”允文奏:“堯獨高五帝之壽以此。”上曰:“然。”屬允文罷相,克家獨秉政,雖近戚權倖不少假借,而外濟以和。張説入樞府,怒公議不與,謀中傷士大夫,克家悉力調護,善類賴之。又奏:“前除樞密院編修朱熹屢召不起,宜乞褒録。”上從之。俄議金使朝見授書儀,時欲移文對境以正其禮,克家議不合,求去。九年十月,以觀文殿大學士知建寧府。陛辭,上以治效爲問,克家勸上無求奇功。既而三省、密院卒移牒泗州,敵不從,遣泛使來,舉朝震駭。後二年,湯邦彦坐使事貶,天下益服其謀國之忠。丁内艱歸。有言其當軸除吏之戾者,落觀文殿大學士。服闋,提舉臨安府洞霄宮。久之,淳熙六年,起知福州,綽有治績,得陳傅良通判福州,喜甚,委以俾贊郡事,强禦者不得售其私。九年,復右丞相,封儀國公。逾月而疾。十三年,進封鄭國,命與内祠兼侍讀,賜第行在,存問不絶。明年疾愈,入謝,御製詩賜之,有“真儒良臣”之褒。十四年六月薨,年六十。手書遺奏,上爲之垂涕,賜少師,諡文靖。初唱第時,孝宗由建邸入侍,愛其風度峻整,及躋政府,眷寵尤渥。爲文渾厚明白,自成一家,辭命尤溫雅,多行於世。弟克明與克家同登紹興二十三年鄉薦第一。子億,以孝稱。孫汲,爲運管。見《劉後村詩集》。《舊郡志》、《新郡志》、《宋史》、《閩書》

按:《宋史》,公"淳熙八年,起知福州"。今考《福州府志》本傳及《職官志》,皆云:"淳熙六年,以資政殿大學士知福州。"再按,樓公鑰撰《陳止齋神道碑》云:"陳公通判福州,帥相梁公克家得公,喜甚,以政委之。公亦悉心俾贊,不事形跡,卒以專擅論罷。時淳熙七年也。"按此,則梁公知福州在七年以前,《三山志》似不錯誤,今照《三山志》改作六年。

又按:《宋史》本傳,"罷觀文殿大學士,知建康府"。《通鑑綱目》載"知建寧府",《宋史·宰輔表》亦載"知建寧府"。再按:《建寧府志》"公乾道間知建寧府",朱子於淳熙元年撰《建寧府社倉記》亦言"丞相清源公出鎮玆土,入境問俗,予與諸君因得其所爲條約者迎白於公"云。再考國朝《一統志》,建康名宦亦有公名。並錄待考。

## 通判梁伯安先生億

梁億,字伯安。以父任補官,累遷主管西外睦宗院,通判福州。襟度夷粹,母秦國夫人剛嚴,奉使無違。博親師友,講學不倦,嘗著《論語集解》上之,進官一秩。孫均,通判信州。

## 備　　考

陳止齋《上閩帥梁丞相生日二十二韻》詩曰:炎正維中葉,皇圖再造年。天潢流少海,星緯粲台躔。臣主常難並,乾坤豈偶然?千齡開曆數,一氣付陶甄。黃屋傳神器,彤庭領衆仙。風雲從此會,日月更誰先?昔者求侵地,何人賦甫田?吳兒咸抵掌,噲等欲差肩。廟論惟多士,戎功不在邊。一麾分赤社,萬事屬青編。吾道誠難用,諸儒亦自偏。才名多溭落,經行失拘攣。洛蜀何嗟及,熙豐竟禍延。旁羅兼雁木,平步忽貂蟬。甚矣知當宁,淒其望濟川。年來群老行,公在萬民懸。定作鹽梅夢,行歌杕杜還。滄溟宗衆濫,衡嶽倚蒼元。要使垂身後,無爲慰眼前。管絃無算爵,桃李未央天。魯燕雖堪頌,閩山不足鐫。中原康濟事,彝鼎願聯翩。

又《祭梁丞相》文曰：麟鳳不摯，帝王瑞之。木德爲春，萬物善時。維皇龍潛，公爲舉首。天授之相，有司之手。維皇至聖，維天之仁。維相休休，嘉靖此民。澤農欲晴，山農欲雨。公在相位，高秔下黍。彼有言戰，此有言守。公在相位，兵不掛口。人亦有言，誰怨誰德？公曰刑賞，其在三尺。人亦有言，匪同斯異。公何適莫，靡立一意。乾道經畧，淳熙無爲。從容其間，不競不隨。上之咎言，下之觖望。弗及其身，人自得喪。公疾未劇，公歸已決。帝曰如何？咨爾同列。至於領祠，至於賜第。宿留經帷，愈好勿替。我觀自昔，蕭曹周召。經史云云，如公特少。方舜命禹，宜師宜保。薄海有恨，公不壽考。公不壽考，薄海恨之。矧如傅良，辱愛辱知。屬官窮楚，遭歲之繆。爰及祥琴，文始克就。太常有誄，太史有傳。廼如斯文，聊以哭奠。

朱子《挽梁文靖公》詩曰：擢第初龍首，登庸再鳳池。心期詎溫飽，身任必安危。昔歲調飢政，今年殄瘁詩。恭惟衮斂意，不盡鑒亡悲。疏寵無前比，騰章又夙心。極知求士切，端爲愛君深。鹵簿寒筕遠，塵埃斷稿侵。空令郗公椽，衰涕滿寒襟。

《癸辛雜識》云：沈夏，德清人，爲版曹貳卿。一日登對，上問：“版曹財用幾何？虧額幾何？”夏一一奏對訖，於所佩夾袋中取小冊進呈，無毫髮差。上大喜，次日問宰臣曰：“侍郎有過政府例否？”梁克家奏云：“陛下用人，何以例爲？”遂特除簽書樞密院事。

# 永春黃維之先生偉家世學派

按：黃維之先生與朱子相友善，朱子稱其《西銘》、《太極》諸説，皆積數十年之功。當官事蹟，尤多可紀。晚歲，巋然典型，爲鄉邦模楷。朱子於淳熙十年冬重至溫陵，公與休齋陳公年皆無恙，朱子贈休齋詩云：“一官避世今頭白，萬卷收功久汗青。”又云：“歸歟吾黨又千里，老矣心期但一丘。珍重休齋書滿屋，可無三宿爲君留。”答黃叔張詩曰：“衆流爭靡靡，一柱獨亭亭。只恐追鋒急，那容畫掩扃?"一時舊友會合,重逢歲晏,所相期許者,古道照千載矣。

## 提學黃維之先生偉

黃偉,字維之,後即爲名,更號叔張。弱冠,從兄巽之入太學,屢試占首,與黃槐同時,人稱"二黃"。紹興二十七年第進士,除太學錄,遷國子監簿。轉對,進所撰《太祖政要》,論愛名器、厲廉恥,因及銓試冒名代筆。其後任子覆試,議自偉發之。時孝宗銳意恢復,方講武事,獻議者乞立武賢良科,下館學集議。維之謂:"賢良求文武全材,不宜復立科事。"遂寢。除大理寺丞,時少卿欲奏獄空,維之以所隸有獄未竟,不敢書名,寺削去維之名銜以聞。維之白執政:"有官守者,不得其職則去。"力求外補,差知邵武軍。陛辭,賜對,論選用大臣當如王素對仁宗,宦官、宮妾不識名者,可充其選。又論《乾道新書》不當刪減,內侍不得干預朝政等事。孝宗面加褒諭。翌日,出劄子付勅局,復舊法。後歷官江西提學。維之爲小官,恥於求舉,及更麾節,所薦引多寒士,其挾貴而來者,未嘗舉一人。歷歷中外,直道而行。居閑十年,手不釋卷。嘗與朱子論學,後進以鄉先生事之。維之亦喜接引,傅內翰伯壽、顧郎中咸出其門。自號"竹坡居士"。年七十九。卒之日,夕猶與諸子講論至夜分。子以寧、以簡、以大,猶子以翼。

## 通判黃宗一先生以寧

黃以寧,字宗一。分教惠陽,指授有法。擢太學錄,差淮西漕司幹官,幕畫明辨,漕使憚之。會淮甸大歉,部使者檄以寧循行賑貸,區畫有方。通判建寧,守史彌堅,彌遠介弟,喜事尚威,關決有不可,引誼力爭。守積不能平,嗾臺臣劾罷之,父老遮留數千。歸家,杜門食祠,延接後進,講論忘倦。或有不善,面加譙責。郡守樂咨以政,毫無私答。端平親政,忤權臣者皆召,人惜其先卒。弟以簡,知永福縣。以大,知循州。

## 黃宗台先生以翼

黃以翼,字宗台,維之從子也。嘗受業陳北溪、蔡白石之門。莊毅有立,析

理精詣,晚年記問益富。所著有《周易》、《禮説》。《道南源委》、郡志

## 備　考

朱子《答黄叔張》曰:示及三書,感感。誠通、誠立之論,誠如尊諭,不敢多遜。竊意自有此書,無人與之思索至此,《西銘》、《太極》諸説,亦皆積數十年之功,無一字出私意。釋氏以胸襟流出爲極則,以今觀之,天地之間自有一定不易之理,要當見得不假毫髮意思安排,不著毫髮意見夾雜,自然先聖後聖如合符節,方是究竟處也。

# 閩中理學淵源考卷十三

## 清漳黃氏家世學派

按：叔燦先生寬緩死獄，論者謂有陰德，知其後必大者也。今考諸子，世濟其美，斌斌乎儒雅之林矣。漳浦文勤蔡公纂《漳郡志》，獨列公爲世學，餘莫並焉，可知其淵源遠矣。

### 少師黃叔燦先生彥臣

黃彥臣，字叔燦，龍溪人。弱冠，登治平四年進士，初授南寧簿，宿州録參，歷知長汀、南安二縣，倅泉、廣二州，守莆、汀、劍、建四郡，官至朝散大夫，累贈少師。彥臣倅郡時，獄鞫強盜，守欲亟實之法，彥臣疑其冤，故緩之，果獲真盜。時鹽禁甚嚴，私販者至百斤，論死。在汀日，有販鹽被捕至者，計斤當死。彥臣置鹽郡庭不問，久之鹽化爲滷，斤隨減百，得以不死論。劍、建舊俗苦丁錢，有生子不舉者，後丁錢奏免，以口食艱，仍不舉。彥臣乃令保正月報數於官，給錢贍之，後爲定式。彥臣教子甚篤，嘗慮宦養壞性，每之官，不令侍行。諸子皆奮，爲聞人。長子願，尉晉江時，造一肩輿以奉彥臣，彥臣惡其侈，焚之，貽書切責，云候歸日，當夏楚之。願覽書皇汗，若無所容。其清嚴類此。有文集二十卷、雜文數卷行世。子七人，願以世賞入官，碩、預、頖、穎連登進士。顗、顯并累薦免省。姪孫涣，曾孫樵仲、杰、㯹皆踵世科，各有傳。《清漳郡志》

### 朝散黃若冲先生碩

黃碩，字若冲，彥臣第二子。大觀三年，以上舍生與弟預同登進士。初調建

196

昌教授。外臺交薦，自江寧刑曹累官至朝散大夫。年五十，恬於仕進，奉祠里居，教授生徒，筆《周禮講義》。時遷學不利，碩請復舊，捐祠俸以倡之。及卒，郡守李彌遜祭以文曰："隱居好學，遠近慕之，其陽亢宗之流乎？不慕官榮，優游卒歲，其馬少游之儔乎？"時以爲知言。

### 提點黃秀實先生穎

黃穎，字秀實，彥臣第五子。年二十四，以上舍免省赴廷試。時彗星見，穎指陳時政，無少諱忌。及廷，唱言彗不爲灾者，皆寘前列，穎附第四甲抑殿丙科，調秀川、崇德簿，改應天府户曹。未幾，改吉水教授。官累遷至著作佐郎。繼兄穎爲樞密院編修官兼符寶郎，時兄願爲卿預入臺，三人同朝，奉魯國太夫人崔氏侍養，時論榮之。俄遷中書舍人，方拜命，有忌其才者，出爲提點江州太平觀。穎溫恭廉介，尤工書隸，嘗書題名碑，人爭摹焉。有《周禮解義》、《春秋左氏事類》行於世。

### 録參黃道夫先生樵仲

黃樵仲，字道夫，預之孫，彥臣之曾孫也。淳熙五年，與弟杰同登進士，弟櫄亦以是年補入太學。樵仲初調永福尉，再調漳州録參，俱有善蹟。俸外添支，一無所受，自書屏云："俸薄儉亦足，官卑清自尊。"謝事歸，每晨興，率子弟衣冠見家廟，退而默坐，或至終日。飲食衣服，不求鮮美，曰："無過吾分。"居喪三年，無笑容。鄉里有爲非者，惟恐樵仲知之也。鄧司諫守漳，闢郡學，行鄉飲，皆請樵仲主之。朱文公守漳，禮請入學，牒文稱其"氣質渾厚，操履端方，杜門讀書，不交權利。若屈居教導，必能使諸生感化興起"。及講小學書，文公每稱善。奉檄校文漕闈，撤棘，疾作，卒之日，神采自若。文公遺倅經紀後事。有《禮記》、《小學口義》行世。

### 宣教郎黃實夫先生櫄

黃櫄，字實夫，預之孫，彥臣之曾孫也。未冠，賦《南浦歌》，膾炙人口。淳熙中，補入太學，未升上舍，丁内艱歸。服除，參告，隨中舍選，以平等釋褐。願對大廷,尋遷舉,録獻十論於相王淮。丁未,升進士内科,臚唱之日,朝士皆求識其面。樵家居及在太學,受業常數百人,由浙至廣,名士多出其門。初,調南劍教官,篤意教導,日以龜山、了翁勉勵諸生。又闢貢院,請諸臺閫以助其役。嘉泰壬戌,預考南宫,尚書木公謂人曰:“經義非黄架閣不收。”《詩》三魁皆樵所取,衆賀得人。金壇王遂卷已被黜,樵得之,批云:“此必博洽奇特之士。”王與收,謝曰:“遂終身何敢負先生。”時將有召試之命,而樵逝矣。官止宣教郎。有《詩解》行世,有《中庸語孟解》、《文集》十餘卷,未刊,士紳多藏之。

# 邵武上官氏家世學派

考樵川《和平里志序》曰:“邵武縣之南鄉里有危氏、上官氏、黄氏萃於一里,而上官氏尤盛。自景祐至嘉定,此三姓擢進士第者二十餘人,歷官顯宦,而傳子孫、爲世家、榜籍迭書、衣冠襲起者,不可以數計也。然以科目、官職、世家定榮瘁盛衰,蓋近世俗人之論,吾聞古之君子所謂没而不朽者,不在是也。上官氏對策熙寧,不附新法,晚入元祐黨籍,其子留守汴都,不屈而死。二公所立如此,近於天下之善士矣,豈特足以重其里哉?”按:斯序爲後村劉氏克莊筆,其闡發所以世其家之義者,警俗厚矣。余採録其所述,載之篇端。

## 龍圖上官彦衡先生均

上官均,字彦衡,邵武人。凝之子。爲兒時,莊重静默,不苟笑語。少長,好學,務知體要,不爲章句,造次必以禮,士友敬憚之。熙寧三年,神宗初革聲律,崇尚經術,命以策試士。均入對數千言,援引古今,無所顧忌。知制誥吕大臨、直史館蘇軾擬均第一,以策中論新法,忤王安石意,遂置第二。授承奉郎、大理評事、北京留守推官。大臣薦均經學通明,授國子監直講。元豐間,賜對垂拱殿,以“察理明是非,審官辨邪正”爲對,尋改監察御史裏行。時蔡確引猜險吏,窮治相州富人獄,誣法官竇萃等受賕,無敢明其冤。均是時方以確薦爲御史,奏乞移司根治,未報。明日又奏,言確持刑刻深,所辟官皆險薄,請以獄事詔廷臣等參治。疏入,坐謫知光澤縣。還,監都進奏院。擢開封推官。元祐初,再除監察御史。時言者請兼用詩賦試士,宰臣遂欲盡黜經義。均言:"經術以理爲主,詩賦以文爲主。先帝去數百年之弊,不爲不難。陛下臨馭之初,正宜奬經術以堅學者之志,進行誼以勵士大夫之操。今遽厭經術,崇奬詩賦,逐華而遺實,徇末而忘本,固非細累。請令學者各占三經,雜以《論語》、《孟子》,不必專用《新義》。試策以二,一問歷代,一問時務。"章三上,經術得不廢。故事,左右僕射入省閲訴牒,多至數百,又常程細務無不關白。均奏言:"位高者宜逸,不逸不足以謀天下之大務。位卑者宜勞,不勞不足以理天下之庶務。宰相位尊任重,天下之事無所不總。然所該者衆,則力有不逮;致詳於小,則大有不及。請以省中事務,類分輕重,尚書可以覽決者,不必關二丞,二丞可以覽決者,不必關僕射。"又言:"治天下二道,寬與猛而已。熙寧以來,諸路監司不能深明朝廷之意,務爲慘核刻深之法,此傷猛之弊也。陛下臨馭,務從寬大,比聞諸道監司又不能明陛下之美意,一切以苟簡縱弛爲事。願明詔四方以寬不縱惡、恩不傷惠之意。"詔下其疏,布告諸路。時蔡確弟軍器少監碩盜貸官錢以萬計,獄具,均請并正確罪,以勵百官。就遷殿中侍御史。久之,力乞罷臺職,除尚書禮部員外郎。元祐五年,再授殿中侍御史。中書傅堯俞、左丞許將、同樞韓忠彥因論事同異,俱求罷,均言:"大臣誼同休戚,廟堂之上當務協和,使中外之人泯然不知有嫌疑之迹。若悻悻講論,不顧事體,何以觀視百僚?"有詔令就職。會中丞蘇轍黨呂大防排許將,均言:"呂大防堅强自任,每有差除,同列不敢爲異。惟許將時有異同,轍素善大防,盡力排將,期於必勝。臣恐綱紀法令自此敗壞,乞加蘇轍妄言之咎。"章四上,不報,遂居第待罪。詔以均補外,大臣指均爲朋黨當黜。宣仁太后曰:"上官均無罪。"遂出知廣德軍。紹聖初,召拜左正言。是時大防、轍已罷政,均疏大防六罪,章再上。大防遂斥宰相章惇欲專政柄,陰去異己者,出吏部尚書彭汝礪知成都府,而召朱服爲中書舍人。均上疏力爭,忤惇意,汝礪降職,知江州。均提點京東西路刑獄,徙淮南東路刑獄,遷梓州路轉運副使、知越州。徽宗即位，拜起居郎。入對，陳"治道四要"。建中靖國元年，累遷給事中。上疏忤旨，未幾紹述說興，均復不從，忤執政意，遂以龍圖閣待制出知永興軍，徙知襄州。尋入元祐黨籍，奪職，主管江寧府崇禧觀。政和間，復龍圖閣待制，抗章告老，遷朝請大夫，以待制致仕。卒年七十八。贈通議大夫，詔揚州給葬事，累贈特進。均天資剛方，以忠義爲己任，四爲御史，一在言省，三以言黜，恬不爲慍。家庭循循孝友，自奉清約，闔門百口，忻忻如也。崇寧初，以宮祠廢居淮南幾二十年，處之夷然。杜門無他嗜，獨寓志於書，寒暑未嘗釋手，學博而知要，非聖哲之書弗好也。爲文簡古精詣，晚年詩益閑放，有陶、謝風格。既卒，家無餘貨，待親朋之賻始克斂，待朝廷之恩賜始克葬。平生著述亦多，所著有《曲禮講義》二卷、《奏議》十卷、《廣陵文集》五十卷。子四：悃、憰、憎、悟。《閩書》、《邵武府志》、《宏簡錄》

### 州守上官仲雍先生憎

上官憎，字仲雍，均次子。政和二年進士，累官大學正。高宗即位，改宣教郎，召至行都，差充提舉巡行事務所幹辦公事。二帝北狩，憎上書相府，請勸車駕入京，款謁廟社，慰安士民，遴選統帥，蒐簡士卒，以圖興復。又上相府書，論朝廷之宜。建炎中，累除吏部員外郎，以親老丐祠。紹興五年，除知南劍州。九年，召赴行在，以親老，力丐祠。轉朝請，賜五品服。尋卒。憎剛介有聲，其守延平，去鄉不遠，親故莫或敢詣。代還，抵家，俸用已罄矣。爲文清簡，援筆立就，尤工於詩，典雅遒逸。有《尚書小傳》、《論語孟子畧解》及《史統》、《史旨》。

### 中大夫上官閎中先生恢

上官恢，字閎中，均再從子也。勵志學問。累知南劍州，移徽州。州當兵燹後，瘡痍未起，恢專以仁愛爲治，多所寬貸。晚丐祠里居，有過其里者，指以相示曰："此熙豐名儒也。"胡安國上書宰相言："恢諳歷世務，端重有守。"與楊龜山時同薦於朝，積官中大夫，封歷陽縣開國男，食邑三百户。子模枕，曾孫渙酉、渙然、基，從曾孫損。《閩書》、郡志

### 修撰上官仲達先生悟

上官悟,字仲達,均季子。以父蔭累官轉運使。建炎三年,留守東京。劉豫叛降金,金以豫節制京東兵馬,遣人説悟使降,悟斬其使。豫賂左右説降,悟復斬之。金兵攻東京益急,力不能支,城陷,死焉。贈朝散大夫,右文殿修撰,官其後五人。

### 司農丞上官文之先生渙然

上官渙然,字文之。早有文名,尤留意性學,首悟太極之旨,分解圖畫以授同志。紹定六年,以渙酉禮霈補將仕郎,就授迪功郎,調鄞縣尉。不畏强禦,務直民枉,爲權門所擠。後爲無爲軍録參。淳熙元年,擢進士,就辟准備差遣。元兵圍安豐,制閫委渙然巡視江南,犒師上流。圍解,進階。尋辟河東幕。督運吳門僅閱月,運米六十萬石。右丞相趙葵、制使吳淵皆一見偉之,累遷戎簿。陛對,首言正君心、明君道,培善類以壯君子之脉,容直言以申公道之氣。次言邊事,深以玩敵爲戒,條陳守邊三策以獻。改冑監簿,尋轉朝奉大夫,未幾,與祠。歲餘,差知邵武軍,以鄉井乞廻避。除司農丞,遷右司郎,旋主管建康府崇禧觀,卒。渙然孝友剛方,入仕三十餘年,家無餘財。

### 提點上官仲立先生基

上官基,字仲立,恢曾孫。乾道間,以父蔭監建康倉,調興國丞。會歲歉,當賑,令欲候報。基曰:“民難久待,有譴,身當之。”即計口賑給,遠近皆得就糴。調衡州推官。丞相趙汝愚謫零陵,道經衡陽,卒。時韓侂胄用事,沿途迓送者皆獲譴,臺司畧不敢爲汝愚營辦,基毅然獨經紀其喪,悉如禮制。郡守錢鍪上其治行,除四川茶馬,又欲辟基爲屬,不就。遷提點鑄錢檢討官。卒於官。葬時,汝愚子崇度適來守邵武,遂臨穴哭奠。子銓,好學能文,郎中趙崇憲以忠定登槐恩,奏授登仕郎。《通志》、郡志

### 推官上官安國先生謐

上官謐,字安國。爲學務求義理,不事章句,既而從朱子遊,益加涵養。以祖蔭授會昌尉,調永州推官。簡易不深刻,永人懷之。遷四會令。《通志》《邵武府志》

## 邵武黃氏家世學派

按:簡肅黃公德望忠規,一時朝野企重。朱子往長沙時,造門晉謁。至,納拜,願爲弟子之列。考其家世,積學相承,而母太君游氏爲文肅定夫先生從妹,文肅乃程門高弟,爲學者所宗。太夫人每語公等曰:"視乃舅而師法之,足以爲良士矣。"故公未冠時,文肅特愛其厚重,手書爲夫人賀。是公之淵源所漸,固有本末可考者也。

再按:文肅游先生卒於宣和五年,朱子於文肅墓誌,簡肅是年已二十有八。又考《朱子語類》李閎祖錄云:"游定夫有《論語要旨》,黃簡肅親見其手筆。"觀此,則簡肅於文肅親承緒論,非一日矣。餘已詳游氏學派矣,茲著簡肅家世焉。

### 簡肅黃通老先生中

黃中,字通老,邵武人。幼穎悟端重,少長受書,不過一再讀,退輒默然危坐竟日,問之,則皆已成誦矣。未冠,從舅御史先生游定夫愛其厚重,手書爲夫人賀。踰冠,入太學。汴城失守,張邦昌受僞命,公即日出居於外。既邦昌果遣學官致僞詔藥物勞問諸生,公以前出,故獨無所汙。建炎再造,補修職郎、御營使司幹辦公事。紹興五年舉進士,對策極論孝弟之意,冀以感動上心。高宗異其言,擢第二,授保寧軍節度推官,改宣議郎、主管南外郭宗院。代還,秦檜用事,察其不附己,遣通判建州。罷外艱,服除,復差通判紹興。時公登第二十餘年矣,轉徙外服,泊如也。檜死,高宗記公姓名,召爲秘書省校書郎,兼實錄院簡討官。累遷司封員外郎,兼權國子司業。歲滿,爲真。紹興二十八年,充賀金國生辰使,與賀正使、秘書少監沈介相先後。明年還,獨言金作治汴宫,役夫萬計,此必欲徙居見迫,不可不早爲計。時約和既久,中外解弛,高宗聞公言瞿然,而宰相皆不悦,顧詰公曰:“沈監之歸,屬耳不聞此言,中安得獨爲此?”踰月,公復往,扣之,且曰:“即不信鄙言,請治罪。”又皆憮然莫應,而右相湯思退怒甚,至以語侵公,公不爲動,已乃除沈吏部侍郎,而徙公秘書少監以抑之。公猶以邊備爲言,不聽,則請補外。高宗不許。除起居即踰月,兼權中書舍人。尋差同知三十年貢舉,權工部侍郎。金人來賀天申節,充接伴使。故事,賜宴,使者謝於庭中。至是,辭以方暑,請拜宇下。公持不可,乃如故事。遂爲送伴使,還。金使復以天申來賀,方引見,遽以欽宗訃聞,且多出不遜語。諸公怪駭,不知所爲,至謂上不可以凶服見使者,欲俟其去乃發喪。公聞,馳白宰相:“此國家大事,臣子至痛之節,一有失禮,謂天下後世何? 且使人或問故,將何以對?”於是始議行禮。公又率諸同列請對,論決策用兵事,莫有同者,乃獨陳備禦方畧。蓋公自使還三年,每進對,未嘗不以金事爲言。至是,高宗始入其説,然不數月而金已擁衆渡淮矣。遷擢禮部侍郎。敵騎至江壖,朝臣震怖,爭遣家逃匿,公與左相陳康伯獨自如。比敵退,衆慚服。俄兼給事中。明年,天申上壽,議者以欽宗服除,將復用樂事,下禮曹。公奏:《春秋》:“君弑,賊不討,則雖葬不書。”以明臣子之罪。況今欽宗實未葬也,而遽作樂,不亦失禮違經之甚乎? 事亦寢。内侍某等遷官不應法,諫官劉度坐論近習龍大淵忤旨,罷去,皆不書讀,繳奏以聞。左右已深忌之,尹穡希意,詆爲浚黨,竟以去國。乾道改元,公年適七十,即引年告老。除集英殿修撰致仕,進敷文閣待制。久之,孝宗因御講筵,顧侍臣曰:“黄某老儒今居何許? 年幾何矣? 筋力强否?”於是召公赴闕。公辭謝不獲,明年乃起。公以老成宿望,直道正言,去國七年,至是復來,觀者如堵。入對内閣,問勞甚寵。復以爲兵部尚書兼侍讀。每當入直,孝宗常遣人候視,至則又召入,坐語從容。如是數月,月必一再見。公知無不言,其大者則迎請欽廟梓宫,罷天申錫宴。中書舍人范成大被詔使金,以山陵爲請。公奏:“陛下聖孝及此,天下幸甚。然置欽廟梓宫不問,則有所未盡於人心。”孝宗善其言而不及用,金果肆嫚言,人乃服公論之正而識之卓也。久之,又以言不盡用,乞歸。除顯謨閣學士、提舉州太平興國宮,遂以龍圖閣學士致仕。淳熙元年,孝宗手書,遣使詣公,訪以天下利害、朝政闕失。進職端明殿學士,且以銀絹將之。公受詔感激,拜疏以謝,畧曰:"朝廷之闕失多矣,其尤大者,君子在野,小人在位,政出多門,言路壅塞,廉恥道喪,貨賂公行也。天下之利害多矣,其尤害民者,官吏貪墨,賦斂煩重,財用竭匱,盜賊多有,獄訟不理,政以賄成也。臣願進君子,退小人,精選諸道部使者以察州縣,則朝政有經,民不告病矣。"公復歸又七年,雖身安田里,然其心未嘗一日忘朝廷。迨屬疾,手草遺表,又以山陵境土,欽廟梓宮爲言。七年,卒,年八十有五。累封江夏郡開國侯,食邑千五百戶。贈少師,諡簡肅。公莊重恭信,坐立語默有常節。仕州縣,奉法循理,崇尚風教。立朝,據經守正,上雅敬重,屢有大用意,而卒不少貶以求合。孝宗即位,首以正心誠意、致知格物爲説,未嘗少及功利。再召赴闕,復以前説精言之。在王府時,龍大淵爲内知,已親幸。他教授或與過從觴咏,公獨未嘗與之坐,朝夕見則揖而退。其後它教授多蒙其力,公獨不徙官。尤喜薦士,王詹事十朋、張舍人震皆公所引,張忠獻浚、劉太尉錡之復用,公力爲多,然未嘗以告人,諸公或不之知也。朱晦菴裁書請見曰:"今日之來,將拜堂下。惟公坐而受之,俾進於門人弟子之列,則某志也。"迨没後,爲志其墓。有奏議十卷。子瀚,司農卿。孫榮。

### 員外郎黃肅甫先生榮

黃榮,字肅甫,中之孫。父瀚,官至司農卿。榮第嘉泰二年進士。家世清約。知萬安縣,判靖州,即州學傍建書院,取《書》"作新民"之義,扁曰"作新"。暇則講學授徒其中,明教化,作學則,訓誘開喻,夷獠感悟。除工部員外郎。子熙,守高州,亦有聲。《邵武郡志》

# 汀州羅氏家世學派

按:汀州宋代著姓者,有羅氏、伍氏、雷氏、丘氏、賴氏,世有賢才。《閩書》所謂"羅、伍、丘、雷,亦世其户者也"。今考《選舉志》,羅氏或,太平興國三年進士。羅氏祝,元祐中明經。羅氏烈,建炎二年進士。而羅氏祝,閉户窮經,儒術尤著。今本《閩書》録出,參之志乘,但未知是一家之學否? 姑附列之,俟再詳訂。

### 推官羅叔和先生祝

羅祝,字叔和,長汀人。元祐間,行十科,祝以明經中第,調漳州法曹。嘗手釋六經及注《唐書》,尤精律數,終明州觀察推官。

### 縣令羅子剛先生烈

羅烈,字子剛,長汀人。建炎二年進士,調同安尉。時寇楊勃自南劍趨泉,烈勒兵捍捕,邑恃無恐。再調興寧令,會羣盗出没,烈率千餘人搗其巢,皆潰走,得所掠子女三百餘人,遣歸家。終宣教郎、知廬陵縣。著有《約文新説》十卷、《古文類証》數萬言、《註杜詩事類》千餘條行世。

# 汀州雷氏家世學派

按:寧化雷氏,宋元豐以後族派科第踵出,彦一先生尤以《易》學知名。至靖康間,雷諱觀者爲太學生,金兵渡河,公上書憤激言:"張邦昌輔相無狀,即罷去已晚。"時朝廷雖不聽,尚嘉其議論忠讜,以公與陳公東、尹公焞、鄧公肅皆特賜出身。後金人僞立張邦昌,其言悉驗。今考其表著載焉。

### 教授雷彦一先生協

雷協,字彦一。充貢上庠,以《易》學知名,雖僻書雜傳,涉獵通遍。登政和二年進士,調上饒縣尉,遷上由縣丞、古田令,終宣教郎、興化軍教授。

### 太學生雷先生觀

雷觀,靖康太學生。時金兵已渡河,上皇出幸,帝亦將幸襄,賴李綱以死留之而止。金人既抵城下，朝廷乃罷白時中，而以李邦彦爲太宰。既又罷邦彦，以張邦昌爲太宰。觀憤然曰："此何等時？不拔擢豪傑而例遷貴臣耶？"乃上書，略曰："方今大敵内侵，國祚瀕危，支壞扶傾，全在宰相。前日以白時中尪庸悖謬，從公屏斥，朝野快心。不謂今日宣麻乃用邦昌，士民失望，咸謂邦昌前朝輔相之最無狀者，即令罷去，已爲晚矣。今又相之，將焉用哉？陳龜有言：'三辰不軌，擢士爲相。四裔不共，拔卒爲將。'今金戈指闕，鐵騎飲汴，豈但不共而已？至於熒惑入斗，兩日相摩，赤光溢散，昏翳四塞，其不軌又甚。曾不聞宣猶考相，弭變迎祥，而徒進尸位冒寵之倫，以塞賢路。譬庸醫療疾，而疾已危篤，猶耽視貨賄不忍辭去，坐待病者之淪没而後已，豈不殆哉！"其激切如此。上雖不聽，然新政懲蔽塞，凡行義有聞，議論忠讜者，悉加賜以示好惡，於是觀與陳東、尹焞、鄧肅皆特賜出身，而天下稍知所尚。次年，二帝蒙塵，金人遂僞立張邦昌，而觀言竟驗。

# 閩中理學淵源考卷十四

## 蔡貞白先生蒙叟學派

蔡公以宿儒倡教於國初,傳稱其學博古通今,里中達官顯仕皆北面焉,蓋亦一時人師也。

### 助教蔡貞白先生蒙叟

蔡蒙叟,閩縣人。博古通今,隱居教授,弟子從遠方至者常滿。諫議陳從易泊里中顯達者十餘人,皆北面焉。郡守李欣薦授本州助教。年八十餘卒,號貞白子。著《繩子》三卷,凡五十七篇。

### 博士吳儀之先生千仞

吳千仞,字儀之,侯官人。師事蔡蒙叟為高弟。文雅風流,鄉邦仰之。累官太常博士、知虔州卒。

## 丘憲古先生程學派

《經義考》云:少海鄭氏自言其學出於富沙丘先生。按:丘氏之學莫可考,惟馬公廷鸞稱,少海所著《易卦疑難圖》,"讀之時有會心,必宿儒所著"。觀此,亦可溯其師說之源流也。鄭氏傳之潘冠英,潘籍貫未詳,待考。

### 進士丘憲古先生程

丘程,字憲古。政和二年進士。建陽人。按,朱氏《經義考》,馮椅曰:"憲古之學傳鄭東卿,東卿之學傳潘冠英。潘說在十三卦處內象極當,而少海所撰無之,蓋聞之鄉人于公梁國輔,于親授之於潘也。"沙隨程迥可久曰:"丘先生嘗有詩曰:'易理分明在畫中,誰知易道盡難窮? 不知畫意空箋註,何異丹青欲畫風?'"其學傳之東卿云。朱竹垞《經義考》、《建寧府志·選舉目》

### 主簿鄭少海先生東卿

鄭東卿,字少海,侯官人。紹興二十七年特奏名,爲永嘉簿。所著有《易卦疑難圖》。按,朱氏《經義考》,陳振孫曰:"其書以六十四卦爲圖,外及六位皇極先天卦氣等圖,各附一論說,未(末)有《繫辭》解。自言其學出於富沙丘先生,以爲《易》理皆在畫中,於是日畫一卦,週而復始,久而後有所入。"又馬廷鸞曰:"此書本五行卦氣之說,而象數,義理出焉,無朱子發之之瑣碎、戴師愈之矯僞,讀之時有會心者。"又董真卿曰:"東卿自稱合沙漁父。《大易約解》九卷、《易說》二卷,《宋志》及馮氏作《周易疑難圖》三十卷。紹興丁巳自爲序。"朱氏《經義考》、《郡志·選舉目》

# 邵宋舉先生整學派

按:邵彥明先生清傳關西之學,子宋舉先生整從合沙鄭少海學。又,整偕從子秀山景之從籍溪胡先生學,箕裘厥有由來矣。再按,《閩書》:"邵整,字宋舉,古田人。自稱蒙谷遺老。"考《道南原委》及閩中諸志乘俱同。獨邵氏《宏簡錄》作"劉整",入在元儒。詳考其傳,劉整字宋舉,古田人,亦稱蒙谷遺老。其餘俱符,疑是錯誤。且整之父在北宋時從關西遊,則整南宋以後人物也。或別有劉姓,亦未可知,但不應籍貫俱同,獨姓氏異耳。再按:合沙爲三山舊名云。

### 邵宋舉先生整

邵整,字宋舉,古田人。自號蒙谷遺老。與族人景之以家學自相友,教授生徒百餘人。少從合沙鄭少海學《易傳六十四卦圖說》及《春秋元經》。其纂集圖

序,甫訖而卒。《道南統緒》謂整及景之亦胡籍溪學派。《閩書》、《道南統緒》

州守蘇顯之先生大璋

蘇大璋,字顯之,古田人。父鴻,以陰德聞。大璋少穎悟,年十餘通《周易》大義。事母孝。慶元進士。嘉泰中,邑大水,墊溺,饑饉。大璋方舉進士,上章乞常平使者躬爲賑濟,民賴存活。司教道州,闡揚正學。召試館職,除秘書正字,累遷著作郎。轉對,力言禁錮僞學之非,忤大臣意。累乞外,知吉州。子士穆,知福安縣。《閩書》、《新三山志》

# 陳世德先生光學派

按:永春《桃源志乘》載,朱子曾至其處,至今尚有留墨。意其時蔡氏兹鑒識朱子,有場屋之知,陳氏光、蘇氏升又與朱子同登進士第,而陳氏知柔又友誼最篤者,必經過訪無疑也。公與休齋、文靖義兼師友,皆爲一時典型之望。稽文獻者,於此邦尤惓惓焉。

僉判陳世德先生光

陳光,字世德,家永春民蘇里之碧溪。妙齡力學,潛隱幽僻,閉户讀書,手不釋卷。歲首則裹糧從師,歲暮方歸侍。赴鄉試,榜黜,無愠色,即就市鬻紙歸。同行詢之,云欲備抄寫,同行不覺哂笑。光答曰:"後三歲復大比。"後果登紹興戊辰進士第,與朱子同年。嘗進經筵講解。丞相梁克家舊從受業,休齋陳知柔與之爲友。手抄《六經解》,一字差誤即毀其板,復手抄之,其誠敬學問如此。尤工爲古文,所居之山,人以文章名之。官封州僉判,權知新州。

# 承務郎高東溪先生登學派

漳江之學,至北溪得紫陽之傳而遞衍繁盛,然在靖康間,時有東溪高先生者以忠言志節著聲。朱子涖漳，曾新其祠宇，又爲之記，言："先生學博行高，志節卓然，有頑廉懦立之操。其有功於世教，豈可與隱忍回護、以濟其私而自託於孔子之中行者同日語哉！"按：東溪之學，亦一時倡起之師也。

## 承務郎高東溪先生登

高登，字彥先，漳浦人。少孤，力學，刻志勵行。宣和間，爲太學生。金人犯京師，與陳東等上書，乞斬蔡京、童貫、王黼、梁師成、李邦彥、朱勔等六賊以謝天下。廷臣復建和議，割三鎮，奪种師道、李綱兵柄，公與東再抱書詣闕，軍民不期而會者數萬。帥臣王時雍縱兵欲盡殲之，公與十人屹立不動。欽宗即位，擢吳敏、張邦昌爲相，敏白李邦彥無辜，乞復用。公上言："陛下以東宮踐祚，人人跂足以觀新政，奈何相吳敏、張邦昌？復再納邦彥，大失天下之望，人心自此離矣。"自是章凡五上，皆不報，因謀南歸。初，金人至，六館諸生將遁去，公與林邁等請隨駕。金人退師，敏遂諷學官羅織公等，屏斥還鄉。

紹興二年，廷對，極意盡言，無所顧忌。有司惡其直，授下州文學，尋有旨附第五甲，乃授廣東富川主簿。憲臣董荼聞其名，檄讞六郡獄，復命兼賀州學事。公請復學舍舊田，又抵囷於法。秩滿，士民乞留，不獲。歸至廣，新興大饑，帥連南夫曰："撫彫瘵者，莫如高主簿。"遂檄往發廩賑貸，全活萬計，因奏辟終其任。紹興八年，赴政事堂審察，遂上疏萬言，作《蔽主》、《蠹國》、《害民》各上、下二篇上之，高宗稱善，下中書。秦檜惡其譏己，格之。授靜江府古縣令。至靜江，廣西帥沈晦問公何以治縣。公條十餘事，晦曰："此古人之政，今日詐，疑不可行也。"對曰："忠信可行蠻貊，患誠不至耳。"豪民秦琥武斷鄉曲，持吏短長。公白置之法，一郡稱快。古縣，秦檜父舊治，檜實生此，帥胡舜陟謂公祠之，公曰："檜爲相無狀，曷以祠爲？"舜陟怒，移荔浦丞康寧代公，適公亦以母病乞去，舜陟遂創檜祠而自爲記，且摭秦琥事誣以專殺罪，逮捕詣獄。適舜陟先以事下獄死矣，事卒白。敕還家，至廣，漕帥鄭禹、趙不棄辟公攝歸善令，委考試潮州，公摘經史要語命題，策閩、浙水災所由，皆屬意時事。時丞相趙鼎在潮，謂曰："天下主文多矣,未有如公忠誠愛君者。"留語終日。郡守季仲文馳達檜,檜怒,坐以舜陟所奏,取旨編管容州。省符下漳州,公適歸舊隱,與學者講論,州遣使臣謝大作持示之,公讀畢,即上馬。大作曰:"少入告家人,無害也。"公曰:"君命敢稽耶?"大作愕然。比夜,巡檢領百卒挾兵刃至,公曰:"若賜死,亦當拜敕乃就法。"大作感公忠義,爲泣下,奮劍叱巡檢曰:"汝欲何爲?省符在我手,無他語也。吾當以死捍之。"公至謫所,授徒自給,種植蔬竹爲終焉之計。聞朝廷政事,少失輒顰蹙不樂,大則慟哭隨之。容本窮陬,聞公至,執經從者數百人,爲講《大學》《中庸》之旨。教方行而疾作,臨卒所言皆天下大計。公事母至孝,嘗奉母舟行,阻風,方念乏晨羞,忽有白魚躍入。其學以慎獨爲本,所著有《家論》等篇及《東溪集》。後二十年,丞相梁克家以其事聞,追復迪功郎。胡銓爲作《忠辨》。後五十年,朱子守漳,爲作《祠堂記》,奏加褒贈。《閩書》《宏簡錄》《名臣傳》

## 主簿林實夫先生宗臣

林宗臣,字實夫,龍溪人。乾道二年進士,受業高東溪登之門。官至主簿,一見陳安卿淳,心異之,謂曰:"子所習科舉耳,聖賢大業則不在是。"因授以朱文公所編《近思錄》。安卿卒爲儒宗,實夫啓之也。

## 戶曹黃葉叔先生京

黃京,字葉叔,龍溪人。紹興二年進士。初,在郡學與高登相友善,至是又同舉進士。登調桂嶺簿,京調連州戶曹,並以清白稱。秩滿,歸里。聞登以直言斥,恬無仕進意,時年未四十。性樂施予,所識闕乏者厚賙之,鄉里稱爲長者。

# 縣令李康成先生則學派

按:《清漳志》稱,先生等聚徒講學,文章行誼,各有可觀,列之儒林。其徒如楊彥侯諸公皆其卓然者也。今附於後。

### 縣令李康成先生則

李則,字康成,龍溪人。少孤力學,試太學不得志,浩然東歸。教授生徒至百餘人,如楊汝南、李恂諸公皆師事之。累薦鄉書前列。紹興十二年,以特科授桂嶺簿,攝富川令,調德化令,所至皆有惠政。轉通直郎致仕。公學兼得之蘇、程二家,其教人必以仁義爲本。自號益壯翁。

### 縣令楊彥侯先生汝南

楊汝南,字彥侯,龍溪人。擢紹興十五年進士,郡守李彌遜奇其材,勉就宏詞科,中書以其文崛奇不署,至是登第。初,調贛州教授,改廣州教授,摭《詩》、《春秋》、《中庸》要語著《經說》三十篇以授學者,乃進表於朝。祭酒楊椿覽之曰:"真今之師範也。"即薦,改秩知福州古田縣。以廉平公勤自警,尤以教化爲先務,修學舍,置學田,俾諸生質疑問難,亹亹不倦。又造安福橋,長六十丈,以濟涉者。與廬陵楊萬里以節義相勉,與高登尤相友善,扁其所居堂曰"不欺",自號快然居士。鄉居講學,戶外屨常滿焉。其文章語意清新,有騷人典則云。

### 縣令李顧言先生恂

李恂,字顧言,龍溪人。性敏好學,舉進士,任縣尉,以捕盜賞改知晉江縣,後知邵武軍,以宮觀致仕。初,恂登第,與史浩同甲,及浩當軸,累召不起,時論高之。子必直、必正,皆廕補官。必直任興化軍。

## 郡守葉嗣忠先生廷珪學派

按:嗣忠先生爲一時名彥,在泉郡,治績綽有政聲。志乘載,公知泉州,清靜簡易。時通淮門之河塞,通淮門者,水門也。郡城諸水故趨巽方,環學宮而東之,未有汲潮汐引之入者。紹興十六年,守葉公闢通淮門,引入舟檝,直抵學宮前,語人曰:"十年後當有大魁。"至期,梁文靖克家應之。後去官,郡人祠於清源下洞。其爲宰時,不拜張邦昌僞詔,大節尤卓然。平昔與朱公喬年相友善,在温陵與傅公安道相往復,其門徒如陳正獻諸公皆爲一時碩彦。今列其學派著於篇。

## 郡守葉翠巖先生廷珪

葉廷珪,字嗣忠,號翠巖,甌寧人。少嗜書,貧無可讀,其曾祖以差役至京,傾槖市歸,因得盡讀之。政和五年,累除武邑丞。時興燕山之役,廷珪三部軍餉,一粒不食。轉知德興縣。張邦昌僞詔至,不肯拜。中興後,差知福清縣。縣瀕海,民困鬻鹽。廷珪創增鹽錢,稍獲其便。又有《煮鹽利害圖》及書,州縣往往遵用之。召爲太常寺丞,輪對,乞搜訪遺書,補中秘府。高宗嘗問方今禮樂之事,廷珪以兵革未息,禮樂未遑爲對。秦檜聞之,不説。未幾,出知泉、漳二州。廷珪性善讀書,肄業郡學,升貢上庠,登名桂籍,入仕四十餘年,未嘗一日去手。每聞士大夫家有異書,無不借讀,讀無不終卷。嘗恨無貲,不能盡寫,作數十大册,擇其可用者手抄之,名曰《海録》。文多者爲《海録雜事》,細碎者爲《海録碎事》,其未知故事所出者爲《海録未見事》,其事物興造之原爲《海録事始》,其詩人佳句曾經前輩稱道者爲《海録警句圖》,其有事跡著見作詩之繇爲《海録本事詩》。獨《碎事》文字最多,初謂之《一四録》,言其自一至四字有可取者皆録之,後改爲《碎事》。每讀文字見可録者,信手録之。既知泉州,公餘無事,因取類之,爲門七十五,爲卷二十有二,事多新奇未經前人引用者。復好爲詩,與吏部員外郎朱喬年以詩相善,喬年議論少許可,獨喜稱廷珪詩。在泉中與傅自得一見如平生,會即談詩。一日,誦其所作《郡齋羅漢》詩示自得,末句云:"幾多雁鶩行閒吏,衙退頻來禮釋迦。"自得謂廷珪:"予每讀韋蘇州詩'今朝郡齋閒,欲問楞迦字',未嘗不廢卷太息,想像蘇州之風流蘊藉,而知其當時之政。泉故劇郡,公使吏輩優游如此,此可觀公。"廷珪欣然以爲會心之友。按:《續文獻通考》載,廷珪篤學醇雅,葉顒、陳俊卿、黃祖舜皆出其門云。郡志、《續文獻通考》

## 正簡葉子昂先生顒

葉顒，字子昂，顗弟。紹興二年進士，由南海簿累遷司農丞。以薦召對，除將作監簿。出知處州，青田令獻羨錢百萬，顒詰令何從得羨，命以代本縣民户輸納夏租。歷陞右司諫。孝宗即位，擢吏部侍郎、權尚書。論典選一途，衣冠之所從出，而吏胥得權其柄，是使入銓曹與吏爲市，出銓曹與民爲市也，乃編上七司條例一書。孝宗悦，著爲令。乾道初，召對便殿，問："卿當官何先？"對曰："清廉臣分，公忠實要。"孝宗曰："卿無忘此言。"除端明殿學士，拜參知政事兼同知樞密院事。武臣梁俊彦請税沙田、蘆場，奏罷。户部侍郎請兩淮行鐵錢，力持不可。尋進尚書左僕射兼樞密使，引薦汪應辰、王十朋、陳良瀚等十人可備執政、禁從、臺諫之選。又極論龍大淵、曾覿竊弄威福，二人俱斥去。會冬至郊，雷雨作，孝宗手詔飭大臣，顒引漢故事上印綬，即日出關。抵家卒，贈少師，諡正簡。
《福建通志》

## 莊定黄繼道先生祖舜

黄祖舜，字繼道，福清人。宣和六年進士，累任至軍器監丞。入對，言："縣令付銓曹專用資格，曷若委郡守汰其尤無良者？"上然之。權守尚書屯田員外郎，徙吏部員外郎，出通判泉州。將行，言："抱道懷德之士，不應讀書干禄。乞自科舉後，有學行修明、孝友純篤者，縣薦之州，州延之庠序，以表率多士。其卓行尤異者，州以名聞，亦鄉舉里選之意。"下其奏禮部，遂留爲倉部郎中，遷左司郎中、權刑部侍郎兼詳定勅令司兼侍講。進《論語講義》，上命金安節校勘，安節言其書詞義明粹，乃令國子監板行。故資政殿學士楊愿家乞遺表恩，祖舜言："愿陰濟秦檜，中傷善類。"因寢其命。秦熺卒，贈太傅，祖舜言："熺預其父檜議，今不宜贈帝傅之秩。"追奪之。遷同知樞密院事。金主亮侵淮，劉汜敗王權走，上將誅權以屬其餘，祖舜言："權罪當誅，汜不容貸。劉錡有大功，聞其病已殆，權、汜誅，錡必愧忿以死，是國家一敗兵而殺三將，得無快於敵乎？"上嘉納。薨於官，諡莊定。所著有《易説》、《國風小雅説》、《禮記説》、《歷代史義》及遺

文十五卷。新郡志

　　按,《朱子語類》卷一百一内載:"五峯説'區以別矣',用《禮記》'勾萌'字音。林少穎亦曾説
與黄祖舜來。"如此是祖舜亦似從少穎講論者,其受學未詳,待考。

# 閩中理學淵源考卷十五

## 獻靖朱韋齋先生閩中家世學派

夫仰蒼鬱者，必出於蟠根之大；覽溟渤者，貴溯乎星宿之初。蓋其本源遠也，況大賢毓英啓秀，積厚流光，而爲往聖繼絕學、開太平，以衍洙泗之傳者乎！考獻靖公自筮仕入閩，初任建之政和，再任延之尤溪，而晦菴夫子生焉。夫以蕞爾之土，山川靈異，鍾爲人傑，龜山、豫章、延平不數百里同時、同地講道嗣音，而又篤生紫陽以集其成，豈非千數年間氣所鍾應貞元會合之期哉？先公《詠武夷精舍》詩曰：“宋家南狩西山西，光移婺女開賢聖。”信乎！東遷、南渡如同一轍也。今謹録其在閩支派著于編。乾隆壬申三月上巳日。

### 獻靖朱韋齋先生松

朱先生諱松，字喬年，徽之婺源人。曾祖振。祖絢。父森，贈承事郎。常曰：“吾家五世積德，業儒當有達者。”先生政和八年同上舍出身登第，授迪功郎、建州政和縣尉。丁外艱，服除，更調南劍州尤溪縣尉，監泉州石井鎮。靖康之變，先生在尤溪，方與同僚燕集，忽有以北狩之問來諗者。先生聞之震駭，投袂而起，大慟幾絕。自是奔走卑冗，假禄養親，無仕進意。建炎再造，王室漂搖。紹興初，御史胡世將撫諭東南，先生因謁見説之曰：“閩之不取關中，中原不可復。不取荊淮，東南不可保。唐惟不失關中，故更三亡，不失舊物，而吳孫氏東攻新城，西攻襄漢，乃所以保建業。其後，桓温、劉裕雖能以江漢舟艦西入河、渭，然既得之而不能守，則亦僅足以保東南而已。然則天下之大勢可知已。今進不能以六師之重通道荊襄，赴興元，結夏人，控引五路，東嚮争中原。退又不能移蹕建康,北爭荆、淮,以爲固守之計。奈何局促一方,徒費日月,竟將何爲?"世將奇其言,歸即以聞于朝。會前執政謝克家守泉,亦露章薦先生學行,不宜滯筦庫,遂召試館職。策問"中興難易",先生乞順人心,任賢才,正紀綱,累數千言,高宗嘉賞,除秘書省正字。趙忠簡鼎以元樞都督諸路軍馬,約先生入幕,先生以親疾辭。尋丁母憂。七年,服闋,上已進都金陵。九月,再召對,先生因論自古中興之君,惟漢之光武勤勞不怠,身濟大業,可以爲法。晉之元帝、唐之肅宗志趣卑近,功烈不終,可以爲戒。反覆切至,上對輔臣稱善。除校書郎。八年,遷著作佐郎。御史中丞常同薦先生,復賜對。除尚書度支員外郎兼史館校勘,刊修蔡卞所改《哲宗實録》,先生用力爲多。歷司勳及吏部員外郎。秦檜當國,決意講和,先生與史官胡珵、凌景夏、常明、范如圭會奏,極言其不可。檜怒,諷御史論先生懷異自賢。十年,出知饒州,未赴,遂自請爲祠官,屏居建溪之上,日以討尋舊學爲事。祠滿,再任命下。十三年三月,卒於建州城南之寓舍,時年四十七。初,先生自爲兒時,出語已驚人。少長,游學校,爲舉子文,即清新灑落,無當時陳腐卑弱之氣。及去場屋,始放意爲詩文。其詩不事彫飾,天然秀發,一時前輩以詩名者交口譽之。其文汪洋渾浩,不見涯涘。然自謂於道爲遠,益取經史子傳,考其興衰治亂,欲應時合變見之事業者。既又得浦城蕭頎子莊、劍浦羅從彦仲素與之游,則聞龜山楊文靖公所傳河洛之學獨得古先聖賢不傳之遺意,於是益自刻勵,痛刮浮華,以趨本實。日誦《大學》、《中庸》之書,以用力於致知誠意之地。自謂卜急害道,因取古人佩韋之意,以名其齋以自警。性至孝友,重然諾,不以死生窮達易其志。誘進後學,揚人之善。凡邪佞、嵬瑣、簡賢、附勢之流,與己異趣,則鄙而遠之。屬疾革,自爲書,以家事屬少傅劉子羽,而訣於籍溪胡憲原仲、白水劉勉之致中、屏山劉子翬彦沖。且顧謂元晦曰:"此三人者,吾友也,學有淵源,汝往父事之。"及没,朱子年甫十四,即禀學於三君子之門。明年,卜葬崇安縣西塔山,後遷於武彝鄉上梅里之寂歷山。所著有《韋齋集》十二卷、《外集》十卷。子熹。行狀、《神道碑》、《聖門禮樂統》

## 附 遺 文

《答莊德燦書》曰：某頓首，昨屈車馬寵顧，區區未能款扣所聞，辱惠書，禮盛志謙。雖不敢當，然近世《大學》之道蕪廢，士無貴賤，徇世相師，千百一範，莫知孰使陶之者，不自量其愚不肖，竊有憐之之意。頃來尤溪甫兩月，雖獲拜邑士而未詳也，索居深惟小人之歸是憂。乃有識明志高、傑然自拔於俗如吾友者，其爲欣幸，未易具道。夫仕而忘學，如農夫快一朝之飽而釋終身之耕，殍於溝中，可立而俟。然則仕而忘學，猶飽而釋耕，亦不足道。抑聞之先生長者，《禮記》多魯諸儒之雜説，獨《中庸》出於孔氏家學。《大學》一篇，乃入道之門。其道以爲欲明明德於天下者，在致知格物以正心誠意而已。其説與今世士大夫之學大不相近，蓋此學之廢久矣。自周衰，楊、墨雖得罪聖人，然乃學仁義而失之者。至申、韓、儀、秦之説勝，而士始決裂聖人之藩籬，以徇流俗之所好。至漢文、景之盛未衰也，以至於今。蓋嘗有以斯文爲己任者起而倡之，然世方嬰於俗學以自强，屹乎其不可攻也。松方急於禄養，未能往究其所學，是以獲聞吾友之言，凜然敬歎。若居夷而聞樂，雖未詳其節奏之工，然卓然於吳歈楚謠之中而不可亂也。《書》曰："知之非艱。"夫問塗而之瞽，則知亦豈易哉？以吾友之明，苟以德爲車，而志氣御之，則朝發軔乎仁義之塗，夕將入《大學》之門，以躪《中庸》之庭也。如松之駑憂，且追後乘而莫及，其何以相吾子？勉之而已。君舍此而問塗，則今之學士大夫皆知津矣。即辰陽復，惟爲道自愛是望。

《送程復亨序》曰：廣平程某復亨爲余外兄，從余游於閩者二年。余語以安逸憂患，知之詳矣。將歸省其母及其祖母，其可以無言？司徒文子問於子思曰："親喪三年未葬，則何服？"子思曰："三年而未葬，則服不除也。"故告之一曰：葬吾舅而後加吉服。夫子失魯司寇，將之荆，先之以子夏，申之以冉有，曰："喪不欲其速貧。"古之君子，以失位于諸侯曰喪，喪不欲其速貧，若是其急也。故告之二曰：葺爾居以寧爾親。蓬生麻中，不扶自直，植之榛莽，則與之靡然。故告之三曰：非爾父之類者勿親也。江出岷山，自荆之楚，汪洋千里而至於海者，大川三百、小川三千以爲之助也。故告之四曰：廣學問以資見聞。《傳》曰：“宴安鴆毒，不可懷也。”君子非獨惡懷安之敗名，惡其敗性也。故告之五曰：勿懷安。《禮》曰：“男子生，則以桑弧蓬矢射天地四方，示志也。”夫不資之軀，豈其浮沈鄉里而名不稱？故告之六曰：無忘四方之志。夫齊之善味者，淄、澠之合能辨之。淄、澠之合，均是水也。子歸矣，他日執經而來，問予能入于常流而不變其味乎？尚能爲君辨之。

## 中散朱受之先生塾

朱塾，字受之，文公長子。用蔭補將仕郎。紹熙辛亥，年三十九卒，贈中散大夫。文公嘗題其詩卷曰：“大兒自幼開爽，不類常兒，予恐其墜于靡浮之習，不敢教以詩文。”又請陳同父作墓誌，其書曰：“此子自幼秀慧，生一兩月，見文書即喜笑，咿嗚如誦讀狀。小兒戲事見必學，學必能，然已能輒棄去。後來得親師友，意甚望之。”陳同父祭文略曰：“少有俊聲而能自克，長讀父書而能默會。義理以厭飫其心，藝業以游泳其外。學者之高下淺深，俯仰以接之，而不暴其從違。天下之賢不肖，一見而識之，而不輕於向背。其才豈不直一官？乃以韋布而早没。其志豈不慕古人？乃以賢子弟而終晦耶？”

## 朝奉朱文之先生埜

朱埜，字文之，文公仲子。淳祐間，以蔭補迪功郎，監湖州德清縣户部贍軍酒庫。後文公十一年卒。黃勉齋誄之曰：“在昔夫子，性嚴氣剛。規矩準繩，動止有常。君承其顔，惟恐或傷。在昔夫子，朝圖暮書。遑恤其家，孰有孰無？君服其勞，使若有餘。內睦姻親，外交朋友。歲時享祀，殽核清酒。囊篋瑣碎，俾無遺漏。非君之賢，孰左孰右？幹之從游，餘三十年。四海兄弟，兩世姻婭。於君事親，知君之賢。人之百行，非孝孰先？”讀此，可想見其爲人矣。贈朝奉大夫。

## 侍郎朱叔敬先生在

朱在，字叔敬，一字敬之，文公季子。受業家庭，又從黃勉齋學。公遇明堂大禮赦恩，奏補承務郎。嘉定初，除籍田令。亢旱，應詔上封事。歷將作司農簿，遷丞。十年，以大理正知南康軍，改知衡州、湖州，俱不赴，奉祠。既起知信州，入對，以進學問、振紀綱、求放心爲言。除提舉浙西常平茶鹽公事，加右曹郎兼知嘉興府，召爲司農少卿，充樞密副都承旨，出爲兩浙轉運副使。寶慶丙戌，除工部侍郎。進對，奏人主學問之要。理宗曰："卿先卿《中庸序》言之甚詳。"因奏："閔、損以下九人並封一字公爵，獨曾參封郕侯，乞與並封。揚雄、王雱，乞去其像。國家有程頤、程顥、張載得孔、孟以來不傳之緒，若使之從祀廟庭，斯文幸甚。"又言："先臣《四書》印本，所在不同。"理宗回顧宣諭曰："卿先卿《四書註解》有補治道，朕讀之不釋手，恨不與之同時。"除吏部右侍郎。紹定三年，乞外，除朝議大夫、寶謨閣待制、知平江府。明年，改煥章閣待制、知袁州。奉祠。卒，贈銀青光祿大夫。

## 奉直朱子明先生鑑

朱鑑，字子明，文公嫡長孫也。蔭補迪功郎，累遷奉直大夫、湖廣總領。寶慶間，隨季父在遷居建安之紫霞州，建文公祠于所居左。子孫入建安，自鑑始。

## 侍郎朱深源先生浚

朱浚，字深源，鑑之子。少負奇節，以進士累官兩浙轉運使兼吏部侍郎。尚理宗公主。元兵入建寧，王積翁棄城遁，浚與公主入福州，誓與知府王綱中死守。迨元阿剌罕侵福安，剛中以城降，浚與公主仰天大哭曰："君帝室王姬，吾大儒世胄，義不可辱。"遂飲藥死。贈朝散大夫。孫林，字文茂，深源長子；彬，字均之，深源次子，皆進士。《紫陽書院志》、《閩書》

## 山長朱泳道先生沂

朱沂，字泳道，文公曾孫。累薦遺逸，不起。與謝枋得游，枋得稱其"論古今人物高下，國家興廢，善類仕止久速之故，脫盡華葉，獨存根株。文公之後世濟其美者,泳道一人耳"。晚歲,授考亭書院山長。

### 知事朱先生彬

朱彬,文公四世孫。讀書有文,克紹家學,士子從游者甚衆。至正間,爲延平路知事。

### 判官朱文魯先生泗

朱泗,字文魯,建安人。文公八世孫。除壽州判官,改徐州。值歲饑,白督運留京運以賑民。民有被誣殺人者,廉得真殺人者,釋之。言當道,以黃幹、蔡沉、劉爚、真德秀配文公祠,爲請於朝,得行。

### 劉先生文伯

劉文伯,建陽人。從韋齋先生遊。構一室,榜曰"清軒"。讀書徜徉,與客論文其間,悠然不知日之夕也。劉屏山寄詩有"中郎言語妙天下,得非遊世厭營營"。其稱許如此。

### 監廟謝綽中先生譽子東卿。

謝譽,字綽中,政和人。朱韋齋尉政和時,以公事行鄉落間,聞田舍中有誦書聲屬耳,頗異。亟下車,入其舍,則一少年書生方對案危坐,吟誦自若。韋齋前揖問:"讀何書?"起對曰:"《儀禮》也。"是時士方專治王氏學,非《三經》、《字説》、老莊之書不讀,而其業乃如此,韋齋奇之。與語,酬應敏給,使出其文,詞氣亦不凡。問其姓名,大喜,與歸,日授以經史百家之言,而勉其所未至。未幾,記誦益廣,文字益工,韋齋益歎重之。中紹興二年進士,調泰寧主簿。歸領祠官。年四十六卒,韋齋深惜。後文公朱子爲撰文集序稱:"君性耿介,與世俗多不合,居家極孝友。既得官,盡以先疇奉其兄。娶妻,得田自隨,一旦亦舉而歸之。還自泰寧,自以不能隨俗俯仰,慨然願領祠就閒秩,以便親養。然君之所以自許與先君子所以期君者,蓋未嘗不以經綸之業爲言也,則其志豈自以爲止於此而已哉。君没之年,先君子亦棄諸孤。後四十三年,考係淳熙乙巳。而君之子東卿乃以君之遺文一篇過某於武夷精舍。某讀其書,得其志,既歎君之不幸,又念先君子之門人賓客如君者蓋無幾人,今亦無復存者,相與太息流涕。既而東卿請序其文,遂書其本末如此。"

## 光禄鄭義齋先生乾道《尤溪志》作鄭安道。

鄭乾道,號義齋,尤溪人。熙寧六年進士,官至金紫光禄大夫。歷著治績,而文名尤見重於韋齋,因相與友善,時共講學,假館以處。韋齋爲南溪書院,其賀韋齋《舉男詩》載《南溪志》。

## 進士莊德燦先生光

莊光,字德燦,尤溪人。建炎二年進士,筮仕州幕。矢志節介,直道不容,遂致政歸。與韋齋同講學,韋齋稱其識明志高,傑然自拔於流俗。從父誼、諶、訴,皆登進士。《尤溪志》、《閩書》

## 進士盧定之先生安邦

盧安邦,字定之,尤溪人。宣和辛丑進士。少穎異,書一再讀即成誦,博學,攻古文辭。與尉朱喬年友善。官曹郎。爲時所重。《尤溪志》

# 閩中理學淵源考卷十六

## 文公朱晦菴先生學派

按：周、程、張、朱五子從祀定於宋理宗淳祐元年。自此之後，國無異論，士無異習。《宋史》言後世有以理學復古帝王之治者，考論匡直輔翼之功，實自理宗始。自元迄明，宗仰專師，風同道一。迨我朝推崇特厚，至表章朱子，典禮尤超越前代。康熙五十二年，《御纂朱子全書》告竣，刊布天下。先公承修編校，上表文有曰：“發凡起例，無非稟聖心之裁成；提要刊繁，逐一經御筆之親定。洰寒蒸暑，未嘗輟誦於萬幾之餘；夜漏晨壺，不聞停披於寸晷之暫。是用規模畫一，條理分明。自《小學》、《大學》以開端，漸及四書六藝；合道德、性命而一貫，極於聖統王功。”又曰：“頒諸宇內，使儒林有入聖之階梯；布在學宮，凡來者得窮經之指要。”嗚呼！聖祖崇重紫陽之學至矣。世宗憲皇帝及我皇上又頒發各省，家絃戶誦，百餘年來，儒術統一，道教修明，實列聖尊經崇儒之效。培萬年有道之長，端有在矣，因敘述學派而敬書之。至朱子之學，內聖外王之要，全體大用之詳，前賢述之備矣。謹錄之評論中，可考焉。

### 文公朱晦菴先生熹

朱文公諱熹，字元晦，後更仲晦。父韋齋公因仕入閩，尉尤溪，以建炎四年庚戌九月十五日午時生先生於溪南鄭氏館舍。後寓崇安，又徙建陽之考亭而家焉。先生幼穎悟莊重，甫能言，韋齋公指天示之曰：“天也。”問曰：“天之上何物？”韋齋公異之。八歲，示以《孝經》，一閱，題其上曰：“不若是，非人也。”嘗從羣兒戲沙上，獨端坐以指畫沙作八卦。十一歲，受學於家庭。時韋齋公爲吏部

223

郎,以不附和議,請祠在家。十三年,韋齋公病革,以後事囑忠定劉公子羽,謂先生曰:"籍溪胡原仲、白水劉致中、屏山劉彥沖三人,吾友也,學有淵源,汝往父事之。"後忠定爲築室於其里,奉母祝夫人以居,白水妻以女,籍溪、屏山撫教如子姪。既冠,屏山爲祝辭,命字曰"元晦"。紹興十七年,年十八,貢於鄉。十八年,舉進士第。二十一年,銓授泉州府同安縣主簿。二十三年夏,始受學延平李先生之門。秋七月,赴同安任。涖事勤敏,職兼學事,整飭風教,選邑之秀民充弟子員,屬以誠敬,開以義理,遠近人士皆竦而尊師之。舉柯翰、徐應中、王賓爲學中表率。二十六年秋七月,秩滿,冬,奉檄留安溪按事。集中有《安溪書事詩》。二十七年,遷同安,候代不至。許升之、徐元聘等從學。二十八年,見李先生於延平,論忠恕一貫之旨。以養親請祠,差監潭州南嶽廟。二十九年,詔赴行在,以執政陳俊卿薦。會言路有託抑奔競以沮之者,遂以疾辭。是歲,蔡季通師事先生。劉應李撰《蔡氏言行録》云:"季通見先生於崇安,遂師事焉。"三十二年六月,孝宗即位,詔求直言。八月,先生應詔上封事。首言:"帝王之學不可不熟講。夫記誦辭藻,非所以探淵源而出治道。虛無寂滅,非所以貫本末而立大中。必先格物致知,使義理所存,纖悉畢照,則自然意誠心正,而可以應天下之務矣。"次言:"今日之計所不時定者,由講和之説疑之也。"請罷和議爲修復之計。再次言:"四海利病,係斯民之休戚。斯民之休戚,係守令之賢否。監司者守令之綱,朝廷者監司之本。欲斯民之得所,本原之地,亦在朝廷而已。"是冬,與程允夫書,畧曰:"近見延平李先生,始畧窺門户。大概此事以涵養本源爲先,講論經旨特以輔此而已。向來泛濫出入,無所適從,名爲學問,而實何有? 如今不須雜博,却不濟事,無收拾也。若果如此有味,則世間一種無要緊文字,自無功夫看得矣。"隆興初元三月,再召,辭,不許。十月,入對垂拱殿。先是將趨召命,問所宜言於延平,遂首用其説。所奏凡三劄,所陳不出封事之意而加剴切焉。首言大學之道,平治之效。次言君父之讎,不共戴天。三言古聖王制馭之道,其本不在强威而在德業,其任不在邊疆而在朝廷,其具不在兵食而在紀綱。時宰臣湯思退力主和議,不悦其言,除武學博士,拜命遂歸。十月,延平先生卒。乾道元年,趣就職,既至而洪适爲相,復主和議,不合,請監南嶽廟以歸。六月,讀魏元履《戊午讞議》,爲之流涕,因序之。時汪玉山知福州,未幾,升敷文閣待制,舉先生自代。二年,林擇之用中從學,答何叔京鎬書。畧曰:李先生教人,大抵令於静中體認大本未發時氣象分明，即處事應物，自然中節。此乃龜山門下相傳指訣。然當時親炙之時貪聽講論，又方竊好章句訓詁之習，不得盡心於此。三年八月，訪張敬夫於長沙，論《中庸》未發之旨，道經邵武，謁端明黃通老，請納再拜之禮而見之。十二月，除樞密院編修，用執政陳俊卿、劉珙薦。四年，崇安饑，貸粟於府賑之。上王龜齡書。時王公自夔郡移湖州，書末言：“欲待公歸，方敢前進。”時汪玉山、陳正獻、梁文靖、龔參政及王公皆與先生志同道合，故先生書末寓濟時行道之志，特惓惓焉。五年，三促就職。會魏掞之以布衣召爲國子録，因論曾覿而去，遂力辭。先生常兩進絶和議、抑佞幸之戒，言既不行，雖擢用不敢苟就，出處之義，凛然不可易。是歲，與蔡季通辨中和説。又與張南軒、林擇之并湖南諸公書，皆論中和之旨，互相往復。九月，丁母祝孺人憂。六年正月，葬祝孺人。七月，遷吏部公墓。冬，胡銓薦，復召，以未終喪辭。八年，既免喪，復召，以禄不及養辭。八月，作《中和舊説序》。畧曰：余蓋從延平先生學，求喜怒哀樂未發之旨未達而先生没。聞張欽夫得衡山胡氏學，則往從而問焉。欽夫告予以所聞，退而沈思。一日，喟然嘆曰：“人自嬰兒以至老死，雖語默動静之不同，然其大體莫非已發，特其未發者爲未嘗發耳。”自此不復有疑。乾道己丑之春，爲友人蔡季通言之，問辨之餘，予忽自疑。復取程氏書，虛心平氣而徐讀之。未及數行，凍解冰釋，然後知情性之本然，聖賢之微旨，其平正明白乃如此。而前日讀之不詳，妄生穿穴，適足以自誤而已。暇日料檢故書，得當時往還書稿一編，輒序其所以而題之曰《中和舊説》。獨恨不得奉而質諸李氏之門，然以先生之所已言者推之，知其所未言者其或不遠矣。九年，梁克家爲相，奏先生屢辭不出，宜蒙褒録，有旨言朱某“安貧守道，廉退可嘉”，特改秩宮觀。先生以求退得進，於義未安，辭。淳熙二年四月，吕東萊訪先生於寒泉精舍，編次《近思録》。及歸，先生送至信州鵝湖寺，與陸子壽、子静共講所聞，議論不合而罷。七月，作晦菴於廬峰之雲谷，自爲記。三年春，黃直卿幹因劉子澄拜文公於屏山，受業焉。六月，龔茂良行丞相事，薦先生，除秘書郎，先生力辭。會有言虛名之士不可用者，故再辭益力，即從其請，改主武夷山沖祐觀。與吕東萊書。言道間與季通講論，因悟向來涵養工夫全少，而講説又多强探必取，尋流逐末之弊。恍然自失，似有頓進之功，然非如近日諸賢所謂頓悟之機云。十一月，令人劉氏卒。五年，史浩相，除知南康軍事，辭者四，始受命。先生自同安歸，奉祠於家幾二十年，間關貧困，不以累心。六年三月，始受命，至南康，首下教三條,興利除害,尤以厚彝常、美教化爲首務。訪白鹿洞書院遺址,奏復其舊,約聖賢教學大端爲《學規》。每休沐,輒詣學與諸生質疑問難,風教大行。七年二月,張南軒訃至,罷宴,爲位哭之。四月,應詔上封事。署曰:天下之務莫大於恤民,而恤民之本,在人君正心術以立紀綱。今宰相、臺省、師傅、賓友、諫諍之臣皆失其職,而陛下所與親密謀議者,不過一二近習之臣。使陛下不信先王之大道,而悅於功利之卑説。不樂莊士之讜言,而安於私褻之鄙態。交通貨賂,所盜者皆陛下之財;命卿置將,所竊者皆陛下之柄。莫大之禍,必至之憂,近在旦夕,而陛下獨未之知。疏入,上讀之,大怒,命先生分析,宰相趙雄救解乃已。先是,大旱,以人户逃移自劾,不報。至是措置備荒之政,多所全活。八年二月,陸子静來訪,先生率僚友、諸生與俱至白鹿洞書院,請登講席,尋以講義刻石。七月,以修舉荒政、民無流殍,除直秘閣,凡三辭。吕東萊訃至,爲位哭之。會浙東大饑,改除提舉浙東常平茶鹽事,遂拜命,不敢辭。即日單車就道,且乞奏事之任。十一月,入對延和殿,極陳災異之由與夫修德任人之説,凡七事,上深納之。方拜命,即移檄旁郡,募米商,蠲其征,及至,客舟之米已輻輳。按行境内,鉤訪民隱,拊問存恤。郡縣官吏憚其風采,所部肅然。大抵措畫悉如南康時,而用心尤苦。九年,上謂宰相王淮曰:"朱某政事却有可觀。"夏,詔捕蝗,復奏疏言事。署曰:爲今之計,獨有斷自聖心,沛然發號,責躬求言,然後君臣相戒,痛自省改。詔宰臣沙汰被災路分州軍監司、守臣之無狀者,遴選賢能,責以荒政,庶幾猶足下結人心,消其乘時作亂之意。不然,臣恐所憂者不止於饑殍,而將在於盜賊,蒙其害者不止於官吏,而上及於國家也。得旨,頒行社倉法於諸郡,復奏諸州利病。首言紹興和買之弊,欲乞痛減歲額,然後用貫頭均紐,仍用高下等第均敷,而免下户出錢,使得相乘除以優之。次言台州丁絹錢有抑納倍輸之患,奏乞每丁納半錢半絹。次言諸郡義役之法,請令民均出義田,罷去役首,免排役次,官差保正副長輪收義田,仍令上户兼充户長。次言本路沿海四州産鹽法,乞傲福建下四州産鹽法行之。次言諸郡酒坊,亦乞改照處州萬户酒法。移文永嘉,毀秦檜祠。行部至台,前知台州唐仲友爲其民所訟,先生按得其實,劾之。仲友與宰相王淮同里爲媾姻,已除江西提刑,未行,而先生論之,淮匿其奏,不以聞。先生疏十上,愈力,淮不得已,奪仲友新命以授先生,先生謂"是蹊田而奪之牛",辭不拜。淮因銜之。御史陳賈、鄭丙希淮意,上疏毀程氏學以陰沮先生,遂奉祠。十年,差主台州崇道觀。先生

守南康、使浙東，始得行其所學，已試之效卓然，而卒不果用。及是知道難行，退
而奉祠，杜門不出，學者尊信益衆。是歲，年五十四。四月，武夷精舍成。是冬，
重到溫陵，與陳休齋、黄維之、傅伯成兄弟游山倡詠。先生還自浙東，見其士習
馳騖於外，每語學者且觀《孟子》“道性善”及“求放心”兩章，務收斂凝定，以致
克己求仁之功，而深斥其所學之誤。以爲舍六經、《語》、《孟》而尊史遷，舍窮理
盡性而談世變，舍治心修身而喜事功，大爲學者心術之害，極力爲吕祖儉、潘景
愈、孫應時輩言之。由是奉祠五年。時周必大爲相，上諭之曰：“朱某久閒，可
與監司。”除提點江西刑獄公事，先生以疾辭，不許。十五年正月，且趣入對，遂
拜命。會淮罷相，力疾入奏，首言州縣近年刑獄失當，有涉綱常風化之重者，有
司亦從流宥輕之失宜，卒乃拳拳以謹察天理人欲爲説。有要之於路，以“正心
誠意”上所厭聞，戒以勿言者。先生曰：“吾平生所學，只有此四字，豈可隱默以
欺君乎？”及奏，上未嘗不稱善，曰：“久不見卿，浙東之事，朕自知之，今當處卿
清要，不復以州縣爲煩也。”除兵部郎官，以足疾丐祠。兵部侍郎林栗嘗與先生
論《易》、《西銘》不合，遂劾先生欺慢。會太常博士葉適、侍御史胡晉臣先後劾
栗狠愎自用，欺罔無實，乃貶栗知泉州，而先生亦除寶文閣，奉祠嵩山崇福宮。
時廟堂知上眷厚，憚先生復入，故爲兩罷之策。上悟，復召先生受職。先生以爲
遷官進職，皆許其閒退，方竊難進易退之襃，復爲彈冠結綬之計，則其爲世觀笑，
不但往來屑屑之譏也。又促召，再辭，遂併具封事投匭以進。凡數千言，大要言
天下大本在陛下一心，而其急務則輔翼太子、選任大臣、振舉綱維、變化風俗、愛
養民力、修明軍政六者是已。疏入，夜漏下七刻，上已就寢，亟起秉燭，讀之終
篇。明日，除主管太乙宮，兼崇政殿説書，辭。改秘閣修撰，又辭。先生當孝宗
朝，陛對者三、上封事者三。其初固以講學窮理爲出治之大原，其後則直指天理
人欲之分、精一克復之義。其初固以當世急務一二爲言，其後封事之上，則心
術、宮禁、時政、風俗，披肝瀝膽，極其忠鯁。蓋所望於君父愈深而其言愈切，故
於封事之末有曰：“臣之得事陛下，於今二十七年，而其間得見陛下者，數不過
三。自其始見於隆興之初，固嘗輒以近習爲言矣。辛丑再見，又嘗論之。今歲

三見，而其所言又不過此。自頃年以來，日月逾邁，如川之流，一往而不可復。不惟臣之蒼顔白髮已迫遲暮，而竊仰天顔，亦覺非昔時矣。"忠誠懇惻，至今讀者猶爲之涕下。先生進疏雖切，孝宗亦開懷容納。先生之盡忠，孝宗之受盡言，亦未爲不遇也。然先生痛詆大臣近習，而孝宗之眷愈厚，嫉者愈深，是以不能一日安其身於朝廷之上，而孝宗內禪矣。是年，始出《太極通書》《西銘解》以授學者。與陸氏兄弟辨無極，太極亦在斯時。十六年二月，光宗即位，再辭職名，許之，降詔獎諭，改江東運副。十一月，改知漳州，再辭不允。以光宗初政，遂不敢辭，始拜命。紹熙元年之漳州任，以節民力，易風俗爲首務。先奏除屬縣無名之賦七百萬，減經總制錢四百萬。以俗未知禮，揭示古喪葬嫁娶之儀，并命父老解説，以教子弟。訪察俗尚，男女聚佛廬爲傳經會，及女不嫁而私創爲菴舍以處者，嚴禁之，俗爲一變。時詣學訓迪諸生，薦知學録趙師慮，又牒延郡士黃樵仲、施允壽、石洪慶、李唐資等數人入學表率。陳北溪淳亦與焉，淳於時初從學於先生也。又奏乞褒旌忠節高氏登。續刻五經、四書於郡。適朝議欲行漳、泉、汀三州經界，先生乃訪事宜、擇人物及丈量諸法上之，後不果行。明年，以子喪請祠。時史浩入見，請收天下人望，乃除秘閣修撰、主管南京鴻慶宮。先生再辭，詔："論撰之職，以寵名儒。"乃拜命。四月，去郡。頃之，除荊湖南路轉運副使，四辭。二年春，與永嘉陳君舉論學。是年，南康李敬子燔受業。三年，復請補祠職。始築室於建陽之考亭，從韋齋公日記所擇也。永康陳同甫來訪先生，往歲曾與書往復，箴其義利雙行，王霸並用，嘗曰："海內學術之弊不過兩端。江西頓悟，永康事功。若不極力明辨，此道無由得明。"是冬，除知靜江府，辭。四年，乃差知漳州，荊湖南路安撫，辭，不許。是冬，使者至金還，金人問南朝朱先生安在？答以見擢用。歸白廟堂，遂有是除。會長沙有峒獠之擾，即拜命。五年五月至鎮，至則諭以禍福，皆降之。乃申飭屬郡，令嚴武備、戢奸豪、興學校。湖湘士子素知向學，爲之崇獎教屬，改建嶽麓書院，多訓以切己務實工夫。六月，孝宗升遐，先生慟不自勝。又聞上不任執喪，中外洶洶，益憂懼，乞歸田里。未幾，趙汝愚以太皇太后詔尊上爲太上皇，而奉嘉王即位主喪，是爲寧宗。於是汝愚爲相，首薦先生，有旨召赴行在。初，上在潛邸，聞先生召，每恨不得先生爲講官，至是首召奏事。八月，除煥章閣待制，侍講，先生行且辭，於道聞南內朝禮尚闕，近習已有用事者，遂因辭章微辭以諷諫。疏再上，不許。十月朔，乃乞帶原官奏事。首言天運艱難，國有大咎，然有可諉者，陛下前日未嘗有求位之心，今日未嘗忘思親之懷而已。夫充未嘗求位之心，可以盡負罪引慝之誠。充未嘗忘親之懷，可以致溫清定省之禮。次言爲學莫先於窮理，窮理必在於讀書，讀書之法莫貴於循序而致精，致精之本又在於居敬而持志。既對，面辭職名，不許。翌日，又辭待制，乞改說書，上報以手札，乃拜命。會有旨集議孝宗山陵，先生上議狀。畧曰：壽皇聖德神功，宜得吉土，以奉衣冠之藏。當廣求術士，博訪名山，不宜偏信臺史罔上誤國之言，固執紹興坐南向北之說，委之水泉砂礫之中、殘破浮淺之地。受詔進講《大學》。先生每以所講編次成帙以進，務積誠意，以感悟上心。上亦開懷容納。時太上意未釋然，上未即還大內，將葺東宮居之。先生於講筵留身奏四事畧曰：願陛下首罷修葺東宮之役，而以其工料回就慈福、重華之間，草創寢殿一二十間，使粗可居。若夫過宮之計，則臣又願陛下下詔自責，減省輿衛，入宮之後，暫變服色，如唐肅宗之改服紫袍、執控馬前者，以伸負罪引慝之誠。至若朝廷之紀綱，則臣又願陛下深詔左右勿預朝政，而凡號令之弛張，人才之進退，則委之二三大臣，使之反復較量，勿循己見。若夫山陵之卜，則願黜臺史之說，別求草澤以營新宮，使壽皇之遺體得安於內，而宗社生靈皆蒙福於外矣。以諫，不報。他日講至《盤銘》“日新”，因編述成湯有《盤銘》、武王有《丹書》，皆人主憂勤警戒之意，奏勸上於日用之間，以求放心爲本，而於玩經史，親儒學益用力焉。數召大臣切劘治道，俾陳今日要務，略如仁祖開天章閣故事。又講奏禮律，乞遵行孝宗通喪之禮，謂壽皇至性自天，易月之外，朝衣朝冠皆以大布，超越千古，宜著方册，爲世法程。又上廟祧議，時孝宗將祔廟，詔集議。宗廟迭毀之次，初，太祖尊僖、順、翼、宣四祖之廟，寔奉僖祖爲始祖。治平間，議者以僖祖無功德，世數寖遠，遷於夾室。未數年，王安石復之。是時趙汝愚雅不以熙寧中復祖僖祖爲然，復議祧之，而奉太祖爲始祖。先生入議，以僖祖乃始祖，不宜祧，復奏疏論之，謂今日基本啓自僖祖。狀上，宰相持不以聞。上頗聞先生有狀，召問內殿，先生具劄及圖以進。上再三稱善，命即榻前撰內批直罷其事。時先生方懲內批之弊，因乞再令集議。上然之。先生退，即以上意諭廟堂，則聞已毀四祖廟而徑創別廟以奉四祖。先生再與汝愚書,妄議毀撤之罪,丞相寔任其責也。始,寧宗之立,丞相趙汝愚密與知閤門事韓侂冑謀之,侂冑于太皇太后爲親屬,因得通中外之言,自謂有定策功,居中用事。汝愚既相,方收召四方知名之士,中外引領望治。先生獨惕然以侂冑爲慮,既屢言於上,又約吏部侍郎彭龜年請共論之。龜年出護使客,侂冑益得志。先生又數以手書密白汝愚,宜酬以厚賞,勿使預政,汝愚不以爲意。先生乃因講筵畢,奏疏極言之。甫退即降内批云:“憫卿耆艾,恐難立講,除卿宫觀。”汝愚袖御筆還上,且拜且諫。内侍王德謙徑以御筆付先生,先生遂行。臺諫爭留不可,樓鑰、陳傅良旋封還錄黄,劉光祖、鄧驛封章交上,皆不報,乃除寶文閣待制、知江陵府。先生辭,且乞追還新舊職名。詔仍焕章閣待制,予祠。及龜年出護客回,而先生已去國矣。龜年即上疏攻侂冑云:“止緣陛下近日逐朱某太暴,故亦欲陛下亟去此小人。”既而侂冑聲勢益張,羣憸附和,並疑及丞相,視正士如深仇,衣冠之禍,蓋始此云。是冬,竹林精舍成,先生率諸生行釋菜禮於先賢,復更名曰滄洲精舍。慶元元年,先生又乞追還舊職,不許。是年,作《學校貢舉私議》,又草奏《欲乞修三禮劄子》。署曰:《周官》一書,固爲禮之綱領,至其議法度數,則《儀禮》乃其本經,而《禮記·郊特牲》、《冠義》等篇乃其義説耳。自王安石廢罷《儀禮》而獨存《禮記》之科,棄經任傳,其失已甚。頃在山林,嘗與一二學者考訂其説,欲以《儀禮》爲經,而取《禮記》及諸經史雜書所載有及於禮者,皆附於本經之下,其列注疏諸儒之説,署有端緒。而私家無書,檢閱無人,望聖明特詔有司,許臣就秘書省假借禮樂諸書,自行招致舊日學徒數十人,令其編類。可以興起廢墜,異時爲聖朝制作之助。會去國,不及上。初,韓侂冑即欲併逐趙丞相而難其辭,及是誣以不軌,謫永州,而朝廷大權悉歸侂冑矣。先生自念身雖閑退,尚帶侍從職名,不敢自默,乃草疏萬言,極論姦邪蔽主,因以明汝愚之冤。詞旨痛切,諸生交諫,不從。蔡元定請以筮決之,遇《遯》之《同人》,先生默然退,取諫稿焚之,自號遯翁。因六辭職名,詔仍秘閣修撰。是時侂冑勢益張,鄙夫憸人迎合其意,以學爲僞。劉德秀仕長沙,不爲張敬夫之徒所禮,及爲諫官,首論留正引僞學之罪。“僞學”之稱自此始。科舉取士稍涉經訓者悉見排黜,文章議論根於理義者並行除毀,六經、《語》、《孟》爲世大禁,繩趨尺步稍以儒名者無所容其身。於是,從游之士特立不顧者屏伏丘壑,依阿巽懦者更名他師,甚者變易衣冠,狎游市肆以自別其非黨。臺諫爭承風旨,排詆萬端,而胡紘遂與沈繼祖輩共誣先生十罪,詔落職罷祠,門人蔡元定亦送道州編管。省劄至,先生方與諸生講論,有以小報書來者,先生略起視之,復坐講論如初。或勸先生謝絕生徒者,笑而不答。五年,以年屆,懸車致仕,始以野服接賓客。六年三月,寢疾,猶日爲諸生講《太極》、《西銘》及爲學之要。辛酉,訂《大學》“誠意”章句。癸亥,諸生入問疾,先生曰:“誤諸君遠來,然道理亦只是如此。但相率下堅苦功夫,牢固著足,方有進步處。”諸生退,乃作三書與子在及門人黃幹、范念德,拳拳勉學及修正遺書爲言。甲子,移寢中堂,諸生因請曰:“夫子之疾革矣,萬一不諱,當用《書儀》乎?”不允。“用《儀禮》乎?”亦不允。“然則參用之乎?”乃頷之。遂正坐整衣冠而逝。是日,大風拔木,洪流崩岸。時年七十一。十一月壬申,葬於建陽縣唐石里之大林谷。嘉泰初,學禁稍弛,侂胄伏誅,詔賜先生遺表恩澤,謚曰文。尋贈中大夫,特贈寶謨閣直學士。理宗朝,贈太師,封信國公,改徽國公。先生平居惓惓,無一念不在於國。聞時政之缺失,則戚然有不豫之色。語及國勢之未振,則感慨以至泣下。然謹難進之禮,則一官之拜必抗章而力辭;厲易退之節,則一語不合必奉身而亟去。其事君也,不貶道以求售。其愛民也,不徇俗以苟安。故其與世動輒齟齬,自筮仕至屬纊五十年間,歷事四朝,仕於外者僅九考,立於朝者四十日,道之難行也如此。然紹道統,立人極爲萬世宗師,則不以用舍爲加損也。初,韋齋公得中原文獻之傳,聞河洛之學,推明聖賢遺意,日誦《大學》、《中庸》,以用力於致知誠意之地。先生蚤歲已知其說而心好之,及韋齋公托孤於三先生,屏山、白水、籍溪,已見上。先生奉而稟學焉,時年十有四,慨然有求道之志,博求之經傳,徧交當世有識之士,雖釋老之書亦必究其歸趣,訂其是非。其後二劉下世,籍溪尚在,先生自見於此道未有所得,乃見延平。蓋延平李氏學於豫章羅氏,羅氏學於龜山楊氏,延平於韋齋爲同門友。先生歸自同安,不遠數百里再見李先生,往復問學。秩滿,丐祠奉母,兩被召不赴。嘗云:“自見李先生後,爲學始就平實,乃知向日從事釋老之說皆非。”其爲學也,窮理以致其和,反躬以踐其實,而以居敬爲主。謂致知不以敬，則昏惑紛擾，無以察義理之歸。躬行不以敬，則怠惰放肆，無以致義理之實。持敬之方，莫先主一。既爲之箴以自警，又筆之書，以爲小學、大學皆本於此。終日儼然，端坐一室，討論典訓，未嘗少輟。周、程、張、邵之書，所以繼孔、孟道統之傳，歷時未久，微言大義鬱而不彰，先生爲之裒集發明，而後得以盛行於世。《太極》、《先天》二圖精微廣博，不可涯涘，爲之解剝條畫，而後天地本原、聖賢蘊奧不至於泯没。從游之士迭誦所習以質其疑，意有未喻則委曲告之而未嘗倦，問有未切則反覆戒之而未嘗隱。務學篤則喜見於言，進道難則憂形於色。講論經典，商畧古今，率至夜半。雖疾病支離，至諸生問辨，則脱然沈痾之去體。一日不講學，則惕然常以爲憂。摳衣而來，遠自川蜀。文詞之傳，流及海外。至於絶域，亦知慕其道，竊問其起居。窮鄉晚出，家藏其書，私淑諸人者不可勝數。所著有《論語要義》、《論語訓蒙口義》、隆興元年成。《程氏遺書》、乾道四年成。《家禮》、乾道六年成。《論孟精義》、初名《要義》，又改《精義》，最後改《集義》。《資治通鑑綱目》、《宋名臣言行錄》、乾道八年成。《西銘解義》、乾道八年成。《太極圖説》、《通書解義》、《程子外書》、乾道九年成。《近思錄》、淳熙二年成。《易本義》、《蓍卦考誤》、淳熙四年成。《詩集傳》、淳熙四年成。《論語孟子集註或問》、淳熙四年成。《易學啓蒙》、《孝經刊誤》、淳熙十三年成。《小學書》、淳熙十四年成。《大學中庸章句》，又著《或問》及《中庸輯略》、淳熙十六年序，《大學》、《中庸》二書定著已久，時加改竄，至是始序之。《楚辭集註》、《辨證》、慶元元年成。《韓文考異》，慶元二年成。皆行於世。先生没，朝廷以其《大學》、《語》、《孟》訓説立於學宫，又有《儀禮經傳通解》未脱稿，亦在學宫。平生爲文凡一百卷，生徒問答凡八十卷，別錄十卷。按，《宋史》立《道學傳》，論曰："道學盛於宋，宋弗究於用，甚至有屬禁焉。後之時君世主，欲復天德王道之治，必來取法矣。"門人黃氏幹曰："道之正統，待人而後傳。自周以來，任傳道之責者不過數人，而能使斯道章章較著者，一二人而止耳。由孔子而後，曾子、子思繼其微，至孟子而始著。由孟子而後，周、程、張子繼其絶，至先生而始著。"識者以爲知言。子在，紹定中爲侍郎。理宗寶慶三年，贈太師，追封信國公，改徽國公。淳祐元年正月，上視學，手詔以周、張、二程及先生從祀孔子廟廷。四年，詔改滄洲精舍爲考亭書院，理宗御書額扁賜之。國朝康熙五十一年壬辰，聖祖仁皇帝特旨詔升入大成殿配享，位列十哲之次。

## 備　考

果齋李氏曰：先生之道之至，原其所以臻斯閫者無他焉，亦曰主敬以立其本，窮理以致其知，反躬以踐其實。而敬者又貫通乎三者之間，所以成始而成終也。故其主敬也，一其內以制乎外，齊其外以養其內。內則無二無適，寂然不動，以爲酬酢萬變之主。外則儼然肅然，終日若對神明，而有以保固其中心之所存。及其久也，靜虛動直，中一外融，而人不見其持守之力，則篤敬之驗也。其窮理也，虛其心，平其氣，字求其訓，句索其旨，未得乎前則不敢求乎後，未通乎此則不敢志乎彼。使之意定理明，而無躁易凌躐之患。心專慮一，而無貪多欲速之蔽。始以熟讀，使其言皆若出於吾之口。繼以精思，使其意皆若出於吾之心。必若先儒所謂沛然若河海之浸，膏澤之潤，煥然冰釋，怡然理順而後爲有得焉。若乃立論以驅率聖言，鑿說以妄求新意，或援引以相糾紛，若假借以相混惑，麄心浮氣，意象匆匆，常若有所迫逐，而未嘗徘徊顧戀如不忍去，以待其浹洽貫通之功，深以爲學者之大病，不痛絕乎此，則終無入德之期。蓋自孔、孟以降，千五百年之間，讀書者眾矣，未有窮理若此其精者也。先生天資英邁，視世之所屑者不啻如草芥，翛然獨與道俱，卓然獨與道立，固已迥出庶物之表。及夫理明義精，養深積盛，充而爲德行，發而爲事業，人之視之，但見其渾灝磅礴不可涯涘，而莫知爲之者。

又曰：先生以訂正羣書，立爲準則。使學者先讀《大學》以立其規模，次及《語》、《孟》以盡其蘊奧，而後會其歸於《中庸》。尺度權衡之既定，由是以窮諸經、訂羣史以及百氏之書，則將無理之不可精，無事之不可處矣。又嘗集《小學》，使學者得以先正其操履，集《近思錄》，使學者得以先識其門庭，羽翼四子，以相左右。蓋此六書者，學者之飲食裘葛、準繩規矩，不可須臾離也。若夫析世學之謬、辨異教之非,擣其巢穴,砭其隱微,使學者由於大中至正之則,而不躓於荊棘攫阱之途,摧陷廓清之功,固非近世諸儒所能髣髴其萬一也。自周衰教失,禮樂養德之具一切盡廢,所以維持此心者,惟有書耳。謂可躪躒經傳,遽指爲糟粕而不觀乎?要在以心體之,以身踐之,而勿以空言視之而已矣。以是存心,以是克己,仁豈遠乎哉?至於晚歲,德尊言立,猶以義理無窮、歲月有限,慊然有不足之意,洙泗以還,博文約禮,兩極其至者,先生一人而已。先生教人,規模廣大,而科級甚嚴,循循有序,不容躐等凌節而進。至於切己務實、辨別義利,毋自欺、謹其獨之戒,未嘗不丁寧懇到,提耳而極言之。晚見諸生繳繞於文義之間,深慮斯道之無傳,始頗指示本體,使深思而自得之,其望於學者益切矣。合濂溪之正傳,紹魯鄒之墜緒,前聖後賢之道該徧全備,其亦可謂盛矣。夫子之經得先生而正,夫子之道得先生而明,起斯文於將墜,覺來裔於無窮,雖與天壤俱敝可也。

鶴山魏氏曰:天生斯民,必有出乎其類者爲之君師,以任先覺之責。然而非一人所能自爲也,必並生錯出,交修互發,然後道章而化成。是故有堯、舜則有禹、皋陶,有湯、文則有伊尹、萊朱、太公望、散宜生,各當其世,觀其會通以盡其所當爲之分,然後天衷以位,人極以立,萬世之標準以定。雖氣數詘信之不齊,而天之愛人,閱千古如一日也。自比閭接授之法壞,飲射讀法之禮無所於行,君師之材移於孔子,則又有冉、閔、顏、曾羣弟子左右羽翼之,微言大義,天開日揭,萬物咸覩。自孔子沒,則諸子已有不能盡得其傳者,於是子思、孟子又爲闡幽明微,著嫌辨似,而後孔氏之道歷萬古而無弊。嗚呼!是不曰天之所命而誰爲之?秦、漢以來,諸儒生於籍去書焚、師異指殊之後,不惟孔道晦蝕,孟氏之説亦鮮知之。千數百年間,何可謂無人,則往往孤立寡儔,唱焉莫之和也,絕焉莫之續也。乃至國朝之盛,南自湖湘,北至河洛,西極關輔,地之相去何啻千餘里,而大儒輩出,聲應氣求,若合符節。曰極、曰誠、曰仁、曰道、曰忠、曰恕、曰性命、曰氣質、曰天理人欲、曰陰陽鬼神,若此等類,凡皆聖門講學之樞要,而千數百年習浮踸陋莫知其説者,至是脱然如沈痾之開、大寐之醒。至於呂、謝、游、楊、尹、張、侯、胡諸儒切磋究之，分別白之，亦幾無餘蘊矣。然而絶之久而復之難，傳者寡而咻者衆也。朱文公先生始以彊志博見，凌高厲空，自受學延平李先生，退然如將弗勝，於是斂華就實，反博歸約。迨其蓄久而思渾，資深而行熟，則貫精粗、合内外，羣獻之精蘊，百家之異指，毫分縷析，如示諸掌。張宣公、吕成公同心協力，以閑先聖之道，而僅及中身，論述靡竟。惟先生巍然獨存，中更學禁，自信益篤。蓋自《易》、《詩》、《中庸》、《大學》、《論語》、《孟子》悉爲之推明演繹，以至《三禮》、《孝經》，下迨屈、韓之文，周、程、張、邵之書，司馬氏之史，先正之言行亦各爲之論著，然後帝王經世之規，聖賢新民之學燦然中興。學者習其讀，推其義，則知三才之本，道器一致。幽探乎無極、太極之妙，而實不離乎匹夫匹婦之所知。大至於位天地、育萬物，而實不外乎暗室屋漏之無愧。蓋至近而遠，至顯而微，非若棄倫絶學者之慕乎高而謴然取寵者之安於卑也。猗其盛歟！嗚呼！帝王不作而洙泗之教興，微孟子，吾不知大道之與異端果孰爲勝負也。聖賢既熄，而關、洛之學興，微朱子，亦未知聖傳之與俗學果孰爲顯晦也。韓子謂孟子之功不在禹下，予謂朱子之功不在孟子下。

《黄氏日抄》曰：六經之文皆道，秦、漢以後之文，鮮復關於道，甚者害道。韓文公始復古文，而猶未必盡純於道。我朝諸儒始明古道，而又未嘗盡廢於文。至晦菴先生表章《四書》，開示後學，復作《易本義》、作《詩傳》面授，作《書傳》分授，作《禮經疏義》，且謂《春秋》本魯史舊文，於是明聖人正大本心，以破後世穿鑿。凡例謂《周禮》周公未必盡行，於是教學者非所宜先，於身事一句無預。提絜綱維，疏別緩急，無一不使復還古初。六經之道賴之而昭昭乎如揭中天之日月，其爲文也孰大於是，宜不必復以文集爲矣。然其天才卓絶，學力宏肆，落筆成章，殆於天造。其剖析性理之精微，則日精月明。其窮詰邪説之隱遁，則神搜霆擊。其感慨忠義，發明《離騷》，則苦雨凄風之變態。其泛應人事，遊戲翰墨，則行雲流水之自然。究而言之，皆此道之流行，猶化工之妙造也。程夫子有言："觀萬物而後盡化工之妙。"愚故一一伏讀之，而抄記如右。

又曰：孔子，元氣也。孟子，泰山巖巖氣象也。故孟子於義論排闢之間，亦有隨時而異者,而晦菴先生似之。如荊公誤國、東坡忠讜,先生平日蓋所屢言。及汪玉山主張蘇學太過,先生則又寧以荊公爲賢。故讀先生之書者,其別有三:如《語類》則門人之所記也,如書翰則一時之所發也,如論著則平生之所審定也。《語類》之所記,或遺其本旨,則有書翰之詳說在。書翰之所說,或異於平日,則有著述之定説在,然議論固至著述而定。若其欲復肉刑,恐亦不可不審。蓋天下之義理無窮,先生未嘗自足,學者所當參考而謹思。咸淳八年五月十一日,後學黃震再書於臨川郡齋。

又曰:愚苦多忘,凡讀書必畧記所見,至讀《朱子語類》,則如仰觀造化之大,莫知所措辭。然嘗詳之,夫子作六經,後來者溺於詁訓,未害也。濂、洛言道學,後來者借以談禪,則其害深矣。此無他,凡近者猶可進而至於高明,一流於高空則恐無復可返之期,誤人未央也。乃今朱子解剥濂溪之《圖象》,衷列二程之《遺書》,以明道學之正傳者如此。窮極釋氏之作用爲性,辨詰諸老之流入禪學,以明其徒之似是而非者如彼。使學道之源不差,而夫子之道復明,此其有功天下萬世,教之施於用世者,撥亂反正,豈足喻勞烈之萬分一哉?全若謂《易》本卜筮、《詩》非美刺,謂《春秋》初不以一字爲褒貶,皆曠世未聞之高論,而實皆追復古始之正説。乍見駭然,熟輒心靡。卓識雄辨,萬古莫儔。而世俗猶以一時異論之士對言之,何耶?嗚呼!此固難與世俗言也。

又曰:門人所記,或主靜坐,或以靜坐爲非。或主博覽,或以博覽爲雜。均一朱子之言而相反類如此,蓋隨其人之病而藥之耳。要之靜而可施之動,博而必求其要,此中持其衡之説,觀者謹毋執其一爲據。其間亦有門人記錄之太過者,又當參以朱子平日自著之言。

## 文 公 遺 文

### 與 汪 尚 書

論及二程之於濂溪,亦若橫渠之於范文正耳。先覺相傳之秘,非後世所能窺測。誦其詩,讀其書,則周、范之造詣固殊,程、張之契悟亦異。如曰仲尼、顏子所樂,吟風弄月以歸,皆是當時口傳心授的當親切處。後來二先生舉似後學,亦不將作第二義看。然則行狀所謂反求之六經而後得之者,特語夫功夫之大全耳。至其入處,則自濂溪,不可誣也。若橫渠之於文正,則異於是,蓋當時粗發其端而已。受學乃先生自言,此豈自誣者耶?

### 答汪尚書

程、邵之學固不同,然二先生所以推尊康節者至矣。蓋以其信道不惑,不雜異端,班於溫公、橫渠之間,則亦未可以其道不同而遽貶之也。抑康節之學,摘抉窈微,與佛老之言豈無一二相似? 而卓然自信,無所污染,此其所見必有端的處,比之溫公欲護名教而不言者,又有間矣。

### 答鄭自明

吾人所立已如此,使天無意於右宋則已,若有此意,異日之事豈得而辭其責哉? 然則吾人今日之進德修業,乃是異時國家撥亂反正之所繫,惟高明深念之。向來一番前輩,少日粗有時望,晚年出來,往往不滿人意,正坐講學不精,不見聖門廣大規模,少有所立,即自以爲事業止此,不求長進。荆公所謂末俗易高、險塗難盡者,亦可念也。人材衰少、風俗頹壞之時,士有一善,即當扶接導誘以就其器業,此亦吾輩將來切身利害。蓋士不素養,臨事倉卒乃求,非所以爲國遠慮而能無失於委任之間也。

### 答張欽夫

儒者之學,大要以窮理爲先,然後心之所發,輕重長短,各有準則。《書》謂"天叙"、"天秩"、"天命"、"天討",《孟子》所謂"物皆然,心爲甚"。若不於此先致其知,泛然無所準則,則其所存所發,亦何自而中於理乎? 且如釋氏之説,非不見心、非不識心,而卒不可與入堯、舜之道。前輩有言,聖人本天,釋氏本心,蓋謂此也。來示又謂心無時不虛,熹以爲心之本體固然,然而人欲已私汩没久矣。故聖人必曰正心,而正心必先誠意,誠意必先致知,然後可以得心之正而復本體之虛,非一日矣。今曰無時不虛,又曰既識此心,則用無不利。若儒者之言,則必也精義入神,而後用無不利可得而語矣。孟子存亡、出入之説,欲學者操而存之，似不爲識心發也。夫能操而存者，顏子以上方可言此。今又曰識則能守，則僕亦恐其言之易也。明道先生曰："既能體之而樂，則亦不患不能守矣。"須似此言，方絕滲漏、無病敗。高明之意，大抵於施爲運用求之，而優游涵泳之功未甚留意。是以求之太迫而得之若驚，資之不深而發之太露，《易》謂"寬以居之"，正不如此。不知高明以爲何如？

### 答張欽夫

某窮居如昨，無足言者。但遠去師友之益，兀兀度日，讀書反己，固不無警省處，終是旁無彊輔，因循汩没，尋復失之。近日一種向外走作、心悅之而不能自止者，皆準止酒戒而絕之。此前輩所謂"下士晚聞道，聊以拙自修"者。若充擴不已，補復前非，庶其有日。舊讀《中庸》"慎獨"、《大學》誠意"毋自欺"處，常若求之太過。近日乃覺其非，此正是切近分明處，乃舍而談空於冥漠之間，其亦誤矣。方竊以此意痛自檢勒，凛然度日，惟恐有怠而失之也。至於文字之間，亦覺向來病痛不少。蓋平日解經最爲守章句者，然亦多是推衍，自作一片文字，非惟意味淡薄，且使觀者將註與經作兩段功夫，下梢支離，本旨全不相照。方知漢儒可謂善説經者，不過只説訓詁，使人以此玩索經文，訓詁、經文，不相離異，一道看去，直是意味深長也。近又讀《易》，見一意思：聖人作《易》，本爲使人卜筮以決可否，而因以教人爲善，如嚴君平所謂"與子言依於孝，與臣言依於忠"。故卦爻之辭，只是因依象類，虛設於此，以待扣而決者，使以所值之辭決所疑之事。然必有是理而後有是辭，理無不正，故其丁寧告戒之辭皆依於正。天下之動，所以正夫一而不繆於所之也。此説乍聞之必未以爲然，然且置之，勿以示人也。子壽兄弟氣象甚好，其病却是盡廢講學而專務踐履，却於踐履之中要人提撕省察，悟得本心，此爲病之大者。要其操持謹質，表裏不二，實有以過人者。惜乎自信太過，規模窄狹，不復取人之善，將流於異學而不自知耳。

### 答張欽夫論仁説

謹按：程子言仁，本末甚備，今撮其大要，不過數言。蓋曰仁者，生之性也，而愛其情也，孝弟其用也。公者所以體仁，猶言"克己復禮爲仁"也。學者於前三言可以識仁之義,於後一言可以知用力之方矣。今不深考其本末指意,但見其分別性、情之異,便謂愛之與仁了無干涉,見其以公爲近仁,便謂直指仁體最爲深切。殊不知仁乃性之德而愛之本,因其性之有仁,是以其情能愛。但或蔽於私,則不能盡其體用之妙。惟克己復禮,廓然大公,然後體用昭著,血脈貫通爾。由漢以來,以愛言仁之弊,正謂不察性、情之辨,而遂以情爲性。今矯其弊,反使汎然無所歸宿,而性、情遂至於不相管,其弊將使學者終日言仁而實未嘗識其名義,且與天地之心、性情之德而昧焉。程子之意必不如此。

### 答 張 欽 夫

來教謂言,静則溺於虚無,此固所當深慮。然此二字,如佛氏之論,誠有此患,若以天理觀之,則動之不能無静,猶静之不能無動也。静之不能無養,猶動之不可不察也。至静之中益有動之端焉,是乃所謂見天地之心,而先王之所以至日閉關,蓋當此之時,則安静以養乎此爾,固非遠事絶物,而偏於静之謂。來教又謂熹言以静爲本,不若遂言以敬爲本,此固然也。然"敬"字工夫通貫動静,而必以静爲本,故熹向來輒有是語。今遂易爲"敬",雖若完全,然却不見敬之所施,有先有後,則亦未得爲諦當也。

### 答 呂 伯 恭

持養斂藏之誨,敢不服膺,然有所不得已者。世衰道微,邪詖交作,他紛紛者固所不論,而賢如吾伯恭者,亦尚安於習熟見聞之地,見人之詭經誣聖、肆爲異説而不甚以爲非,則如熹者,誠亦何心安於獨善而不爲極言覈論,以曉一世之昏昏也。使世有任其責者,熹亦何苦而譊譊若是耶?設使顔子之時,上無孔子,則彼所以明道救世亦必有道,決不退然安坐陋巷,獨善其身而已。惟孟子見此道理,如揚子雲之徒,蓋未免以顔子爲塊然自守者。近世則又甚焉,其論顔子,幾於釋老之空寂矣。觀伊川先生十八歲時上書論顔子、武侯所以不同,及上蔡論韶、武異處,可見聖賢心無私意,畏天命、循天理而已。此義與近日内修外攘之説亦相貫。夫吾之所以自治者,雖或未足,豈可以是而遽廢其討賊之心哉?

### 答 呂 伯 恭

讀《易》之法,竊疑卦爻之詞本爲卜筮者斷吉凶,而因以訓戒。至《象》、

《象》、《文言》之作,始因其吉凶訓戒之意而推説其義理以明之。後人但見孔子所説義理,而不復推本文王、周公之意,因鄙卜筮爲不足言。而所以言《易》者,類皆牽合委曲,偏主一事而言,無復包含該貫曲暢旁通之妙。若但如此,則聖人當時自可別作一書,明言義理以詔後世,何用假托卦象,爲此艱深隱晦之辭乎?故今欲凡讀一卦一爻,便知占筮所得,虛心以求其辭義之所指,考其象求其理而推之於事,使上自王公,下至民庶,所以修身、治國皆有可用。私竊以爲如此求之,似得三聖之遺意。

### 答 呂 伯 恭

昨見奇卿,敬扣之以比日講授次第,聞只令諸生讀《左氏》及諸賢奏疏,至於諸經、《論》、《孟》,則恐學者徒務空言而不以告也。不知是否? 若果如此,則恐未安。蓋爲學之序,爲己而後可以及人,達理而後可以制事。故程夫子教人先讀《論》、《孟》,次及諸經,然後看史,其序不可亂也。若恐其徒務空言,但當就《論》、《孟》、經書中教以躬行之意,庶不相遠。至於《左氏》、奏疏之言,則皆時事利害,而非學者切身之急務也。其爲空言,亦益甚矣,而欲使之從事其間而得躬行之實,不亦背馳之甚乎? 愚見如此,不敢不獻所疑。

### 答 陸 子 静

來書云云。“極”是名此理之至極,“中”是狀此理之不偏。雖然同是此理,然其名義各有攸當,雖聖賢言之,亦未嘗有所差互也。若“皇極”之“極”,“民極”之“極”,乃爲標準之意。猶曰立於此而示於彼,使有所向望取正焉爾,非以其中而命之也。“中”者,天下之大本,乃以未發,渾然無所偏倚而言。太極固無偏倚而爲萬化之本,然其得名自爲“至極”之“極”,而兼有標準之義,初不以“中”而得名也。

來書云云。若以陰陽爲形而上者,則形而下者復是何物? 更請見教。若熹愚見與其所聞,則曰凡有形象皆器也,其所以爲是器之理則道也。如是,則來書所謂始終、晦明、奇偶之屬,皆陰陽所爲之器,獨其所以爲是之理,乃爲道耳。如此分別,似差明白。不知尊意以爲何如?

來書云云。周子言"中"，而以"和"字釋之。又曰"中節"，又曰"達道"。彼非不識字者，而其言顯與《中庸》相戾，則必有説矣。蓋此"中"字是就氣禀發用而言，非直指本體無所偏倚者而言也，豈可以此而訓"極"爲"中"也哉？來書引經必盡全章，雖煩不厭，而所引《通書》乃獨截自"中焉止矣"而下，此安得爲不誤？

來書云云。無極而太極，其意若曰非如皇極、民極、屋極之有方所形象，而但有此理之至極耳。若曉此意，則於聖門有何違叛而不肯道乎？"上天之載"，是就有中説無。"無極太極"，是從無中説有。若實見得，即説有説無、或先或後都無妨礙。今必如此強生分別，曾謂不尚空言，專務事實，而反如此乎？

來書云云。太極固未嘗隱於人，然人之識太極者少矣。往往只是於禪學中認得昭昭靈靈能作用者，謂是太極，而不知所謂太極乃天地萬物本然之理，亙古亙今者也。今曰"私其説以自神妙而又秘之"，又曰"寄此以神其姦"，又曰"繫絆多少好氣質學者"，則恐世間自有此人可當此語。熹雖無狀，自省得與此語不相似也。

子美尊兄質實重厚，見理未盡，自信太過，遂不可回。見雖有病，意實無他。老兄乃是先立一説，務在突過有若、子貢以上，更不數近世周、程諸公。正使説之無病，此意已非，況不能無病乎？夫子之學，固非以多學得之。然觀其好古敏求，實未嘗不多學，但其中自有一以貫之處耳。顏、曾獨得聖學之傳，正爲博文約禮，足目俱到，亦不但空疏杜撰而已。子貢雖未得承道統，然其所知不在今人之下。周、程之生，時世雖後，其道則有不約而合者。反覆來書，竊恐老兄於其所言多有未解，未可遽以顏、曾自處而輕之也。顏子以能問於不能，以多問於寡，有若無，實若虛，犯而不校。曾子三省其身，惟恐謀之不忠、交之不信、傳之不習，豈有一毫滿足、強辨取勝之心乎？來書之意，所以見教甚至，區區鄙見亦不敢不爲老兄傾倒也。不審尊意以爲何如？如曰未然，則"我日斯邁而月斯征"，各尊所聞，各行所知亦可矣，無復可望於必同也。言及於此，悚息之深，千萬幸察。

## 答　陳　同　甫

“天理”、“人欲”二字，不必求之古來王霸之迹，但反之於吾心義利邪正之間。察之愈密，則見之愈明。持之愈嚴，則發之愈勇。孟子所謂“浩然之氣”者，蓋斂然於規矩準繩之中而其自任以天下之重者，雖賁育莫能奪也。此豈才能血氣之所爲哉？漢高帝、唐太宗直以其能假仁借義以行其私，而當時與之爭者，才能知術既出其下，又不知有仁義之可借，是以彼善於此得成其功。若以其能建立國家、傳世久遠，便謂其得天理之正，此正以成敗論是非，但取其獲禽之多而不羞其詭遇，千五百年之間，正坐如此。其間雖或不無小康，而堯、舜、三王、周、孔所傳之道，未嘗一日得行於天地之間也。若論道之常存，又初非人所能預。雖千五百年被人作壞，終殄滅他不得耳。漢、唐所謂賢君，又何嘗有一分氣力扶助耶？老兄人物奇偉英特，恐不但今日所未見，向來得失短長，正自不須更掛齒牙，向人分説。但鄙意更欲賢者百尺竿頭進取一步，將來不作三代以下人物，省得氣力爲漢、唐分疏，即更脱灑磊落。李、孔、霍、張，則吾豈敢？然夷吾、景畧之事，亦不敢爲同父願之也。

## 答　陳　同　甫

三才固未嘗有二道，然天地無心而人有欲，是以天地之運行無窮，而在人者有時而不相似。蓋義理之心頃刻不存則人道息，人道息則天地之用雖未嘗已，而其在我者固即此而不行矣。不可但見其穹然、頹然，便以爲人道無時不立天地賴之以存之驗也。蓋道未嘗息而人自息之，“非道亡也，幽厲不由也”。惟聖盡倫，惟王盡制，固非常人所及。然立心之本，當以盡者爲法，而不當以不盡者爲準。故曰：“不以舜之所以事堯事君，不敬其君者也。不以堯之所以治民治民，賊其民者也。”況謂其非盡欺人以爲倫，非盡罔世以爲制，是雖以來書之辨，固不謂其絕無欺罔之心矣。欺人者人亦欺之，罔人者人亦罔之。此漢、唐之治所以雖極其盛，而人不心服，終不能無媿於三代之盛時也。今必欲撤去限隔，無古無今，則莫若深考堯、舜相傳之意，湯、武反之之功，以爲準的而求諸身。却就漢祖、唐宗心術微處痛加繩削，取其合而察其所自來，黜其悖而究其所從起，庶幾天地之經、古今之義有以得之。不當坐譚既往之迹,追飾已然之非,指其偶同者爲全體,而謂其真不異於聖賢也。蓋後之觀者,於根本功夫自有欠闕,故不知其非而以爲無害於理,抑或以爲雖害於理,而不害其獲禽之多。觀所謂學成人而不必於儒,攬金、銀、銅、鐵爲一器而主於適用,則亦見其立心之本在於功利,有非辨説所能文者矣。夫成人之道,以儒者之學求之,則夫子所謂“成人”也。不以儒者之學求之,吾恐其畔繩墨,畧規矩,進不得爲君子,退不得爲小人。正如攬金、銀、銅、鐵爲一器,不惟壞却金、銀,而銅、鐵亦不得盡其銅、鐵之用也。竊恐後生傳聞輕相習染,使義利之别不明、舜蹠之塗不分,眩流俗之觀聽,壞學者之心術,此熹之所深憂而甚懼者,故敢極言以求定論。

### 答林黄中

邵氏“先天”之説,以鄙見窺之,如井蛙之議滄海。而高明直以不知而作斥之,則小大之不同量,有不可同年語者。示喻邵氏本以發明易道,而於《易》無所發明。熹則以爲《易》之與道非有異也,道既明,則《易》之爲書,卦爻象數皆在其中,豈曰道明而書不白乎?熹請以邵氏之淺近疎畧者言之。蓋一圖之内,生出次第,位置行列不待安排而粲然有序。比之并累三陽以爲乾,連疊三陰以爲坤,然後以意交錯而成六子,旋相加而後得爲六十四者,其出於天理之自然,與人爲之造作蓋不同矣。況其高深閎闊、精密微妙有非熹之所能言者。今不之察,而遽以不知而作詆之,熹恐後之議今猶今之議昔,是以竊爲門下惜之。

### 答韓無咎

誨諭儒、釋之異在乎分合之間,既聞命矣。頃見蘇子由、張子韶書皆以佛學有得於形而上者而不可以治世,嘗竊笑之。是豈知天命之性而叙、秩、命、討已粲然無所不具於其中乎?彼其所以分者,亦未嘗真有得於斯耳。不審高明以爲何如?

### 答陳體仁

來教謂《詩》本爲樂而作,故今學者必以聲求之,則知其不苟作矣。此論善矣。然愚意有不能無疑者。蓋以《虞書》考之,則詩之作,言志而已。方其詩也，未有歌也，方其歌也，未有樂也。以聲依永，以律和聲，則樂乃爲詩而作，非詩爲樂而作也。三代之時，禮樂用於朝廷，達於閭巷，學者諷誦其言以求其志，詠其聲，執其器，舞蹈其節，以涵養其心，則聲樂之所助於詩者爲多。然猶曰“興於詩，成於樂”，其求之固有序矣。是以聖賢言詩主於聲者少，而發其義者多。仲尼所謂“思無邪”，孟子所謂“以意逆志”，得其志而不得其聲者有矣，未有不得其志而能通其聲者也。就使得之，止其鐘鼓之鏗鏘而已，豈聖人“樂云樂云”之意哉？況今千有餘年，古樂散亡，無復可考，而欲以聲求《詩》，則未知古樂遺聲今皆已推而得之乎？三百五篇皆可協之音律、被之絃歌已乎？誠既得之，則所助於《詩》多矣，然未得爲《詩》之本也。況未必可得，則今之所講，得無有畫餅之譏乎？愚意竊以爲詩出乎志者也，樂出乎詩者也。然則志者詩之本，樂者其末也。末雖亡，不害本之存，顧所得之淺深如何耳。有舜文之德，則聲爲律而身爲度，《簫韶》、《二南》之聲不患其不作。此雖未易言，然其理蓋不誣也。《二南》之“應”，似亦不可專以樂聲之應爲言。蓋必有理存乎其間，豈有無事之理，無理之事哉？

## 答 袁 機 仲

以《河圖》、《洛書》爲不足信，自歐公以來已有是説，然《顧命》、《繫辭》、《論語》皆有是言，而諸儒所傳二圖之數，雖有交互而無乖戾，順數逆推，縱橫曲直，皆有明法，不可得而破除也。至如《河圖》與《易》之天一至地十者合而載天地五十有五之數，則固《易》之所自出也。《洛書》與《洪範》初一至次九者合，則固《洪範》之所自出也。《繫辭》雖不言受《圖》作《易》，然安知觀察求取，圖非其中之一事耶？至卦畫之説，孔子而後，千載不傳，至康節先生始得之，然猶不肯容易輕説，非偶然也。橫圖乃是今日以意爲之，寫出奇偶相生次第，令人易曉。於此有得，則知六十四卦天理自然，不用一毫智力添助。及至卦成之後，遂順縱橫，都成義理，千般萬種，其妙無窮。雖若各不相資，而實未嘗相悖。蓋自未有畫時至於六畫，邵子所謂先天之學也。卦成之後，各因一義推説，邵子所謂後天之學也。當日諸儒既失其傳，而方外之流陰相付受，以爲丹竈之術。至希夷、康節，乃反之於《易》，而後其説始得復明於世。然與今《周易》次第行列多不同者，故聞者創見，多不能曉而莫之信，只據見行《周易》緣文生義，穿鑿破碎，此《啓蒙》之書所爲作也。若其習聞易曉，則又何必更著此書哉。更願高明無以爲熹之説而忽之。

### 答袁機仲

來諭以東南之温厚爲仁，西北之嚴凝爲義，此《鄉飲酒義》之言也。雖無陰陽剛柔之別，但其後復有陽氣發於東方之説，則固以仁爲陽，而義之陰從可推矣。乃不察此，而欲以仁爲柔，以義爲剛。又病夫柔之不可爲陽，剛之不可爲陰也，於是移北之陰以就南，而使主乎仁之柔。移南之陽以就北，而使主乎義之剛。其於方位、氣候悉反易之，又使東北之爲陽，西南之爲陰，亦皆得其半而失其半。北方雖曰嚴凝，而東方已爲温厚，南方雖曰温厚，而西方已爲嚴凝也。蓋嘗論之，進而息者其氣強，退而消者其氣弱，此陰陽之所以爲柔剛也。陽剛温厚居東南，而以作長爲事，陰柔嚴凝居西北，而以斂藏爲事，此剛柔之所以爲仁義也。以此觀之，陰陽、剛柔、仁義之位豈不曉然？彼揚子雲所謂於仁也柔、於義也剛，乃自其用處末流言之。蓋所謂陰中之陽、陽中之陰，不妨自爲一義，但不可以雜而論之爾。誠翻然改正“仁義”二字，却將陰陽、剛柔一切發回原處，如熹新圖之位，則易簡圓成，不費詞説，而三才五行、天理人事已各得其所矣。既未蒙省察，執之愈堅，區區之愚，尚復何説？竊意兩家之論，各自爲家，不若自此閉口不談，以俟羲、文而正焉。然以高明自信之篤，竊恐羲、文復生，亦未肯信其説也。世間事，吾人身在閒處，言之無益，此正可從容講論，以慰窮愁。而枘鑿之不合又如此，是亦深可歎者，而信乎其道之窮矣。

### 答趙提舉

《易》之書本爲卜筮而作，故其詞必根於象數，而非聖人己意之所爲。其所勸戒，亦以施諸筮得此卦此爻之人，而非反以戒夫卦爻者。近世言《易》者殊不知此，其説雖有義理而無情意，雖大儒先生有所不免。比因玩索，偶幸及此，私竊自慶，以爲天啓其衷，而以語人，人亦未見有深曉者。

## 答 林 嶷

辱示書及所爲文三篇,若以是質於熹者。熹少不喜辭,長復嬾廢,無以副足下意。然嘗聞之,學之道非汲汲乎辭也,必其心有以自得之,則其見乎辭者非得已也。是以古之立言者其辭粹然,不期以異於世俗,而後之讀之者卓然知其非世俗之士也。今足下之辭富矣,其主意立説高矣,然類多採摭先儒數家之説以就之耳,足下之所以自得者何如哉? 夫子所謂德之棄者,蓋傷此也。足下改之,甚善。示喻推所聞以講學閭里間,亦甚善。《記》曰:"教然後知困。"知困則知所以自强矣。

## 答 柯 國 材

觀聖賢之學與近世諸先生長者之論,所謂高遠者,蓋不在乎創意立説之間。伊川云:"吾年二十時,解釋經義與今無異。然思今日意味,覺與少時自別。"尹和靖門人稱尹公於經書不爲講解,而耳順心得,如誦己言,此豈必以創意立説爲高哉。今吾輩望此地位甚遠。大槩讀書且因先儒之説,通其文義而玩味之,使之浹洽於心,自見意味可也。如舊説不通,不妨偶自見得意思,但必欲於傳註之外別求所謂自得者而務立新説,則用心愈勞而去道愈遠,非學問之本意也。且謂之"自得",則是自然而得,豈可强求也哉? 今人多是認作"獨自"之"自",故不安於他人之説,而必己出耳。

## 答 范 伯 崇

前書所詢"民可使由之"一段,熹竊謂兩説似不相妨。蓋民但可使由之耳,至於知之,必待其自覺,非可使也。由之而不知,不害其爲循理。及其自覺此理而知之,則沛然矣。必使之知,則人求知之心勝,而由之不安,甚者遂不復由,而惟知之爲務,其害豈可勝言? 釋氏之學是已。大抵由之而自知,則隨其淺深,自有安處。使之知,則知之必不至,至者亦過之,而與不及者無以異,此機心惑志所以生也。

## 答 何 叔 京

子莫執中與舜、禹、湯之執中不同。蓋聖人義精仁熟,非有意於執中,而自然無過不及，故有執中之名，而實未嘗有所執也。以其無時不中，故又曰時中。若學未至，理未明而徒欲求所謂中者執之，則所謂中，果何形狀而可執也？殆愈執而愈失矣，子莫是也。既不識中，乃慕夫時中者而欲隨時以爲中，吾恐失之彌遠，未必不流爲小人之無忌憚也。《中庸》但言擇善，不言擇中，其曰"擇乎中庸"，亦必繼之曰"得一善"，豈不以善端可求，中體難識乎？夫惟明善，則中可得而識矣。

### 答何叔京

龜山"人欲非性"之語自好，昨來胡氏深非之。來教謂不知自何而有人欲，此問甚緊切。熹竊以謂人欲云者，正天理之反耳。謂因天理而有人欲則可，謂人欲亦是天理則不可。蓋天理中本無人欲，惟其流之有差，而人欲生焉。程子謂善惡皆天理，此句若甚可駭。謂之惡者本非惡，此句便都轉了。但過與不及便如此。自何而有人欲之問，此句答了。所引惡亦不可不謂之性，意亦如此。

### 答程允夫

"能持敬則欲自寡"，此語甚當。但紙尾之意以爲須先有所見，方有下手用心處，則又未然。夫持敬之功，伊川言之詳矣。只云："但莊整齊肅，則心便一，一則自無非僻之干。"又云："動容貌、整思慮，則自然生敬，此便是下手用功處，不待先有所見而後能也。須是如此，方能窮理而有所見。惟其有所見，則自然樂於從事。欲罷不能，而敬日躋矣。"伊川又言："涵養須用敬，進學則在致知。"又言："入道莫如敬，未有致知而不在敬者。"考之聖賢之言，如此類者亦衆，是知聖門之學別無要妙，徹頭徹尾只是一"敬"而已。

### 答胡廣仲

天下事物之理，亭當均平，無無對者，惟道爲無對，然以形而上下論之，則亦未嘗不有對也。所謂對者，或以左右，或以上下，或以前後，或以多寡，或以類而對，或以反而對。反覆推之，天地之間，真無一物兀然孤立者。此程子所以中夜以思，不知手舞而足蹈也。究觀來教，條目固多，而其意常主於別有一物之無對。故凡以左右而對者，則扶起其一邊。以前後而對者，則截去其一段。既强加所貴者以無對之名,而於所賤而有對者,又不免別立一位以配之,於是左右偏枯,首尾斷絕,位置重疊,條理交并。凡天下理勢,一切畸零贅剩、側峻尖斜,更無齊整平正之處。凡所論陰陽、動靜、善惡、仁義等説,皆此一模中脱出也。

此書前文甚多,中論性一條云:"性善"之"善",不與惡對,此本龜山所聞於浮屠常總者,宛轉説來,似亦無病。然謂性之爲善未有惡之可對則可,謂終無對則不可。蓋性一而已,既曰無有不善,則性之中無復有惡與善爲對,亦不待言而可知。若善所以得名,是乃對惡而言。天理、人欲雖非同時並有之物,然自其反而言之,亦不得不爲對也。今必別謂有無對之善,此又熹之所疑者也。此一段尤關係,故録。

### 答吴晦叔

泛論知行之理而就一事觀之,則知先行後,無可疑者。然合夫知之淺深、行之大小而言,則非先成乎小,亦將何以馴致乎大哉?蓋古人之教,自其孩幼而教之以孝弟誠敬之實,少長而博之以《詩》、《書》、《禮》、《樂》之文,皆使之即事物之間知義理之所在,而致涵養踐履之功焉。及其學於大學,則所以涵養踐履罩已小成,於是不離乎此而教之以格物致知,因其所已知推而致之以及其所未知,然後爲知之至。而所謂誠、正、修、齊、治、平至是而無所不盡其道焉。故《大學》之書,雖以格物致知爲用力之始,然非初不涵養踐履而直從事於此也。又非物未格、知未至,則意可以不誠、心可以不正、身可以不修、家可以不齊也。蓋以爲必知之至,然後修己治人,始有以盡其道。若曰必俟知至而後行,則夫事親從兄、奉上接下,乃人生所不能一日廢,豈謂吾知未至而暫輟,以俟其至而後行哉?

### 答李伯諫

來書云:儒、佛見處既無二理,其設教何異也?蓋儒教本人事,釋教本死生。本人事故緩於見性,本死生故急於見性。熹謂既謂之本,則此上無復有物矣。今既二本,不知所同者何事?而所謂儒本人事、緩見性者,亦殊無理。三聖作《易》,首曰:"乾,元亨利貞。"子思作《中庸》,首曰:"天命之謂性。"孔子言性與天道,而孟子道性善,此爲本於人事乎,本於天道乎?緩於性乎,急於性乎?俗儒正坐不知天理之大,故爲異説所迷,反謂聖學知人事而不知死生,豈不誤哉?聖賢教人盡心以知性,躬行以盡性,始終本末,自有次第,一皆本諸天理。緩也緩不得,急也急不得,直是盡性至命方是極則,非如見性之説,一見之而遂已也。上蔡云:"釋氏之論性,猶儒者之論心。釋氏之論心,猶儒者之論意。"此語剖析極精,細思之,如何?

來書所謂發明西洛諸公所未言者,即其過處也。嘗聞之師曰:"二蘇聰明過人,所説《語》、《孟》儘有好處。蓋天地道理不過如此,有時便見得到,皆聰明之發也。但見到處却有病,若欲窮理,不可不論也。""見到處却有病",此語極有味。試一思之,不可以爲平常而忽之也。

### 答吳公濟

來書云:儒、釋之道本同末異。熹謂本同則末必不異,末異則本必不同。一木之根,無緣却生兩木之實。

來書云:夫子專言人事生理,而佛氏則兼人鬼生死言之。不知死生、人鬼爲一乎,爲二乎?若以爲一,則專言人事生理者兼之矣,不待兼之而後兼也。若須別作一頭,窮究曉會,則是始終幽明却有間隔。

### 答林擇之

程子言敬,必以整齊嚴肅、正衣冠、尊瞻視爲先,又言未有箕踞而心不慢者,如此乃是至論。先聖言克己復禮,尋常講説,於"禮"字每不快意,必訓"理"而後已。今乃知其精微縝密,非常情所及爾。近畧整頓《孟子》説,見得此老真把得定,常放到極險處,方一斡轉,便見天理人欲直是判然。非有命世之才,見道分明,不能如此。然此便是英氣害事,便是才高無可依據,學者亦不可不知也。

### 答林擇之

前日"中和"之説,看得如何?數日來,玩味此意,日用間極覺得力,乃知目前所以若有若亡、不能純熟,氣象浮淺,易得動摇,其病皆在此。近看南軒文字,大抵都無前面一截功夫也。大抵心體通有無、該動静,故功夫亦通有無、該動静,方無透漏。若必待其發而後察,察而後存,則所不至多矣。惟涵養於未發之前,則其發也自然中節者多,不中節者少,體察之際,亦甚明審,易爲著力,與異時無本可據之説大不同矣。

### 答胡伯逢

男女居室,人事之至近而道行乎其間,此君子之道所以費而隱也。然幽闇之中、衽席之上,人或褻而慢之,則天命有所不行矣。此君子之道,所以造端乎夫婦之微密,而語其極,則察乎天地之高深也。然非知幾、慎獨之君子,其孰能體之?《易》首於《乾》、《坤》而中於《咸》、《恒》,《禮》謹大昏而《詩》以《二南》爲正始之道,其以此與?《知言》亦曰“道存乎飲食男女之事,而溺於流者不知其精”。又曰“接而知有禮焉,交而知有道焉,惟敬者能守而不失耳”,亦此意也。

### 答黃直卿

《先天》乃伏羲本圖,非康節所自作,雖無言語,而所該甚廣。《易》中一字一義,無不自其中流出者。《太極》乃濂溪自作,發明《易》中大槩綱領意思而已。規模不同,而《太極》終在《先天》範圍之内,又不若彼之自然,不待思慮安排也。

### 答呂子約

示喻縷縷,備見篤學力行之意,然未免較計務獲之病,橫此意方寸間,日夕擾擾,非所以進於日新也。所讀書亦太多,如人大病在牀,而衆醫雜進,百藥交下,決無見效之理。不若盡力一書,令其反覆通透而復易一書之爲愈。蓋不惟專力易見功夫,且是心定不雜,於涵養功夫亦有助也。又謂不欲但爲聞見之知,固善,然聞見之知要得正當,亦非易事,誠未可輕厭而躐等也。

### 答王子合

致生之者,如“事死如事生、事亡如事存”是也。致死之者,如“絶地天通”、“廢撤淫祀”之類是也。若於所當祭者疑其有又疑其無,則誠意不至矣,是不得不致生之也。於所不當祭者疑其無又疑其有,則不能無恐懼畏怯矣,是不得不致死之也。人以爲神是致生之，以爲不神是致死之。然亦當見道理實處，不是私意造作。不然者，即是"觀法界性，一切心造"之説矣。

### 答吳伯豐

所論看《大學》曲折則未然。如看《大學》，當且專看，若不知有他書者，逐字逐句，一一推窮，逐章反覆，觀其血脈，全篇反覆，觀其次第。終而復始，莫論遍數，通貫浹洽，顛倒熟爛，然後別觀他書。今方觀《大學》一句，便説向《中庸》上，支離蔓衍，彼此迷暗，互相連累。況所比校，初無補於用力之意，徒然枉費心力。閒立議論，語言轉多，而於自家分上轉無交涉，不可不察也。元來道學不明，不是上面欠闕功夫，乃是下面原無根脚。若信得及，脚踏實地如此做去，良心自然不放，踐履自然純熟，不但讀書一事而已。

### 答劉公度

講學不厭其詳，凡天下事物之理、方册聖賢之言，皆當反覆究竟。至於持守，其事無多。若覺未安，惟有默自加功，著力向前爾。今聞廢書不講，而反以持守之事爲誦説之資，是乃兩失其宜。至謂彼中朋友，只有季章一人可望，此未論許與之當否，而言之發亦太輕矣。向見伯恭説孔子順答魏王問天下之高士，而曰"世無其人"，此言非是孔氏家法。此語有味，試思之，如何？

### 答項平甫

所論"義襲"，猶未離乎舊見。告子之病，蓋不知心之慊處即是義之所安，其不慊者乃是不合於義，故直以義爲外而不求。今人因孟子之言，固有見得此意而識義之在内者，然又不知心之慊與不慊，亦有不待講學省察而後能得其精微者。故於學聚問辨之所得，皆指爲外而以爲非義之所在，遂一切棄置而不爲。此與告子之言，雖若小異，然其實五十、百步之間耳。以此相笑，是同浴而譏裸裎也。

孟子之意，須從上文看。"其爲氣也，配義與道，無是餒也。是集義所生者，非義襲而取之也。"上三句説"氣"，下二句"是"字與"非"字爲對，"襲"字與"生"字爲對。蓋曰此氣乃集義而自生於中，非行義而襲取之於外云爾，非謂義不是外襲也。今人讀書不精細，將聖賢言語錯看，又復將此草本立一切法，橫說豎說，狂嘷衆生，恐其罪不止如范甯之議王弼而已。

### 答王季和

學者之志，固不可不以遠大自期，然觀孔門之教，則其所從言之者至爲卑近，不過孝弟忠信、持守誦習之間，而於學問之全體，初不嘗嘗言之也。若其高第弟子，多亦僅得其一體。夫以夫子之聖，諸子之賢，其於道之全體，豈不能一言盡之以相授納，而顧爲是拘拘者以狹道之傳、畫人之志，何哉？蓋所謂道之全體雖高且大，而其實未嘗不貫乎日用細微切近之間，苟悅其高而忽於近，慕於大而畧於細，則無漸次經由之實，而徒有懸想跂望之勞，亦終不能以自達矣。故聖人之教循循有序，不過使人反而求之至近至小之中。博之以文，以開其講學之端，約之以禮，以嚴其踐履之實，使之得寸則守其寸，得尺則守其尺。如是久之，日滋月益，然後道之全體乃有所鄉望而漸可識，有所循習而漸可能。自是而往，俛焉孳孳，斃而後已。而其所造之淺深，所說之廣狹，亦非可以必詣而預期也。故夫子嘗謂先難後獲爲仁，又以先事後得爲崇德。蓋於此小差，則心失其正，雖有鑽堅仰高之志，而反爲計功謀利之私矣，仁何自而得，德何自而崇哉？

### 答陳抑之

年歲以來，私家多故，不獲以聲問先自通於隸人，兹承枉書，感愧無量。顧陳義高遠，雖古之賢人君子，懼不足以堪足下之意，而熹之愚何敢當之？然熹亦嘗有聞於先生長者矣，勤勞半世，汨没於章句訓詁之間，黽勉於規矩繩約之內，卒無高奇深渺之見可以驚世而駭俗者。獨幸年來於聖賢遺訓，粗若見其坦易明白之不妄而必可行者。私竊以爲儻得當世明達秀穎之士相與講之，抑彼之過，強此之不及，吾道庶其明且行乎？三復來書，果若有意於此，幸甚幸甚。竄伏窮山，未知見日，繼此書疏之往來，猶足以見區區也。

### 答陳正己

示喻爲學大致及別紙數條，皆已深悉，但區區有不能無疑者。蓋上爲靈明之空見所持，而不得從事於學問思辨之實，下爲俊杰之豪氣所動，而不暇用力於格致、誠正之間，是以所論常有厭平實而趨高妙、輕道義而喜功名之心，絕不類聖門學者氣象，不知向來伯恭亦嘗以是相規否也？熹自十四五時，即嘗有志於此，中間非不用力，而所見終未端的，所幸內無空寂之誘，外無功利之貪，全此純愚以至今日，反覆舊聞而有得焉。

### 答林德久

《易象説》似未條暢，熹所論別紙録去，然其大意不過欲姑存而未論耳。後書所疑，不知後來看得曉然未耶？熹嘗愛韓子説所以爲性者五，而今之言性者皆雜佛老而言之，所以不能不異，在諸子中最爲近理。蓋如吾儒之言，則性之本體即仁義禮智之實。如老佛之言，則先有虛空之性，而後有此四者，不然亦謂性爲虛空之物，而可以包乎四者爾。不知性之爲體，不離四者，而四者又非有形象方所，但於渾然一理之中，似有界限，而實亦非有遮闌間隔也。然此處極難言，故孟子只於發處言之。

### 答歐陽希遜

程子曰："四德之元，猶五常之仁，偏言則一事，專言則包四者。"惻隱之類，偏言之也。克己之類，專言之也。然即此一事，便包四者，蓋亦非二物也。《論語集註》云："仁者，心之德，愛之理也。"此言有味，可更思之，不可謂孟子之言不如孔子之周徧。孟子亦有專言之者，"仁，人心"是也。孔子亦有偏言之者，"愛人"是也。又謂孟子以世人好殺而言惻隱，尤非也。孔子雖不以"義"對"仁"，然每以"智"對"仁"，更宜思之。

### 答黎季忱

示及兩卷，各已批註封還，幸細考之。《語》、《孟》更須寬心游意看，令通徹。《易》則恐未易讀，如此穿鑿，枉費心力也。蓋《易》本卜筮之書，故先王設官，掌於太卜，而不列於學校。學校所教，《詩》、《書》、《禮》、《樂》而已。至孔子乃於其中推出所以設卦觀象繫辭之意，而因以識夫吉凶進退存亡之道。蓋聖人當時已曉占筮之法及其詞意所在，故就其間推出義理。若在今日，則已不得其法，又不曉其詞，而暗中摸索，橫起私意，竊恐聖賢復生，亦未易通曉。與其虛費心力於此,不若且從事於《詩》、《書》、《禮》、《樂》之爲易知也。《大學》、《論》、《孟》、《中庸》又在四者之先,尤須理會透徹。

### 與湖南諸公論中和第一書

《中庸》已發、未發之義,前此認得此心流行之體,又因程子"凡言心者,皆指已發而言",遂目心爲已發,性爲未發。然觀程子之書,多所不合。因復思之,乃知前日之說,非惟心、性之名命之不當,而日用功夫全無本領,蓋所失者不獨文義之間而已。按:《文集》、《遺書》諸說,似皆以思慮未萌,事物未至之時,爲喜怒哀樂之未發。當此之時,即是此心寂然之體,而天命之性具焉。以其不偏不倚,故謂之中。及其感通天下之故,則喜怒哀樂發焉,而心之用可見。以其無不中節,故謂之和。此人心之正,情性之德然也。然而未發之前不可尋覓,已覺之後不容安排,但平日莊敬涵養之功至,而無人欲之私亂之,則其未發也,鏡明水止,而其發也,必中節矣。此是日用本領功夫,至於隨事省察,即物推明,亦必以是爲本,而於已發之際觀之,則其具於未發之前者,固可默識。向來講論思索,直以心爲已發,而日用之間,亦止以察識端倪爲下手處,以故闕平日涵養一段功夫,使人胷中擾擾,無深潛純一之味,發之言語事爲,亦常急逼浮露,無雍容沈厚之風。蓋所見一差,其害如此。程子所謂"凡言心者,皆指已發而言",此蓋指赤子之心而謂,"凡言心者",則其爲說之誤,故自以爲未當,而復正之,固不可執其已改之言,而盡疑諸說也。不審諸君子以爲何如?

### 元亨利貞說

元亨利貞,性也。生長收藏,情也。以元生,以亨長,以利收,以貞藏者,心也。仁義禮智,性也。惻隱、羞惡、辭讓、是非,情也。以仁愛,以義惡,以禮讓,以智知者,心也。性者,心之理也。情者,心之用也。心者,性情之主也。程子曰:"其體則謂之易,其理則謂之道,其用則謂之神。"又曰:"言天之自然者,謂之天道。言天之付與萬物者,謂之天命。"又曰:"天地以生物爲心。"皆謂此也。

### 程子養觀說

程子曰:"存養於未發之前則可。"又曰:"善觀者却於已發之際觀之。"何也？曰：“此持敬之功貫通乎動靜之間者也。就程子此章論之，方其未發，必有事焉，是乃所謂靜中之知覺，《復》之所以‘見天地之心’也。及其已發，隨事觀省，是乃所謂動上求靜，《艮》之所以‘止其所’也。然則靜中之動，非敬其孰能形之。動中之靜，非敬其孰能察之。故又曰：‘學者莫若先理會敬，則自知此矣。’然則學者豈可舍是而他求哉！”

## 太　極　説

動靜無端，陰陽無始，天道也。始於陽，成於陰，本於靜，流於動者，人道也。然陽復本於陰，靜復根於動。其動靜亦無端，其陰陽亦無始，則人蓋未始離乎天，而天亦未始離乎人也。

元亨，誠之通，動也。利貞，誠之復，靜也。元者，動之端也，本乎靜。貞者，靜之質也，著乎動。一動一靜，循環無窮。而貞也者，萬物之所以成終而成始者也。故曰雖不能不動，而立人極者必主乎靜。惟立乎靜，則其著乎動也無不中節，而不失其本然之靜矣。

靜者，性之所以立也。動者，命之所以行也。然其實則靜亦動之息耳。故一動一靜皆命之行，而行乎動靜者乃性之真也。故曰：“天命之謂性。”

情之未發者，性也，是乃所謂中也，天下之大本也。性之已發者，情也，其皆中節則所謂和也，天下之達道也，皆天理之自然也。妙性情之德者，心也，所以致中和而立大本，行達道者也，天理之主宰也。

知明道先生所謂“天理”二字却是自家體貼出來者，真不妄也。靜而無不該者，性之所以爲中也，寂然不動者也。動而無不中者，情之發而得其正也，感而遂通者也。靜而常覺，動而常止者，心之妙也，寂而感，感而寂者也。

## 答　鄭　子　上

《易》之爲書，本爲卜筮而作，然其義理廣大精微，不可以一法論。蓋有此理則有此象，有此象則有此數，各隨問者意所感通。如“利涉大川”，或是渡江，或是濟險，不可預爲定説。但其本指即是渡江，而推類旁通，則各隨其事。《論易傳》。此書從前爲人説得太高，更不細推文意，若詳讀而深味之，其條理脈絡曉然可見。非是固欲剖析，自是合并不聚。以此知古人文字關鍵深密，直不草草。如庖丁眼中，自是不容有全牛也。請更詳之。《論中庸》。上下千有餘年之間，言者非一人，記者非一筆，而其說之同如合符契，非能牽聯配合而强使之齊也。此義理之原，不可不察。

## 答 黃 道 夫

天地之間，有理有氣。理也者，形而上之道也，生物之本也。氣也者，形而下之器也，生物之具也。是以人物之生，必禀此理，然後有性。必禀此氣，然後有形。其性其形雖不外乎一身，然其道器之間，分際甚明，不可亂也。若劉康公所謂“天地之中所謂命”者，理也，非氣也。所謂“人受以生”，所謂“動作威儀之則”者，性也，非形也。今不審此，而以魂魄鬼神解之，則是指氣爲理而索性於形矣，豈不誤哉！所引《禮運》之言，本亦自有分別。其曰天地之德者，理也。其曰陰陽之交、鬼神之會者，氣也。今乃一之，亦不審之誤也。《詩》曰：“天生烝民，有物有則。”周子曰：“無極之真，二五之精，妙合而凝。”所謂真者，理也。所謂精者，氣也。所謂則者，性也。所謂物者，形也。

## 定 性 説

定性者，存養之功至，而得性之本然也。性定，則動静如一，而内外無間矣。天地之所以爲天地，聖人之所以爲聖人，不以其定乎？君子之學，亦以求定而已矣。故擴然而大公者，仁之所以爲體也。物來而順應者，義之所以爲用也。仁立義行，則性定而天下之動一矣，所謂貞也。夫豈急於外誘之除，而反爲是憧憧哉。然常人之所以不定者，非其性之本然也。自私以賊夫仁，用智以害夫義，是以情有所蔽而憧憧耳。不知自反以去其所蔽，顧以惡外物累心而反求照於無物之地，亦見夫用力愈勞而燭理愈昧，益以憧憧而不自知也。“艮其背”，則不自私矣。行無事，則不用智矣。内外兩忘，非忘也，一循於理，不是内而非外也。不是内而非外，則大公而順應，尚何事物之爲累哉。聖人之喜怒，大公而順應，天理之極也。衆人之喜怒，自私而用智，人欲之盛也。忘怒則公，觀理則順，二者所以爲自反而去蔽之方也。夫張子之於道，固非後學所敢議，然意其彊探力取之意多,涵泳完養之功少,故不能無疑於此。程子以是發之,其旨深哉!

### 讀呂氏詩紀桑中篇

詩體不同,固有鋪陳其事而意自見者,《清人》之詩是已。至於《桑間》、《溱洧》[1]之篇,則雅人莊士蓋難言之。孔子之稱“思無邪”也,必曰彼以無邪之思鋪陳淫亂之事,曷若曰彼以有邪之思作之,而我必以無邪之思讀之耶? 若夫《雅》、《鄭》、《衛》之説,《雅》則《小雅》、《大雅》是已,《鄭》則《鄭風》是已,《衛》則《邶》、《鄘》、《衛風》是已。是則自衛反魯以來,未之有改。《桑中》小序:“政散民流而不可止。”其文與《樂記》合,則是詩之爲桑間又不爲無據。今曰三百篇皆雅,而大、小《雅》不獨爲《雅》,《鄭風》不爲《鄭》,《邶》、《鄘》、《衛風》不爲《衛》,《桑中》不爲桑間,篇帙混亂,邪正錯糅,非復孔子之舊矣。夫《二南》正風,房中之樂也,鄉樂也。二《雅》之正,朝廷之樂也。《商》、《周》之頌,宗廟之樂也。是見於《序》義,傳記皆有可考。至變雅,固已無施於事,而變風者,又特里巷之謳謠,其領在樂官,以爲可以識俗變,知土風,而賢於四夷之樂爾。今曰三百篇者皆祭祀朝聘之用,則未知《桑中》、《溱洧》之詩,當以薦何鬼神,奉何賓客耶? 古者天子巡狩,陳詩以觀民風,固不問其美惡,悉陳以觀也。既已陳之,固不問其美惡,悉存以訓也。然與《雅》、《頌》之正,篇帙不同,施用亦異,固不嫌於龐雜也。今於《雅》、《鄭》之實察之不詳,龐雜之名畏之太甚,引風刺之美説,文浮放之鄙詞,而置諸先王《雅》、《頌》之列,是反爲龐雜之甚而不自知也。

### 記程門諸子論學同異

熹讀程門諸子之書,見其所論爲學之方有不同者,因以程子之言質之,而竊記之如左:

胡氏曰:“物物致察,宛轉歸已。”楊氏曰:“物不可勝窮也,反身而誠,則舉天下之物在我矣。”程子曰:“所謂窮理者,非必盡窮天下之物,又非止窮一物而衆理皆通,但要積累多後,脱然有貫通處。”又曰:“物我一理,纔明彼即曉此,不必言因見物而反求諸身也。然語其大,至天地之所以高厚。語其小,至一物之所以然,學者皆當理會。"

胡氏曰:"只於已發處用功,却不枉費心力。"楊氏曰:"未發之際,以心體之,則中之體自見。執而勿失,無人欲之私焉,發必中節矣。"程子曰:"思於未發之前求中,即是已發,但言存養於未發之時則可。惟涵養久,則喜怒哀樂之發自中節矣。學者莫若先理會敬,能敬則自知此矣。"

謝氏曰:"明道先生先使學者有所知識,却從敬入。"又曰:"既有知識,窮得物理,卻從敬上涵養出來,自然是別。正容謹節,外面威儀,非禮之本。"尹氏曰:"先生教人,只是專令用敬以直內,習之既久,自然有所得也。"程子曰:"入道莫如敬,未有能致知而不在敬者。"又曰:"動容貌,整思慮,則自然生敬。存此久之,則自然天理明。"又曰:"涵養須用敬,進學則在致知。"又曰:"敬只是涵養一事,必有事焉,須當集義。只知用敬不知集義,却是都無事也。"

右諸說之不同者,以程子之言質之,唯尹氏之言爲近,所少者,致知集義之功耳。不知其言之序有未及耶,抑其意果盡於此也?然大本既立,則亦不患於無地以崇其德矣。故愚於此竊願盡心焉,因書其後,以自詔云。

<h3 style="text-align:center">記論性答稿後</h3>

此篇出於論定之初,徒以一時之見,驟正累年之失,向背出入之際,猶有未服習者。又持孤論以當衆賢,心不自安,故自今讀之,尚多遺恨。如廣仲之言,既以靜爲天性之妙,又論性不可以真妄動靜言,是《知言》所謂歎美之善,而不與惡對者云爾。應之宜曰:"善惡、真妄、動靜皆以對待而得名者也。不與惡對,不名爲善。不與動對,不名爲靜。既非妄,又非真,則亦無物之可指矣。今不知性之善而未始有惡也,真而未始有妄也,主乎靜而涵乎動也,顧曰凡有對者,皆不可以言性,而別有無對之善與靜焉,然後可以形容天性之妙,不亦異乎?"當時酬對既不出此,他所自言亦多曠闕。如論性無不該,不可專以靜言,此固是也。然其說當云:"性之分雖屬乎靜,而其蘊則該動靜而不偏。故《樂記》以靜言性則可,廣仲以靜形容天性之妙則不可。"如此,則語意圓矣。如論程子真靜之說,以真爲本體,靜爲未感,此亦是也。然當云:"下文所謂未發,即

静之謂也。所謂五性,即真之謂也。然則仁、義、禮、智、信乃所謂未發之蘊,而性之真也與?"如此則文義備矣。

### 論語課會說

古之學者潛心乎六藝之文,退而考諸日用,有疑則問,問之弗得,弗措也。古所謂傳道、授業、解惑者,如此而已。後世設師弟子員,學校以羣之,師之所講,不待弟子之問,而弟子之聽於師,亦非其心之所疑也。汎然相與,以具一時之文,學問之道,豈止此哉?秦、漢迄今千有餘年,所謂師弟子不過如此,此聖人之緒言餘旨所以不白於後世,後世之風流習尚所以不及於古人也與?學者將求古人之所至,不可以不務古人之所爲。今將以《論語》之書與諸君相從學,而惟今之所謂講者不足事也。是以不敢以區區薄陋所聞告諸君,其因先儒之說以逆聖人之志,孜孜焉蚤夜精思,考諸日用,必將有以得之而以幸教熹也。其有不合,熹得爲諸君言之。諸君其無勢利之急而盡心於此,一有得焉,守之以善其身,不爲有餘,推之一鄉一國而至天下,不爲不足。熹不肖,不敢公是欺諸君也。

### 講禮記序說

學者博學乎先王六藝之文,誦焉以識其辭,講焉以通其意,而無以約之,非學也。故曰博學而詳說之,將以反說約也。何謂約?禮是也。禮者,履也,謂昔之詳說者,至是可踐履。故夫子曰:"博學於文,約之以禮。"顏氏之稱夫子,亦曰:"博我以文,約我以禮。"禮之義,不其大哉!然古禮非必有經,蓋先王之世,上自朝廷,達於閭巷,其儀品有章,動作有節,故曰"禮儀三百,威儀三千,待其人而後行",則豈必簡冊而傳哉!其後禮廢,儒者惜之,乃始論著,以傳於世。今《禮記》四十九篇,則其遺說,已學而求所以約,不可以莫之習也。今柯君直學,將爲諸君誦其說而講明之,諸君其聽之毋忽。《易》曰:"知崇禮卑。"禮以極卑爲事,故自飲食居處,灑掃欬唾之間,皆有儀節,聞之若可厭,行之若瑣碎而不綱。然惟愈卑故愈約,與所謂極崇之智,殆未可以差殊觀也。夫如是,故成性存存而道義出矣。此造約之極功也,諸君其聽之毋忽。

### 諭諸生

古之學者,八歲而入小學,學六甲五方書計之事。十五而入大學,學先聖之禮樂焉，非獨教之，固有以養之也。蓋理義以養其心，聲音以養其耳，采色以養其目，舞蹈降登疾徐俯仰以養其血脈。左右起居，盤盂几杖，有銘有戒，養之之具，可謂備至爾矣。夫是故，學者有成材，而庠序有實用。自學絕而道喪，至今千有餘年。學校之官，有教養之名而無教之養之之實。學者挾策相嬉其間，有傑然者乃知以干祿蹈利爲事，至語聖賢之緒旨，究學問之本原，罔乎莫知所以用其心者。其規爲動息，無以異於凡民而有甚者焉。嗚呼！此教者過也，而豈學者之罪哉？然君子以爲亦有罪焉爾，夫今所異於古，特聲音采色之盛，舞蹈降登疾徐俯仰之容，左右起居，盤盂几杖之戒，至推其本，則理義之養心者固在也。諸君日相與誦而傳之，顧不察耳，此之不爲而彼之久爲，又豈非學者之罪哉？

### 補 試 榜 諭

君子之學以誠其身，非直爲觀聽之美而已。古之君子行之其身，推之教其子弟，莫不由此，此其風俗所以醇厚，而德業所以崇高與。近世之俗不然，自父母所以教使之假手程文，以欺罔有司而已。新學小生自爲兒童時，習見其父兄之誨如此，因恬不知愧，而安受無實之名，內以傲其父兄，外以驕其閭里，終身不知自力，以至卒就小人之歸，未必不由此也。故今勸諭縣之父兄，有愛其子弟之心者，其爲求明師賢友，使之究義理之指歸，而習爲孝弟馴謹之行，祿爵之不至，名譽之不聞，非所憂也。何必使之汲汲俯心下首，因人成事，幸一朝之得，貽終已之羞乎？今茲試補縣學弟子員，屬熹典領，故茲勸諭。

### 論語訓蒙口義序

書所以作，取便於童子之習而已，故名之曰《訓蒙口義》。嗚呼！小子來前。予幼承父師之訓，從事於此二十餘年，材資不敏，未能有得。今乃妄意採掇先儒，有所取捨，度德量力，夫豈所宜？然施之汝曹，取其易曉，本非述作，以是庶幾無罪。夫其訓釋之詳且明也，日講焉則無不通矣。義理之精且約也，日誦焉則無不識矣。通者已知而時習，識者未解而勿忘，予之始學，亦若斯而已矣。嗚呼！小子其懋敬之哉！汲汲焉毋欲速也，循循然毋敢惰也。毋牽於俗學而以爲迂且淡也，毋惑於異端而以爲近且卑也。窮理、盡性、修身、齊家，蓋取諸此，亦終吾身而已矣。嗚呼！小子其懋敬之哉！

### 孟子集義序

二程先生出，然後斯道之傳有繼，其於孔、孟之心，蓋異世同符也。其所以發明二書之說，言雖近而索之無窮，指雖遠而操之有要，讀者非徒可得其言，而又可得其意；非徒可得其意，而又可并其所以進於是者得之，可謂至矣。間嘗蒐輯條疏，以附本章之次，既又取橫渠張公、范氏、二呂氏、謝氏、游氏、楊氏、侯氏、尹氏，凡九家之說附之，名曰《論孟精義》，以備觀省。抑嘗論之，《論語》之言，無所不包，而所以示人者，莫非操存涵養之要。七篇之指，無所不究，而所以示人者，類多體驗充擴之端。夫聖賢之分不同，然而體用一源也，顯微無間也，非夫先生之學之至，其孰能知之？張公之於先生，論其所至，其猶伯夷、伊尹之於孔子。而一時及門之士，又未知孰爲孔氏之顏、曾也。今録其言，亦曰大者既同，則淺深疏密，毫釐之間，正學者所宜盡心焉。至於近歲以來，學於先生之門人者，又或出其書，則意者源遠末分，醇醨異味而不敢載矣。

### 江州重建濂溪先生書堂記

道之在天下者未嘗亡，惟其託於人者或絶或續，故其行於世者有明有晦，是皆天命之所爲，非人智力之所能及也。夫天高地下，而二氣五行紛綸錯糅，升降往來於其間，其造化發育，品物散殊，莫不各有固然之理，而最其大者，則仁、義、禮、智之性，君臣、父子、昆弟、夫婦、朋友之倫是已。是其周流充塞，無所虧間，夫豈以古今治亂爲存亡者哉。然氣之運也，則有醇醨判合之不齊。人之禀也，則有清濁昏明之或異。是以道之所以託於人而行於世者，惟天所畀，乃得與焉。《河圖》出而八卦畫，《洛書》呈而《九疇》叙，而孔子於斯文之興喪，亦未嘗不推之於天，聖人於此其不我欺也，審矣。若濂溪先生者，其天之所畀，而得乎斯道之傳者與？不然，何其絶之久而續之易，晦之甚而明之遽也？蓋自周衰，孟軻氏没，而此道之傳不屬，更秦及漢，歷晉、隋、唐，以至於我有宋。聖祖受命，五星集奎，實開文明之運，然後氣之漓者醇、判者合，清明之禀，得以全付乎人。而先生出焉，不由師傳，默契道體，建《圖》屬《書》，根極領要，當時見而知之有程氏者，遂擴大而推明之,使夫天理之微、人倫之著、事物之衆、鬼神之幽,莫不洞然畢貫於一,而周公、孔子、孟氏之傳,焕然復明於當世,有志之士,得以探討服行而不失其正,如出於三代之前者。嗚呼盛哉! 非天所畀,其孰能與於此?

【校記】

① "溱洧",原作"洧外",據《詩·鄭風》篇名改。

# 閩中理學淵源考卷十七

## 朱子福州門人并交友

按：三山宋初諸賢踵起，於時“海濱四先生”爲之倡，而劉氏執中、陳氏祥道亦皆以經學名家，嗣是洛學興，王氏信伯親承指授，林氏少潁亦師溯同源，至紫陽文公丕振道南統緒，共推及門高弟者，勉齋黄氏一人而已。至若陳北溪、潘瓜山、林正卿、林子武諸公，皆粹然正學淵源。由是師法遞習，家傳户誦，步仰宗風，燦日月而沛江河矣。

### 文清鄭景紹先生昭先

鄭昭先，字景紹，閩縣人。淳熙十四年進士，初授浦城主簿。自以未嘗學問，乃游朱子之門。居官有惠政，秩滿，之京謁丞相葛邲。邲曰：“君浦城鄭主簿耶？擊賊不受賞，吾聞君名久矣。”擢知歸安，邑民愛之。累官諫議大夫，知樞密院事兼參知政事，進右丞相，辭，不拜。卒之夕，有大星墜於故室，謚曰文清。昭先立朝，累有奏疏，言皆切直，在政府沈厚鎮静，以愛護人才、振拔淹滯爲己任。景獻太子薨，議建儲，昭先請以仁宗爲法，上意乃決。會旱災求言，同列有欲罪上書過直者，昭先曰：“以直言求人，乃以言直而罪之耶？”所著有《日湖遺稾》五十卷。真西山序其文曰：“公天資寬洪，而養以静厚，平居怡然自適，未嘗見忿厲之容。於書無所不讀，而又喜聞義理之説，故其文章不事刻畫而敷腴豐衍，似其爲人。開禧初，某將試詞學科，見遺以詩，所期甚遠，蓋其辱知也舊矣。”《通志》、《道南源委》、《真文忠公集》

### 修撰陳北山先生孔碩兄孔夙。

陳孔碩,字膚仲,侯官人。祖禧,父衡,皆爲朱子所推重。孔碩刻志力學,好古道,以聖賢自期,嘗從張南軒、呂東萊游。東萊死,心喪三年後,復偕其兄孔夙從學朱子於武夷,甚見器重。蓋孔碩能於心性上致力,故朱子嘗貽書云:"婺州朋友專事聞見,而於自己身心全無功夫。彼陸學固有似禪處,每勸學者兼取其善云。"又朱子答孔碩書云:"所謂涵養也,只要應事接物,處之不失此心,各得其理而已,亦即學規之意。"蓋勗之也。登淳熙二年進士,歷處州教授。以所聞於三先生者誘進後學,多所成就。知邵武、瑞金二縣,除吏部駕閣,累遷將作監丞,禮部郎中、知惠州,提舉淮東常平,所至有古良吏風。嘉定間,金人來襲,遣子韠募死士合監軍擊破之。移曹廣西,後丐祠,主千秋鴻禧觀。累召不起,進秘閣修撰。年歲八十,以眉壽終。以子韠貴贈太子太師。孔碩素性嚴毅,沈静有守,利祿不動其心,出入中外垂二十年,不肯少變所守。在朝數忤史彌遠,而與楊澹軒、葉水心友善。著有《中庸大學解》、《北山集》三十卷,行於世。學者稱北山先生。西山真氏跋其帖,稱其辭章翰墨爲"近世第一"。兄孔夙,慶元五年進士。

按:呂東萊先生在淳熙八年没時,朱子年五十二矣。北山從學於呂,方從朱門,疑在八年後,是爲中歲後及門者。又朱子《與陳膚仲》第三書論科舉之學,謂:"近年飜弄得鬼怪百出,都無誠實正當意思,一味穿穴,旁支曲徑,以爲新奇。最是永嘉浮僞纖巧,不美尤甚,而後生輩多宗師之,此是今日莫大之弊。今欲革之,莫若取三十年前渾厚純正、明白俊偉之文誦以爲法,此亦正人心、作士氣之一事也。"又云"《大學》近修得益精密平實,《易啓蒙》、《太極》、《西銘》、《通書解義》、《學記》諸書,各一本",云云。考之《年譜》,淳熙十五年始出《太極》、《通書》、《西銘解義》,以授學者,則此書論科舉之弊,年正五十九,已是暮年,而彼時運會士風亦遞變矣。《道南源委》

### 林擇之先生用中弟允中。

林用中,字擇之,號東屏,古田人。始從林艾軒光朝學,後登文公之門,與建安蔡季通齊名。文公每稱爲"畏友",嘗《與何叔京書》曰:"擇之在此討論,其人操履甚謹,思索愈精,大有所益。"張敬夫帥湖南,文公偕用中往訪之,聚首年餘,有《南嶽倡酬集》。用中早厭科舉業,不求仕進。石豁宰尤溪,延掌學政,僅爲一往,士民率化,而頑傲者亦莫不翕服。趙汝愚帥閩,日過其門,訪以政事。邑宰洪天錫表其門曰"通德"。學者稱草堂先生。著有《草堂集》。

　　林允中,字擴之。用中弟,亦受業朱子之門,文公稱其"外晦内明,外樸内敏"。《三山新志》、《閩書》

　　按:黄氏海《道南統緒辨正》,林用中爲慶元之特科。考《三山選舉志》亦同。再按:《朱子大全集》於乾道二年撰林用擇之字序,似初見先生者。時朱子年方三十七。三年,往長沙,即令侍行。是時延平先生初没,文公方討論中和之旨。集中前後與擇之往復,并《别集》數札,多闡道微言。再按,朱子《與林師魯書》云:"去年林擇之不鄙過門,以講學爲事,怪其温厚警敏,知所用心,皆如老於學者。因扣其師友淵源所自,則得三人者焉,曰程深父,曰林熙之,而其一人則芸齋公之子師魯云。"又《與擇之書》云:"某奉養粗安,舊學不敢廢,得擴之朝夕議論,相助爲多。"又曰:"某憂苦如昨,至節復不遠,痛割不自堪。幸朋友不鄙棄,責以講習,忽忽度日,且復支持耳。擴之來此相聚,極有益。其專志苦學,非流輩所及。但於展拓處,終未甚滿人意耳。"又曰:"講學之功,比舊却覺稍有寸進,以此知初學得些静中工夫亦爲助不少,尚恨未免泛然應接,不得專一於此耳。"讀數札,似乾道間往復者。又《與何叔京書》云:"今年有古田林君擇之者在此相與講學,大有所益,區區稍知復加激厲,此公之力爲多也。"數書皆有"奉親遣日"之語,疑在乾道五年以前之札,擇之及門與何叔京皆相先後。

## 林魯山先生師魯

　　林師魯,别字魯山,古田人。朱子門人。其父與韋齋公友善,朱子跋其遺文云:"先君子志尚高潔,不妄與人交。蓋嘗避地福之古田,得芸齋林公而與之游,愛其學識行誼有以過人,而惜其且將湮没無聞於世也,及仕於朝,爲之延譽甚力。然竟不及試用,識者恨之。某侍側,久聞大署。近得其臨終手書數十百言,戒其家無用浮屠法,然後知其所學之純,所守之固,見於死生之際又如此云。"師魯品行純篤,講學得朱子遺規,林用中師事之。

　　按:芸齋爲師魯先生父别號也,其名未詳。芸谷似爲師魯號,嘗考朱子《别集》乾道五年《祭林芸谷師魯文》云:"昔先君與芸齋先生遊,而吾師魯又不鄙其愚,嘗不遠數百里過我於潭溪之上。

蓋將從容講學以進於斯道云。"又朱子《跋芸齋遺文》稱師魯爲魯山,又《與林熙之書》:"曰惜師魯美才高志,未克有成,朋從零落,道學寡助云。"

## 林丕顯先生薈

林薈,字丕顯,連江人。始與呂東萊師事林之奇,爲同舍生,而年又長於東萊。及東萊講學授徒,薈竟屈首受業。東萊曰:"此閩中瑞物也。"後參謁朱子,以乏資且老,不得時見。聞鄉人有從朱子學者,輒造門扣問,無論晚輩。郡文學以禮延致之,數日而歸,曰:"向者違親而赴金華,爲道故也。今又安能舍親爲人耶?"凡訓誨諸生,必舉其立志用力者勉焉。《道南源委》

## 余占之先生隅

余隅,字占之,古田人。朱文公高弟。學問警敏,與林用中齊名。呂東萊、黃勉齋相與往來,講明義理。著有《克齋文集》。

按,《朱子別集·答林擇之書》云:"二余在此日久,占之警敏,彝孫淳静,皆可喜,但亦未敢與説向上去,恐别生病云。"又書中有云《尤溪學記》及《克齋記》,按年月在乾道八年、九年撰,時文公年方四十三四,此書自是九年以後,則屬淳熙改元之歲矣,二人似早及門者。

## 林熙之先生大春

林大春,字熙之,古田人。朱子門人,嘗題十六字云:"仲尼再思,曾子三省,予何人也,敢不修整!"號愷齋。家世宗尚理學,子孫以文行世其家。朱子曾贈之詩曰:"君行往返一千里,過我屏山山下村。濁酒寒燈静相對,論心直欲到忘言。仁體難明君所疑,欲求直截轉支離。聖言妙蘊無窮意,涵泳從容只自知。天理生來本不窮,要從知覺驗流通。若知體用元無間,始笑前來説異同。十年燈火與君同,誰道年來西復東。不學世情雲雨手,從教人事馬牛風。"《三山新志》、《朱子大全集》

## 司法蔣彥禮先生康國

蔣康國,字彥禮,古田人。紹興三十七年進士。嘗從朱文公講論,文公《楚

詞集解》多資之。官饒州司法。學者稱鼎山先生。《道南源委》

## 助教鄭惟任先生申之

鄭申之，字惟任，長樂人。乾道五年進士，國子監助教。朱子避偽學禁至長樂，申之從之遊。教授於鄉，及門甚衆。立文、行、忠、信四齋以處之，朱子扁其所居樓曰“聚遠”。《三山新志》

## 文定鄭信之先生性之

鄭性之，字信之，侯官人。弱冠，遊朱文公之門。嘉定元年進士第一，授平江軍節度判官。召對，以聖學教太子爲先。除秘書正字，輪對，乞强國勢宜專大帥之權，久邊守之任，至萬餘言。累遷知袁州。召入，言：“執政出一言，侍從之臣間有忠憤不然者，則立中傷之，使人人箝口，此非國勢之福。”時東宮虛位，乞早定大計，寧宗嘉其請。後知贛州，改知隆興府，以寶章閣待制提舉玉隆萬壽宮，進文華閣待制、提舉上清太平宮，進敷文閣待制、知建寧府。端平元年，召爲吏部侍郎。入對，言：“陛下比者大開言路，以通塞蔽。諸臣心苟愛君，誰不欲言？言不切直，何能感動？譬如積水，久壅一決，其勢必盛，其聲必激。故言者多則易於取厭，言之激則難於樂受。若少有厭倦動於詞色，則讒諂乘間，或不自知。”所奏凡二千餘言。擢左諫議大夫，言：“臺臣交章互詆，願陛下鑑古今天下安危之變、君子小人消長之機，公以處之。若有關國體、有補治道、有益主德，言之過激，夫亦何傷？”拜端明殿學士、簽書樞密院事，累知樞密院事兼參知政事，加觀文殿學士致仕。寶祐二年卒，諡文定。性之所至爲民去害就利，尤務崇化厚俗，民有骨肉爭訟者，輒曉諭諄切，不事刑威。立朝正直忠厚，無所附麗。有《端平奏議》及與陳均同修《宋編年備要》行於世。《閩書》、《考亭淵源錄》、《通志》、《三山新志》

## 曾誠叟先生逢震

曾逢震，字誠叟，閩縣人。幼讀書過目成誦，慨然有求道志，與鄭性之俱從朱文公學，恥爲場屋之文。胸中焕然，洞見道體，經史百家無不窺究。隱居道山，家事有無不問也。嘗自編録其詩文，名《月林醜鏡》。《閩書》、《三山新志》

### 陳自修先生枡

陳枡，字自修，福州長樂人。祖宋霖爲同安令，與文公爲僚友。枡因從遊，有所録問答。《道南源委》

### 潘立之先生植

潘植，字立之，福州懷安人。父滋，爲林拙齋門徒，素務學，至老不倦。聞鄉閭之善士，輒折輩行，率其子從之遊。後聞晦菴講道武夷，遂命植往師事之。植遂與其弟柄不遠千里從於武夷。植少穎悟，讀書不數過輒成誦，爲文語意雄健，流輩推先。尤嗜史學，自載籍以來，上下數千年反覆耽玩，其於興亡治亂、是非得失之故，貫穿出入如指諸掌。時方交馳於射策決科之習，而植與其弟皆以弱冠摳衣有道，屬志前修，同視故習，若將浼己。儕輩至有高談性理，下視程文之誚，不顧也。家居，日以濂、洛諸書磨礱浸灌，暇則徜徉林壑間，以觴咏自娛，閨庭之間，怡怡如也。弟柄，見本學派。《考亭淵源録》

### 縣尉林子武先生夔孫

林夔孫，字子武，古田人。從朱文公遊，文公曰："子武是有思量的。"命作堂長，嘗與講論"一陰一陽之謂道"及"繼善成性"之説。又與同邑余隅、程若中爲心友。黨禁起，學者懼禍，更事他師，獨夔孫與傅定從文公講論不輟。文公易簀之際，謂之曰："道理只是如此，且須做堅苦功夫。"嘉定中特奏名，爲縣尉。有《書本義》、《中庸章句》并《蒙谷集》行世。丞相江萬里嘗從學，爲序之。《閩書》、《道南源委》、《考亭淵源録》

### 貢士鄭成叔先生文遹

鄭文遹，字成叔，閩縣人。嘉泰甲子貢士。幼而聰慧，少長，刻苦爲學，口誦手抄,昏夜寒暑不輟。初治《春秋》,心悟經旨,操筆成文。自謂:"文詞記問,未足以爲事業。"及得周、程、張子之書,玩之有得,怡然自適。聞黃幹得文公之傳,遂受業焉。幹稱文通"襟度夷曠,知識闓爽",愛而敬之,盡告以所聞。嘗語曰:"成叔苟非其義,雖禄之萬鍾而不受。"人以爲信。後遂與俱登文公之門,交遊皆當世善士。文公晚年編集《儀禮經傳》,分界門人,而以《喪禮》委文通,乃爲考經證傳,旁通子史,引比條律,綱目凡例纖悉。文公見之大喜,曰:"直卿稱成叔之賢且好學,今果然。"文公殁,幹以汲引後學爲己任,貽書云:"鄉閭朋友漸知義理者多,更賴成叔振拔激昂之,使師傳不廢,莫大之幸也。"與同志共立規約,大要欲明義利,謹操守,以厚風俗。其事多文通所定,以其素行足以勵衆也。文通深觀默養,玩索益精。讀書有未解者,危坐終日以思,至忘寢食,及既得之,猶沈潛反覆,必極其趣而後已。嘗觀周子《太極圖》而悟孟子"性善之旨"本於大《易》"繼善成性"之説,曰:"荀、揚之徒妄生異論,豈知性哉?"所著有《易學啓蒙或問》、《禮記集解》、《喪禮長編》,有《庸齋集》、遺書凡五十卷。《考亭淵源録》、《閩書》

### 程寶石先生若中

程若中,字寶石,古田人。嘉定十六年特奏名。從文公學,躬行無僞,禮度不遺,子孫侍側,冠服肅然。著有《槃澗集》。《道南源委》

### 山長林正卿先生學蒙<sub>弟學履</sub>

林學蒙,字正卿,一名羽,永福人。初從朱子游,後卒業於黃勉齋。僞學禁起,築室龍門菴下,講明性命之旨。陳師復守延平,作道南書院,聘爲堂長。朔望設講席,執經座下者數百人。及師復去任,學蒙亦浩然引歸,諸生挽留之不可。生平識趣高明,文足以發義理,行足以激貪懦。凡所講論《易》説,朱子皆然之。著《梅塢集》。弟學履,字安卿,亦朱子門人。《道南源委》、《閩書》

按:《朱子語録姓氏》林正卿録文公語,在紹熙五年甲寅以後所聞,時朱子年六十五,此爲晚歲從游所聞者。其弟學履録語在己未所聞,朱子年已七十矣。至及門年歲早暮未詳,待考。再按:

真文忠公請三士入尊行堂，有雲山鄭先生、梅塢林先生、信齋楊先生。梅塢疑即正卿先生也，信齋已見本學派。雲山鄭公待考。

## 許幼度先生僉

許僉，學（字）幼度，閩清人。朱子門人。以孝友教家，三世不分異，丞相鄭性之書“孝友”扁其堂，林羽爲之記。《閩書》

## 黃仁卿先生東

黃東，字仁卿，閩縣人。按，朱子《與仁卿書》略云：“所示《春秋》大旨，甚善。此經固當以類例相通，然亦先須隨事觀理，反復涵泳，令胸次開闊，義理貫通，方有意味。若便一向如此排定説殺，正使在彼分上斷得十分的當，却於自己分上，都不見得箇從容活絡受用，則亦何益於事邪？大抵不論看書與日用功夫，皆要放開心胸，令其平易廣闊，方可徐徐旋看道理，浸灌培養。切忌合下便立己意，把捉得太緊了，即氣象急迫，田地陜隘，無處著功夫也。此非獨是讀書法，亦是仁卿分上變化氣質底道理也。然看《春秋》外更誦《論》、《孟》，及看《近思錄》等書，以助其趣乃佳。若只如此，實恐枯燥，難見功耳。”

按：黃仁卿先生以下諸賢未詳事實，今就《大全集》、《問答》錄出，亦略得當日求師問學大槩耳，餘一二未得全錄。

## 陳與叔先生夢良

陳夢良，字與叔，長樂人。按，《朱子大全集》夢良問云：“子在川上曰：‘逝者如斯夫，不舍晝夜。’”程子曰：“自漢以來，儒者皆不識此義，此見聖人之心純亦不已也。純亦不已乃天德也，有天德便可語王道，其要只在謹獨。”竊意其要在謹獨，莫是功夫無間斷否？答曰：“川流不息，天運也。純亦不已，聖人之心也。謹獨，所以爲不已，學者之事也。”又問云：夫仁者，己欲立而立人，己欲達而達人。能近取譬，可謂仁之方也已。《集注》以上一截説仁之體，下一截説仁之術，而程子於此二截乃合而言曰：“欲令如是觀仁，可以得仁之體。”答云：“程

子合而言之,上下句似不相應,不若分做兩截看。然惟其仁者之心如此,故求仁之術必如此也。"《朱子大全集》

## 余彝孫先生範

余範,字彝孫,古田人。按,《朱子大全集》範問云:"有憂有懼者,志不勝氣,氣反動其心。若志立,則氣定矣。故曰內省不疚,夫何憂何懼?"答曰:"有憂有懼者,內有所慊也。自省其內而無所病,則心廣體胖,而何憂何懼之有?夫子之語,固已明白完備。今以志立氣定爲言,則是未嘗熟復本文而別生枝節也。"又問曰:"《文中子》曰:'仁義,教之本,先生以是繼道德。'此先道德而後仁義之說也。"答曰:"此說得之。"《朱子大全集》

## 黄杲卿先生杲

黄杲,字升卿,閩縣人。有《辛亥問答》。

## 唐先生[曄]

唐曄,閩縣人。

## 蕭先生長夫

蕭長夫,閩縣人。

## 林先生充之

林充之,古田人。

## 林先生好古

林好古,古田人。

## 程先生深父

程深父,古田人。

## 林先生仁實

林仁實,永福人。

## 陳彥忠先生士直

陳士直,字彥忠,閩清人。

按:彥忠先生爲朱子門徒,僅見姓氏。馥家藏先公所遺朱子墨蹟一軸,書贈人詩一首,後云:"考亭朱某題贈門人彥忠、彥孝,昆玉同榜登第。"其詩云:"秋闈春榜兩同年,昆玉連登豈偶然?青領乍辭芹泮路,綠袍新醉鳳池筵。東南文運今方盛,虞典人才古獨先。忝我師儒真不負,長歌喜極爲重編。"此書爲贈彥忠、彥孝昆玉二人登第,而不繫姓。考閩中只《三山志》有"陳正直,字彥忠"。又不列選舉,且彥孝亦不著姓名。至他省諸門徒無從尋訪,今姑附陳氏士直姓氏籍貫下。至其詩之真否,待共訂之。其字蹟筆畫用草筆寫就,與文公平昔刻本翰墨似若一轍。謹識疑於後云。再考《朱子大全續集》有《與葉彥忠》一札三段,論《易》傳并屬校學,疑亦門人之列。未知孰是,待再考。

## 秘監陳元雺先生宋霖以下交友。

陳宋霖,字元雺,一字元澇,長樂人。登紹興五年進士。知同安日,適朱子爲簿,日與講明經義,朱子稱其能躬行實踐。後陞秘監,書問往來不絕。孫枅受業朱子之門。當時爲朱子所友者,又有古田程伯榮、沈有開、傅子淵。《三山新志》

## 縣丞鄧楚材先生林

鄧林,字楚材,福清人。年十五,以《詩》義魁鄉校。淳熙五年進士登第,調太和簿。一時如陳止齋、朱晦菴、呂東萊、戴少望皆與之游。凡三上書,極陳朝政,時議欲授以中都幹官。或曰:"鄧林若在中都,此謗議之府也。"遂改石城丞。有《虛齋文集》行世。《閩書》、《三山新志》

## 程良弼先生伯榮

程伯榮,字良弼,古田人。與同邑蘇龜齡、沈有開、傅子淵皆友於朱子。《閩

書》、《三山新志》

## 著作郎鄭自明先生鑑

鄭鑑,字自明,連江人。乾道間補太學生,扣閽言鞫毬事。淳熙初,釋褐,除太學正。入對,孝宗謂龔茂良曰:"鄭鑑議論甚切。"召試館職,對策,論大臣權倖干政,孝宗復深嘉之。除校書郎,遷著作郎,權郎官。屢引對言時政,爲時相所惡,遂乞外,出知台州。陛辭,劄七上,孝宗爲改容。及辭,東宮太子語之曰:"前後講論,無如侍講直切。"後卒,朱文公祭之文,有云:"偉哉自明,凛乎有古爭臣之風,求之近臣,則措之鄒、陳之間而無怍者也。"《閩書》

按《經籍考》,鄭思孝曰:"先高祖諱鑑,字自明,號植齋。贅於丞相陳正獻之家,遂家於莆。事孝宗朝,忠藎極諫,當時晦菴、南軒、東萊諸賢深敬之。三十歲釋褐,三十八歲即世。今所存者,惟《易經》一部。"

# 閩中理學淵源考卷十八

## 朱子泉州門人并交友

泉自唐歐陽四門先生開閩學之先,迨五季俗敝波靡。宋興,此邦人文漸著,賢哲踵生。惟時周、程派系多屬上游,至子朱子臨莅同安,闡明聖學,崇獎名教,泉之學士斌斌嚮風矣。厥後陳後之、劉叔文、楊至之、許順之親承言論,蔡白石、陳北溪遞衍師説,與呂樸鄉、丘吉甫後先輩出,時謂之清源別派。志乘載考亭道脉傳入温陵,所著録者二十餘人,若傅氏竹隱父子、陳氏知柔、黄氏維之與公知契尤篤。于末造,呂、丘諸賢或隱身明志,或守義不辱。嗚呼! 豈特其亮節可風哉? 亦平昔辨志居業爲有本也。夫泉之習尚在嘉祐、治平之際,猶以勳業名位爲烜赫,迨至朱子啓發講明,風氣一變。重以王梅溪、真西山漸摩德化,禮教大明。尚論者知朱、真諸大儒之澤矣,而遞續師傳,羽翼斯義,諸君子亦皆持道化之盛也。回溯風猷,寧能忘崇仰哉?

### 柯國材先生翰

柯翰,字國材,同安人。孝謹誠愨,自守介然,及門授經人以百數。文公朱子簿同安,屬治學事,引翰自助。翰内行峻潔,衆嚴憚之,久皆化服。葺廬以居,取揚子所謂“二年通一經者”以名其堂,文公爲作《一經堂記》。

按:紫陽文公門徒,惟同安諸生受業最早,有柯國材翰、許順之升、陳氏齊仲、徐氏元聘諸先生。考文公《與國材書》云:“戴、陳二生趣向文辭皆可觀,固知其所自矣。有友如此,足以爲仁,敢以爲足下賀,而僕亦將有賴焉。”又云:“某自延平逝去,學問無分寸之進,汩汩度日,無朋友之助,未知終何所歸宿云云。”又曰:“李君好學禮賢,其志可嘉。國材想亦推誠與之講論,有可采處。若得同爲此來,真寡陋之幸。”又曰:“石丈相聚,所談何事? 其篤誠好學已不易得,而議論明快,想講論

274

之際少所凝滯也。”又云：“前此以陳、許二友好爲高奇，喜立新説，往往過於義理之中正，故常因書箴之。蓋因其病而藥之，非以爲凡講學者皆當盡於淺近而遂止也。”又云：“凡此皆石丈書中未及盡布者，或因講論之次，間爲及之。并以呈齊仲、順之，不知如此卑説還可高意否？二公更不及別書也。徐丈惠書云有疑難數板，却未見之，豈封書時遺之邪？”觀書中諸人，陳、許二友似指齊仲、順之，徐丈未知是元聘否？李君并戴、陳二生未詳。石丈疑是同安丞石躭子重。朱子與往復書甚多，係會稽人。又按，淳熙四年二月，文公祭國材文曰：“余少之時，承吏君里。實始識君，敬慕興起。致君序室，以表後生。講誦洋洋，德義振聲。”又曰：“惟君之德，剛毅近仁。望之可畏，即之可親云云。”《道南源委》、郡志、邑志、《朱子大全集》

## 許順之先生升

許升，字順之，別號存齋，同安人。生長華宗，視紛華勢利無足動心，獨有志聖賢之道。朱子簿同安，公年十三，即從講學淬勵。五年，秩滿，復從北歸，覃思研精，學力大究。朱子稱其學專用心於内，嘗書“存齋”二大字授之，使扁書院，復爲之記。臨別，宿雲際寺，朱子送以詩曰：“薄暮投花縣，聯車入翠微。長林生缺月，永夜照寒扉。清話欣無斁，離懷悵有違。勉焉彊毅力，千里要同歸。”又云：“門前三徑長蒿萊，愧子殷勤千里來。校罷遺書却歸去，此心原自不曾灰。”至家，朱子兩與書，微示養氣、修齊之意。在衰絰之年，動閑禮度，擬古自裁。朱子嘉之，令校《程氏語録》，公曲折訂正論量，朱子答書甚悉。居家偕同志陳齊仲肄業净隱寺，又與石子重、徐元聘、柯國材、陳汝器、王近思等友善。後遍交四方之士，若范伯崇、廖德明、林擇之、許敬之等或相過從，或往來書問，論道肄業。朱子稱其恬淡静退，無物欲之累。所著有《孟子説》、《禮記文解》、《易解》等書，並湮滅無傳。

按，文公《與王近思札》云：“汝器諸友相聚，日所講者何事？”即傳中陳汝器否？又《朱子大全集》門人姓氏録有“林汝器，同安人”。未知孰是。舊志、新志棄《閩書》

## 陳先生齊仲

陳齊仲，同安人。從文公游，文公勉其務實。

## 徐先生元聘

徐元聘,同安人,號芸齋,名未詳。文公曾爲作《芸齋記》。附文公《與順之書》曰:"國材、元聘爲況何如? 昨寄得疑難來,又是一般説話。大抵齋仲、順之失之太幽深,順之尤甚。而三公失之太執著,執著者有時而通,幽深者蕩而不返矣。中間一條平坦官路却無人行著,只管上山下水,是甚意思? 因書可録此意及二序送之,爲致不及書之意。范伯崇學大進,劉德明者亦稍識理趣,皆可喜耳。伯崇去年春間得書,問《論語》數段,其説甚高妙,因以呈李先生。李先生以爲不然,令其愨實做功夫,後來便别。此亦是一格也。然其當時高妙之説,亦只是依諸先生説而推言之過當處耳,非如順之所示,硬將文義拗横説却也。切宜速改,至祝至祝。"

按,文公《與許順之書》言:"國材、元聘爲況何如?"書中又言李先生,則諸人皆在孝宗隆興以前及門者,故列在前云。

## 縣丞陳後之先生易

陳易,字後之,永春人。從朱子游。朱子嘗稱後之及安卿"爲學頗得蹊徑次第"。又與楊至書云:"彼中朋友,後之講論可師。"或問:"延平驗中於未發之前,是何氣象?"《易》曰:"持守良久,亦自可見。"蔡和恒請質焉。淳熙四年,以明經登鄉薦。慶元二年進士。仕終福州懷安丞。居喪,參酌古禮,不用浮屠,鄉閭化之。著有《語孟解》。新郡志橐

## 劉叔光先生鏡

劉鏡,字叔光,惠安人。厭科舉之習。淳熙間,從朱子學,主於涵養體察,稱高弟。

## 附　劉叔文先生

劉叔文,名未詳。朱子與楊至之書云:"彼中朋友,後之講論可師,叔文持守可法。諸友若能頻與切磋,必有益也。"又與李亢宗書云:"陳後之持守見識

皆不易得,劉叔文守得亦好,但未知後來所見如何耳。"

按:二公爲師門稱許如此,其爲高弟無疑。再按:朱子稱"彼中朋友,後之講論可師,叔文持守可法"。後之,陳易字,則叔文亦劉之字也。所云"彼中朋友",似均屬泉人。再按:劉鏡,字叔光,惠安人。其學主涵養體察,稱高弟。朱子集中,泉郡諸門徒多掛及其姓氏,即往復書中亦多及之,獨遺劉叔光鏡,或疑叔光、叔文字畫相近,或傳寫差訛,或別有其人。謹將叔文錄附叔光傳後,待考焉。

## 備　考

朱子《答劉叔文書》曰:所謂理與氣,決是二物。但在物上看,則二物渾淪,不可分開各在一處,然不害二物之各爲一物也。若在理上看,則雖未有物而已有物之理,然亦但有其理而已,未嘗實有是物也。大凡看此等處須認得分明,又兼始終,方是不錯。只看《太極圖》熹所解第一段,便見意思矣。若未會得,且虛心平看,未要硬便主張,久之自有見處,不費許多閑説話也。如此虛心理會不得時,却守取舊來所見,未爲晚耳。如或未然,且放下此一説,別看他處,道理尚多,或恐別因一事透著此理,亦不可知,不必守此膠漆之盆枉費心力也。

又曰:細詳來喻,依舊辨別"性氣"兩字不出。須知未有此氣,已有此性,氣有不存,性却常在。雖其方在氣中,然氣自氣,性自性,亦自不相夾雜。至論其徧體於物,無處不在,則又不論氣之精粗而莫不有是理焉。不當以氣之精者爲性,性之粗者爲氣也。來説雖多,只以此意思之,便見得失。如云精而又精,不可名狀,所以不得已而强名之曰《太極》,又曰氣愈精而理存焉,皆是指氣爲性之誤。又引《通書解》云云,亦是不察陰陽二字是形而下者,便指爲誠。不知此是誠之流行歸宿處,不可便指爲誠也。又引無極之真,以爲真固是理,然必有其氣,是以可與二五妙合而凝,此尤無理矣。夫真者理也,精者氣也,理與氣合,故能成形。豈有理自有氣,又與氣合之理乎?其間瑣細,不暇一一辨論,但更看《太極圖解》第一段初兩三行,便見理之與氣各有去著,不待如此紛紜矣。

## 楊至之先生至

楊至,字至之,晉江人。遊文公之門,蔡元定奇之,妻以女焉。著《天道至德》、《天道至教》二圖,以發明爲士希聖、盡人合天大旨。記所聞於朱子者,爲《語録》二卷。

按,文公《答楊至之書》略曰:"向嘗面說至之有膚淺之病,不知曾究其所以然而加澄治之功否?後之歸永春後,曾復來否?子順、子能爲學復何如?彼中朋友,後之講論可師,叔文持守可法。諸友若能頻與切磋,必有益也。漳州朱飛卿近到此,病作,未得細講。陳淳者書來甚進,異日未可量也。"讀此書,知泉、漳彼時學徒次第,尋學派者即此可想見大略。此書在知漳州以後之札中,言後之,即陳易叔文,詳見叔文補傳。

## 楊子順先生履正

楊履正,字子順,晉江人。朱子門人。朱子稱其爲學細密,有生徒數百人。

按,文公《答子順書》云:"學雖以躬行力踐爲極,然未有不由講學窮理而後至。"又曰:"來書所論爲學,大意似已會得,但賢者本自會說,說得相似却不爲難,只恐體之未實,即此所說皆是空言,不濟事耳。"又曰:"至之粗疎,不如子順細密云。"

## 王近思先生力行

王力行,字近思,同安人。與陳易、楊至、楊履正、劉鏡,淳熙間皆游朱文公之門。公謂其"明敏有餘而少持重",因勉以爲己功夫,自是苦學善問,深得旨趣。所著有《朱氏傳授支派圖》、《文公語録》一卷。《大全集》載其問答甚多。

按,《朱子語録姓氏》載,王近思録文公語在紹興二年辛亥所聞,時文公年六十二,在知漳州後也。其受業文公年歲,傳中載在淳熙間。再按:文公《與許順之書》云"徐、柯二丈及汝器、近思諸友相聚說何等話"云云。徐似指徐元聘,柯似指柯國材。考文公淳熙四年有《祭柯國材文》,則此公當在淳熙四年以前及門無疑也。

## 李子能先生亢宗

李亢宗,字子能,泉州南安人。刻志問學,服習儉素,儼然一儒生,無貴介氣習。文公稱之。

按,文公《答李子能書》略曰:"累承喻及爲學之意,甚善。但如此用力,頭緒太多,令人紛擾無進步處,故程先生說'涵養須是敬,進學則在致知'。"

## 張子文先生巽

張巽，字子文，一字深道。五代漳州刺史清溪之裔，父寓，奉議郎知臨江軍，嘗與張南軒共學。淳熙中，南軒講學長沙城南書院，寓遣子巽從之游，及歸，贈以二詩，指示爲學根本，且致屬望之意。其詩曰："秋風木葉落，送客麗樵東。豈懷兒女戀？愛此趣味同。至理無轍迹，妙在日用中。聞言有不信，渠自馬牛風。吾子實所畏，立志高冥鴻。卓然遊聖門，不受異説訌。切磋豈不樂？愧非斲鼻工。於皇太極蘊，精微浩無窮。願言終玩繹，默參元化工。"又曰："人言底柱險，袖手不敢邁。孰知人心危？毫釐千萬里。由來事物繁，酬酢無披靡。雖云應不難，要且辨真僞。良知本易直，天機驗所起。涵濡自日新，日新乃無蔽。聖學非空言，要領故在此。吾子端發源，所進渺涯涘。我雖念不敏，詎敢忘所止？後會儻有時，深功同舉似。"南軒之教，使人先察天理人欲之分，而培養擴充以復其性。其於聖賢微言，多以所自得義理爲之解説，明透灑落，人人易曉。巽既受師傳以歸，杜門玩養，寡交於人，人亦鮮知之者。是時晦菴之學盛行於泉，謂之清源別派，其學者如楊至至之、陳易後之輩，持守講論多可觀。惠安有劉鏡叔光者，稱爲高弟。巽間從之遊，因得所聞於晦菴者，未能釋然，曰："恐晦菴之教不止此也。"乃走武夷謁晦菴。晦菴以所嘗與南軒講論中和之旨告之，曰："此某與南軒晚年畫一功夫也。"臨別，又請教，晦菴曰："南軒記嶽麓、某記石鼓，合而觀之，知所用力矣。"巽退而喜，曰："吾固謂其不止是也。"既歸，日從事於涵養體察，久益明静。人或勸其著述，對曰："尊其所聞則高明矣，行其所知則光大矣。吾於所聞、所知尚未能加意，安敢妄作？"有草堂在錦溪之上，學者稱爲錦溪先生。《惠安邑志》

按：文公撰《衡州石鼓書院記》在淳熙十四年丁未夏四月，時文公年五十八，子文在作記後從學，自屬晚年矣。

## 郎中高穎叔先生禾

高禾，字穎叔，泉州晉江人。淳熙八年進士。歷福清、仙遊令，知惠州，除將作監丞、大理寺正、兵部郎中。奉祠，卒。陳宓作墓誌，其略曰："公端方而重，和易以莊，色夷氣清，可畏而愛。始微有知，則知學問，日開日益，卓然早茂。叔仉倅臨漳，朱文公時縮郡符，公執子姪門弟子禮卑以恭，文公深器之。義利之間，辨析杳微，非所當得，一介不取。待人接物，宛若處子，或意外干以私，正色拒絕，雖賁育不能抗。歷州縣持使節，閩、廣之人至今頌之。"

## 林　先　生　巒

林巒，晉江人。文公門人。能推所聞以講學閭里。

按：先生曾以所爲文三篇以質文公，公答書略曰："學之道非汲汲乎辭，必其心有以自得之，則其見乎辭者非得已也。今足下類多採摭先儒數家之説以就之，所以自得者何如哉？足下改之，甚善。"又答書論《中庸》"喜怒哀樂未發"數章，末云："讀書且虛心看此一處文義，令語意分明，趣味浹洽乃佳。切不可妄引他處言語來相雜，非惟不相似，且是亂了此中正意血脉也。"

## 黄　先　生　謙

黄謙，南安人。父命之入郡學習舉業，謙棄去，從學於文公。公曰："既是父命習舉業，何不習郡學？舉業與理學不相妨，如拂父之命，則父子相夷矣，何以學爲？"

## 徐先生應中 王賓。

徐應中，同安人。王賓，晉江人。俱進士。按：朱子爲同安簿，請徐、王二先生充學賓，申縣劄曰："縣學教集生徒，漸成次第，但職事員數既多，又皆頗有分職，以此不得專意教導。竊見本縣進士徐應中留意講學，議論純正。進士王賓天資樸茂，操理堅愨，求之流輩，未見其比。乞從縣司行下本學，具禮敦請赴學，特給廚饌，待以賓客之禮。不惟使生徒覯其言行，得以矜式，庶幾士民向風，有所興勸云。"

按：朱子申請本縣徐應中、王賓以充學賓，俱稱"進士"，考《閩書》諸志，登科年分無可考，疑是遺錄。今當以朱子申請爲據，入之學派中，蓋平昔必經薰炙無疑也。

## 許子春先生景陽

許景陽，字子春，同安人。從文公游，文公稱"其説話意趣儘好，恨不得款曲議論"。《閩書》

按：《朱子大全文集》卷七詩編内有《山北紀行》詩，詩末自註同行諸人云："廬陵許子春景陽、溫陵吳兼善仲達。"又考《大全・別集》，朱子題《折桂院行記》在淳熙八年辛丑，内有溫陵許景陽，則景陽又屬溫陵人，俱不可曉。又考黃勉齋先生集，《與余瞻之書》云："廬陵書信遞去良久，旦夕雖有回訊，當得尋便納往。景陽書向説比亦收書，看《周禮》甚有味，亦作書挽其歸。恐遂爲廬陵人，未可知也。"按：此或是溫陵遷寓廬陵耳。再按：羅氏大經《鶴林玉露》載朱文公帖，稱景陽姓許，字子春。季章姓劉，名黼，皆廬陵醇儒，從文公學，羅亦廬陵人云。

## 縣令黃景傅先生巖孫

黃巖孫，字景傅，惠安人。寶祐四年進士，授仙谿尉。興學校，修邑志，治梁橋水利。一以義理之學爲政，作思賢堂以祀前尉段全、凌景陽二公，并作堂記。咸淳間，令尤溪。重新南溪書院，建四齋及講堂以棲學者，復作夫子燕居堂。録朱子所作《太極》、《通書》、《西銘》三書解及與門人問答書疏散見《文集》、《語類》中者，及後儒之説有發明者，申以己意，薈萃成篇，倫類通貫，名曰《輯解》，刊於書院。未幾，通守福州，又校刊《西山讀書記》，皆行於世。

## 郡守曾泰之先生秘以下交友。

曾秘，字泰之，同安人。乾道五年進士，與朱子友善，薦授國子監丞，知惠州。繕亭驛，增冷泉、叱馭、秀麓等菴以濟行者。後知漳州，卒。

按：朱子於淳熙十年撰《漳州龍巖縣學記》曾言"溫陵曾君秘來嗣其丞職"，又曰"嘗從吾友石、許諸君遊，是必能誦其所聞以先後之者"。意曾公在同安時與朱子相識。石、許疑是石子重、許順之否，待考。

## 提舉趙彥忠先生悰

趙悰，字彥忠。父思誠爲泉州守，因居晉江。悰與朱子友善。爲福建運管，以鹽法病民,請恤竈户,均敷額,歲衍鹽百萬斤。知惠州,覈吏欺弊,得米七千斛、錢五萬緡,公入既充,斥其餘以惠民,政以最聞。歷提舉常平,卒於官。子誼,聚書萬卷,知富陽縣。説,守南恩州。郡志

### 州守儲行之先生用

儲用,字行之,晉江人。淳熙十一年進士,知建陽,有惠政。朱子亟稱之。會黨禁起,罷去。後道縣治,民擁車大呼曰:"此好官長,我輩共思之。"起知襄陽。鄧民樊快明率衆來附,制司欲勦之,用爭於朝,復力言於制闕,大患之,罷用歸。時海寇犯泉境,與守真德秀合謀,抵海島,擒其酋,餘黨遁去。後直文華閣、知惠州。未上,卒。子耀,知雷州。郡志

### 州守蔡光烈先生兹以下知舊。

蔡兹,字光烈,永春人。問學有聲,從遊甚衆。畚以明經領鄉薦,復以詞賦第紹興十二年進士。仕至南恩守,秩滿,雅有林泉之想。丞相梁克家當軸,除兹廣德憲,控辭甚力,遂掛冠歸。築室東偏,扁曰"燕堂",後取邵康節"齒髮既衰非昔日,林泉能老是長春"之句,復改其堂曰"長春",日與賓友觴咏其間。兹嘗於紹興二年爲建州貢院考官,謂人曰:"吾取中一後生,讀其三策,皆欲爲朝廷措置大事,他日必非常人。"乃朱熹也。其巨眼如此。

按:傳中稱紹興二年爲建州貢院考官,取中朱子。考《紫陽年譜》,朱子生於建炎四年庚戌,至紹興二年壬子,方三歲,其年分傳寫錯誤無疑。蔡公於紹興十二年登第,朱子於紹興十七年貢於鄉,十八年登第,意蔡公自是登第後爲建州考官否?謹識之,待考。查《永春舊志》、《泉郡舊志》、《閩書》,諸書相沿皆作"紹興二年",疑皆承誤。

# 閩中理學淵源考卷十九

## 朱子興化門人并交友

按：莆儒風之盛，得中州派的先於七閩者，始於方景通先生峻，與其子元案交識程大中公，薰炙於二程之學深矣。艾軒林氏亦聞其風而興起者，至朱子之學興，宗仰徧於海隅，若陳、若方受學彌勵。厥後習尚醇篤，忠節林立，其士風家法盛衰興廢之變，昭然可覩矣。嗚呼！君子之澤，豈獨五世而斬哉？

### 通判余景思先生元一

余元一，字景思，興化軍仙遊人。娶三山黃御史瑀之女，遂與瑀子幹師事文公。始見之日，以仁、義、禮、智、信分作五論及自著文爲贄。間與幹講論有異同，輒以質諸文公，嘗有《答余景思書》，見文公《別集》。淳熙五年登第，歷奉議郎、知泉州同安縣。嘗立蘇緘祠於其故居，文公甚喜之。爲縣以清嚴稱，終池州通判。弟宗龜，同登進士。《考亭淵源録》、《莆陽文獻》

按：文公少年時過莆，即獲交林謙之、方次雲，後與陳正獻魏公、龔大參公又極厚。莆中傳朱子之學者，方、陳二家子弟最盛。其餘諸賢亦多彬彬林立，見於集中往復書札可考。文公《與景思書》云：“魯叔兄弟幾人，今皆年幾何？莫亦能自卓立否？欲作書慰之，以病未能，當俟後便也。”按：魯叔爲朱魯叔也，其兄弟事實未詳。朱子《別集》曾載有答書，録姓氏見後。

### 林若時先生得遇

林得遇，字若時，興化仙遊人。一日發憤，鬻産裹糧，至武夷參拜文公。文公令日講《論語集註》，頓悟。明理能文。及文公歿，復往會葬。暮年，與同縣陳沂相友善。

### 黄子洪先生士毅

黄士毅,字子洪,自興化徙吳中。士毅自幼嗜學,知向上爲聖賢事業。慶元中,學禁方嚴,徒步入閩,遵朱子命,日觀一書。夜叩所見,告以静坐勿雜,唤醒勿昏。居數月,授以《大學章句》而歸,終其身從事於斯,號稱有得。著述甚多,譔次《朱子書説》七卷、《文集》一百五十卷、《語類》一百三十八卷,又嘗類注《儀禮》,未克成書。知府王遂爲買宅以居,稱爲“考亭名士”,同郡名儒黄遹又謂之“有道君子”云。興化有壺公山,以“壺山”自號。

### 文學鄭子上先生可學

鄭可學,字子上,莆田人。幼而文,冠而孤。力學好修,累舉進士不第,裹糧千里從學於朱先生。先生一見,恨相遇之晚,握手評議如夙友焉,道同氣合。率終歲一歸,歸則以書質所疑,有問斯答,皆聖賢所未發之旨。朱先生守臨漳,虛子弟之師席,俾之西向而坐。既歸,則又以書招之,且致諸子弟慕向不忘之意。四方學者至,即有問,必使子上正之。而仕之來南者,命必見子上而後行。諸公名人皆欲招致子上,不可得,吕祖謙、李命傳、詹徽之、廖德明皆加敬愛。與人交,氣和而清,竟日端坐,不見怠容,誠信温恭,其所誨誘皆爲名士。前後三奉大對,嘉定辛未,勅授忠州文學。是歲冬,廖德明爲廣帥,招致郡齋。明年壬申秋,親友勉子上調選,方信儒時守春陵,與之偕行。至豫章,卒於豐城,年六十二。所著有《春秋博議》十卷、《三朝北盟舉要》一卷、《師説》十卷,詩數百篇。子上不喜爲詩,遇時感發,時出一二,不多作。學禁興,登朱門者畏避退縮,子上獨相從於寂寞之濱。《考亭淵源録》

按:《朱子語録姓氏》,鄭子上録文公語在紹興二年辛亥所聞,時文公年六十二。其從學另考。

### 博士傅至叔先生誠

傅誠,字至叔,仙遊人。汝淇從子。幼知讀書,有雋聲。年十九,以書見泉之鄉先生黄維之,大奇之。後淳熙八年登進士第。誠生平自讀書外無他嗜好,所與語者悉皆好學清介之士,非此弗與之交。初調永春尉,辨陳介珪之冤,與上官忤,因納告勅於憲臺求去,介珪卒得直。侍郎黃艾被旨使北,壯誠有守,奏辟以行。歸,除廣東賢幹,改知青陽縣,尋除提轄文思院。時參政張巖開府於京口,奏辟戴溪與誠同幕,凡著述皆出其手。後歸朝,不一跡權門,累循常調,遷太常博士。真德秀時爲正字,每數日輒相過,談論古今事,移晷方去。寧宗朝,輪對,其略曰:"臣觀自古常有披草莽而立朝廷者,況今陛下承中興以來三聖相承之業乎? 假如渡江初年,幸未有定止,荊、吳、陝、蜀三方不相聞知,陛下將不能有所運動乎? 古昔王者微弱如東晉,重鎮擁兵上流,朝廷奔命,故不得已而姑息。今陛下之所駕馭,又非有奸雄桀黠之才,微寸効可紀,何所牽制而寬假至是乎? 假有如中興二三大將軍校號爲某家人恃功驕蹇,陛下將有所號令之乎?"又曰:"今日之事,奄奄如氣息僅續之人,略無一朝奮起之勢,浸有百年消削之憂。或有聞而嘆息,或有聞而竊笑者。嘆息者,有憂朝廷之心。竊笑者,有輕朝廷之意。良由縉紳風俗之不振,脂韋留連富貴之心有餘,而感慨自立、以身許國之意不足。顧光景而計升沈,風迹淪胥,人心輕玩,其弊固至此也。"

縣令林同叔先生澧

林澧,字同叔,仙遊人。爲建州幕,廉勤自持。朱文公嘉其操行,書問往復,相期甚厚。知崇安縣,清静不擾。縣圃產芝,池蓮雙花並蒂,歲以大稔,縣丞楊霓爲記其事。民立祠,曰"林長官"。《閩書》

朱　先　生　淲

朱淲,仙遊人。與弟涓、溉俱遊文公門。

朱　先　生　魯叔

朱魯叔。

## 傅夢良先生公弼

傅公弼,字夢良。

## 傅先生敬子

傅敬子。

## 傅先生毅誠

傅毅誠。

## 侍郎黄伯耆先生艾

黄艾,字伯耆,莆田人。乾道八年廷對第二人。朱子知漳州,奏行經界,朝議未定,公言:"天下之大,公卿、百官之衆,議一經界三年不成,若更有大事,將若之何?"乃詔行之。寧宗即位,爲右正言兼侍講。及朱子罷講筵,公因進講問故,寧宗曰:"始除熹經筵耳,今乃事事欲聞。"公懇請再三,不聽。除中書舍人,改刑部侍郎,以待詔終。著《尚書講義》。

# 閩中理學淵源考卷二十

## 朱子建寧門人并交友

按：宋初楊文公以文章節義倡南方人物之始，厥後游廣平、胡文定述中州學派之源。至朱子遷寓建陽，學徒雲集，親承指要者蔡氏父子為盛。若崇安建陽劉氏一門，忠節彪炳，儒術尤章。至末造，西山真氏補苴張皇，其登第之年皆在慶元之代，時學禁方嚴，未及門牆，後與詹元善、蔡節齋諸公互相往復，殆私淑諸人者與？

### 通判葉晦叔先生文炳

葉文炳，字晦叔，建安人。舉進士，調晉江簿。遲次家居，致書請益於朱文公。及至官，文公告以居官臨民之法。時顏師魯為守，事多咨之決。汀州境上豪民相仇敵，帥張忠定選官撫諭，眾皆憚行，文炳獨請往。既至，折之以理，諸豪皆伏。再攝獄、攝舶，拒絕苞苴，不遷就公卿貴人請。師魯以與徐誼、陳傅良並舉於朝。秩滿，調劍浦令，改閩縣丞。未上，服母喪。既闋，調筠州錄參。前後兩太守寬嚴不同，文炳眠其所偏資助之。嘗言獄事至重，當顧理是非，不敢徇喜怒。獄有巨援，文炳爭守入之。守有所欲入，文炳故緩其事，待其自覺露。既，前後守多愧以服。邊事作，調兵於州，營卒憚行，頗洶洶。文炳諭以國家豢養厚恩，使奮前戮力，復白州優賞之，皆聽命。改秩，知仙遊。決累年滯訟，出死獄，增廩養士，像故相葉正簡公於學。富室有不便民者，累政不能奪，聞部使者窮治之。差役久為平居害，勸立義役，均產通差。故例，建工役責之僧剎，文炳絲毫無所勇配。每與同官語曰："貪污自多欲尚侈始。小官俸廩幾何？百爾皆欲如

287

意,不受賂,安從得？清心寡欲,正本澄源,乃吾儒功用。"秩滿,造朝,會有旨許曾作縣人言事,文炳條便宜三事以獻。通判和州,將之官,服父喪,尋卒。《閩書》

## 縣令范伯崇先生念德

范念德,字伯崇,建安人。如圭之子,娶劉聘君女,與文公之配兄弟也。初簿廬陵,不小其官,遇事無所苟,遂以幹敏聞。就辟吉州從事。廬陵民素囂訟,念德致中求情,廉勤逮於下,惻惻伸於上,於是小冤必白,奸無倖免。因葺其問事之堂,榜曰"盡心",大書《噬嗑》卦於屏上。闢堂後爲方丈,以會文講學,而朱文公爲之記。受學朱門,他日侍文公訪張南軒於長沙,同登衡嶽,多所倡和。文公疾革,囑其子在與念德、黃榦修正禮書,拳拳勉學。遷朝奉郎、江東帥機宜,仕終宜黃令。《道南源委》、《閩書》

按：范伯崇從文公學最早,文公《與許順之書》云："將伯崇《論語》數段呈李先生。"疑在孝宗隆興以前及門者。

## 縣令楊子權先生與立

楊與立,字子權,建安人。受業朱文公之門。知遂昌縣,因家蘭谿。學者宗之,稱船山先生。所輯有《朱子語略》二十卷。《閩書》

## 教授李伯諫先生宗思

李宗思,字伯諫,建安人。從朱子學,朱子稱其"教深好修,篤志問學"。登隆興元年進士,爲蘄州教授,專以古人爲己之學教人。《道南源委》

## 童蜚卿先生伯羽

童伯羽,字蜚卿,甌寧人。沈默寡言,好讀書,詣雲谷師事朱文公,充然有得。時學禁方厲,遂不求仕進,創樓讀書其中。文公嘗造訪之,名其樓曰"醉經",堂曰"敬義",由是伯羽以道自任,日以敬義之道化行鄉里,趨向彌衆,時人以敬義先生稱之。所著有《四書集成》、《學經衍義》、《羣訓解》、《晦菴語録》。

《閩書》、《考亭淵源録》

## 縣令葉子是先生湜

葉湜,字子是,甌寧人。舉進士,以父任調新化簿。遭母喪,服闋,從江淮宣司辟,以論軍事不合去,尉贛之寧都。改承事郎,丞惠安縣,時守泉者真文忠公。文公嘗言,僚佐之賢者數人,而湜與昭(邵)武李方子公晦其最。公晦學邃氣平,本經術,明世用。子是堅強介直,遇事無難意,處劇無倦容,他人所不能爲與所不敢爲者,吾盡舉屬之。二人勁易不同,同歸於是。文忠既得二人之助,二人亦相得甚歡也。湜仕終安仁令。壯歲遊朱文公之門,得直養之説,故其爲人磊落明白,無所回隱。每自謂:“生平與賓客言者,皆可語妻子。”

## 學士劉圻夫先生子寰

劉子寰,字圻夫,建陽人。嘉定十年進士。甞登文公之門,能詩文,與同邑劉清父齊名。官至觀文殿學士。自號“篁嶔翁”。劉克莊爲序其集。《閩書》、《道南源委》

## 進士劉叔通先生淮

劉淮,字叔通,建陽人。紹興二年進士。博學能文,爲詩不事雕刻纂組而平易從容,最有餘味。朱子嘗當風雪寒夜擁爐讀淮詩,而跋之曰:“予見叔通詩多矣,獨不見此卷,豈予所好者乃叔通大不得意者耶?”吳稚作《感秋》詩,初發深省,其末寄意欲逃之麴蘗之間,淮以碩果不食者勵之。朱子曰:“如叔通,可謂得朋友之職矣。”《道南源委》

## 主簿熊先生以寧

熊以寧,建陽人。少從文公遊。舉進士,授光澤簿。剛直正大,一介不妄取予。嘗曰:“學顔子之學,志伊尹之志,分内事也。”有《大學釋義》、《中庸續説》行世。《閩書》

### 丘子服先生膚

丘膚,字子服。從朱文公遊,稱爲老友,吟句多佳,輒酬和之,時與往返論辨。蔡元定謫舂陵,膚載俎遠郊,涕泣而別,羣儕皆爲感動。《閩書》

### 進士陳仲明先生旦

陳旦,字仲明,建陽人。登進士,與朱文公同榜。嘗偕張敬夫從文公游,未幾夭喪。文公誌其祖徽猷公墓,深慨惜之。《閩書》

### 宣教郎周居晦先生明仲弟明作

周明仲,字居晦,建陽人。官宣教郎、常平使者。宋若水聞其風節,以魏元履所立長灘社倉事屬之。明仲力爲振葺,兼朱子夏貸冬斂、收息什二之法,三年所收,溢於元額。弟明作,字元興,亦從朱子學。著有《壬子問答語錄》。《通志》

### 州牧馬次辛先生壬仲

馬壬仲,字次辛,本建陽人。從朱子遊。擢紹熙元年進士乙科,寓東陽,遂爲東陽人。歷仕州縣,以廉能稱。嘗知古邨,撫循兵民,捍禦邊寇,郡賴以安。尋上祠請歸。壬仲議論典型,詩章閒雅。所著有《得齋集》。孫世穎、世綸,皆以壬仲恩入仕。《通志》

### 推官吳溫父先生居仁

吳居仁,字溫父。父睿,知侯官縣,有廉聲。居仁以特科歷古田尉、攸縣丞、融州節度推官,所至以儒飾吏,聽訟必以人倫大誼斷曲直,部使者下其所斷爲州縣式。居官奉法,無妄取,朱文公稱爲"真廉吏"。

### 吳和中先生稚一作吳櫂,字仲和,未知是兩人否? 待考。

吳稚,字和中,一作仲。建陽人。從朱子遊,所著有《朱子問答》。朱子卜居考亭,鄉人作聚星亭,欲畫荀陳遺事於屏,無從得本,稚考究車服制度,時稱博雅。

### 州牧呂秀克先生勝己

呂勝己,字秀克,其先建陽人,父尚書址死義,勅葬邵武,因家焉。從張南軒、朱子講道,朱子爲和《東堂九詠》詩。工隸書,得漢法。仕湖南幹官,歷倅江州,知杭州,官至朝請大夫。自號渭川居士。《道南源委》

### 進士魏孝伯先生應仲

魏應仲,字孝伯,建陽人。元履之子。舉進士,文公貽之書,勉其力學,以副親庭責望之意,因教以起居坐立、出入步趨、處己待人。

### 魏元壽先生椿

魏椿,字元壽,建陽人。從朱子游。有《戊申語録》。

### 黄德美先生卓

黄卓,字德美,建陽人。博學工文,尤長於詩。嘗與朱文公遊,時稱"騷壇元白"。《閩書》

### 縣尉陳朝瑞先生總龜

陳總龜,字朝瑞,建陽人。居與朱文公鄰,壯老相從。文公嘗與書勉之,問答不下百餘章。登紹熙四年進士,授永豐尉,未赴,卒。著《論語解》、《大學儒行編》。《道南源委》《閩書》

### 縣令江德功先生默

江默,字德功,崇安人。祖灝,歷知郴、象二州,郡民繪像祠之,以廉吏薦,進朝散大夫。默登乾道五年進士，調安溪尉，丁外艱歸。詣武夷從朱子講學。因攜所著《易訓解》、《四書訓詁》以質，朱子曰："此先聖未發精奧也。"每以一意經史，無他嗜好，德行君子稱之。嘗輯本朝典故，撰爲綱策上於朝，略云："伊尹告太甲，上述成、湯之事。周公弼成王，近陳文、武之模。敢獻一得之愚，用衍萬年之慶。"孝宗降璽褒美，賜緋魚袋。後歷宰光澤、建寧，皆有異政。卒於官，邑人祠之。弟點，爲鄆州録參，有聲。從子塤，見真西山學派。《道南源委》

## 鹽院詹景憲先生淵

詹淵，字景憲，崇安人。朱子門人。慶元進士，授臨江户掾。江西俗嚚，於案牘有數十年不決者，淵一閱皆得其情，凡所予奪，人皆無異論。部使者知其才，檄致幕下，監行在車輅院。真西山誌其墓。《通志》

## 縣丞陳朝弼先生範

陳範，字朝弼，崇安人。從朱文公學。舉嘉定進士，調婺源尉。有大辟疑讞，範察其不當死，令佐受賕文致之，範以去就力爭焉。後發覺，令佐坐削，人服其明。秩滿，調崇仁丞。縣令羅必元，豫章先生後也，日與講論，政化大行。一日疾作，曰"不可尸素"，解官歸。《道南委源》、《閩書》、《考亭淵源録》

## 丁復之先生堯

丁堯，字復之，崇安人。篤厚慈良，有志爲己之學。從文公遊，而與蔡季通友善。早卒，文公記其墓。《考亭淵源録》

## 楊子昂先生驤

楊驤，字子昂，崇安人。從學文公。有《己酉甲寅問答》。族弟道夫。

## 楊與立先生繡

楊繡，字與立，崇安人。

楊仲思先生道夫子若海。

楊道夫,字仲思,崇安人。與從兄與立子昂同時受學於朱子。朱子答書云:"所論'仁'字,大意得之,更宜仔細玩味,就實加功。"子若海,游文公之門,有《語録》。

## 文修葉先生味道

葉味道,初名賀,以字行,更名知道。其先括蒼人,後居建陽,與弟任道俱師事朱子。試禮部第一。僞學禁行,味道對策率本程氏,知舉胡紘曰:"必僞徒也。"遂落第。復從朱子於武夷山。學禁開,登嘉定庚辰進士,除鄂州教授。理宗訪問朱子門人所及著書,部使者以味道聞,差主管三省架閣文字,遷宗學,輪對言:"人主務學,天下之福也。必堅志氣以守之,謹幾微以驗之,正綱常以勵之,用忠言以充之。"至口奏,又述帝王傳心之要,與四代作歌作銘之旨。授太學博士,兼崇政殿説書。故事,説書之職止講《通鑑》,味道請先《論語》,從之。帝忽問鬼神,疑伯有之事涉誕。味道對曰:"伯有得罪而死,其氣不散,爲妖爲厲,國人爲之不寧,子産立子洩以奉其後,寧神之義也。"三京用師,廷臣邊閫交進機會之説,味道言:"開邊浸闊,應援倍難,科配日繁,餽餉日迫,民不堪命,龐勳、黄巢之禍立見。"特稱見微慮遠,凡經筵奏事,無不開導引翼,求切君身,推致於治道。遷秘書著作郎,卒。帝聞訃震悼,出内帑銀帛賻喪,謚文修,升一官,故事未有也。與蔡仲默、黄惠卿、劉韜仲、童伯羽、真西山、張洽諸君子友善。著有《四書説》、《大學講義》、《易會通》、《祭法宗廟廟享郊社外傳》、《經筵口奏》、《故事講義》。子采,見蔡節齋學派。《道南源委》

## 迪功郎祝和甫先生穆

祝穆,字和甫,其先新安人。曾祖確,名士,朱文公外祖也。父康國,始從文公居崇安。穆少名丙,與弟癸同事文公,遂以儒名。性温行醇,文章富贍。常著《事文類聚》、《方輿勝覽》,諸司宰執程元鳳、蔡杭薦其賢,兼録所著書以進,除迪功郎。子洙。

### 山長祝先生洙

祝洙,景定中爲興化軍涵江書院山長。舊在家庭,講論精密,比來涵江,闡揚師訓,發明經旨。知軍徐直諒薦其學行於朝,方欲擢用,拂袖歸。《閩書》

### 范益之先生元裕

范元裕,字益之。

### 游和之先生倪

游倪,字和之。從文公游,著有《癸丑問答》。

### 曹先生晉叔

曹晉叔,從文公遊。《閩書》

### 王先生春卿

王春卿。

按:《朱子文集》卷七有《山北紀行》詩,自註同行諸人有"建安王朝春卿",疑即此公。

### 李秉文先生德之

李德之,字秉文。

### 劉先生子晉

劉子晉。

### 劉先生定夫

劉定夫。

### 劉 先 生 叔 文

劉叔文。

### 劉 先 生 季 文

劉季文。

### 劉 先 生 確

劉確。

### 劉 先 生 淳 叟

劉淳叟。

### 魏 元 作 先 生 恪

魏恪,字元作。

### 劉 先 生 瑾

劉瑾。建陽。

### 劉 先 生 子 禮

劉子禮。

### 江 先 生 文 卿

江文卿。

### 主簿吳公濟先生楫

吳楫,字公濟,崇安人。幼自雄其才,謂功名可立取。紹興末,試鄉省不第,遂主盟林塾,絕心仕進。與朱文公、吳郁研窮理學,嘗言:"逐日應接事物之中,須得一時寧靜以養精神,要使事愈繁而心愈暇,彼不足而我有餘。"文公遣子師事之。晚年,以特恩調桂林簿。《閩書》

### 詹勝甫先生鎡

詹鎡,字勝甫,崇安人。恬於榮利,與朱文公,蔡元定、江必大諸賢講伊洛之學。築涌翠亭,聚書千餘卷,吟咏其間。

### 丘道濟先生義

丘義,字道濟,建陽人。隱居不仕,與朱子友善。所著有《易說》、《論語纂訓》傳於世。從弟膺,從朱子學,已見上。

### 參議劉明遠先生如愚

劉如愚,字明遠,崇安人。有才幹,善屬文,尤善吟咏。居鄉,日與朱子唱酬。從子珙與同登第,調海鹽尉,終江西帥司參議官。《建寧郡志》

### 劉嶽卿先生甫

劉甫,字嶽卿,崇安人。衡子。事親至孝。武夷山北有水簾洞,其棲隱處也。劉珙將奏以官,甫不願。朱子與蔡季通每過其廬,惟相與講義理,不及利祿。嘗約朱子結廬武夷,未幾,卒。朱子有詩挽之。《建寧郡志》

# 閩中理學淵源考卷二十一

## 朱子漳州門人并交友

按：閩中自道南以來，泉、漳學者未甚顯著，至清漳又閩之益南矣。靖康中，高氏登、黃氏碩、楊氏汝南皆以名儒直節稱。至朱子守郡，教化大明，風俗一變，而北溪、東湖諸賢皆以夙學後先摳衣升堂，然則斯郡茲時其人文初開之始乎？大賢之澤，百世其昌，雖莅政僅及一期，而遺風餘槊於今猶未艾也，尋學脉者，能無慨係於茲邦。

### 曹郎王東湖先生遇

王遇，字子合，龍溪人。父羽儀，紹興十二年進士。遇閑居，不遠千里從遊於朱晦菴、張南軒、呂東萊之門，而與廖德明、黃幹、陳淳友善。舉乾道八年進士，調臨江教授，再調處、蘄二州。在蘄，日與諸生講說，漏二十刻，猶徘徊學舍。注懷安丞，閩帥詹體仁、鄭僑延諸幕府，裨贊甚多。丞相趙汝愚聞其賢，將擢用之，而偽學之禍起矣。久之，以薦知長樂縣，撙節浮費，大修水利。轉贛州通判，薦章交上，時韓侂冑當國，遇不少貶以求合。侂冑敗，召為太學博士，未幾，除諸王宮教授。適毘陵大旱，命為之守，力講荒政，民被實惠。浙東大饑，詔以提舉浙東常平，入對，請齋戒以飭躬，剛大以進德，急聞直言以救闕失，樂從公議以扶正道。當斷絕斜封墨勅之原，常存視民如傷之念。至官，留心賑濟，一如毘陵時。除大宗正，遷右曹郎中。嘉定四年，校策殿廬，事畢而卒，年七十。遇居官所至介然，招之不來，撼之不動。朱晦菴稱其"純篤"。呂東萊與其篤信嗜學，為人務實。黃勉齋狀其行，稱其"學識之精，義利之明，拔出流俗之表"。學者

稱東湖先生。著《論孟講義》、《兩漢博義》。子仲訥,以蔭官羅源令。《通志》、《漳郡志》、《閩書》

按:東湖從文公游在北溪之前,文公答書中有云:"前月末送伯恭至鵞湖,陸子壽兄弟來會。"又云:"伯恭奉祠已久,亦每談志行之美也。"鵞湖之會在淳熙二年乙未,味此札,似淳熙二年前後及門者。又按:東萊於癸巳、甲午間與汪公端明書云"新臨江教授王遇篤信嗜學,爲人殊務實,願得親罄欵"云云。又似從游於呂,先於朱門矣。

## 推察黃習之先生學臯

黃學臯,字習之,龍溪人。父琪,紹熙中以《禮記》兩薦於鄉。學臯博通經史,尤長於《詩》、《書》、《春秋》。文公守漳,臯與宋聞禮俱以稚年論講。慶元間,預鄉薦,入試南宮,策問三舍法獎,臯謂:"愚獨愛伊川,請改試爲課及制尊賢堂、待賓齋。"與時論不合,有司大書曰:"此必僞學之流。"黜之。嘉定十六年始登第,仕番禺簿。趙帥師楷每事必資之,尤爲丞相崔菊坡、料院虞衡所器重。再轉爲鄱陽丞,待制李性傳延入郡齋,校勘朱文公《續語錄》。因薦之,調泉州察推。需次於家,郡守方來屈居學職,哀《論》、《孟》義利數章,辨析界限以訓諸生。温陵西墅劉克遜以廉吏科薦之。年七十餘,丏祠歸。手不釋卷,所著有《評古》一册。

## 縣令宋叔履先生聞禮

宋聞禮,字叔履,龍溪人。登嘉泰二年進士,爲敍州教授。再調化州,知海陽縣。有《易禮記詩解》行世。《道南源委》

## 李堯卿先生唐咨 石洪慶、施允壽、林易簡。

李唐咨,字堯卿,龍溪人。與貢士州學士石洪慶、字子餘。林易簡、字一之。施允壽,字伯和。皆以旦評推重。朱文公守郡日,延之於學,爲諸生楷式,載之公牒,各有品題,云:"李唐咨、林易簡或究索淵微,或持循雅飭,察其言行,久益可觀。施允壽、石洪慶皆以耆艾之年進學不倦,强毅方正,衆所嚴憚。"《漳郡志》

按，明周瑛曰："四子學行，即此牒可考矣。"若陳北溪文集有祭子餘文，《朱子語類》有子餘語録，及朱子《文集》有堯卿與朱子問答語。而一之與伯和僅見於學牒，他無考，謹掇拾梗概而爲此一傳。

## 朱先生飛卿

朱飛卿，龍溪人。受學朱門，自言窮理而事物紛紜，未能灑樂處，唯見得富貴果不可求，貧賤果不可逃耳。《大全集》載其問答甚多。《閩書》、郡志

## 陳退之先生思謙

陳思謙，字退之，龍溪人。學問該博，教授後學，嘗魁鄉薦。著《春秋三傳會同》及《列國類編》。朱文公喜之，以語其門人李唐咨，以女妻之。

## 縣丞楊尹叔先生士訓

楊士訓，字尹叔，漳浦人。今詔安。父成大，鄉貢士，早世。事母至孝，廬墓三年，哀毁慘切，鬚髮爲白。訓性醇静警敏，刻厲自持。嘗從學於陳景肅。及文公守漳，置賓賢齋，擇士之志學者處之，訓年最少，預焉，稱其學已知方。郎中王遇見而異之，妻以女。所居號盤菴，學者不遠數百里從之。慶元二年，擢進士，調古田尉，再調海陽丞。政尚寬和，訟者以禮義曉譬，多釋争而去。後遷永福令。永福俗險健，訓推誠以待之，留意學校，更定祭器，修立壇墠，人士多頌其德。有曰："德量汪乎如不撓之波，接人温乎如可愛之日。潛心可質之上帝，操行不欺乎暗室。"諸臺亦以慈祥豈弟、聽訟平允薦之。會湖廣總領請於朝，願得廉靖吏以董軍餉，遂差鄂州糧料院，荆、襄兩路軍儲皆屬焉。未踰月，卒於官。平生好賙人急，而自奉甚約，囊橐蕭然。卒之日，無以爲斂，總帥率所屬周旋其喪，以歸葬於官陂之南。勉齋黄榦爲銘。"小其根，其實不蕃。流之長，不如其源。天命靡常，定理則存。浚其源，毋伐其根，不在其身，在其子孫。"弟士謹，登嘉定第，任博羅尉，與士訓同稱"七賢"云。

# 閩中理學淵源考卷二十二

## 朱子延平門人并交友

延平，蕞爾土也。自龜山先生載道而南，一時從遊若吳國華、陳了翁、陳知默諸賢同時講明正學。迨羅豫章、李文靖一脉相傳，至朱子續楊、羅、李之宗，恢大其統緒，及門之彥，若余氏大雅、廖氏德明其較著者也。夫一郡英賢後先倡學盛矣，而四賢者同時同郡仔肩往聖道脉，抑又盛焉。後之至斯土者，如登東魯廟堂，高山景慕，低回不能去云。

### 山長鄧先生邦老

鄧邦老以字行，將樂人。朱子門人陳宓守延日，以邦老道德隆重而且耆年延入書院，與李燔、林羽、蔡念成、楊復、余道夫、李伯武、趙師恕爲堂長。《道南源委》

### 鄧衛老先生絪

鄧絪，字衛老，將樂人。與其兄邦老同遊朱子之門，著有《近思録問答》。《考亭淵源録》

按，《近思録問答》一條，問：“昔受學於周茂叔，每令尋仲尼、顏子樂處，所樂何事。絪謂孔、顏之所樂者，循理而已矣。”朱子答云：“此等處未易一言斷，且宜虛心玩味，兼考聖賢爲學用力處，實下功夫，方自見得。如此硬説，無益於事也。”竊謂前哲求此義多矣，莫如熟復文公數語爲切要，間嘗三復《易通》中論顏子“一簞食”一節，曰不愛不求，曰見其大而忘其小，曰見其大則心泰，心泰則無不足，無不足則富貴貧賤處之一。此元公述顏子之樂之處，最爲親切，且孔、顏之樂似當就孔、顏當身境遇，憂樂相尋處體認尤切，似難一蹴而可立。談者紛紛推析，繪畫乾坤之容，恐未能肖似也。

### 余正叔先生大雅弟大猷。

余大雅,字正叔,順昌人。父良弼,博學明經,爲政知大體,每以教化爲先,聚書數萬卷。官廣西經略。大雅與劍浦游敬仲同時從朱文公,每見必告以簡約切實工夫歸於"求放心"一言。兩領鄉薦,省試不遇。有《朱子語録》一卷。余大猷字方叔。亦從文公游,文公稱其看得道理儘穩實。《道南源委》、《朱子大全》

按,文公《答正叔書》云:"所論正爲敬義工夫不可偏廢,彼專務集義而不知主敬者,固有虛憍急迫之病,而所謂義者或非其義。然專言主敬,而不知就日用間念慮起處分別其公私義利之所在,而決取舍之幾焉,則恐亦未免於昏憒雜擾,而所謂敬者有非其敬矣。且所謂集義,正是要得看破那邊物欲之私,却來這下認得天理之正,事事物物,頭頭處處,無不如此體察,觸手便作兩片,則天理日見分明,所謂物欲之誘,亦不待痛加過絶而自然破矣。若其本領,則固當以敬爲主,但更得集義之功以祛利欲之蔽,則於敬益有助,蓋不待著意安排而無昏憒雜擾之病。上蔡所謂'去却不合做底事,則於用敬有功',恐其意亦謂此也。"又曰:"前者所論,未嘗欲專求息念,但以爲不可一向專靠書册,故稍稍放教虛閑,務要親切自己。然其無事之時,尤是本根所在,不可昏憒雜擾,故又欲就此便加持養,立个主宰。其實只是一个提撕警策,通貫動静。但是無事時,只是一直如此持養,有時便有是非取舍,所以有直内方外之别,非以動静真爲判然二物也。上蔡之説便是如此,亦甚要切,但如此警覺,久遠須得力爾。千萬且於日用間及《論語》中著力,令有箇會通處,即他書亦不難讀爾。"再按:傳中正叔與游敬仲同時從文公游。按:《朱子語録》考之姓氏,録文公語淳熙五年戊戌以後所聞者。從游俟再考。再按,陸稼書先生《讀朱隨筆》論後一條按云:"凡朱子所言内外動静處,可見其未嘗有所偏矣。果齋李氏所謂晚見諸生繳繞於文義之間,始頗指示本體者,亦是此意,而豈如姚江所謂晚年定論也哉!"

### 宋　先　生　宰

宋宰,字闕。沙縣人。

### 張敬之先生顯父

張顯父,字敬之,順昌人。

### 游連叔先生敬仲

游敬仲,字連叔,南劍人。

# 閩中理學淵源考卷二十三

## 朱子邵武、汀州門人并交友

按：邵武人文舊號"小鄒魯"，唐以前尚矣。宋初，游氏烈從胡安定講學，以經術爲郡人之倡，厥後鄒堯叟、李西山、盧奎、何兑、朱震皆受學於劉執中、楊文靖、馬東平、胡武夷諸賢，至若嚴氏粲之經説、李氏忠定之偉略，皆爲學者所宗仰。迨朱子接道南統緒，其執經問業者尤多。於時修文授經，砥名立行，後先炳蔚，與建安諸郡未易優劣也。至長汀一郡，如徐氏守忠，宋初時受知於歐陽文忠、胡安定、李太伯諸賢，而清修侠德亦皆有人。然彼時聲氣未孚，紹述者尚寥寥有幾，至及朱子之門者只楊氏子直一人而已，蓋亦風氣初開之始也，今併附焉。

### 縣令何叔京先生鎬

何鎬，字叔京，邵武人。父兑，始仕爲左朝奉郎、通判辰州。生鎬，孝謹有器識，既出就傅，暮歸則不復去親側。誦書日數千言，爲文敏而有思，趣尚高遠，識者奇之。辰州嘗受程氏《中庸》之學於東平馬公伸，服行不怠。又以其忠節事狀移書太史，忤秦檜，下吏竄南方，扼(危)死不恨，間復悉以其所聞者語鎬。既受其説，則益務貫穿經史，取友四方，博考旁資，以相參伍，久而自信。於是一意操存，杜門終日，澹然無營。至其論説古今，指陳得失，則又明白慷慨，可舉而行。平居崇德義、厲廉節，絕口未嘗及功利。至於收族恤孤，興事濟衆，則懇惻憂勞，如己嗜欲。言行相循，没身不懈。由此南州之爲程學者，始又知有馬氏之傳焉。始用辰州致仕恩補官，授泉州安溪主簿，未赴，再調汀州上杭丞。數行縣事，專用寬簡爲治。白罷稅外無名之賦，人便安之。部使者鄧伯熊行部，顧郡事不理，囚繫或累歲月不得釋，橄鎬佐其守，悉取文書閱視，具得其情決遣之，旬日皆盡。又以田稅不均，貧弱受病，所以均之甚備。守顧不悅，鎬即謝去。一時學士寮友推其學行，多師尊之，而當路鮮識之者。調潭州善化令，將行而卒，年四十八。朱子撰墓碣稱："鎬爲人清夷恬曠，廉直惠和，談經論事，簡易條暢。"所著書有《易》、《論語》、《史論》諸文數十卷，其言多可傳者。築書堂所居南坂上，名以"高遠"，用見己志。素與朱子友善，嘗與書曰："執事家學淵源之正，而才資敏銳，絕出等夷，其深造默識，固有超然非誦説見聞之所及也，而其口講心潛、躬行力踐已非一日之積。詞旨奧博，反覆通貫，三復竦然，有以仰見其所存之妙云。"

按：朱子撰墓碣，叔京在淳熙二年没，曾與何叔京第一書在李先生殁後，自是隆興二年以後。書中有"杜門奉親"，則在乾道五年以前之札，與蔡季通先生受業相先後者。又與書曰："李先生教人，大抵令於靜中體認大本未發時氣象分明，即處事應物自然中節。此乃龜山門下相傳指訣。然當時親炙之事貪聽講論，又方竊好章句訓詁之習，不得盡心於此，至今若存若亡，無一的實見處，辜負教育之意。每一念此，未嘗不愧汗沾衣也。脱然之語，乃李先生稱道之過。今日猶如掛鈎之魚，當時寧有是耶？然學者一時偶有所見，其初皆自悦懌，以爲真有所自得矣。及其久也，漸次昏暗淡泊，又久則遂泯滅，而頑然如初無所睹。此無他，其所見者非卓然真見道體之全，特因聞見揣度而知故耳。竊意當時日聞至言，觀懿行，其心固必有不知所以然者。洎失其所依歸，而又加以歲月之久，汩没浸漬，今則猶然爲庸人矣。此亦無足怪者，因下問之及，不覺悵然。"《閩書》、《考亭淵源録》、《朱子大全集》

## 州牧趙佐卿先生善佐

趙善佐，字佐卿，邵武人。受學張敬夫，又從朱子游。以宗室子試授將樂丞，累知秦州、常德、贛州。奉法愛民，以勤儉自約飭，在贛逾年卒，民哀思之。著《易疑問答》。《道南源委》

## 梁文叔先生琢

梁琢，字文叔，邵武人。從遊朱子，刻志勵學，所論爲學工夫及體氣、魂魄、鬼神之説,朱子多許可之。又輯《朱子語録》、《澹臺石刻》。

按,文公《答文叔書》:"云日用功夫如此,甚善。然須實下功夫,只是説得,不濟事也。李先生意只是要得學者靜中有箇主宰存養處,然一向如此,又不得也。"觀文公答問此數句,即想見延平心傳,文叔必從事於斯者,公故以此告之。

## 吳大年先生壽昌

吳壽昌,字大年,邵武人。初謁浮屠疎山,喜談禪。後游朱門。著《問答録》。嘗論張栻、吕祖謙,以南軒非壽昌所敢知;東萊博學多識則有之,守約恐未也。朱子深然之。《通志》、《道南源委》

## 教授吳茂實先生英

吳英,字茂實,邵武人。從朱子學。有《論語問答略》。登紹興三十年進士,仕至泉州路教授。

按,文公《與茂實書》云:"近來自覺向時工夫止是講論文義。以爲積集義理,久當自有得力處,卻於日用工夫全少點檢。諸朋友往往亦只如此做工夫,所以多不得力。今方深省而痛懲之,亦願與諸同志勉焉。幸老兄徧以告之也。陸子壽兄弟近日議論與前大不同,卻方要理會講學。其徒有曹立之、萬正淳者來相見,氣象皆儘好,卻是先於性情持守上用力,此意自好。但不合自主張太過,又要得省發覺悟,故流於怪異耳。去其所短,集其所長,自不害爲入德之門也。然其徒亦多有主先入不肯捨棄者,萬、曹二君卻無比病也。"觀書中及陸子壽兄弟,子壽卒在淳熙七年,時朱子年五十一,則此書在五十一歲前所寄。

## 馮作肅先生允中

馮允中,字作肅,邵武人。從朱子學。朱子名其齋曰"見齋"。所論懲創後生妄作之獘,朱子善之。又云:"情本於性,故與性對。心則有知覺,而能爲之統御者也。未動而無以統之,則空寂而已。已動而無以統之,則放肆而已。"朱子深以爲然。《道南源委》

按,文公《與作肅書》云:欲立人,欲達人之説,令其"更白叔京兄,質其可否,復以見諭"。自在淳熙二年以前及門者,是時邵武叔京從遊,而作肅、嵩卿諸賢相踵勃起矣。

### 葉直翁先生寅

葉寅,字直翁,邵武人。少飄蕩豪爽,方士繇語之曰:"以子才俊,何善不可爲,乃甘心里巷以辱其身耶?"寅感泣,問:"過可改否?"曰:"惟狂克念作聖。"於是奮勵修飭,俛就朱子之門而問學焉。謹言愼行,以求精詣,鄉人敬嘆之。《考亭淵源録》

### 州牧俞夢達先生聞中

俞聞中,字夢達,邵武人。從學朱子。淳熙八年進士。知黎州,悉意撫字,民夷感德。《通志》、《閩書》

### 宣獻任伯起先生希夷

任希夷,字伯起,其先眉州人。四世祖伯雨爲諫議大夫,其後仕閩,因家邵武。希夷少刻意問學,爲文精苦。登淳熙三年進士第,調建寧府浦城簿。從朱文公學,篤信力行,文公器之曰:"伯起開濟士也。"開禧初,主太常寺簿,奏:"紹熙以來,禮書未經編次,歲月滋久,恐或散亡,乞下本寺修纂。"從之。遷禮部尚書兼給事中,謂周惇頤、程顥、程頤爲百代絕學之倡,乞定議賜諡。其後,惇、頤諡元,顥諡純,頤諡正,皆希夷發之。進端明殿學士、僉書樞密院事兼權參知政事。史彌遠柄國久,執政皆具員,議者頗譏其拱默。尋提舉臨安府洞霄宮,卒。贈少師,諡宣獻。著《經解》、《經筵故事》、《奏議》、《表箋》、《內外制集》。《考亭淵源録》、《道南源委》

### 縣令李子賢先生東

李東,字子賢,忠定公族孫也。受學朱子。紹熙中登第,簿廬陵。秩滿,周必大餞以詩云:"地跨江南秀氣兼,玉成界尺直方廉。西曹久處習鑿齒,高士惟知孫子嚴。"遷知萬安。黃幹薦於漕使,稱其精敏,楊楫乞委以事而觀其能。《道南源委》、《閩書》、《考亭淵源録》

## 修撰葉成之先生武子

葉武子,字成之,邵武人。初遊鄉學,學《周禮》於永嘉徐元德,既與李方子友,同受學朱門。後補太學生,時議函韓侂冑首和金,武子曰:"奸臣首固不足惜,如國體何?"率同舍力爭。嘉定中,擢甲科,注岳州教授。有貧而母老者,名在其下,亟遜之。久之,授郴州,累陞知處州。拊循民瘼,奏除苛取之獎。麗水盜發,郡發兵討捕,而里正執讎民以歸。武子問實,得三人斬以徇,餘釋之,民大服,盜亦息。入爲宗學博士,以福建保長催科害民,陛對論罷之。請老歸,屬召不起。尋落致仕籍,除直秘閣。嘉熙間,進直寶謨閣奉祠,仍乞致仕。淳祐三年,以其雅志恬退,掛冠日久,賜詔褒美,特陞直龍圖閣。五年,進秘閣修撰。六年,卒。武子之學,所得於《易》爲多,其言曰:"易道莫大於時,時有二義,有在外之時,有在我之時,士君子出處須先論在我之時。"嘗戒子弟謂身後毋作行狀,葬無銘誌。唯劉克莊誌吳炎墓,稱炎與武子爲古君子。《閩書》、《考亭淵源錄》

## 縣令饒廷老先生幹

饒幹,字廷老,邵武人。自幼孝謹篤學。登進士第,調吉水尉,轉知長沙。適朱文公爲守,遂受業焉。夙興治事,暇入聽講。後知懷安軍,卒。有爲之銘曰:"能琢磨而器吾之玉乎,則心皇皇如不足。能烜赫而丹吾之轂乎,則足縮縮如不欲。故樂也不加若性,而污也不懼其辱。是謂善學朱氏者,蓋不惟其名而實之篤。"《閩書》

## 縣丞劉德言先生剛中

劉剛中,字德言,光澤人。少讀書,詞義有契,輒爲之贊。從學於文公,公問:"平日讀何書?"剛中説:"看《語》、《孟》、《荀》、《揚》、《莊》、《老》諸書。"公云:"須看《語》、《孟》、若《荀》、《揚》乃誤人之書,《莊》、《老》乃壞人之書。"剛中遂專聽公言,公爲易其字曰:"近仁。"與黃幹友善。舉嘉定四年進士,調漢陽

縣主簿，轉婺州蘭溪縣丞。後歸築室以居，名曰"琴軒"，從學者甚衆。述有《師友問答》一卷。《考亭淵源録》

## 丘玉甫先生珏

丘珏，字玉甫。從朱子學，有《主敬問答》。學禁嚴，遂謝場屋。

## 黄令裕先生孝恭

黄孝恭，字令裕。從朱子學。治家嚴整，論著確實。

## 黄仲本先生瀚

黄瀚，字仲本。從朱子學。嘗作《朋友説》，朱子爲跋。

## 黄德柄先生謙

黄謙，字德柄。

按，文公《與方伯謨書》云："某近嘗一至雲谷，留十餘日。朋友來集，隨分有少講論，大率追正舊説之太高者也。克明、德柄皆未及書，煩爲致意。"考書中云在雲谷，疑在淳熙初年，意是中歲及門者。

## 劉潛夫先生炎

劉炎，字潛夫。

## 饒先生克明

饒克明，邵武人。

## 連嵩卿先生崧

連崧，字嵩卿。

按：文公與何叔京書述及嵩卿。考叔京在淳熙二年没，嵩卿自在淳熙二年以前及門者。

# 閩中理學淵源考卷二十四

## 朱子福寧門人并交友

按：宋寧宗時，黨禁方嚴，朱子曾避跡是邦，相其山川靈異，謂"五十年後必有人出，能盡讀天下書"。考其時，從學者黃尚質幹、楊志仁復、林正甫湜，此外尚多其選。及至末造，義豐師氏主盟教席，英髦不衰。至元代，石堂陳氏、伯循韓氏輔翼友教者數十年，朱門之學賴以不墜。公之言，於是信而有徵矣。

### 朝散郎楊通老先生楫

楊楫，字通老，長溪人。剛介不苟合，與楊方、楊簡俱朱門高弟，號"三楊"。舉淳熙五年進士，調莆田尉。閩帥程叔達移縣括逃田，楫歷疏不便。帥大怒，楫徐對，無所屈，罷去。漕使林沂曰："尉敢格帥，大是奇事。"遂薦之。累官司農寺簿，奏剳論："進君子，退小人，勿徇左右之請，以重中書之權。飭執政之臣，可否相濟以任憂時之責，獎廉隅之操，絕奔競之風。"除國子博士，轉少卿。臺臣或干以私，答曰："臺省紀綱，學者規矩，當各守職，無相侵越。"尋出知安慶，移湖南提刑，江西運判，終朝散郎。嘉定六年，卒。著有奏議及《悅堂文集》。人稱爲悅堂先生。《閩書》《考亭淵源錄》

### 龍圖林正甫先生湜

林湜，字正甫，福寧長溪人。紹興三十年進士，調富陽尉，改知晉江判。南劍州太守議官自賣酒，湜力爭不可。守自爲奏，朝廷視無通判署，疑之，守奏遂格。除監察御史，疏言："陛下托股肱於宰執，而所授皆小人。寄耳目於臺諫，而彈擊皆君子。治亂之大，無過於是。”爲殿試詳定官，某士對策剴切，湜擬第一，朝廷不用。及侍御史劉光祖下遷，湜曰：“可以行矣。”再論靜江知府錢之望，出爲江西轉運判官。歷太府司農卿，充孝宗遺留，使金國通名。金以服賜湜，湜揮擲之，曰：“宋正統相承，服視其品。今易左衽，有死而已。”金不能屈。復命，光宗迎謂曰：“卿守禮甚堅，國體不失。”韓侂胄讎逐正士，呂祖儉上書爭之，貶嶺外。湜見余丞相曰：“呂子約南行，執奏收回，大臣責也。”力請外，除湖北轉運副使。進直龍圖閣致仕。湜性泊淡散朗，雖爲政精敏，遇事立斷，而平居但教諸生誦説，若不涉世故者。於善惡賢不肖明白，而又護惜善類，世所謂善人君子，常欲以一身同其榮悴去留，故議論多激發，見忌於人，是以齟齬廢斥而終不悔。朱文公被斥，士皆遠嫌，湜獨執弟子禮不變，未没前數月，猶馳書問疑義。著《槃隱集》。

按：先生與文公平昔相嚮慕，在師友之間，疑是文公晚歲因楊通老致書而禀學者。觀朱子答書云“仰慕高風，固非一日”，又稱其“所學之深，所守之正，其所藴蓄，蓋已施之朝廷而見於議論之實”，其推許可想已。《考亭淵源録》、《閩書》

### 直學士黄尚質先生幹

黄幹，字尚質，福寧人。師朱子，著述甚富。餘干饒魯、寧德李鑑皆師之。所著有《梅鑑語》、《五經講義》、《四書紀聞》。官至直學士。

### 教授高國楹先生松

高松，字國楹，福寧人。少游陳止齋之門，又從朱子受學。登紹熙元年進士，授台州教授。啓迪有方，一時州縉紳皆出其門。故例，撰講章，據案抗聲讀，名曰講書。松曰：“是何所發明耶？”令更進迭問，疑難交發，滿意而退，士人懽服。葉水心銘其墓。

### 縣丞進士陳敏仲先生駿子成父。

陳駿，字敏仲，寧德人。乾道進士，爲大冶丞。遊朱子之門，爲鄭師孟諸賢所宗,號仁齋。先生所著有《論語孟子筆義》,又著《毛詩筆義》,未就而卒。子成父,字美玉。能守家學,以立誠爲本,行己皆有法度。辛棄疾知福州,聞其名,羅致賓席。著《近思録》、《律曆志解》、《默齋集》等書。

### 龔曇伯先生剡

龔剡,字曇伯,寧德人。曾祖允昌,有學行,嘗著《家訓》,以反身修德爲主。祖必俞,以行稱。剡早從朱子學,不務口耳。晚與同門楊信齋復論辨理氣先後之説,甚有造詣。有詩文集數卷。自號南峰居士。《閩書》、《通志》

### 鄭齊卿先生師孟

鄭師孟,字齊卿,福安人。安貧力學,六經註疏手自抄録。受業文公之門,黃直卿妻以女。嘗著《洪範講義》以發明文公《皇極辨》之藴。號存齋先生。《通志》、《閩書》、《考亭淵源録》

### 張潛夫先生泳

張泳,字潛夫,福安人。蚤志濂洛之學,家居教授,多有顯達。慶元中,僞學禁興,大比試天下之言性論,有司讀其文,驚異爲壓場策。問僞學,泳抵排異端,力主朱子之傳。學者稱墨莊先生。著有《一得録》、《禮記遺説》、《左氏纂類會粹》、《古今事類》二百卷,集關、洛諸儒語爲《傳心直指》十卷、《四愚齋類藁》。《道南源委》、《閩書》

### 孫和卿先生調

孫調,字和卿,福寧人。其學得朱子之傳,以排擯佛老、推明聖經爲本。著有《策府》五十卷,《易詩書解》、《中庸發題》共五十卷,《浩齋稿》三卷。學者稱龍坡先生。

### 林守一先生守道

林守道,字守一,又字艾隱,福建福寧人。自孩提已嶷然不羣,恥與羣兒弄。

十歲失怙恃，卓有大志，刻苦讀書。蚤工詩賦，年十五即嘆曰："破碎非吾學也。"改學經，又嘆曰："破碎猶吾前日詩賦也。"改從晦菴先生遊，願聞大道之要，裹糧束書，至中途聞晦庵訃而返，慨然閉户力學，精思實踐，如及考亭之門焉。性剛直，每面折人過，鄉閭多畏憚，不敢爲非。吟筆天成，輒出人意表。家貧僅終伏臘，而賦佃租特寬，不擇美惡燥濕輒槩入，鄉父兄以此德之。桂發捧鄉書，至謹以爲積德之報，而不知此於先生未足窺毫末也。先生遺藁甚多，散落不存。晚猶嗜《易》，積十年，精通卦義，至晚尚吟誦不輟。子男三人，宗旦、如坦，皆有文名。桂發，受業晦菴之門人信齋楊公復，以繼先志，登淳祐丁未進士第。

黃氏東發撰墓誌略

# 閩中理學淵源考卷二十五

## 建陽蔡氏家世學派

考劍、建間,斯時儒術昌明,風流世篤,人材多萃乎一家一門。閩中武夷胡氏,而後蔡氏以九儒著,蓋得父師之教,根源遠矣。

### 國録蔡守信先生諒

蔡諒,字守信。家建陽,其先弋陽人,唐昭宗時,八世祖爐從王潮入閩,爲建陽長官,卜居麻沙鎮。累傳至伯禧,宋真宗時,以神童授春官伴讀,賜詩褒美。弟伯充,生諒。紹聖四年,繇鄉貢入太學,除大名司訓,擢太學録。崇寧間,表勸徽宗以剛仁勤儉。又語蔡京曰:"清慎正直,宰臣之度。司馬光、吕公著何等人品,而目爲奸邪,且鐫之石也。"京大怒,即棄官歸,寄傲雲谷、西山間,自號"首陽居士"。子發,孫元定,曾孫淵、沆、沈,元孫格、模、杭、權。自牧堂先生發至靜軒先生權,皆潔行績學,詮經衛道,世稱"蔡氏九儒"云。《閩書》、《蔡氏九儒書》、《名儒傳》

### 處士蔡牧堂先生發

蔡發,字神與。博達古今,深究治道,清修苦節,世人賢之,承國録君嚴訓,有志當世,而復秉執剛毅,不能與世俗相俯仰,因去游四方,見聞益廣,遂於《易》象、天文、地理、三式之説,無所不通,而皆能訂其得失。中年乃歸,築室於武夷之陽,其間屢遭盜賊、水火之變,履危蹈險,而浩然不以屑意,雖一介之微不取,杜門掃軌,專以讀書教子爲事,晚號"牧堂老人"。元定在娠時,先生嘗以聖賢像設別室,使妻詹氏日夕瞻仰,以踵太任胎教之風。故元定生而穎悟,十歲即教使讀《西銘》。稍長，遂以程氏《語録》、邵氏《經世》、張氏《正蒙》授，曰："此孔、孟正脉也。"文公朱先生謂"公平生所以教其子者，不干利禄，而開之以聖賢之學，其志識高遠，非世人所及"云。所著有《地理發微》、《天文星象》諸書。子元定。《九儒書》、《閩書》

## 運幹蔡復齋先生沆

蔡沆，字復之，西山次子。承父《春秋》之屬，未得要領。一日讀《易》，悟曰："《易》一卦一爻，爲義各異。謂《春秋》以一例該衆事，可乎？"讀《書》至"道心"、"人心"，則嘆云："春秋二百四十餘年間，諸侯大夫行事發於道心者無幾，聖人於賵仲子納郜鼎皆據大義以止私欲，一書綱領在此矣。"作《春秋五論》，而自爲之序。初遵父命，嗣表伯虞氏，更名知方，及父謫春陵，領鄉舉，從母命歸宗，以季子梓後虞氏。嘗教學者以"敬"爲入德門户，"義"爲一身主宰，"復"爲學者遷善改過之幾，又講明《復》卦，言當以"不遠復"爲法，以"頻復"爲戒。官至兩浙運幹。學者稱復齋先生。子楠、欄。《閩書》、《九儒書》

## 處士蔡素軒先生格

蔡格，字伯至，節齋先生長子。性質沖澹，躬耕不仕，與從弟覺軒、久軒、静軒自相師友，由始至終，未嘗少懈。時有以佛老之教惑亂衆聽者，格與學者講明《孟子·盡心》章，以力詆之，作《至書》以警之，又著《廣仁説》以自勵，其衛道甚嚴。年七十卒。學者稱素軒先生。《九儒書》

## 文肅蔡久軒先生杭

蔡杭，字仲節，號久軒，九峯先生次子。紹定二年進士，歷諸王宫大小學教授，遷校書郎，奏對，論正心及内降斜封之弊，又言"權奸不可復用，國本不可不早定"，理宗嘉納其言。淳祐中，任浙東提刑，遇事立斷，人不敢干以私。召爲國子司業兼資善堂翊贊，續以試國子祭酒，歷遷工部侍郎，權吏部尚書，除端明殿學士、同知樞密院事。寶祐四年，拜參知政事。落職，張磻具奏："蔡杭精通經術，忠直敢言，同僚罕及，請復其祠禄，以勵清節。"逾年，復端明殿學士，予祠致仕，卒，諡文簡，以犯祖諱，更諡文肅。嘗論劾參知政事劉之傑黨于史嵩，不叶物議，又論京尹余晦凌辱三學及奏權奸丁全不可用，即不待報去。在州郡，所至祀先儒、旌忠節、舉遺逸、表行義。寶祐中，奉勅建西山精舍，後復奉勅建廬峰書院。前後頒賜御書大字，先生致政家居，皆敬刻本山之石崖。修明先聖先賢及先世祀事。平生孝友，出於天性，四時祭祀，仍遵伯父節齋遺制，遇期功緦麻之喪，必素衣以終月數，及治喪，毋得用浮屠法。子公亮，大理司直。墓誌、《閩書》、《九儒書》

### 山長蔡静軒先生權

蔡權，字仲平，九峯先生季子。聰明英毅，孝弟忠信，儀刑子孫。肄業於家庭，兄弟聯席，自相師友。以兄恩補承務郎，授廬山書院山長，教授鄉間，講明義理。一日拜龜山先生祠，士友請正席皋比，因取龜山楊文靖公《求仁齋記》與諸生講明，極其詳密，上下咸稱其得家學心傳焉。著《參同契論》以斥二氏，衍三問説以自省戒。平生講讀之外，視富貴利達若將浼之者。天性高潔，有祖父風。獨處静室幽軒，終日怡怡，學者稱静軒先生。《九儒書》

## 文節蔡西山先生元定學派

按：西山先生之學得之晦菴文公，相從講授閲四十年。真文忠公撰九峯墓表云："聘君以師事文公，而文公顧曰：'季通，吾老友也。'凡性與天道之妙，他弟子不得聞者，必以語季通焉。異篇奥傳、微辭邃義，多先令討究而後親折衷之，故嘗輯其問答之辭曰《翁季録》者，蓋引以自匹也。"此端平二年真公所述，後十四年爲淳祐九年，公之孫杭作《朱子語録》後序，亦言："先師嘗有親自删定晚歲與先大父西山講論之語及性與天道之妙，名曰《翁季録》者，久未得出以流行於世，豈斯文之顯晦，固有時乎？"是此書在宋季已莫可尋覓矣。先文貞公曾言，國朝浙西某家購得是書，秘藏多年，後經播遷，復散佚。豈斯文終不傳於世也耶？然先生之遺書微義今尚有考，前哲謂："大者如《河圖》、《洪範》之說，《太極》、《經世》之旨，所以輔益於朱子者不少，其高深要妙處，後學亦未能卒讀也。"文公嘗曰："季通平生學問多謙讓，皆寓於某集中。"是則讀文公集者，尤得尋玩其大略一二，則是書雖亡，謂之存可也。噫！西山、雲谷，兩燈相望，今去五百載，想象芳規者，猶如瞻日月而摩星斗矣。

## 文節蔡西山先生元定

蔡元定，字季通。生而穎異，八歲能詩，十歲日記千百言。牧堂示以二程、邵、張之書，曰："此孔、孟正脈也。"先生深涵其義，辨析益精。讀書西山絕頂，忍饑啖薺。乾道間，見文公朱子於崇安，遂師事焉。文公扣其學，大驚曰："此吾老友也，不當在弟子之列。"凡講論諸經奧義，諸弟子所不得聞者，必以語先生。四方來學者，必俾先從先生討論，而後折衷之。文公嘗論《中庸》已發、未發之旨，謂："人自嬰兒至老死，雖語默動靜之不同，然大體莫非已發。"先生不以爲然，謂："未發之時，要涵養一節功夫。"引程子"敬而無失，便是喜怒哀樂未發謂之中"。後二年，文公再與辨論，始悟其說而悉反之，由是益奇先生。故先生每至，必留講數日，往往通夕對牀，不暇假寐。諸從文公遊者，歸必過先生之家，聽其言論不忍去，去皆充然有所得。淳熙戊申，太常卿尤袤、祕書少監楊萬里薦於朝，特召，辭以疾，鄉人稱爲"聘君"。築室西山，將老焉。韓侂胄擅政，設學禁以空善類，一時臺諫承風排擊，先生知不免，謂學者劉礪曰："化性去僞，惡得無罪！"及沈繼祖、劉三傑爲言官，連疏譏詆文公，并及先生，遂坐謫道州。州縣捕甚急，不辭家而行，或曰："姑緩之。"先生曰："獲罪於天，天可逃乎？"文公與從遊者數百人餞別蕭寺中，坐客有興嗟泣下者，文公微視先生，不異平時，因喟然曰："朋友相愛之情，季通不挫之志，可謂兩得之矣。"而先生亦賦詩云："執手笑相別，無爲兒女悲。"與其子沈行三千里，脚爲流血，既至，諸州士子從遊者日衆，有名士挾才簡傲、非笑前修者，亦心服謁拜，執弟子禮。人爲語曰：

"初不敬,今納命。"愛先生者謂宜謝遣生徒,先生曰:"彼以學來,何忍拒之?若有禍患,豈閉戶所得免乎?"貽書訓子曰:"獨寢不愧衾,獨行不愧影,庶可傳之子孫,勿以余得罪故而遂懈焉。"一日謂沈曰:"吾欲安静,還造化舊物,可謝客。"閱三日卒。時慶元四年也,年六十四。葬建陽縣崇泰里翠嵐之山。先生卒,文公哭之慟,誄之曰:"精詣之識,卓越之才,不可屈之志,不可窮之辨,不可復得而見矣。天之生是人也,果何爲耶?"嘉定三年,侂胄既誅,贈迪功郎,賜諡文節。先生與文公遊最久,精識博聞,同輩皆不能及,義理洞見大原,尤長於天文、地理、樂律、曆數、兵陣之説。凡古書奇辭奧義,過目輒解。文公嘗曰:"人讀易書難,季通讀難書易。"又曰:"造化微妙,惟深於理者能識之,吾與季通言而不厭。"因自輯所與先生問答者號曰《翁季録》,蓋引以自匹也。先生居家,以孝弟忠信儀型子孫,而教人以性與天道爲先,自本而支,自源而流,聞者莫不興起。嘗言文公教人以訓詁文字爲先,下學上達,固是常事,然世衰道微,邪説交作,學者未知本源,未必不惑於異端之説也。故文公晚年接引後學,亦無隱然者。文公疏釋《四書》及諸經、《通鑑綱目》、《近思録》,與先生多所參訂。《啓蒙》一書,則屬先生起稿。至論《易》,推本《河圖》、《洛書》、邵氏《皇極經世書》、《先天圖》,往往與先生往復而有發焉。平生問學,多寓於文公集中,所著書有《大衍詳説》、《律吕新書》、《燕樂源辨》、《皇極經世》、《太乙潛虛指要》、《洪範》、《八陣圖説》、《陰符經解》及詩柬雜説若干卷。學者稱西山先生。明嘉靖間從祀啓聖公祠。國朝康熙四十五年,從學臣沈涵之請,賜御書"紫陽羽翼"四大字匾於祠。子三,淵、沆、沈,皆能紹父之學。《道南源委》、《名臣言行外録》、《蔡氏九儒書》、《名儒傳》

## 翁竹林先生易

翁易,字粹翁,建陽人。通六經,尤長《春秋》。嘗與計偕,從劉爚遊,因得登朱文公、蔡西山之門,遂不介心青紫。講明奥義,往返辨難,悉得旨歸。晚歲授徒竹林精舍,學者稱"竹林先生"。子甫,字景山。寶慶二年進士。既仕後,尤勵志讀書,薦知西安縣,除直講、太常博士,累官太傅少卿,出知江西轉運使兼守豫章,改知泉州,未赴,卒。以忠悃著聲。所著有《蜀漢書》、《浩堂類槀》、《讀書壁記》。

### 丘子陵先生崈

丘崈,字子陵。按:《西山集》言,丘子陵才學優長,相隨謫所,辛勤不懈其志,餘俟考。再按:《建寧選舉志》載"丘崈,甌寧人,紹興十八年進士"。未知即此公否。

## 處士蔡節齋先生淵學派

劉氏爚撰《蔡西山先生墓誌》曰:"先生居家,以孝悌忠信儀刑子孫,而教人也以性與天道爲先,自本而支,自源而流,聞者莫不興起。常言文公教人以訓詁文字爲先,下學上達,固是常事,然世衰道微,邪説交作,學者未知本原,未必不惑於異端之説也。故文公晚年接引後學,亦無隱然者。"按:節齋爲西山先生長子,稟學家庭,授《易》學宗旨,又深探無極、太極之妙,所著有《易學訓解》、《太極圖解》等書,其從事學問本原者,蓋家學之標的也。前儒嘗論文公《近思録》首編《太極》、《道體》諸篇,名爲近思而實遠思,似非初學階梯。竊嘗妄議宋世周、程、張諸儒所以繼絶學者,在闡發道體本原,而《太極》一篇,即論學之統體也。子思子《中庸》首篇首發性道之旨,萬世宗之。《近思》之録,其亦祖述《中庸》之意歟?西山先生所謂"文公接引後學"之苦心,意在斯乎?再按:公所著《易説》甚多,其《太極圖解》一篇,草廬吳氏嘗譏之。先儒闡析微言,非後學所敢輕議,謹叙述其説,與同志訂厥疑焉。其云:"易有太極。易,變易也,夫子所謂無體之易也。太極,至極也。言變易無體而有至極之理也。先儒皆以'太極'二字便爲萬化之原,而於'易'之一字但目爲《易》書,故《太極圖》特以無極而太極,發明'易有太極'之旨,其所謂'無極而太極'者,蓋亦言其無體之易,而有至極之理也。以其無樞紐根柢之形實,爲天下之大樞紐、大根柢也,而'太極本無極'者,以其爲天下之大樞紐、大根柢,而初非有樞紐根柢之形也。聖人謂之'太極'者,所以指夫天地萬物之理也。周子謂之'無極'者,所以著夫無聲無臭之妙也。是以'無極'之說,實有得於'太極'之一言,或以爲周子妄加者,謬也。"按此條,吳氏草廬嘗議蔡氏謂:"周子於'太極'之上加'無極',正是解夫子'易有太極'之'易'字,而其解'易'字亦曰:'易,變易也。'澄謂變易屬乎陰陽,豈可以言無極?蔡氏自知其說之病,乃引'易無體'之說以救之,而曰:'變易無體之中,有至極之理也。'朱子以'易'爲陰陽之變易,有太極者,言陰陽變易之中有至理,以爲主宰也。蔡氏既以變易無體爲理矣,而又曰'中有至極之理',然則理中復有一理乎?'變易無體'已是言理,而又曰'有至極之理',可乎?又曰:'流行乎乾坤中之易,非易有太極之易也。'果有二等易乎?又曰:'陰陽動靜之間,是流行中之太極,與夫子所言太極降一等。'果有降一等之太極乎?蔡氏所解卦爻象象,多有發明朱子未到處,澄《纂言》中亦取其說,但《易解》後別有《大傳易說》一卷,主於破其師'太極在陰陽中'之說,於道之大本大原差了,故有此兩般易、兩般太極之謬談云云。"按:節齋所著《易解》數種及《太極通旨》諸書,今皆佚而存者少矣。吳氏所論,或《易解》中及《太極通旨》之論耳。若就現今《九儒書》中所存《太極圖解》一篇,其解"易有太極""易"字,謂"變易無體,而有至極之理",亦言其生生不已,變動不居,無動靜、無方體而有至理焉耳。《朱子語類》曾言:"易有太極,是生兩儀,即所謂易也。但先倒說此一句,故曰'易有太極'。"細玩朱子所論,正涵程夫子"動靜無端,陰陽無始"之意。蔡氏解"易有太極"似與朱夫子之言不異,但以"易有太極"欲合"無極而太極"之旨,語意似乎不同。蓋"易有太極"之"易"字,指氣而言,而"無極"二字,言其無方所、無紀極,泛言其無形狀而有此道理耳。故朱子曰:"周子之言'有無'以有無爲一也。"蔡氏原未說到理,至論流行乾坤中之"易",非"易有太極"之"易",此在蔡氏《易書》中之論有疵處。朱門如陳北溪先生,亦曾指摘《易說》大槩依《本義》,而大義與《本義》不同,多涉元妙,此不具錄云。再按:朱子言"無體者,或自陰而陽,或自陽而陰,無確定底,故云無體也"。此交易、變易之義也。至論其體,則謂之易。《語類》云:"與'易無體'句不同,各自說一箇道理而已，其理則謂之道，則是太極矣。"又朱子《答吳晦叔》曰："夫易，變易，兼指一動一靜已發未發而言之也。太極者，性情之妙也，乃一動一靜、未發已發之理也。故曰'易有太極'，言即其動靜闔闢而皆有是理也。若以'易'字專指已發爲言，是又以心爲已發之説也。此固未當，程先生言之明矣。"此數句解"易有太極"，極得其要領。按：此則節齋之論"易有太極"之旨，似與朱子合，欲以"易有太極"之義合於無極，則誠如草廬先生所辨摘者矣。乾隆壬申二月書。

## 處士蔡節齋先生淵

蔡淵，字伯静，西山先生長子也。清修苦節，有父風，與弟沈躬耕不仕，内學於父，外師事晦菴文公。西山嘗曰："淵宜紹吾《易》學，沈宜演吾《皇極》數，而《春秋》則以屬知方焉。"西山春陵之謫，仲默從侍，先生奉母家居。文公曰："季通素患難行乎患難。伯静艱貞，近之道。"訃音聞，先生哀毁骨立，一以文公《家禮》爲準，廬於墓側，泣血三年，與當世絶。丁母憂，年及耳順，哀毁蹈禮。文公高弟黄幹、廖德明、張洽、萬人傑、輔廣、陳孔碩既折年輩以從之游，學徒包揚、陳文蔚、潘柄、楊復、李燔、林夔孫、李閎祖、李方子、葉采、沈僩、戴蒙、劉彌劭皆執經抱疑以質其學。真德秀、陳宓、陳韡、黄自然、王埜莫不曲巷過門以問出處之實，理亂之由。真公參大政，欲以《大學》爲對，先生以爲實之以事，則理有據而言之易入，不然無益。真公深敬服。西山留意宗法。先生繹先志而修明之，建祠堂，立儀約，規條整然，其謹於禮有如此者。先生平生於《易》、《中庸》、《太極説》最所加意，更定數四，嘗謂："周子'無極而太極'之説，得於'易有太極'之一言，易者，變易無體，即無極之義。"著《太極圖解》一篇，發明此旨，見門人翁酉所序及郡守王氏遂所撰墓誌。至先生之教，知行不偏，敬義兼備，内主於敬而發之以直，行之以恕，言之有常，而動之可則，嘗曰："屋漏不愧，暗室不欺，獨行不愧影，獨寢不愧衾，皆先世之訓。服而行之，雖妻孥之言，未有不可告人者，亦未有不可告於天者。"暴慢鄙悖之人一見先生，尊敬斂衽，蓋素履之懿有以動其秉彝好德之良心焉。所著有《易傳訓解》、《易象意言》、《卦爻辭旨》、《古易協韻》、《大傳易説》、《象數餘論》、《太極通旨》、《化原聞辨》、《中庸通旨》、《大學思問》、《論孟思問》、《讀詩思問》、《體仁擬議》、《性情機要》等書。學者稱爲節齋先生。端平三年卒,年八十一。子四:格、柄、植、棟。《九儒書》、《閩書》

### 翁思齋先生泳

翁泳,字永叔。始祖郜,唐昭宗朝謫次,從王潮入閩。泳篤志好學,從蔡節齋游,與熊竹谷、蔡覺軒爲同門友。註釋《河洛運行講義》。學者稱思齋先生。《閩書》

### 侍講葉仲圭先生采

葉采,字仲圭。初從蔡節齋受《易》學,又嘗從李果齋、陳安卿游,安卿以其好高妙、少循序,屢折而痛砭之,自是屏斂鋒芒,駸趨著實,構漁隱精舍,問學日進。淳祐元年,登進士第,授邵武尉,歷景獻府教授,遷祕書監。論郡守貪刻。遷樞密檢討,知邵武軍,作郡乘,築祠郡泮以祀朱子,復置田若干頃,祀朱子於光澤,以果齋配。累官翰林侍講,乞歸。所著《近思録》嘗以進呈,理宗稱善。又著《解集西銘性理》等書。《閩書》、《道南源委》

### 進士翁先生酉

翁酉,別號思齋,崇安人。紹定五年進士。《九儒書》

### 詹 先 生 樞

詹樞,崇安人。好學粹文,不苟仕進。邑令陳樵子重建武夷精舍,延樞與熊蒙正爲士人講説,後輩欣然從遊。此公竢再考。

# 文正蔡九峰先生沈學派

按:先生於《尚書》及《洪範》數疇學於家庭,卒之書成垂世,不媿父師之託。蓋一門潛心大業，推本於牧堂、西山，貽謀者遠矣。余嘗向慕彼時師友林立，講磨切究，其扶翼正學，淵源爲可稽也。西山真先生嘗言：「某之生也後，不及拜聘君牀下。復得與先生昆季及公晦諸公游，比年退處，念一相從於廬峰慢亭間，迄不可得，而坐中客如先生與公晦父皆不復存，然後知一日之會爲千載之訣，其亦可悲也夫。」觀此，想見當時英賢一時聚散，皆爲正學顯晦所關。噫！自文公之後，勉齋黃氏、節齋九峰蔡氏、雲莊劉氏、果齋李氏諸高弟維持者數十年，其後獨西山與鶴山私淑之餘仔肩道脈，朱、蔡之學賴以不墜，師友從遊啓迪之功，其所繫豈小哉？

## 文正蔡九峰先生沈

蔡沈，字仲默，西山先生季子也。與伯兄淵、次兄沆皆從文公遊。先生年僅三十即屏去舉子業，一以聖賢爲師。及西山坐謫舂陵，先生隨侍從行，繭足走三千里。至則父子相對，以禮義相怡悅。西山卒，護喪歸，於道有遺金義不可受者，固却之，曰：「吾寧隨所止而殯，不以累吾親也。」初，西山以《洪範》之數久失其傳，獨心得之，未及論著，曰：「成吾書者，沈也。」文公晚年訓傳諸經略備，獨《書》未及爲整，環視及門求可付者，遂以囑先生。先生既受父師之託，凜凜常若有負。蓋沈潛反復數十年，然後克就，其序《書》略曰：「二帝三王之治本於道，二帝三王之道本於心，得其心則道與治可得而言矣。後世人主有志於二帝三王之治，不可不求其道。有志於二帝三王之道，不可不求其心。求心之要，舍是書何以哉！」晚卜居九峰，雖當世名卿物色訪求，不屑就也。平居仰觀俯察，默坐終日，瞭然有見於天地之心、萬物之情，反求諸躬，衆理具備，信前聖之言不予欺也。西山嘗著《律呂新書》、《八陣圖》，皆爲文公所歎重，然學者鮮窮其微。間以叩先生，無不毫分縷解者。真公文忠撰先生墓誌云：「某生也後，不及拜聘君牀下，而喜觀其書。嘉定中，始見君後山。未幾，過余于洪都之郡齋，留止數月，暇則相從質問，得所未悟。後三年，將之潭，詣諸君以別，户庭幽潔，竹樹茂美，如適君平、子陵之居，伯仲聯席，衣冠偉然，若圖繪中見古人物。會李公晦、蔡元思繼至，引觴命爵，名論迭發，雜以辨争，竟日散去，未知離別之可重也。比年退，念一相從廬峰幔亭間，迄不可得，而坐中客如君與公晦皆無復存，然後知一日之會爲千載之訣，其亦可悲也。夫君承家學，淵源河洛，由祖暨孫，後先一轍，言學之有本者必推焉。"紹定三年卒，年六十四，諡文正，學者稱爲九峰先生。子模、杭、權。《九儒書》、真文忠撰墓誌

### 侍郎黄元輔先生自然

黄自然，字元輔，甌寧人。嘉定末教授郡學，以理學誨諸生，齋宿問辨，率至夜分。及漕廣西，猶捐俸餘助修禮殿。官至吏部侍郎。郡志

# 教授蔡覺軒先生學派

按：宋季山長教席，多爲名賢栖託之處，蓋當時遺逸傳經之儒視此職者爲重，其在朝廷之上者，亦以此職慎擇其選而待之不輕。余讀揆席范、謝諸公交薦覺軒先生之奏牘可考焉。其曰："布衣蔡某承累世之心學，有經濟之大才，自考亭師友散亡之後，如某者未見其比，是淳祐間有學有守之儒也。"曰："處以學職，必能倡率士類，知所嚮方，是欲責成於秉鐸者，作養人才之事也夫。"推許在大賢之列，而量才爲學校之官。當時選授教職，由揆席薦舉，其鄭重如此，故一代人才萃蔚，由此道也。延及元代，儒宗文師，此席尚磊落相望。溯學脈、稽文獻者，不禁憮然於諸賢。

### 教授蔡覺軒先生模

蔡模，字仲覺，九峰先生長子。操行高潔，風度夷坦，隱居篤學，一以聖賢爲師。王埜創建安書院，請任席長。淳祐中，太守王遂薦之於朝，堅以疾辭。後宰相謝方叔等薦，乞表異以勸後學。詔補迪功郎，添差本州教授，令有司録所著書，并訪以所欲言。模疏言："敬、義爲萬世帝王心學大旨，价人、大師等六者爲

國家守邦要道。”及請頒《白鹿洞學規》於天下。嘗輯文公之書爲《續近思錄》及《易傳集解》、《河洛探賾》、《大學衍論》、《語孟集疏》等書。學者稱覺軒先生。《九儒書》

教授熊古溪先生剛大

熊剛大，建陽人。嘉定七年進士。少穎敏，從蔡節齋、黃勉齋遊，問學精專，操行篤至。爲建安教授。所著有《詩經註解》、《性理小學集解》。學者稱古溪先生。《性理大全》、《閩書》、《蔡氏九儒書》

按：《蔡氏九儒書》載先生撰《牧堂地理發微序》，自言“初受業於覺軒先生之門”，蓋皆得蔡氏一家師承所自矣。今總附之覺軒學派焉。

侍講翁丹山先生合

翁合，字叔備，崇安人。七歲能文，辟童選，登嘉禧二年進士。歷官有聲。賈似道謫建州，合上言：“建實文公朱子闕里，三尺童子亦知向善，聞似道名，咸欲嘔吐，況見其面乎？乞投荒裔，以禦魑魅。”似道坐責授高州團練副使，循州安置。景定中，擢侍講。號丹山，所著有《丹山集》。《建陽郡志》

備　考

《蔡氏九賢著述書名紀》略曰：蔡氏九賢著述甚富，惜今無全。而文公叙述伊洛諸儒遺言，季通之力爲多。真西山先生撰九峰墓誌云：文公顧曰季通吾老友也，凡性與天道之妙，他弟子不得聞者，必以語季通焉。異篇奧傳，微辭邃旨，多先令尋討而後親折衷之，故嘗輯其問答之辭曰《翁季錄》者，蓋引以自匹也。而翁易《行實述》又云：《易學啓蒙》一書，季通研精覃思屢年，而後就晦菴復删潤之，始克成書。他如《近思錄》之所討論，《伊洛淵源錄》之所類集，《通鑑綱目》之所草定，《太極通書》、《西銘》之所講辨，季通靡不盡心，故每稱其考訂精密。又云：季通平生著述多謙讓，寄寓於某書集中云。見《九儒書》

《蔡氏書堂實跡》曰：南山草堂在崇安縣武夷二曲兜眉峰下。牧堂公創書堂三間，爲游息之所。嘉定戊辰，公孫淵、沈兄弟復構書堂於舊址，相與講學其中。後文肅公杭因祖父之舊而堂構焉，故曰咏歸堂。

又，顯慶堂在建陽永忠里麻沙鎮北象岩晴雪山下。紹興間，牧堂公創書堂三間，教其子元定公讀書之所。

又，西山精舍在建陽崇泰里西山，與雲谷對峙，四面壁立，山頂平曠，有前湖、後湖兩水歸內。淳熙乙未，元定公築室結廬，建石門城圍，與雲谷文公兩燈相望，往來講道。理宗朝，御書“西山”二大字頒賜，文肅公杭刻於本山之西南崖。

又，大明堂在建陽崇泰里雲谷廬峰之下。慶元間，九峰公沈受文公之命作《書集傳》，創書堂二棟五植。寶祐三年，理宗御書“廬峰”二大字頒賜，文肅公杭刻於本山之岩。

何氏喬遷《潭陽文獻》蔡氏卷引略曰：蔡氏爐，弋陽郡人。生唐宣宗大中中。拜鳳翔節度使，再授東昌刺史。昭宗朝謫次，從王潮入閩，爲建陽長官，同劉少府翶、節度使翁郜同時入閩。而長官後卜居麻沙鎮水北，四世出九賢者。孫名梅，實爲西山先生之派祖。梅四傳至伯禧，宋真宗朝以神童授春官伴讀，賜詩。伯禧之弟伯充爲西山先生曾祖。伯充之子名諒，字守信，由太學授國諭。伯充之叔名琇，生子襄，字君謨，隨父居興化之莆田。伯充之孫名發，號牧堂，子元定，諡文節。厥後，朱文公自五夫遷居考亭，築書堂於雲谷，而文節亦自麻沙卜居後山，築室西山，所謂“疑難堂”，懸兩燈相望，因號西山。

# 閩中理學淵源考卷二十六

## 文肅黃勉齋先生幹學派

慈溪黃氏震曰："乾淳之盛，晦菴、南軒、東萊稱三先生，獨晦菴得年最高，講學最久，爲集大成。晦菴既没，門人如閩中則潘謙之、楊志仁、林正卿、林子武、李守約、李公晦，江西則甘吉父、黃去私、張元德，江東則李敬子、胡伯量、蔡元思，浙中則葉味道、潘子善、黃子洪，皆號高弟，獨勉齋先生强毅自立，足任負荷。"又勿軒熊氏禾撰《考亭書院記》云："公祠以文肅黃氏幹配，舊典也。從以文節蔡氏元定、文簡劉氏燭、文忠真氏德秀，建安武夷例也。我文公體用之學，黃氏其庶幾乎，餘皆守公之道不二。"又貢氏師泰撰《勉齋先生書院記》曰："文公門人弟子聰明卓越固不爲少，然求其始終不渝、老而彌篤者，先生一人而已。先生因劉子澄一拜文公於屏山，之後既慨然以斯道自任。"又曰："聖賢墜緒非文公無以明，文公遺書非先生無以成，則斯文吾道，確乎其有所歸矣。"又先生嘗曰："年來學者但見古人有格物窮理之說，便馳心於辨析講論之間，而不務持養省察之實。所以辨析講論者，又不原切問近思之意。天之所以與我，與我之所以全乎天者，大本大原，漫不加省，而尋行數墨，入耳出口，以爲即此便是學問。退而察其胸中之所存與夫應事接物，無一不相背馳。聖人教人，決不若是。"觀此，則文公捐館後，諸門徒師法漸訛，不但微言既絶，而大義亦乖，勉齋數言，實救當時流弊，信乎朱門的傳也。考朱子門徒在閩中者二百餘，在吳越、江右、楚、黔者亦二百餘，惟勉齋黃氏之傳獨遠，流及元代，在閩如勿軒熊氏、石堂陳氏，明代虛齋蔡氏、剩夫陳氏、翠渠周氏，皆能衍翼宗派，宗守家法，要皆謹紫陽、勉齋、北溪、瓜山、西山諸遺槧。其在今日，閩海派別，宗風墜緒，尤可尋遡。論者謂國朝先文貞公之學，淵源所漸，實鄉國之接武云。至金華四子，則又勉齋先生一派單傳，流及明代如章楓山、國朝如陸清獻公，皆是餘風所及者。馥曾過金華，仰止先賢，詩云：“鼓棹歸閩路，揚帆過越年。澄波來活水，佳氣起蒼煙。文獻渡江後，謂朱、呂、張講學及金華四子。忠良靖難前。謂宋文憲諸公。只疑學派在，猶自隔山川。”乾隆辛未五月念七日。

## 文肅黃勉齋先生幹

黃幹，字直卿，閩縣人。父瑀，以篤行直道聞，爲饒州司户，歷官侍御史，所至有聲。父歿，先生往見清江劉清之，清之奇之，曰：“時學非所以處子也，今洛陽正傳則在朱仲晦矣，盍往學焉。”即以書爲容見之。先生歸白母，即日行。時方大雪，既至，見文公，晝夜勵學，不設榻，不解帶，倦則微坐一椅，或至達曙。文公語人曰：“直卿志堅思苦，與之處甚有益。”嘗詣東萊呂氏，以所聞於文公者相質正。及廣漢張敬夫亡，文公《與直卿書》曰：“吾道益孤，朋友亦難得十分可指擬者，直卿明睿端莊，造詣甚篤，斯道有望於直卿者不輕。”後遂以女妻之。寧宗即位，文公奏授先生將仕郎，而銓中授迪功郎，監台州酒務。丁母憂，學者聽講於墓廬。文公作竹林精舍成，遺以書，有“他時便可代即講席”之語。及編《禮書》，獨屬以《喪》、《祭》二編，稿成，文公見而喜曰：“所立規模次第，縝密有條理，他日取家鄉、邦國、王朝禮，倣此更定之。”病革，以深衣及所著書授之，手書與訣曰：“吾道之托在此。”文公歿，先生持心喪三年畢，調監嘉興府石門酒庫，遷知臨川縣，改調新淦縣，差通判安豐軍，尋知漢陽軍。即於郡治後立周、程、游、朱四先生祠，別爲屋，以館四方之士。以病乞祠，主管武夷沖祐觀。未幾，起知安慶府，至則金人犯光山。安慶去光山不遠，民情震恐。先生爲守禦計，請城於朝，不待報下，即日興工，計田出役，法均費省。城既完，後二年，金人破黃州，沙窩諸關，淮東、西皆震，獨安慶按堵如故。時李珏往維揚視師，與偕行，幹言：“金欲以十六縣之衆，四月攻浮光，侵五關。五關失守，則蘄、黃決不可保。蘄、黃不保，則江南危。尚書聞此亦已數日，乃不聞有所施行，何耶？”珏不能用。厥後光、黃、蘄失，果如其言。遂立辭去，請祠不已。俄再命知安慶，不就。入廬山訪友人李燔、陳宓，盤旋玉淵、三峽間，俯仰文公舊跡，講《乾》、《坤》二卦於白鹿書院，山南北之士皆來集。未幾，召赴行在所奏事，除大理寺丞，不拜，爲御史李楠所劾，遂罷歸。初，先生在臨川時，金華何伯熭爲臨川邑丞，令其子基師事焉。先生告以必有真實心地、刻苦功夫而後可，基受命，又以其學傳同郡王柏，柏傳金履祥，履祥傳許謙，而道益著。學者推原統緒，以爲文公之世適實皆淵源於先生云。先生剛介洪毅，於師傳盡心致知之學，身體之無遺力。當官不避難，不憚事，撫摩凋瘵，如護肢體。鋤強暴，投機制變，與衆絕慮營畫，守邊備禦，籌閫外事如宿將嘗試也。比歸老，終宴且貧，煙火時不繼，蔬食餉客，危坐講切徹旦夜。編禮著書不輟，堅壯之志，終老彌勵，雖暮齡宿疾，未嘗倦怠也。當時出朱門號高弟者至衆，獨先生強毅有力，足任負荷。歸而弟子益進，巴蜀、江、湖之士皆來質疑請益如文公時。俄命知潮州，辭。踰月，乞致仕，特授承議郎。歿後數年，以門人請謚，特贈朝奉郎，與一子下州文學，謚文肅，學者稱勉齋先生。貢氏師泰曰："南渡後，文公集諸儒之大成，於時門人弟子聰明卓越固爲不少，然求其始終不渝、老而彌篤者，先生一人而已。蓋先生有意斯文，以陸沈下官，不能大行其學，固可深慨。然聖賢墜緒非文公無以明，文公遺書非先生無以成，則斯文吾道，確乎其有所歸矣。先生歿，其傳之著者，在閩則宓齋陳氏、信齋楊氏，在浙則北山何氏，江以西則臨川黃氏，江以東則雙峰饒氏。其久而益著者，則西山真氏《衍義》諸書，凡今經幃進講、成均典教，皆出先生講論之餘云。"所著《書說》十卷、《六經講義》三十卷、《禮記集註》十四卷、《論語通釋》十卷、《論語意原》一卷及《勉齋集》行世。兄東，字仁卿，見上文公學派。《閩書》、《名儒傳》、《理學宗傳》、貢氏《勉齋書院記》、《宋史》、《理學正宗》

### 侍郎黃子敬先生師雍

黃師雍，字子敬，閩清人。少從黃勉齋學。寶慶二年進士，爲楚州官屬。時李全反狀已露，師雍密結忠義軍別部都統時青圖之，謀洩，青被殺，時雍不爲動。秩滿，朝議賢之，師雍恥出史彌遠門，不往見之。調婺州教授，學政一以呂祖謙爲法。慕徐僑有清望，欲謁之，會僑有召命，則不往。僑聞賢之，至闕，以其學最聞。而李宗勉、趙必愿、趙汝談等亦先後交薦，丞相喬行簡許以朝除矣。師雍入見，勸其歸老，行簡不説，遂出知龍溪。行簡罷，史嵩之繼相，遷糧料科，延至私室謂曰：“糧料科密邇相府，所以處君。”師雍不顧。故與博士劉應起相善，應起論嵩之，嵩之疑師雍左右之，諷御史梅杞彈師雍，差知邵武。久之，遷宗正簿，拜監察御史，論嵩之，罷之。理宗欲以師雍爲侍御史，丞相鄭清之沮之曰：“如此，則臣不可留。”遷起居舍人兼侍講，即力乞去。清之猶冀其少貶，師雍曰：“吾欲爲全人。”終不屈。數月，卒被劾罷。久之，以直寶文閣奉祀。起爲左史，改江西轉運使，遷禮部侍郎，命下，卒於江西官舍。師雍爲人簡淡寡欲，靖厚有守，言若不出口，而於邪正之辨甚明，視外物輕甚，故博採公論，當官而行，愛護名節，無愧師友云。《閩書》、《宋史》、《通志》

### 提管鄭中實先生鼎新

鄭鼎新，字中實，仙遊人。嘉定十六年進士，知晉江縣。建問政堂，輯《論語》繫於政者二十四章書之堂壁。建縣學文宣王廟，闢一堂，扁以“尊道”。時真西山守泉，殊敬重之。尋通判處州，監右藏東庫，遷國子書庫，授都大提管，卒。鼎新少受業黃勉齋之門，問答甚詳，而與楊信齋遊。嘗考究禮書，成編，名曰《禮學舉要》，又撰《禮樂從宜集》。居家好義，有家塾義莊，西山真氏嘗爲之記。其卒也，遺命治喪一以《儀禮》從事。《閩書》、《仙遊志》

### 教授陳日昭先生如晦子覺伯

陳如晦，字日昭，長樂人。從黃勉齋遊。嘗讀西山真氏《夜氣箴》，作曰：“須見得冬爲四時之夜，夜乃一日之冬，便是自家嚮晦入息處。又見得造化發育之妙，便是自家事物周旋處。於此敬義夾持，動靜交養，則兩得之矣。”遂次其韻爲《生意箴》。西山得之，亟加稱賞，一時耆德鉅公樂與爲道誼交。以趙汝騰薦，充經筵，不果，授本州教授，卒。所著有《論語問答》及講義、文集。子覺伯，字宗尹。咸淳七年進士，授泉州教授，以古道迪士。幼主航海，次泉州港，覺伯率同列表起居。尋命攝州倅，扈從入廣，拜福建提刑。數月罷歸。聞厓山師潰，憤惋不食。且卒，命其子曰：“吾宋臣也，題吾墓則係吾於宋。”《閩書》

## 提舉李汝明先生鑑

李鑑，字汝明，寧德人。嘉定元年進士，官終廣東提舉。初從黃勉齋、楊信齋遊，得聞敬義之旨。歸，與龔劌創六經講社，推明師說，誘掖後進。居官平易近民，尤曉兵事，嘗督捕贛寇，提兵親入梅州界，擒陳、羅二賊。後梅寇猖獗，授以州符，賊憚鑑威名，遁去。及蒞廣西，值西浙大饑，鑑運米千艘，全活甚衆。《閩書》

## 葉　先　生　真

葉真，字未詳，三山人。《經義考・林氏耕〈尚書集解後序〉》曰：“耕暫攝鄉校，學錄葉君真，里之耆儒，嘗從勉齋遊，其先世亦從拙齋學，與東萊同時，又出家藏寫本林、李二先生《書解》及《詩說》相示，較之，首尾並同云。”按：耕叟謂“葉君真，里之耆儒，嘗從勉齋遊，其先世亦從拙齋學”，意其人必卓然者，且溯其家世，學有淵源，惜未得紀述可詳。姑錄其槩，待考。《經義考・林氏耕〈尚書集解後序〉》

## 葉雲叟先生士龍

葉士龍，號雲叟，名與事實、籍貫未詳，待考。按，劉後村《送葉士龍歸竹林精舍》詩曰：“侍講開甥館，三間不至奢。少曾居北面，老只住東家。野筍庖尤美，深衣袞未華。何時尋舊路，去謁玉川茶。”按，此詩後劉公小註云：“勉齋依文公以居。雲叟，勉齋高弟云。”

# 閩中理學淵源考卷二十七

## 文簡劉晦伯先生鑰學派

按，真西山先生撰公神道碑略曰："公平生大節，雖未易以一善名，然溯其學問源流與夫見諸謀謨事業，則惟正之一言足以蔽之。蓋公顯考銀青府君即恒軒先生懋。蚤受學於屏山劉先生、籍溪胡先生，盡得義理精微之蘊。公幼在家庭，耳濡目染。朱文公以道德爲學者師，公出入其門，切磨講貫者數十年，眠他從游之士爲最久。"又曰："公天資厚重而不浮，純一而不雜。又嘗用力於致知力行之地，每於夜間斂衽默坐，虛心省察，嘗曰：'不於定靜時體察，則應事接物或至有差。'嘗取節孝徐先生帖教子弟，其言曰：'日入之後至於夜中，事物俱靜，志氣俱定，是君子思慮經綸之時，晝之所行，夜之所思也。'至其立朝大節，在乞罷僞學之禁，以正人心息邪説。"又嘗言："舍法兼取行藝，今但考其藝而略其行，請以朱某《白鹿洞書院學規》頒下兩學，爲諸生齋規，與舊學規並行。"又取《朱文公集註》刊行胄監，一時太學諸生稍務以道義相勉，而知窮理居敬之説。至講筵講論，每援師説，其奮忠陳謀，察微慮遠，於啓沃君心有獨至者。今撮其大畧著於篇。

## 文簡劉晦伯先生鑰

劉鑰，字晦伯，懋子。乾道八年進士，歷官連城令，蠲無名征斂，新學宮，教諸生入德之方。改知閩縣，清簡爲治，與民有信，大族貴宦，頑庶奸胥，莫敢撓法。諸臺府合詞列薦先生，自謂與趙丞相汝愚有連，避嫌，乞通判潭州以歸。寧宗受内禪，先生寓書丞相曰："前日之事如病寒熱，一旦解散，即無所苦。至於蠹毒中人,初不自覺,觸物而發,則殆矣。"蓋指韓侂胄,而丞相不能用。丁父艱,學禁方嚴,從朱子於講學武夷,築雲莊山房爲終老計。寧宗初,知德慶府,興學校,練軍實。入對,請恐懼修省,開言路,進人才,飭邊備。執政議欲留先生,宰臣陳自强曰:"斯人閩縣之政,吾知之,然真僞學也。"侂胄誅,自强逐,遂以先生提舉廣東常平茶鹽。嘉定二年,召對,帝嘉獎。除吏部郎中,輪對,請開張聖聽,於經筵講讀、大臣奏對反覆問難,以采義理之當否、政事之是非。乞外,除浙西提點刑獄,所劾不避權要,所舉不受干求。召國子司業,言:"治道原於士風,士風本於學術。藝祖干戈甫定,召處士王昭素講《易》禁中,累聖相承,以爲先務,治教休明,儒宗間出,然後六經遺旨,孔、孟微言復明於千載之後。天下學者誦而習之,以《論語》、《孟子》、《大學》、《中庸》爲準,故其事父則孝,事君則忠,世之所謂道學也。慶元以來,權佞當國,惡人議己,指道爲僞,屏其人,禁其書。十餘年間,學者無所依向,義利不明,趨向污下,望其立名節,修職業,胡可得也?乞降明詔,罷僞學之禁,息邪説,正人心,宗社之福。"又言:"舍法兼取行藝,今但考其藝而略其行。故侍講朱某《白鹿洞揭示學規》,皆聖賢教人大旨,謹録以進,請頒下兩學,與舊學規並行。"從之。嘗言於丞相史彌遠,請以朱子所著《論語》、《中庸》、《大學》、《孟子》之説,以備勸講。後先生在成均,遂以數書鋟於胄監,俾學者誦習焉。除權刑部侍郎兼祭酒、左諭德、同修撰。時羣臣爭務容默,先生疏請"崇獎忠讜以作士氣,深戒諛佞以肅百僚。固藩籬,選將帥,尤今日不可緩者"。除刑部侍郎,權工部尚書兼右庶子,仍兼講讀於東宮。每講論至經史所陳聲色嗜欲之戒,輒懇切敷陳。以年過七十乞休。疏凡二十餘上,許之。積階大中大夫,以通奉大夫致仕。遺表聞,贈光禄大夫,官其後,賜謚文簡。先生爲人簡質端重,而天性孝友。少習家訓,長得名師如張宣公、吕成公,皆前修鉅儒,相與往復講論。其學以不欺爲主,其接物夷易。與人言,心平氣和,語簡而當,聽者心服。稱人之善無溢美,其惡惡亦無深疾。每病學者空談無實,嘗爲《天台學四先生學記》曰:"學者當窮理以致其知,反躬以踐其實,若趨其名以爲高,入耳而出乎口,皆四先生之罪人也。"其平生所素戒在此。每夜斂衽默坐,虛心省察,嘗取徐節孝帖教子弟,其言曰:"日入之後,至於夜中,事物俱靜,志氣俱定,是君子思慮經綸之時。"晚號雲莊居士。著有《奏議》、《史槀》、《經筵故事》、《東宮詩解》、《易經説》、《禮記解》、《講堂故事》、《雲莊外槀》、《續槀》若干卷。子壆。《道南源委》、《閩書》、西山撰神道碑

# 司農詹元善先生體仁學派

按:西山真先生叙公行狀詳矣,但舊傳俱載西山從遊於公,而行狀並未叙及,及讀祭文有云:"若某之不才,顧何足以語上,而公獨以爲可教,每更以留連。"讀此,似平昔曾親炙論説,非同及門受業者,不然,行狀獨無一語叙及耶?今仍採舊傳録出,以待考訂。再按:先生之父詹公慥與胡公宏、劉公子翬游,而先生又出紫陽之門,其於當世名臣如梁公克家、趙公汝愚、周公必大,皆與往復人才,商論國是。而蔡西山被謫時,留在邑中,甚得公調護之力。真公稱其"立朝當官,自信所學,於辭受出處之際,尤不苟"云。

## 司農詹元善先生體仁

詹體仁,字元善,建寧崇安人。父慥,與胡五峯、劉屏山游。先生登隆興元年進士第,調饒州浮梁尉。郡上先生獲盜功狀當賞,謝不就。爲泉州晉江丞。程尚書大昌、司馬侍郎汲相繼爲守,賞待特異,郡有疑獄,必諮焉。宰相梁克家,泉人也,始知先生,薦於朝。入爲太學録,遷太學博士,尋遷太常博士。時高宗廟謚或謂宜稱"堯宗",先生言:"謚法雖有之,於古無據,且大行功莫盛於中興,請比殷武丁,謚爲'高'。"議遂決。累官太常少卿。時上以積疑成疾,久不過重華宮,先生陛對,首陳父子至恩,引《易》"睽孤"之説以開廣聖意。孝宗崩,先生率同列抗疏,請駕詣重華宮親臨祥祭。時趙汝愚將定大策,外庭無預謀者,密令先生及左司郎官徐誼達意少保吳琚,請憲聖太后垂簾爲援立計。寧宗登極,天下晏然,先生密贊汝愚之力也。時議大行皇帝謚,先生言:"壽皇帝事德壽二十

餘年，極天下之養，諒陰三年，不御常服，漢、唐以來未之有，宜諡曰‘孝’。”卒用其言。先生深於禮，故前後定兩朝廟諡，異論莫能奪，議者韙之。孝宗將復土，先生言：“永阜陵地勢卑下，非所以妥安神靈。”與宰相異議，除太府卿。尋直龍圖閣、知福州，言者竟以前論山陵事罷之。屏處者八年，退居雪川，日以經史自娛，人莫窺其際。始復直龍圖閣、知靜江府，移守鄂州，除司農卿，復總湖廣餉事。時歲凶艱食，即以便宜發廩賑救而後以聞。侂胄議開邊，一時爭談兵以規進用。先生移書廟堂，言兵不可輕動。皇甫斌自以將家子，好言兵，先生語僚屬，謂斌必敗，已而果然。開禧二年卒，年六十四。先生天姿超邁，志守卓然。自擢第歸，即從朱先生遊，講質疑義。其學以存誠慎獨爲主，患世儒論經多失本旨，曰：“‘惟皇上帝，降衷於下民，若有恒性，克綏厥猷惟后’，此即天命之謂性，率性之謂道，修道之謂教也。人能知此，則知觀書之要，而無穿鑿之患矣。”博覽羣書，自天文、地理、卜筮、醫藥、百氏雜說靡不通，於渾儀、漏刻俱自親製，以測驗皆合。趙渙造新曆以獻，先生爲作序。中書舍人黃裳一見嗟異，因以定交。爲文若不經意而明白暢遂，悉根於理致。神識恬暢，喜論說古今，遇佳士良友，窮日夜語不厭。立朝當官，自信所學，於辭受出處之際尤不苟。周公必大當國，先生嘗疏薦三十餘人，皆當世知名士，後多所收擢。郡人真公德秀早從之遊，嘗問居官莅民之法，先生曰：“盡心、平心而已。盡心則無愧，平心則不偏。”世服其確論云。所著《象數總義》、《曆學啓蒙》、《莊子解》諸書。真西山撰行狀、《閩書》

# 吏部廖子晦先生德明學派

　　按：《考亭淵源録》載，德明所問、朱子所答皆論學的要。如論敬之該貫動靜、變化氣質須是勉強講論文字，不可“與自家身心都無干涉”。又言閒散不是真樂，論“前輩諸賢多是略綽見得箇道理便休，少有苦心理會”。又論太極，朱子答書曰：“來論一一皆契鄙懷，足見精敏。”又文公嘗稱曰：“德明學有根據，爲政能舉先王已墜之典，以活中路無告之人，固學道愛人之君子所樂聞而願爲者。"觀此,可知先生造詣爲師門所心許者矣。

## 吏部廖子晦先生德明

廖德明,字子晦,南劍州人。少學釋氏,及得龜山楊氏書,讀之大悟,遂受業朱子。登乾道中進士第,知莆田縣。民有奉淫祠者,罪之,沈像於江。會有顯者欲取邑地廣其居,先生堅持不可。累官至潯州,有聲,諸司交薦之,先生曰:"今老矣,況以道徇人乎?"固辭不受。遷廣東提點刑獄,彈劾不避權要,歲當薦士,朝貴多以書託之,先生曰:"此國家公器也。"悉不啓封還之。有鄉人爲主簿,先生聞其能,薦之。會先生行縣,簿感其知己,置酒延之,悉假富人,觴豆甚盛。先生怒曰:"一主簿乃若是侈耶?必貪也。"於是追還薦章,其公嚴類此。時盜陷桂陽,迫韶,韶人懼,先生燕笑自如,遣將馳擊而親持小麾督戰,大敗之。乃分戍守,遠斥堠,明審賞罰,宣布威信,韶晏然如平時。徙知廣州,遷吏部左選郎官,奉祠,卒。先生初爲潯州教授,爲學者講明聖賢心學之要,手植三柏於學,潯士愛敬之如甘棠。在南粵時,立師悟堂,刻朱子《家禮》及程氏諸書。公餘,延僚屬及諸生親爲講説,遠近化之。嘗語人以仕學之要:"曰德明自始仕以至爲郡,惟用三代直道而行一句而已。"所著有《朱子語録》、《春秋會要》、《槎溪集》諸書。

按:《朱子語録姓氏》,廖子晦先生録語在乾道九年癸巳以後所聞,時朱子年四十四,此爲早歲及門者。再按:黄勉齋《答李貫之書》論《語録》以所記年月爲序,以爲未安。又稱記録之人如子晦、文漢、卿文之類絶少。今閲現今所刊《語録姓氏》,以廖子晦、輔漢卿爲首,或本勉齋所答之語所更訂耳。《考亭淵源録》、《道南源委》、《閩書》

## 提刑鄒先生應博

鄒應博,泰寧人。受學於廖公德明。寶慶中,監行在都進奏院,奏對引《書》"危微精一",以朱子之説進。嘗知婺州、蘇州,提點江南西路刑獄,爲真公德秀所薦。

### 鄭先生師尹

鄭師尹,字未詳。按,建安郡守王氏遂撰《建安書院記》言:"前守王公塈以廖公德明之門人鄭師尹爲賢而開館迎之,尤以蔡公元定之孫模爲賢而移書致之。會書院成,請蔡君典教事,適公入覲,鄭以故歸,蔡亦憂去,士不能不觖望云。"考蔡先生模已見蔡氏家學,鄭先生師尹未詳,疑是延建人,必當時表著者。今附之廖公學派,待考。

王氏遂撰《建寧府書院記》言,淳祐三年夏,前建安守王塈陛辭,理宗命之曰:"游、胡、朱、真流風未泯,表宅里以善其民,則予汝懌。"塈再拜稽首,奉命至郡,以游、胡舊嘗有祠,乃創建安書院祠朱子,而又以真西山配享。請於朝,許之。按:是時理宗淳祐元年方幸學,從祀周、程、張、朱五子,并求訪遺書,而於郡守到官之日訓辭復及之,故所在興起書院獨多。蓋自端平初,召用正人,時稱"小元祐"。自是數年崇獎正學,一時師席類多名儒耆彦,爲紫陽文公派澤,故鄭氏師尹、蔡氏模自皆一時之選也。再按:王氏塈、王氏遂亦皆宗仰朱子之學,王塈爲金華人,王遂爲金壇人。王塈曾友教於蔡節齋父子。王遂號潛軒,曾撰《節齋墓誌序》,述學派源流,闡發特詳。二公官學皆卓然者也,附此備考。

# 提刑楊澹軒先生方學派

按:長汀斯時惟澹軒先生及紫陽之門,外此寥寥,亦風氣初開之始也。傳稱其清修篤孝,行己拔俗,到官操履剛正,廉介不可干以私。至論學之詳,朱子集中往復諸書可檢也。

### 提刑楊澹軒先生方

楊方,字子直,長沙人。清修篤孝,行己拔俗。隆興元年登進士,調弋陽尉,還特取道崇安,參謁朱子,面受所傳。未赴,改清遠簿,廣廉憲姚孝資檄攝曲江,以廉介剛直聞。改武寧丞,秩滿,趙公汝愚帥蜀,辟管機宜。尋薦於朝,召對,擢宗正寺簿。乞外,通判吉州。淳熙末,知建昌軍,召爲樞密院編修官。首疏乞朝重華宫,辭甚懇切。寧宗立,除秘書郎,出知吉州。僞學禁興,坐汝愚、朱子黨,罷居贛州,閉户讀書。學禁稍弛,起知攝州。至官未數月,乞祠以歸。嘉定更化,召爲右侍郎官,進考功郎官。操履剛正,終與時忤,尋復去國。越二年,以鯁介老成,除直寶謨閣、提刑廣西。循歷屬部,發摘奸貪,官吏重足而立。至桂嶺,卒。所居植淡竹,自號淡軒老叟,學者稱爲澹軒先生。所著有《寒泉語録》。

按:《朱子語録姓氏》,楊澹軒先生録語在乾道六年庚寅所聞,時朱子年四十一,此爲早歲及門記語録之最早者。

### 縣令丘啓潛先生鱗丘方附。

丘鱗,字啓潛,連城人。少師事楊澹軒方。嘉定十三年特奏名,調贛縣尉,有廉聲。歸,值紹定寇發,檄攝連城令,畫計禦寇。率民登東田石,全活甚衆。招捕使陳韡奏其功,辟知建寧縣。姪丘方,字正叔。寶慶二年進士,任寧都縣丞。興學課士,有政聲。同受業於澹軒先生。《閩書》、黎氏撰《丘先生書院記》、《汀郡選舉志》

### 備　考

黎氏士宏撰《丘氏二先生書院記》略曰:連城踞萬山中,重巒疊嶂,覽奇者目不暇給,矧東田數片石屹立一方。石之麓爲宋儒丘二先生讀書舍,後人即其遺址祠以祀之。按郡、縣志,丘鱗,字啓潛,嘉定十三年進士。姪丘方,字正叔,寶慶二年進士。同受業楊澹軒先生。澹軒先生爲朱門高弟,其時同學諸子罕出其右。及學成,歸鄞江,考道問德,與朱子往復辨論,折衷至當,載在《語録》者,章章可考。二先生從之學,盡得其傳。至啓潛先生禦寇有功,辟知邵武軍建寧縣承直郎,日與劉德言、梁文叔、馮作肅、吳大年、葉直翁、吳仲玉諸先儒切磋友善,講道不倦。遡其所從,皆朱門嫡傳也。又曰:吾獨慨閩自龜山道南後,羣英萃興,號爲鄒魯名邦。汀距延咫尺間,何從學者寥寥?唯楊先生謁朱子,受所傳於前,二先生從楊學紹所聞於後,倡明聖道,引誘善類,汀人始知《詩》、《書》、《禮》、《樂》之學。是先生德業未顯於當時,教化尚留於後世,自是士子爭自濯磨敦倫,紀勵名節,稱先則古,代有聞人,孰非二先生教澤之所遺耶?

# 林存齋先生憲卿學派

《黃氏日抄》言晦菴先生没後,公亦在高弟之列。勉齋祭先生文稱:"栗山之陽無百室之聚,家絃誦而人縫掖,又皆知義理之訓,公之教也。"又曰:"吾鄉之士遊晦菴之門晚歲能自守者,不過三數人,如公之醇厚質直、樂善不倦,則又朋友之所敬愛云。"

## 林存齋先生憲卿

林憲卿,字公度,福州懷安人。居大山長谷之中,與世異趨。不妄交遊,慎擇師友,醇厚質直,樂善不倦。從晦菴先生遊,知所自守,以忠信見稱於師門,以義理化導乎鄉里。年七十猶嗜學不衰,學者稱爲存齋先生。及卒,黃勉齋誌其墓。其徒吳宗萬、林士蒙皆知名。《考亭淵源録》、《閩書》

# 潘瓜山先生柄學派

朱子《答謙之書》曰:"所示問目,如伊川亦有時教人靜坐,然孔、孟以上却無此説。要須從上推尋,見得靜坐與觀理兩不相妨,乃爲的當耳。"按:謙之在朱門爲高弟,其所問心性分別與夫靜坐及存養數條,俱爲涵養本原、切己功夫。慈溪黃氏嘗言:"晦菴没後,閩中門人如潘謙之、楊志仁、林正卿、林子武、李守約、李公晦皆在高弟之列。"以此知其選矣。又按:公之父滋從林先生之奇遊,聞晦菴講道武夷,遂命公兄弟從遊,皆以弱冠摳衣有道,屬志前修,蓋貽謀有自來矣。

## 潘瓜山先生柄

潘柄,字謙之,懷安人。父滋,林公之奇高弟也,黃勉齋嘗受業焉。兄植,字立之。工於文，不赴場屋，勵志潛修，專以務實爲本。兄弟承父命俱往事文公於武夷，公稱曰："立之有説得到處。"先生年十六即有志於道，文公悉以所學授之，遂取聖賢格言爲訓，又以《吕氏鄉約》櫽括繼其後。凡存心養性之道，律己治人之功，條目具列，終身所行，不出於此。著《易解》、《尚書解》。學者稱瓜山先生。

按：《朱子語録姓氏》，潘瓜山先生録語在淳熙十年癸卯以後所聞，時朱子年已五十四，此爲中歲及門者。《閩書》、《考亭淵源録》、《道南源委》

## 蘇先生國台

蘇國台，其先德化人。曾祖欽遷於仙遊。父權、從祖總龜皆爲名儒。國台從瓜山潘公學。

# 楊信齋先生復學派

考公平昔多講貫於制度典章之學，文公没後，又從勉齋黄氏游，稱朱門高弟。西山真氏莅官至閩，於三山築尊德堂以待之，是時公年已老，所造有更超然者矣。

## 楊信齋先生復

楊復，字志仁，福州長溪人。朱子門人，後又受業於黄勉齋。勁特通敏，考索最精，見者無不嘆服。陳師復稱其學問精深，服膺拳拳。真西山知福州，即郡學創貴(尊)德堂以處之。著《祭禮圖》十四卷、《儀禮圖解》十七卷，又有《家禮雜説附註》二卷。學者稱信齋先生。《道南源委》、《考亭淵源録》、《閩書》

## 林先生桂發

林桂發，福寧人。父艾隱先生志晦菴之學。子三：宗、旦、如坦，皆有文名。桂發受業晦菴之門人信齋楊公復，以繼先志云。東發黄氏震撰公父墓誌略曰："寶祐乙卯歲,余應鄉書,聞有高才卓識、持衡風簾間者,是爲林公桂發,而未果識也。余既竊第歸,君來從事府幕,一見如平生歡,而未由款誨益也。後四三年,再會君吳門,與語,夜參半,君衮衮談古今,析義理,如傾河漢不可休,知其學必有自來,而未能悉也。自是每見閩之士,必問君家世,皆言君艾隱先生之子。艾隱古學古心,超然不與世接,君亦刻屬先志,坐是偃蹇於世。余於是益敬之。後之又十年,余歸自江西,君適從事沿海制司之幕。秩滿赴班,因得請問艾隱先生詳委。君乃愀然言曰:'宦遊日久,先君墓猶未銘,正欲屬之子。'余謝不能再三,明日,以其狀來,又辭至再三,皆不獲,乃敬爲叙其事而次之。"

# 朝奉李公晦先生方子學派

文公嘗言:"公晦資禀自是寡過,然開闊中又須縝密,寬緩中又須謹嚴。"先生曾與真文忠公爲僚於泉山,文忠公言:"公晦學邃而氣平,本經術,明世用。事之大者,余必咨而後行。"其撰《清源文集序》言:"公晦仕泉時,爲郡守程公所囑,輯《清源文集》七百餘篇。集成而某至,又爲先生子祝辭,贊先生爲朱門高弟。"觀此,知先生其有體有用之學者歟? 又虞邵菴撰《雲巖書院記》,其言曰:"先生祖、子、孫三世受學朱子之門,當是時閩之學者比於鄒魯。余得先生所爲《年譜序》,知其於朱氏之學確守而不變,所謂豪分縷析,致知力行,蓋終身焉。"雲巖即先生講學故處也。今録其梗概著於編。

## 朝奉李公晦先生方子

李方子,字公晦,呂之孫。少博學能文,爲人端謹純篤。初見朱子,謂曰:"觀公爲人,自是寡過,但寬大中要規矩,和緩中要果決。"遂以"果"名齋。長遊太學,學官李道傳折官位輩行具刺就謁。嘉定七年登進士,廷對第三人,調泉州觀察推官。真西山爲守,稱其學邃氣平,本經術,明世用。每有大事,必咨決而行。暇則辨論經訓,至夜分不倦。故事,秩滿必先通書廟堂乃除。先生曰:"是求也,可乎哉?"丞相史彌遠怒之,踰年始除國子錄。將選入官僚,不少貶以希合。或告彌遠曰:"此真德秀黨也。"使臺臣劾罷之。既歸,從遊者盈門,竟日危坐,未始傾側,對賓客一語不妄發,雖奴隸亦不加詬詈,然皆嚴憚之。其學得諸心傳,親切超詣,嘗語人曰:"吾問學未能周盡,幸於大本有見,此心常覺泰然,不爲物欲所漬。若得真實務學之人發明綱領,斯道庶幾不墜爾!"起辰州通判,尋卒。著有《朱子行狀》、《傳道精語》等書。又有《禹貢解》,朱子嘗稱許之。寶慶二年,真公德秀官樞密,與尚書袁甫進於朝,特旨授朝奉郎致仕,與一子恩澤。弟,文子。

按:《朱子語錄姓氏》,李公晦先生錄語在淳熙十五年戊申以後所聞,時朱子年已五十九,此爲晚歲及門者。《閩書》、《道南源委》、《歷代名儒傳》

# 蔡白石先生學派

泉南人文之盛,自紫陽文公倡興,同安繼以白石蔡先生、北溪陳先生,宗主文公家法,而士習翕然嚮風,由是濂、洛、關、閩之書家絃戶誦,號爲"紫陽別宗"。其時王梅溪、真西山諸賢後先莅官,至止主盟,斯道人文愈著。五百年來,知朱、真諸大儒之澤矣,而白石、北溪輔翼踵起之功,未有表章者。三山蔣氏《閩學源流》有議公及黃氏巖孫、張氏巽郡中宜建以特祠者,後之君子折衷詳考,必有取焉。乾隆十三年戊辰七月初六日書。

## 蔡白石先生和

蔡先生和,字廷傑,晉江人。願從朱文公遊,以親老不能去,勉友人陳易往受業,數以書從易請質,無虛日。居白石村,喪祭酌古禮,鄉閭化之。真西山守郡,李果齋以文公弟子佐幕,議創書院於東湖,延和爲堂長。會易鎮,不果。同時有北溪陳淳往來道泉,學者勉留講授,一時如同邑蘇思恭、王次傳、王雋、黃必昌,安溪鄭思忱、思永,惠安江與權,永春卓琮、黃以翼皆從先生與淳學。先是,郡士專經者泥章句,業文者競浮華,析理者駕玄虛。自文公導其源,白石、北溪濬其流,條理明備,講論平實。由是關、洛、考亭之書家誦人習,理學之盛號爲"紫陽別宗"。居白石村,學者稱爲白石先生。著有《易説》。

## 監院鄭景千先生思忱

鄭思忱,字景千,安溪人。授《尚書》於西溪李季辨,解析精詣,生徒常百數。嘉定三年,以詞賦領鄉薦第一。中第,爲新興令,除遺利錢三百萬。再知崇安縣,以譖左遷浦城丞,謁真文忠公,與語,知其賢,言於太守,得復任。知南恩州,歷浙東參議。雷變,上封事言:"士溺苟苴,習久難化。民坐困且盜,宜去貪恤人,節用蓄力。"除監登聞鼓院。卒,年七十二。公少年豪爽,晚而和粹,凝然有守君子也。著有《詩書釋》。按:先生與景修先生思永皆從蔡公和與陳公淳學,時稱"紫陽別宗"。清溪傳入朱門派系,自二先生始。

## 鄭景修先生思永

鄭思永,字景修,安溪人。好學篤行,蔡白石愛其樸粹,妻以女,從學終身。著有《易説》。《閩書》

## 王崑父先生次傳

王次傳,字崑父,晉江人。善講析指,授生徒多貴顯。再預薦,不第。

# 閩中理學淵源考卷二十八

## 主簿陳北溪先生淳學派

按：紫陽先生蒞漳時，北溪方始受業，由是漳之人士翕然師尊之。維時漳士尚未著顯，惟鄰郡泉、莆間信向相從講貫者爲多，此見於先生答黃寺丞直卿之書可考也。晚歲曾與陳復齋宓、江德功默先後蒞安溪令簿，惜未至官而卒。然三先生皆得紫陽緒餘，流風所被，其澤未泯，山川炳耀，學派開先。然則泉郡之俎豆，先生當與黃巖孫、蔡白石諸公並請百世祀，宜哉！至其爲學有所得，不遠千里質之晦翁，晦翁有喟然“與點”之嘆，則又告之曰：“當大作下學之功，勿遽求上達之見。”臨川吳氏言：“朱門惟勉齋黃直卿識理本原，其次北溪陳安卿於細碎字義亦不差云。”

### 主簿陳北溪先生淳

陳先生淳，字安卿，龍溪人。少習舉子業，林宗臣見而奇之，謂曰：“此非聖賢之學也。”授以《近思錄》。先生由是盡棄所業，益求濂、洛遺書讀之，曰：“若是與吾心會，蓋真得洙泗之傳者。循牆閶門，未身其奧，吾心惡焉。”及聞朱子講道武夷，欲往從而無資。會朱子來守漳州，袖所作《自警》詩爲贄。朱子讀之，恨相見晚，與語，知其用功深且久，直以上達之理發之。先生聞語深思，益求所未至。朱子每語人曰：“南來，吾道得一安卿爲喜。”朱子自漳歸且十年，先生復至，自述所得。朱子曰：“已見本原矣，所闕者下學之功爾。”自是所聞皆切要語，凡三月而朱子卒。先生歸，追思師訓，痛自裁抑，無書不讀，無物不格，日積月累，義理貫通，洞見條緒。凡經傳子史所載紀綱法度、禮樂刑政、衰興治亂之原,得失利害之幾,與夫異端邪說似是之非,淺深疎密難明之辨,無不周詳究勘,徹上徹下,而於朱子之所以教無復遺恨矣。先生僻處陬澨,曩時同門諸老皆已零落,後來者率累於科舉,習於見聞,惟鄰郡莆、泉間有相信從者。嘉定九年,以特試寓中都,四方友皆來叩質,朝士大夫爭館迎焉。嚴州守鄭之悌聞其至,率僚屬延講郡庠。時有竊似亂真自立門庭者,教人默坐求心,謂可一蹴而至,而以致知格物爲支離,認人心爲道心,而是非理欲之所在皆置不聞。後生晚出喜奇便簡,羣然和之。先生極力排之。所以發明正學,以求指歸,則有《道學體統》等四篇。所以排觝異端,中其膏肓,則有《似道》、《似學》二辨。既歸,泉人士師事益衆,先生與講解率至夜分,惟恐聽者之勞,而在己曾無倦色。惟慮人無以受之,而不憚傾倒所有以告。於是門人隨其口授筆之於書,《大學》、《論》、《孟》、《中庸》,則有《口義》。仁義禮智、心意性情之類,隨事剖析,則有《字義》、《詳講》。仙谿陳沂久往來門下,輯一時問答之言爲《筠谷所聞》二卷,其深切著明者也。先生家故貧,事母孝,身雖未用,而憂時論事,感激動人。道至晚益尊,行著於鄉,德形於言。胸中明瑩若太空無雲,而其辨說條暢,浩乎水涌而山出。其推己及人之心,甚於饑渴嗜欲不能自遏。嘉定十六年,授迪功郎,主安溪簿。泉南諸儒竊自幸有以終教,將行,竟卒,時年六十五矣。學者稱北溪先生。子槼,能讀父書,銓次其家集爲五十卷。有《道學體統》、《師友淵源》、《用功節目》、《讀書次序》四篇。《似道》、《似學辨》,《大學》、《中庸》、《論孟口義》,《字義》、《詳講》、《詩》、《禮》、《女學》等書。《道南源委》、《宏簡錄》、《名儒傳》、《閩書》、《北溪文集》、《考亭淵源錄》

## 嚴陵學校講義

　　淳恭承判府寺丞鄭公之悌偕諸廣文先生領邦之羣賢衆俊會於學校,謂淳從游晦菴先生之門,俾講明大義,以開後進。區區淺陋,辭不獲命,輒吐爲說四篇:一曰《道學體統》、二曰《師友淵源》、三曰《用功節目》、四曰《讀書次序》,以爲賢侯作成人材之助,願諸同志共切磋之。

## 道 學 體 統

聖賢所謂道學者，初非有至幽難窮之理、甚高難行之事也，亦不外乎人生日用之常耳。蓋道原於天命之奧，而實行乎日用之間。在心而言，則其體有仁、義、禮、智之性，其用有惻隱、羞惡、辭讓、是非之情。在身而言，則其所具有耳、目、口、鼻、四肢之用，其所與有君臣、父子、夫婦、兄弟、朋友之倫。在人事而言，則處而修身、齊家、應事、接物，出而蒞官、理國、牧民、御眾，微而起居、言動、衣服、飲食，大而禮樂、刑政、財賦、軍師。凡千條萬緒，莫不各有當然一定不易之則，皆天理自然流行著見，而非人之所強為者。自一本而萬殊，而體用一原也。合萬殊而一統，而顯微無間也。上帝所降之衷，即降乎此也。生民所秉之彝，即秉乎此也。以人之所同得乎此而虛靈不昧，則謂之明德。以人之所共由乎此而無所不通，則謂之達道。堯、舜與塗人同一稟也，孔子與十室均一賦也。聖人之所以為聖，生知安行乎此也。學者之所以為學，講求踐履乎此也。謂其君不能，賊其君者也。謂其民不能，賊其民者也。自謂其身不能，自賊者也。操之則存，舍之則亡，迪之則吉，悖之則凶，蓋皎然易知，坦然易行也。是豈有離乎日用常行之外別自為一物，至幽而難窮，甚高而難行也哉？如或外此而他求，則皆非大中至正之道，聖賢所不道也。

## 師 友 淵 源

粵自羲皇作《易》，首闢渾淪，神農、黃帝相與繼天立極，而宗統之傳有自來矣。堯、舜、禹、湯、文、武更相授受，中天地為三綱五常之主。皋陶、伊、傅、周、召又相與輔相，施諸天下，為文明之治。孔子不得行道之位，乃集羣聖之法，作經為萬世師，而回、參、伋、軻實傳之，上下數千年無二說也。軻之後失其傳，天下騖於俗學，蓋千四百餘年，昏昏冥冥，醉生夢死，不自覺也。及我宋之興，明聖相承，太平日久，天地真元之氣復會，於是濂溪先生與河南二程先生卓然以先知先覺之資相繼而出。濂溪不由師傳，獨得於天，提綱啟鑰，其妙具在《太極》一圖。而《通書》四十章，又以發圖之所未盡，上與羲皇之《易》相表裏，而下振孔、孟不傳之墜緒，所謂再闢渾淪。二程親授其旨，又從而光大之，故天理之微、人倫之著,事物之衆、鬼神之幽與凡造道入德之方、修己治人之術,莫不秩然有條理,備見於《易傳》、《遺書》,使斯世之英才志士得以探討服行而不失其所歸。河洛之間,斯文洋洋,與洙泗並聞而知者。有朱文公又即其微言遺旨,益精明而瑩白之,上以達羣聖之心,下以統百家而會於一,蓋所謂集諸儒之大成而嗣周、程之嫡統,粹乎洙、泗、濂、洛之淵源。必以是爲迷塗之指南,庶乎有所取正而不差。苟或舍是而他求,則茫然無定準,終不得其門而入矣。既不由是門而入,而曰吾能真有得乎聖人心傳之正,萬無是理也。

用 工 節 目①

道之浩浩,何處下手? 聖門用工節目,其大要亦不過曰致知與力行而已。致者,推之而至其極之謂。致其知者,所以明萬理於一心而使之無所疑也。力者,勉焉而不敢怠之謂。力其行者,所以復萬善於己,而使之無不備也。知不致,則真是真非無以辨,其行將何所適從? 必有錯認人欲作天理而不自覺者也。行不力,則雖精義入神亦徒爲空言,而盛德至善竟何有於我哉? 此《大學》"明明德"之功,必以格物致知爲先,而誠意、正心、修身繼其後。《中庸》擇善固執之目,必自夫博學、審問、慎思、明辨而篤行之。而顏子稱夫子循循善誘人亦惟在於博我以文、約我以禮而已,無他説也。然此二者亦非截然判先後爲二事,猶之行者目視足履動輒相應,蓋亦交進而互相發也。故知之明則行逾達,而行之力則所知又益精矣。其所以爲致知、力行之地者,必以敬爲主。敬者,主一無適之謂。所以提撕警省此心,使之惺惺,乃心之生道,而聖學之所以貫動静、徹終始之功也。能敬則中有涵養,而大本清明。由是而致知,則心與理相涵而無顛冥之患。由是而力行,則身與事相安而亦不復有扞格之病矣。雖然,人性均善,均可以適道,而鮮有能從事於斯者。由其有二病,一則病於安常習故而不能奮然立志以求自拔,二則病於偏執私主而不能豁然虚心以求實見。蓋必如孟子以舜爲法於天下,而我猶未免爲鄉人者爲憂,必期如舜而後已,然後爲能立志。必如顏子以能問於不能、以多問於寡,有若無、實若虚,然後爲能虚其心。既能立志而不肯自棄,又能虚心而不敢自是,然後聖門用工節目循序而進,日日有惟新之益,能升堂入室,惟吾之所欲而無所阻矣。此又學者所當深自警也。

## 讀書次序

書所以載道,固不可以不讀,而聖賢所以垂訓者不一,又自有先後緩急之序,而不容以躐進。程子曰:"《大學》,孔氏之遺書,而初學入德之門也。於今可見古人為學次第者,獨賴此篇之存。而《論》、《孟》次之,學者必由是而學焉,則庶乎其不差矣。"蓋《大學》者,古之大人所以為學之法也,其大要曰"明明德"、曰"新民"、曰"止至善"三者而已。於三者之中,又分而為格物、致知、誠意、正心、修身以至於齊家、治國、平天下者,凡八條。大抵規模廣大而本末不遺,節目詳明而始終不紊,實群經之綱紀,而學者所當最先難講明者也。其次則《論語》二十篇,皆聖師言行之要所萃,於是而學焉,則有以識操存涵養之實。又其次則《孟子》七篇,皆諄諄乎王道仁義之談,於是而學焉,則有以為體驗充廣之端。至於《中庸》一書,則聖門傳授心法,程子以為其味無窮,善讀者味此而有得焉,則終身用之有不能盡者矣。然其為言大槩上達之意多,而下學之意少,非初學者所可驟語,又必《大學》、《論》、《孟》之既通,然後可以及乎此,而始有以灼知其皆為實學,無所疑也。蓋不先諸《大學》,則無以提挈綱領而盡《論》、《孟》之精微。不參諸《論》、《孟》,則無以發揮蘊奧而極《中庸》之歸趣。若不會其極於《中庸》,則又何以建立天下之大本而經綸天下之大經哉!是則欲求道者,誠不可不急於讀《四書》,而讀《四書》之法,毋過求,毋巧鑿,毋旁搜,毋曲引,亦惟平心以玩其旨歸,而切己以察其實用而已爾。果能於是四者融會貫通,而理義昭明,胸襟灑落,則在我有權衡尺度,由是而進諸經與凡讀天下之書、論天下之事皆莫不冰融凍釋,而輕重長短截然一定,自不復有錙銖分寸之或紊矣。嗚呼!至是而後,可與言內聖外王之道,而致開物成務之功用也歟?

## 似道之辨

或曰:今世所謂老佛之道與聖賢之道何如?曰:似道而非道也。蓋老氏之道以無為宗,其要歸事清凈,令學者修真煉氣以復嬰兒,誠為反人理之常。世固有脱事物、遊方外以事其學者,然其説未甚熾,固不待論。若佛氏之教,則充盈乎中華,入人骨髓,自王公大人至野夫賤隸、深閨婦女,無不傾心信向之,而其所以爲説者,大槩有二:一則下談死生罪福之説以誑愚衆,然非明識者莫能决。一則上談性命道德之説以惑高明,亦非常情所易辨也。夫死生無二理,能原其始而知所以生,則反其終而知所以死矣。蓋無極之真,二五之精,妙合而凝,乾道成男,坤道成女,二氣交感,化生萬物,此天地所以生人物之始也。人得是至精之氣而生,氣盡則死。得是至真之理所賦,其存也順吾事,則其没也安死而無愧,始終生死如此而已。自未生之前,是理氣爲天地間公共之物,非我所得與;既凝而生之後,始爲我所主,而有萬化之妙。及氣盡而死,則理亦隨之一付之大化,又非我所能專有而常存,不滅於冥漠之間也。今佛者曰:"未生之前,所謂我者固已具。既死之後,所謂我者未嘗亡。所以輪回生生於千萬億劫而無有窮已。"則是形潰而反於原,既屈之氣有復爲方伸之理,與造化消息闔闢之情殊不相合。且謂天堂、地獄明證昭昭,則是天地間別有一種不虛不實之田地可以載其境,別有一種不虛不實之磚瓦材木可以結其居,與萬物有無虛實之性又不相符。況其爲福可以禱而得,爲罪可以賂而免,則是所以主宰乎幽隱者,元爲私意之甚,抑非福善禍淫,大公至正、神明之道也。觀乎此,則死生罪福之説,真是真非瞭然,愚者可以不必惑,而明智者亦可以自决矣。夫未有天地之先,只自然之理而已。有是理則有是氣,有動之理則動而生陽,有静之理則静而生陰。陰陽動静,流行化育,其自然之理從而賦予於物者爲命,人得是所賦之理以生而具於心者爲性。理不外乎氣,理與氣合而爲心之靈。凡有血氣均也,而人通物塞,通則理與氣融,塞則理爲氣隔。今就人者言之,心之虛靈知覺一而已。其所以爲虛靈知覺,由形氣而發者,以形氣爲主,而謂之人心。由理義而發者,以理義爲主,而謂之道心。若目能視、耳能聽、口能言、四肢能動,飢思食、渴思飲、冬思裘、夏思葛等類,其所發皆本於形氣之私,而人心之謂也。非禮勿視,而視必思明。非禮勿聽,而聽必思聰。非禮勿言,而言必思忠。非禮勿動,而動必思義。食必以禮而無流歆,飲必有節而不及亂,寒不敢襲,暑無褰裳等類,其所發皆原於理義之正,而道心之謂也。二者固有脈絡,粲然於方寸之間而不相亂。然人心易危殆而不安,道心至隱微而難見,以堯、舜、禹相傳,猶致其精於二者之間,而一守夫道心之本。自告子以生爲性,則已指氣爲理,而不復有別矣。今佛者以作用是性,以蠢動含靈皆有佛性,運水搬柴無非妙用,專指人心之虛靈知覺者而作弄之。明此爲明心,而不復知其爲形氣之心。見此爲見性,而不復知性之爲理。悟此爲悟道,而不復別出道心之妙。乃至甘苦食淡、停思絕想、嚴防痛抑、堅持力制,或有用功至於心如秋月碧潭清潔者,遂交贊以爲造到。業儒者見之,自顧有穢净之殊,反爲之欣慕,舍己學以從之,而不思聖門傳授心法,固自有克己爲仁,瑩净之境與所謂江漢之濯、秋陽之曝及如光風霽月者,皆其胸中輝光潔白之時,乃此心純是天理之公,而絶無一毫人欲之私之謂。若彼之所謂月潭清潔云者,特不過萬理俱空而百念不生爾,是固相似而實不同也。心之體所具者惟萬理,彼以理爲障礙而悉欲空之,則所存者特形氣之知覺爾,此最是至精至微第一節差錯處。至於無君臣、父子等大倫,乃其後截人事粗迹之悖繆至顯處。其爲理之發端,實是大原中已絕之,心本是活物,如何使之絕念不生? 所謂念者,惟有正不正耳,必欲絕之不生,須死而後能。假如至死之境果無邪心,但其不合正理,是乃所以爲邪而非豁然大公之體也。程子以爲佛家有个覺之理,可敬以直内矣,而無義以方外,然所直内者亦非是,正謂此也。觀乎此,則性命道德之説真是真非瞭然,高明者可以不必惑,而常情亦可以能辨矣。而近世儒者乃有竊其形氣之靈者以爲道心,屏去“道問學”一節工夫,屹然自立一家,專使人終日默坐以求之,稍有意見,則證印以爲大悟,謂真有得乎羣聖千古不傳之秘,意氣洋洋,不復自覺其爲非。故凡聖門高明廣大底境界更不復覰,而精微嚴密等工夫更不復從事,良亦可哀也哉! 嗚呼! 有志於學者,其戒之謹之。

## 似 學 之 辨

或曰: 今世所謂科舉之學與聖賢之學何如? 曰: 似學而非學也。同是經也,同是子史也,而爲科舉者讀之,徒獵涉皮膚以爲綴緝時文之用,而未嘗及其中之蘊。止求影像髣髴，略略通解，可以達吾之詞則已，而未嘗求爲真是真非之識。窮日夜旁搜博覽，吟哦記臆，惟鋪排駢儷無根之是習，而未嘗有一言及理義之實。自垂髫至白首，一惟虛名之是計，而未嘗有一念關身心之切。蓋其徒知舉子蹊逕之爲美，而不知聖門堂宇高明廣大之爲可樂。徒知取青紫伎倆之爲美，而不知潛心大業趣味無窮之爲可嗜。凡天命民彝、大經大法、人生日用所當然而不容闕者，悉置之度外，不少接心目。一或扣及之，則解頤而莫喻，於修己、治人、齊家、理國之道，未嘗試一講明其梗槩。及一旦躡高科、蹋要津，當任天下國家之責，而其中枵然無片字之可施，不過直行己意之私而已。若是者，雖萬卷塡胸，錦心繡口，號曰富學，何足以爲學？羑冠博帶，文雅醞藉，號曰名儒，何足以爲儒？假若胸臆歐、蘇，才氣韓、柳，謂之未曾讀書亦可也。然則科舉之學視聖賢之學正猶枘鑿之相反而不足以相通歟？曰：科舉程度固有害乎聖賢之旨，而聖賢學問未嘗有妨於科舉之文。理義明，則文字議論益有精神光采。躬行心得者有素，則形之商訂時事、敷陳治體，莫非溢中肆外之餘，自有以當人情，中物理，藹然仁義道德之言，一一皆可用之實。而有司明眼者得之，即爲國家有用之器，非止一名一第而已也。況其氣局高宏，功力至到，造道成德之大全者，所謂伊、傅、周、召，王佐規模具焉。躋至道之域，又斯世之所不能舍也。但時王立科目之法，專指三日之文爲名，而素行不與。在學者讀書而言，則以聖師孔子爲祖者也。吾夫子平日之所以教羣弟子之所以學，淵源節目，昭昭方册，固有定法，正學者所當終身鑽仰，斃而後已，非可隨人遷變者。矧自聖朝列祖以至今日，已有尊崇之道，而荆、蜀、江、浙、閩、廣及中都之士，復多以此爲習尚，則亦此理在萬世不容泯没，其輕重緩急固有辨也。或曰：生斯世也，非能絕意於斯世而舍彼就此也。曰：時王之法，何可舍也？假使孔、孟復生於今，亦不能舍科目而遠去，則亦但不過以吾之學應之而已，焉能爲吾之累也？然則抱天地之性，負萬物之靈而貴爲斯人者，盍亦審其輕重緩急而無甘於自暴自棄也哉？

## 告子論性之說五

告子論性之說有五，而"生之謂性"一句乃其抉本者。蓋性者，人所得於天之理,若仁義禮智者是也,而視物爲獨全。生者,人所得於天之氣,若知覺運動者是也,而與物爲不異。告子不知性之爲理,而指氣以當之,故以知覺運動不異也爲解,而斷爲一定之理。謂凡有生者皆同是一性,更無差別,是立个大底意以包之。而餘之四説則又就其中推演,如食色、無善不善二説,則正與此同。蓋一由其能知覺運動,故能甘食悦色也。一由其知覺運動之無所異,故無善無不善也。如杞柳、湍水二説,則亦不外乎此。蓋一由知覺運動之或偏於惡,故必待矯揉而後成也。一由知覺運動之或混於善惡,故之東之西而無所定也。夫既以甘食悦色爲仁生乎内矣,而又反之以爲惡。既曰無善無不善矣,而又反之以爲善惡混。展轉縱橫,支離繆戾,要之皆只説著氣而非性之謂也。夫既以氣爲性,則仁義禮智之粹然者將與知覺運動之蠢然者相爲混亂,無人獸之別,而且不復識天理人欲所從判之幾矣,其爲害豈淺鮮哉?

## 告子與程張説氣不同

告了説氣與程、張説氣不同。嘗推之,氣一也。告子生之説,所謂知覺運動者,是統指夫氣之流行爲用者而言。程子才稟與張子氣質之性,所謂清濁剛柔者,是分指夫氣之凝定成體者而言。自知覺運動者統言,可包得清濁剛柔,而清濁剛柔者分言,其中亦各具知覺運動。但告子之説乃即是以爲本性,而大爲包含之意,渾無分別,如無星之秤,無寸之尺。而程、張之説則是於本性之外發此,以別白其所未盡,如大明中閲,物象瞭然,更無隱漏矣。如杞柳、湍水之説,亦氣質意也。但程、張分明斷作氣質,則自不亂此性之本,便爲精確不易之論。告子雖於杞柳説著意之惡,湍水説著氣之混,而意不認作氣質,只專作本性看,所以不可同日語也。

## 初見晦菴先生書

十一月吉日,學生鄉貢進士陳某謹齋沐裁書百拜,請備灑掃之禮於判府寶文侍講先生門下。某竊嘗謂道必真有人而後傳,學必親炙真任道之人而後有以質疑辨惑而不差。自孔、孟没,天下貿於俗學蓋千四百餘年,得濂溪周子、河南二程子者出，然後斯道有傳，而正學始有宗主。自程子至今，又百餘年矣，見知聞知，代不乏人，然淵源純粹精極，真可以當程氏之嫡嗣而無愧者，當今之世，捨先生其誰哉！而天下學士有志於古，欲就有道而正之者，非先生亦誰與歸哉？某窮鄉晚生，愚魯遲鈍，居於僻左，無明師良友，不蚤聞儒先君子之名。自兒童執卷，而世儒俗學已蠱其中，窮年兀兀，初不識聖賢門戶爲何如。年至二十有二矣，始得先生所集《近思錄》讀之，始知有濂溪，有明道，有伊川爲近世大儒，而於今有先生，然猶未詳也。自是稍稍訪尋其書，間一二年、三四年，又得《語孟精義》、《河南遺書》及《文集》、《易傳》、《通書》與夫先生所著定《語》、《孟》、《中庸》、《大學》、《太極》、《西銘》等傳。吟哦諷誦，反諸身，驗諸心，於是始慨然敬嘆當時師友淵源之盛，抽關啓鑰如此之至而重自愧覺此身大爲孔、顏罪人。而且益仰先生道巍而德尊，義精而仁熟，立言平正温潤，精切的實，明人心，洞天理，達羣哲，會百聖，粹乎洙泗伊洛之旨。凡曩時有發端而未竟者，今悉該且備。凡曩時有疑辨百未瑩者，今益信且白。宏綱大義，如指諸掌，掃千百年之謬誤，爲後學一定不易之準則。辭約而理盡，旨明而味深，而其心度澄朗，瑩無渣滓，工夫縝密，渾無隙漏，尤可想見於辭氣間。故孔、孟、周、程之道至先生而益明，所謂主盟斯世，獨惟先生一人而已。然求於書未如親炙之爲浹洽，徒言之誦未若講訂服行之爲實益。故愚生竊不自量，嘗欲盡屏世學，奔趨席隅，面領其梗槩，然後退而結茅於清泉茂林以畢其業而終吾樂，獨奈何事與心違，家窮空甚，無千里裹糧之資，而二親臒蔌，又日奪於仰事不給之憂，汩没乎科舉干禄之累，而於此第竊有志焉，不克實下手專研而精究，今三十有二矣。十年之間，但粗獵涉，悠悠蹉跎，若存若亡，枉逾夫子而立之年，未免曹交徒食之計。良心蕪没，百無一就，駸駸下流，甚懼甚恐。去年秋賦，黽緣有臨安之役，自謂是行也，此累了未了。其歸也，道武夷，當徑走五夫，職洒掃於牆仞之下，以紓其所素願。不謂命也天窮，舊累依然，而先生又此來矣。某始聞之，歡欣鼓舞，謂向者十年願見而不可得，今乃得親覿儀刑於州閭之近，殆天之賜歟！既而又自疑曰：先生，郡侯也。某，郡之一賤氓也。貴賤之分有等，且侯門如海，府吏森嚴如戟，問學若之何而通,請益若之何而便,講論若之何而款?故又遲遲者累月,屢進而屢趑趄,然是學不可一日廢,而見賢之心油然動於中,終有不容遏。且人生聚散不可期,幸與賢者並世而生,而邂逅又如此其密邇,人未有拒我之形,我逆爲之辭以自止,是果於自暴自棄者也。況先生以道學爲天下宗師,既不得盛行於時,猶當私淑於後。樂育善誘,循循不倦,夫豈以鄙夫互童而遽棄之?然公庭不敢私請,輒冒昧先此導意,併錄舊日《自警》之章,列於別幅以爲贄。先生儻以爲可教而進之,俾獲預鑪錘之末,稍不失爲君子之歸,是所願望。若不遇焉,則亦命也。安愚分,退守窮廬,只遙望門牆以自考而已。敬恭俟命,不備。

### 與黃寺丞直卿

某僻處南陬,與同門朋友聲問不相接,孤陋寡聞,惟謹守師訓而已。鄉間諸老在師門者,皆已零落,在後進輩又絶無此志可誘掖以嗣音。惟鄰郡泉、莆間,却稍有信向相從講貫者,庶幾或有一二可望。去歲,以特試來中都,四方才俊所萃,有平昔同門未相識者,多得會面。然亦所造不齊,難得見明而守剛者。既而趙計院季仁拉宿書院近三月日,頗得與諸友會聚。及道嚴陵,又爲鄭寺丞留郡庠,與諸生切磨兩月而歸。大抵世上一派禪學,年來頗旺於江浙間,士夫之有志者多墮其中,而嚴尤甚。及聽某講説旬月後,士方多有警發,知聖門實學之所以然,而覺邪正二路之由分。亦有一二後進,未雜可敬[②]。兹因參注再至中都,復與季仁居處,新接見一二人,亦頗有志,畢竟先爲禪門熏染[③],未必果能渙然一於改聽易慮,則此道在天地間,誠可謂凛凛孤立,而邪説陂行之惑人心乃如彼其昌熾,識者深爲之隱憂,何時得天開日明,然則挽回狂瀾而注之東者,獨惟吾兄是賴。聞在安慶頗得行志,繼聞與時扞格而歸。世道之至微,在君子自是難於有行,且退處里間,爲一世之師範,蓋隨其才質而成就之,使師道之傳得以有光,然亦未必爲無補也。

### 與朱寺正敬之

某春間經仙里,少款誨諭,不勝欣慰。別後,途中節被脚子撓,竟不克入三山與黃寺丞相聚。二月末抵家，幸爾善適，皆庇之及。繼得潮陽郭子從寄示先生行狀後段，印本不書姓名，想是直卿之筆。鋪叙得大意頗出，甚穩貼，然亦有小小造語立字未安處，不知前段如何，又不得本子。如云“正統有歸”，恐只宜作全體有在。又如“秋霜”處，恐尚欠溫和一節。又如“有功天下後世”處，恐欠集諸儒大成底意。又如天文地理、樂律兵機等類，皆吾道中之事，自己本分著工夫，所以“明明德，體用之全。止至善，精微之極”底意思所係，不可得而精粗者，今乃結上文以“道德光明俊偉如此”，却分析此節，離爲二截，似出道德之外，不相管屬。大抵先生之教所喫緊爲人至切至要處，最是就下學上極著工夫。凡上達底妙道精義，須從人事千條萬緒中串過來，極是著實，更無一點懸空底意，極是縝密，亦無一點疏闊底意，恐不必如此分開，了失其旨矣。又如碑記等文，多亦只是發明此理，不可與騷賦等文別作一等看。蓋理明義精，詣極造到，自無所往而不通，無所發而不當，非可拘拘以常迹分別也。凡此類文，當修刮純粹無病，方爲盡善盡美。不審台意以爲何如？

## 推官陳伯澡先生沂

陳沂，字伯澡，仙遊人。曾祖吉老，通《春秋》三傳，學《孫吳兵法》，累有戰功，卒陷陣死，詔褒忠節。祖希造，年十六被虜至北庭，後乘間歸，侍父官臨汀，亦以戰没，贈承事郎。父光祖，少而篤學，以明理力行爲務，北溪陳淳每稱曰：“世德，吾益友也。”以父死事補官，知英德縣，德行政事皆有尺律，積官朝奉郎。沂以父蔭補官，調新州推官，與太守爭死獄，竟獲譴，罷去。自弱冠侍父官南遊，始篤志文公之學，徧參劉爚、廖德明、李方子、楊至諸先生之門，而陳淳又沂終身所卒業者。凡一時及門之士，皆推沂爲嫡嗣。繼復受《書》、《易》於蔡淵、蔡沈，若陳宓、潘柄、蔡和、劉彌邵、蔡模皆其交遊也。平日以禮法自將，喪祭一遵朱子《家禮》。淳嘗名其書室曰“貫齋”，爲之記云：“曾氏父子之學，參也由貫以達一，點也游心於一而不必實以貫。伯澡始慕點名，沂今復以‘貫’名齋，以上達爲高,覺點之病,而欲參之下學以實之。予嘉其立志之審而用功之有序也。"《道南源委》載光祖師事陳北溪,黃氏海《道南統緒》辨之謂:"光祖與北溪友,子沂師事北溪。"今從黃氏改本。《仙遊志》、《閩書》、《道南統緒》

## 州判黃京父先生必昌

黃必昌,字京父,晉江人。嘉定十年進士,判循州。故從陳淳學,又切磋於陳宓、潘柄二賢。有《中庸大學講彙》。《閩書》

## 鄉貢江先生與權

江與權,惠安人。與黃以翼從學蔡和及陳淳。爲文古雅,兩預鄉貢。

## 卓廷瑞先生琮

卓琮,字廷瑞,同安人。郡志作永春人。從陳北溪游,嗜學堅苦,以累成功。凡所講論,能暢北溪之旨。

## 黃宗台先生以翼

黃以翼,字宗台,永春人。嘗受業陳北溪、蔡白石之門。莊毅有立,析理精詣,暮年記問益富。所著有《周易禮説》。《道南源委》

## 進士王先生稼

王稼,晉江人。《清源文獻》載:"公端平二年進士,從遊北溪之門。"其叙《北溪字義》云:"郡庠刊《西山讀書記》成,學者争誦之。博士葉君病其條目浩穰,後進無所從入也,曰:'使西山猶在,能無如司馬公作《舉要》以振《通鑑綱領》乎?'稼因以北溪先生《字義》爲告,君喜,即鋟梓以傳同志。初,先生講道於稼家塾,誨人以辨析名義爲急,候其體認精實,然後隨扣大小,從容盡其義。此書蓋心法也。族父雋筆授而成,後十年,蘇君思恭始出以詒復齋陳公爲之叙,時讀書行於印圈,契合出於一人,學者有能即是以求道之指要,使吾胸中衡尺不亂,然後從一以會萬,詳説而反約,《讀書記》一篇貫串無餘蘊矣。此二先生之盛心,而葉君惠教之志也夫。《河圖》八卦、《洛書》九章,相爲表裏經緯,理之自然,固不相謀而相合哉? 芒芒禹甸,將皆車轍馬跡,問津前塗,獨不賴司南之車乎? 覽者其深味之。"《清源文獻》、《北溪字義序》

### 漕舉蔡國賢先生逢甲

蔡逢甲,字國賢,臨漳人。父希稷,兵部侍郎,居官廉慎。公受業陳安卿之門,嘗與安卿辨論《河圖》、《洛書》同異及《太極圖》、《西銘》之相發明處,安卿稱其有特見。登咸淳進士,詔主廣東漕舉。值宋亡,不仕,自號棄夫。作悟道書院於玳瑁山下,以終隱焉。時高其誼,謂之"故宋使公"。鍵户不出,臨没,自題墓碑曰"前宋進士蔡逢甲墓"。著《使公講録》。明儒周公一陽評論同郡先輩,謂如公之孤標,去首陽不遠,而惜其沈冥草澤間,世莫有知者。子自成,以學行名。

### 王迪父先生儁

王儁,字迪父,晉江人。精敏絕人,館陳北溪於家,筆授《字義》行世。

### 教授蘇欽父先生思恭

蘇思恭,字欽父,晉江人。祖尊己,以學行著於鄉。公嘉定元年禮部奏名,候廷對,聞期戚,亟歸。至辛未始賜第。嘗從陳北溪、蔡定傑遊,篤志朱學,踐履堅確。除興化軍教授,以禮義之實革詞藻之華,陳師復諸賢皆推重之。調韶州教授。有《省齋文稿》。

### 特奏潘叔允先生武以下交友。

潘武,字叔允,龍溪人。嘉定庚辰特奏名。履行端方,於書無所不讀。與陳北溪爲道義交,鄉子弟多執經從遊,進士趙希流、吴仲修皆出其門。

【校記】

　① “用工節目”，據上傳似當作“用功節目”。文中同。

　② “敬”，疑爲“教”之誤。

　③ 自“都”至“熏染”，據《北溪大全集》補入。

# 閩中理學淵源考卷二十九

## 莆陽陳氏家世學派

　　西山真氏曰:"丞相正獻陳公道德風烈爲皇陵名相第一。舊傳公築第既成,有訝其門太庳者,公曰:'異時使竈婢、乳媼可開迤佳耳。'縉紳傳誦,以配太祝齋郎聽事語。其《示二子》詩曰:'興來文字三盃酒,老去生涯萬卷書。遺汝子孫清白在,不須夏屋太渠渠。'此正落成時所賦也。太史公有言:'使晏子而在,予雖爲之執鞭,所欣慕焉。'僕之於公亦云。"馥嘗按:紫陽文公於公尤極嚮慕,其没也,越境祭之。今觀公貽謀之雅,傳訓之嚴,宜乎家珍輩出。厥後,文龍忠肅公并從叔忠武以祚移殉難,與文、謝諸賢先後同節,其家學原本於忠孝者歟?

## 正獻陳福公先生俊卿

　　陳俊卿,字應求,莆田人。紹興八年進士,授泉州觀察推官。秩滿,秦檜察其不附己,抑之。累官殿中侍御史。湯思退專政,首疏罷之。時災異數見,金陵侵軼之勢已成。公爲張浚辨讒,有旨移浚守建康。内侍張去爲陰阻用兵,且陳避敵計以摇成算,公請按軍法,高宗稱爲"仁者之勇"。除權兵部侍郎。金主亮渡淮,公受詔整浙西水軍,李寶因之遂有膠西之捷。孝宗受禪,有志恢復,屬張浚閫外事,以公沈静有謀,命爲中書舍人,充江淮宣撫判官。會和議方堅,召還,除禮部侍郎參贊軍事。初浚謀大舉北伐,公以爲未可。已而邵宏淵兵潰,思退議罷浚都督,公奏復之,因爲思退所擠,累疏請罪,以寶文閣待制知泉州,奉祠。及思退既竄,太學諸生伏闕下乞召還公。乾道元年,入對,極論朋黨之弊。除吏部侍郎同修國史。錢端禮起戚里爲參政，窺相位。公進讀《寶訓》，因言："本朝家法，外戚不宜預政。"端禮銜之。尋出知建寧。逾年，擢吏部尚書。拜同知樞密院事，面奏曾覿、龍大淵怙恩竊柄。孝宗爲出二人，中外稱快，遂以公參知政事。先是，禁中密旨直下諸軍，宰相多不預聞。公奏："自今百司承御筆處分事，須奏審方行。"從之。樞副劉珙進對，忤旨，詔降奉祠。公奏請留，乃命珙帥江西。四年，授尚書右僕射、同門下平章事兼樞密使。以用人爲己任，時虞允文宣撫四川，公薦其才堪大用，孝宗即召允文以爲右相，既而帝意頗向允文，公亦數求去，遂以觀文殿學士知福州。陛辭，勸上遠佞親賢、修政攘敵。淳熙二年，起判建康兼江東安撫。召對垂拱殿，命坐賜茶，從容爲孝宗言曰："臣去國十年，見都城穀賤人安，惟朝士奔走權門，公然趨附，無復顧忌，廉恥道喪矣。"上命二府飲餞浙江亭。公再至建康，八上章告老，後以少師、魏國公致仕。十三年卒，年七十四。上聞嗟悼，輟朝，贈太保，諡正獻。公孝友忠敬，得於天資，清嚴好禮，終日無惰容。平居恂恂若不出口，在朝正色危言，分別邪正，勢無顧避，所奏請皆關治亂安危之大者。雅善汪應辰、李燾，尤敬朱子，屢嘗論薦。其薨也，朱子不遠千里哭之，爲狀其行。有集二十卷。子守、定、宓，俱從朱子受學焉。
朱子撰行狀、《莆陽文獻》、《閩書》

### 將作監陳師中先生守

陳守，字師中，正獻公次子。正獻嘗館朱子於白湖仰止堂，使子弟受業焉。守寬宏剛直，用蔭歷工部員外郎，凡六授郡符，三持使節，俱以廉介稱。除奉直大夫，晚爲將作監，卒。《閩書》、《道南源委》

### 承奉陳師德先生定

陳定，字師德，正獻公第三子。人品甚高，年十二三已知爲己之學，每每欲見古人歸宿處。林光朝與之特厚。既長，與其兄守、弟宓等俱從學朱文公。文公告以聖賢之學必自近而易者始，遂反求之。平生未嘗應舉，以父任爲承奉郎。卒年三十五，文公銘其墓。

按：師德没在淳熙元年甲午，其受業於文公以正獻公命，因託吳耕老以書先道其志，計年歲在甲午以前。

## 少卿陳允初先生宇

陳宇，字允初。守、定、宓之羣從。文公爲同安簿，宇往師之。過一年，年四十，始以正獻郊需恩授承務郎。以詞賦魁吏部，調監泉州鹽稅，改宣教郎，遷秘書丞，知仁和縣，歷太常寺丞、三司判户司部判官，改大理正，賜服金紫，知梧州軍。歲旱，手寫救荒十餘事行之屬縣，米適四集，人以不饑。建炎盜起，增額且半，累疏仍舊，流徙來歸，猺獠帖然以安。轉太常少卿，入奏事，引疾歸。積階朝議大夫。忠宣留公正撰墓誌曰："君入杭，先與予交，色斂然恭，氣退然卑，予謂賢公子習使人親近然爾。徐而親切反覆，即平日之近，驗事物之遠，寒士之深造處詣有不能逮。其後道行名立，公相鄉里多談允初賢，亟圖用之，則老至而歸，不復出矣。蓋君從晦菴朱公學，及於主敬行恕之訓則守之不忽，孝禮清忠亮直，乃其家教然也。"留忠宣撰墓誌、《考亭淵源録》

## 承事郎陳廉夫先生址

陳址，字廉夫。厚重明敏，自幼即有志於學，以祖正獻公蔭授承事郎，監泉州南安縣鹽稅。卒年二十八。嘗學於文公，公悲其賢而不克就其志也，爲之誌其壙。《考亭淵源録》

## 忠肅陳君賁先生文龍

陳文龍，字君賁。高祖宋卿與丞相俊卿爲初從兄弟，陳氏至俊卿始大公，濡染先訓，屬志殖學，工文詞，負氣節。咸淳四年，廷對第一，初名子龍，度宗爲易今名。公雅爲丞相賈似道禮重，由鎮東節度判官，歷監察御史。先是，臺中凡有建白，皆呈稾似道，公獨不呈。襄陽久被圍，似道日恣淫樂，陽且督師，而陰使其黨留己，竟失襄陽，公上疏極言其失。范文虎總師無功，似道庇之，以知安慶，又除趙溍知建康，黃萬石知臨安。公皆極論之，似道大怒，黜知撫州，旋又使大臣李可劾罷之。未幾，元兵東下，文虎首迎降，似道兵潰魯港，濟最先遁，上悔不用公言。起爲左司諫，尋遷侍御史。時邊事棘，王爚與陳宜中不能畫一策，而日坐朝堂爭私意。公疏曰：《書》曰："三后協心，同底於道。"今北兵今日取某城，明日築某堡，而我以文相遜，以迹相疑，譬猶拯溺捄焚而爲安步徐行之儀也。請召大臣同心圖治，無滋虛議。其後宜中與爚終不相能而去，累遷公至參知政事。於是，張世傑、文天祥師俱敗，元兵已至杭北關，公請身督殿旅，合江下義丁決一死，議不合。世傑等遂以益王、廣王趨閩。衆議降元，公乃上章乞歸養。既出國門而悔，復上疏求還，不報，乃歸。德祐丙子五月，益王即位福州，改元景炎，復以公參知政事。八月，漳州叛，以公爲閩、廣宣撫使討之。公辟前守黃恮招撫，民皆頓首謝罪。興化石手軍叛，復命公爲知軍，平之。十一月，元將董文炳、阿喇哈等以兵至福州，益王趨廣州，命公依前官充閩、廣宣撫大使。於是殫家財募萬兵，即興化軍開閫。已而降將王世強復導元兵入廣，建寧、泉、福皆降元。知福州王剛中遣使徇興化，公斬之，而縱其副以還，使持書責世強、剛中負國。遂發民兵自守，時城中兵不滿千，元兵來攻不克，使其姻家持書招降之，公焚書斬其使。乃使林華偵伺境上，華即降且導兵至城下，通判曹澄孫開門降，執公與其家人至文炳軍中，不屈，左右凌挫之。公指其腹曰："此皆節義文章也，可相逼邪？"尋命左右引就館。元帥索多往來諭意，且以母老子幼感動之。公曰："宋無失德，三宮北狩，二邸深入瘴烟，何必窮兵至此？我家世受國恩，萬萬無降理。母老且死，先皇三子歧分南北，我子何足關念？"情詞慷慨，索多愀然改容，乃械繫送杭州。公去興化即不食，至杭謁岳武穆廟，大慟幾絕，語監者曰："吾病矣。"留宿廟下，以其夕卒，時年四十六，葬西湖智果寺。其母繫福州尼寺中，聞之曰："吾與吾兒同死，又何恨哉！"亦死。訃聞，詔諡忠肅，賜廟號昭忠。元至正間，朝廷特遣宣使李文虎至郡訪求公子孫，將錄用，無有應者。郡人鄭鉞，號舒堂，公門客也。嘗著公《遺事》，略曰："公負六館盛名，魁天下士，不八年，超登政府。時事且急，惟以上所賜馬自隨，每控轡，輒於邑淚下。及被執薨，馬亦尋斃。公爲人敦信義，初授蔭補，不以澤其子，而以澤其弟。繼執政推恩，不以恩其門館，而以恩其故人。即之謙謙若甚懦，及當事乃更不草草，亦天性自爾。景炎，公入覲，督相文公天祥自金陵來會，相與慟哭國事。首議分重臣出督，不報，既而北警傳至，即報可，而國事去矣。公竟不屈死杭，文公不屈死燕。宋三百年，其末造也，江、閩兩大魁出，俱以節死。嗚呼，公死國，予負公！予負公！因記憶述公《遺事》如右，使予幾年不死，假有物色前代逸史者，使我《遺事》得白公大節，吾不死，又何待哉？”公從叔瓚，寺丞宓之孫也。景炎二年，以兵攻叛將林華、陳淵與通判曹澄孫等，誅之，復興化軍，以其首告於祖廟，遂獻於朝。端宗嘉其忠義，命以通判權守興化，且令乘勝與張世傑掎角，復福、泉二郡，凡八月。元將索多復破城，死之。事聞，贈兵部侍郎，謚忠武。餘詳志乘。《莆陽文獻》、《莆陽志》、《閩書》、《宏簡錄》

# 龍圖陳復齋先生宓學派

　　黃勉齋先生嘗與李敬子書云：“近得真景元書，嗜學之志甚，至得陳師復書亦然。此二公者，異日所就又當卓然。先師沒，今賴有此耳。”又真西山先生《跋復齋詩卷》曰：“某乙（己）丑春嘗爲《自箴》曰：‘學未若臨邛之邃，量未若南海之寬。制行劣於莆田之懿，處貧愧於義烏之安。’莆田者，指予師復而言也。某與復齋平生故人，而每歎其不可及。”又按，先生嘉定三年曾任安溪令，志乘載：“公盡心所及，盡力所爲，惠政甚多。安溪士民稱先生不以令名，而尊曰復齋先生。”惟時斯邑僻處山谷，讀公所書《令丞主簿廳壁記》及《惠民藥局記》、《安養院記》，蓋先施之惠養之政，而於禮樂或有未遑乎？嘗考紫陽文公曾往安溪按事，相傳爲先儒過化之處，後公復蒞茲土，又北溪陳氏最後亦蒞於斯，未到官而沒。是安溪荒僻幽退，至紫陽師弟始開人文之先者也。讀公《梅堂詩》有曰：“春風祇在襟懷裏，試問藍溪吏隱家。”仰見滿腔惻隱，知存心濟物厚矣。再考余鄉湖山安之屬里，其翠屏山之陰有曰名教堂，說者謂紫陽門徒所栖止，其姓氏不著。是時，學紫陽之學者恐儘有人，惜姓氏莫考。余聞之故友王尚卿，得之吾族姪廣文延拱云。乾隆辛未五月十三日書。

## 龍圖陳復齋先生宓

　　陳宓,字師復,丞相正獻公第四子。少事朱子,朱子器異之。長從黃勉齋遊,稱其"胸懷坦然,無一毫私欲之累"。嘗與書曰:"忽聞執事志道之篤,立行之高乃如此,喜躍不能自勝。先生九原之下亦當爲之擊節,幸吾道之有傳也。"以父任歷知安溪,立安養院以處窮民,取廢寺粟若干粥之,病則醫藥之,死則棺葬之。邑有例錢,却之良久,曰:"此一'例'字,壞許多賢士大夫。"安邑士民不名爲令,而曰復齋先生。嘉定七年,入監。因大旱,進奏言:"宮中飲宴,或至無節。非時賜予,爲數浩繁。大臣所用,非親即故。貪吏靡不得志,廉士動招怨尤。若能交飭内外,一正紀綱,天且不雨,臣請伏面謾之罪。"奏入,丞相史彌遠不樂,而中宮慶壽,三牙獻遺,至是爲之罷却。遷軍器監簿,轉對言:"人主之德貴乎明,大臣之心貴乎公,臺諫之言貴乎直。"指陳弊事,視前疏尤爲剴切。勉齋見而嘆曰:"使臣子皆如此,國其有不興乎?"尋請罷歸,擢大府丞,不拜,出知南康軍。歲大祲,奏蠲田賦。使流民築江隄而給其食,造白鹿洞與諸生講解。改知南劍州,又大旱疫,蠲逋賦十數萬,且弛新輸三之一,躬率僚吏持錢粟藥餌戶給之。創延平書院,悉倣白鹿洞規。知漳州,未行,聞寧宗崩,嗚咽累日。無何,請致仕。寶慶二年,提點廣東刑獄,章復三上,迄不就。以直秘閣管崇禧觀,拜祠命而辭職名,得進職一等致仕。三學諸生以起公爲請,而公没矣。公天性剛毅,信道尤篤。自言居官必如顏真卿,居家必如陶潛,而深愛諸葛亮身死家無餘財、庫無餘帛,庶乎能蹈其語者。端平初,殿中侍御史王遂首言:"公事先帝有論諫之直,而不及俟聖化之更,宜褒身後。"詔贈直龍圖閣。所著有《論語注義問答》、《春秋三傳抄讀》、《通鑑綱目》、《唐史贅疣》、文稾數十卷。《道南源委》、《考亭淵源録》

# 閩中理學淵源考卷三十

## 文忠真西山先生德秀學派

《榕村語録》論孟子叙道統曰："見知,聞知,道豈不貴行？而云知者,正派要緊。如領路人領差了,行更有害,當下不覺,到歸宿處便大壞。"嗚呼！公值宋季之時,紫陽門徒,次第零落矣。如楊慈湖諸公,遞有異論。楊没後,公辭行狀之作,爲之別識。觀其平昔所學所守,不爲依違遷就,而確乎篤信師傳。公於慶元元年登第,於時學禁議起。越五年而晦翁没,公雖未親承指授,然尚及私淑其高弟如滄元善、蔡節齋兄弟、陳復齋、李果齋諸前輩,切磋講論。至黃勉齋晚歲與李敬子書云："真景元、陳師復二公,異日所就又當卓然。先師没,今賴有此耳。"又與李公晦書云："真文所刊《近思》、《小學》皆已得之,後語亦得拜讀。"觀此,則西山先生與勉齋諸公當日扶持學脈,風流相接,厥後與魏鶴山身任斯道之責,步履程、朱正路,絲毫不差,一代斯文於兹未墜。噫！若先生於紫陽,誠所謂見而知之者矣。

### 文忠真西山先生德秀

真先生名德秀,字景元,後更景希。浦城人。慶元五年進士,授南劍州判官。繼試中博學宏詞科,入閩帥幕,召爲太學正。嘉定元年,遷博士。時韓侂胄已誅,入對,言："侂胄處知不爲清議所貸,至誠憂國之士,則名以'好異',於是忠良之士斥;正心誠意之學,則誣以'好名',於是'僞學'之論興。今日改絃更張,正當褒崇名節,明示好尚。"召試學士院,改秘書省正字。二年,遷秘書郎。四年,遷著作佐郎、兼禮部郎。上疏言："金有必亡之勢,然金亡則上恬下嬉,憂不在敵而在我,多事之端,恐有此始。"六年,遷起居舍人,奏:"權奸擅政,嘉泰之失已深於慶元。往者朱熹、彭龜年以抗論逐,呂祖儉、周端朝以上書斥,當時近臣猶有爭者。其後呂祖泰之貶,非惟近臣莫敢言,而臺諫且出力擠之。更化之初,羣賢皆得自奮。未幾,傅伯成、蔡幼學、鄒應龍、許奕諸人相繼以論事去,繇是人務自全,一辭不措。設有大安危、大利害,豈不殆哉?"尋兼太常少卿,充金國賀登位使,至盱眙,聞金人內變而還,言於朝曰:"臣自揚之楚,自楚之盱眙,沃壤無際,陂湖相連,民皆堅悍強忍,足爲大江屏障,若大修墾田之政,領以專官,數年之後,積儲充實,邊民父子自保,因其什伍,勒以兵法,不待糧饟,皆爲精兵矣。"時史彌遠以爵禄縻天下士,先生慨然謂劉晦伯曰:"吾徒須急引去,使廟堂知世亦有不苟爲從官之人。"遂力請外,出爲秘閣修撰、江東轉運副使。江東方傷旱蝗,廣德、太平爲甚,先生遂與留守、憲司分所部九郡,大講荒政,而自領廣德、太平。親至廣德,與太守魏峴,同以便宜發廪,使教授林庠賑給。竣事而還,百姓數千人,送之郊外,指道旁叢塚泣曰:"此皆往歲餓死。微公,我輩已相隨入此矣。"以右文殿修撰知泉州。泉通外國,自洋舶畏苛征,至者歲不三四,先生首寬之,驟增至三十六艘。輸租令民自槩,聽訟惟揭示姓名,聽人自詣。海賊作亂,將逼城,官軍敗衂,先生祭死事者,親授方畧,擒之。巡歷海濱,增屯要害,以備不虞。十二年,以集英殿修撰知隆興府,承寬弛之後,乃稍濟以嚴,尤留意軍政。以母憂歸。十五年,以寶謨閣待制、湖南安撫使知潭州。以"廉仁公勤"四字勵僚屬,以周濂溪、胡文定、朱考亭、張南軒學術源流勉其士。罷榷酤,除斛面米,申免和糴,立惠民倉、慈幼倉、社倉、以賑其民。月試諸軍射,捐其回易之利,及官田租。凡營中病者、死未葬者、孕者、嫁娶者、贍給有差。理宗即位,召爲中書舍人。尋擢禮部侍郎,直學士院。入見,奏:"三綱五常,扶持宇宙之棟幹,奠安生民之柱石。我朝立國,先正名分。陛下不幸處人倫之變,流聞四方,所損非淺。霅川之變,非濟王本志,前有避匿之跡,後聞討捕之謀,情狀本末,燭然可考。願討論雍熙追封秦邸故事,濟王未有子息,亦惟陛下興滅繼絶。"理宗曰:"朝廷待濟王亦至矣。"先生曰:"人主當以二帝、三王爲法。觀舜之所以處象,則陛下不及明甚。"理宗曰:"一時倉卒耳。"先生曰:"此已往之咎,惟願陛下知有此失,而益講學進德。"次言:"雪川之獄,未聞參聽于公朝。淮、蜀二閫,乃出於僉論所期之外。天下之事,非一家之私,何惜不與衆共之?"且言:"乾道、淳熙間,有位于朝者,以餽送及門爲恥;受任於外者,以苟且入都爲羞。今餽賂公行,薰染成風,恬不知怪。廷臣敏鋭者多於老成,雖嘗以耆艾襃傅伯成、楊簡,以儒學襃柴中行,以恬退用趙蕃、劉宰,至忠亮敢言,如陳宓、徐僑,未蒙録用。"理宗問廉吏,先生以知袁州趙筬夫對,擢爲監司。具手剳入謝,因言崔與之帥蜀,楊長孺帥閩,皆有廉聲,乞廣加咨訪。理宗初御清暑殿,因侍經筵,進曰:"此高、孝二祖儲神燕閒之地,仰瞻楹桷,當如二祖實臨其上。惟學可以明此心,惟敬可以存此心,惟親君子可以維持此心。"因極陳古者居喪之法,與先帝視朝之勤。寧宗小祥,詔羣臣服純吉,先生爭之曰:"自漢文帝率情變古,惟我孝宗衰服三年,朝衣朝冠皆以大布,惜當時不并定臣下執喪之禮,此千載無窮之憾。孝宗崩,從臣羅點等議,令羣臣易月之後未釋衰服,惟朝會治事,權用黑帶公服,時序仍喪服臨慰,至大祥始除。侂胄柄政,始以小祥從吉,且帶不以金,鞓不以紅,佩不以魚,鞍轎不以文繡,此於羣臣何損? 朝儀何傷?"議遂格。先生屢進鯁言,理宗皆虛心開納,而彌遠益嚴憚之,謀所以相撼,畏公議未敢發。給事中王塈、盛章始駁先生所主濟王贈典,繼而殿中侍御史莫澤劾之,遂以煥章閣待制提舉玉隆宮。諫議大夫朱端常又劾之,落職罷祠。監察御史梁成大又劾之,請加竄殛。理宗曰:"仲尼不爲已甚。"乃止。既歸,修《讀書記》,語門人曰:"此人君爲治之門,如有用我者,執此以往。"紹定四年,改職與祠。五年,進徽猷閣,再知泉州。迎者塞路,深村百歲老人亦扶杖出,城中歡聲動地。諸邑二税,嘗豫借至六七年,先生入境首禁之。諸邑有累月不解一錢者,郡計無出,或咎寬恤太驟,先生謂民困如此,寧身代其苦。決訟,自卯至申未已,曰:"郡邑凋弊,僅有政平訟理可以惠民。"建炎初,置南外宗政司于泉中,公族僅三百人而已,至先生時,增至二千三百餘人,郡坐是愈不可爲。先生請於朝,詔給度牒以足之。尋以顯謨閣待制知福州。時彌遠死,上始親政,赫然有爲。鄭清之亦慨然以天下爲己任,收召賢才擢之。於是御史洪咨夔、王遂等力請召崔與之、魏了翁、真德秀入朝。是時聞金亡,京湖帥奉露布欲進取潼關,先生因上封事諫止,召爲户部尚書,入見。理宗迎謂曰:"卿去國十[①]年,每切思賢。"先生以《大學衍義》進,復陳祈天永命之説,謂:"敬者,德之聚,儀狄之酒,南威之色,盤遊弋射之娱,禽獸狗馬之玩,有一於兹,皆足害敬。"理宗欣然嘉納,改翰林院學士,知制誥,時政多所論建。踰年,知貢舉。已得疾,拜參知政事,同編修勑令《經武要畧》。三乞祠禄,理宗不得已,進資政殿學士、提舉萬事觀,兼侍講,辭。疾亟,冠帶起坐乞[②]謝事,猶神爽不亂。時端平二年也。遺表聞,理宗震悼,輟朝,贈銀青光禄大夫,謚曰"文忠"。學者稱"西山先生"。先生長身廣額,容貌如玉,望之者無以公輔期之。立朝不滿十年,奏疏凡數十萬言,皆切當世務,四方人士想見其風采。宦遊所至,惠政深洽,不愧其言,由是中外交頌。都城人不時驚傳,先生將至,傾擁出關,咸切快覩。時相益以此忌之,輒擯不用。及歸朝,則既衰矣。自侂胄立僞學之禁以錮善類,凡近世大儒之書,顯被禁絶。先生晚出,獨慨然以斯文自任,講習服行。黨禁既開,而正學遂明於天下後世,多其力也。所著有《大學衍義》、《讀書記》、《文章正宗》、《西山甲乙藁》等書。子志道,户部侍郎。明正統間從祀孔廟,成化三年追封浦城伯。國朝康熙四十五年准學臣沈涵之請,賜御書"力明正學"四大字,匾於祠。《宋史》、《宏簡録》、《閩書》、《道南源委》、《聖學知統録翼》、《聖門禮樂統》、《歷代名儒傳》

## 西山真先生文

### 洪　範

武王克商之初,未皇他事,首以彝倫之叙,訪於亡國之臣。訪云者,不敢召而就問之也。彝倫者,治天下之常理,先後本末,各有自然次第,非人之所爲,乃天之所設也。天之於民,既默陟之於善,又助合厥攸居,然君師治教之責,則於我乎屬,我乃未知常理之次叙焉,此所以問於箕子也。堯憂洪水,使鯀治之,鯀不能因性順導,顧乃隄而塞之,以激其勢。水既失性,火、木、金、土從而汨亂,蓋水者,五行之首,一行亂則五者皆亂矣。五行天之道,鯀汨而亂之則逆乎天矣,故天動威怒，而不與以大法九疇。鯀以死，禹繼而興，隨山濬川，行所無事，而水患以平，天乃以大法九疇與之。神龜負文出於洛水，龜所負者數耳。大禹聖人，心與天通，見其數而知其理，因次之以爲九類，即今九疇是也。初一至次九，即所謂彝倫也。五行者，天之所生，以養乎人者也。其氣運乎天而不息，其材用於世而不匱，以天道言莫大於此，故居九疇之首。五事者，天之所賦，而具乎人者也，貌之恭、言之從、視之明、聽之聰、思之睿皆性之本然也。必以敬用之，則能保其本然之性，不以敬用之，則貌必至於嫚，言必至於悖。以視聽則昏且窒，以思慮則粗且淺，而本然之性喪矣。五者治身治心之要，以人事而言，莫切於此，故居五行之次。身心既治，然後可施之有政。食貨生民之本，衣食既足不可忘本，故有祀焉。司空居民，既得其安矣。又有司徒之教焉，教之而不從者，又有司寇之刑焉。接遠人以禮，而威天下以兵，凡此皆所以厚民生，故曰“農用八政”。民政既舉，則欽天授人有不可後，於是繼以歲月日時星辰曆數之紀，推步占驗必求以合乎天，故曰“協用五紀”。皇者君之稱，極者極至之義，標準之名位乎中，而四方所取則也。故居人君之位者，由一身而至萬事，莫不盡至，而後可以爲民之極建者，立之於此而形之於彼之謂，故曰“建用皇極”。至於正直剛柔之施，又必視時之治否，因俗之強弱，君當攬權無使威福之移乎下，臣當循法無使顓恣而僭乎上，爲治之道無越乎此，故曰“乂用三德”。國有事必先詳慮於己而後謀之於人，人不能決則又諏之卜筮以決之於天。天人相參，事無過舉，故曰“明用稽疑”。五事之得失，極之所以建不建也，然何從而驗之，觀諸天而已。雨暘寒燠風皆以其時則建極之驗也，五者常而無節則不極之驗也。天人相應若影響，然人君所當念念而致察也，故曰“念用庶徵”。皇極建，則舉世之人皆被其澤，而五福應之，故堯、舜之民無不仁且壽者，此人君之所當嚮慕也，故曰“嚮用五福”。皇極不建則舉世之人皆蒙其禍，而六極隨之，故桀紂之民無不鄙且夭者，此人之所當畏懼也，故曰“威用六極”。洪範九疇，六十有五字耳，而天道人事無不該焉，原其本皆自人君一身始，此武王之問，箕子之對，所以爲萬世著龜也。

## 丹　書

武王之始克商也，訪洪範於箕子；其始踐祚也，問丹書於太公，可謂急於聞道者矣。而太公望所告不出敬與義之二者，蓋敬則萬善俱生，怠則萬事俱廢，義則理爲之主，欲則物爲之主。吉凶存亡之所由分，上古聖人已致謹於此矣。武王聞之，惕若戒懼，而名之器物，以自警焉。蓋恐斯須不存而怠與欲得乘其隙也。其後孔子贊《易》於《坤》之六二，曰敬以直內，義以方外，先儒釋之曰：敬立而內直，義形而外方。蓋敬則此心無私邪之累，內之所以直也；義則事事物物各當其分，外之所以方也。自黃帝而武王、孔子，其皆一道與？

## 説　命

傅説言爲學之要，惟在遜志時敏。遜志者卑遜其心，雖有如未嘗有也。時敏者進修及時，日新而又新也。凡人之害於學者，驕與怠而已。驕則志盈，善不可入；怠則志惰，功不可進。遜則不驕，敏則不怠，所修之道，自將源源而來，如井之泉，愈汲愈有。夫人孰不知此？然體之不誠，則雖得易失，惟信之深，念之篤，然後道積於厥躬，積猶積善之積。今日造一理，明日又造一理，今日進一善，明日又進一善，持久不替，則道積於身，身即道、道即身，渾然無間矣。學之一字前此未經見也，高宗與説始言之，遂開萬世聖學之原，厥功大哉！

## 周頌敬之

成王即位之初，羣臣進戒，首以《敬之》。《敬之》爲言，成王則謂予小子不聰而未能敬，方期日有所就，月有所進，其道何由，惟學而已。蓋學則有緝熙光明之功，凡人之性本自光明，《大學》所謂明德是也。惟其學力弗繼，是以本然之光明，日以闇昧，今當從事於學，猶婦功之績，接續而不已，以廣吾本性之光明，然輔弼吾使能當此負任，則羣臣之責也。願示我以顯明之德行，使曉然知用力之方。蓋成王慮學之難成，望於羣臣者如此。成王之學，惟欲充其性之光明，進其身之德行，豈後世務外者比哉？

## 湯　誥

成湯可謂知君師之職矣。蓋天能予人以至善之性，而不能使之全其性；能使人全其性者，君師之任也。衷即中也。天之生民莫不各賦以仁義、禮智之德，渾然全具，無所偏倚，所謂中也。自天所降則謂之衷，自人所受則謂之性。天之降於人者，初無智愚之間。而人之受於天者，清濁粹駁隨所禀而不同，必賴君師之作，順其有常之性，而開迪之。虞之徽五典，周之教六德六行，皆其事也。性本至善，因而教之，是之謂順。若其本惡而強教以善，則是逆之而非順之也。然則人性之善可知矣。猷者道也，道即性也。以體言則曰性，以用言則曰道，其實一也。順其性使安其道，非君不能。何謂安？父安於慈，子安於孝。知其自然而不可易，與其當然而不容已，然後爲安。成湯有天下之初，即以此自任。故曰可謂知君師之職矣。厥後秉彝受中之言，相繼而發，至於孔孟性善之理益明，而開其源則自成湯始。嗚呼，聖哉！

### 易大傳繼善成性

按，程子曰："陰陽，氣也。所以陰陽者，道也。"朱子亦曰："陰陽迭運者，氣也，而其理則所謂道。"蓋陰陽二氣流行於天地之間，來往循環，終古不息，是孰使之然哉？理也。理之與氣未嘗相離，繼繼而出，莫非至善。成之在人，則曰性焉。理無不善，性豈有不善哉？性善之理，蓋至孟子而益明，然其源實出乎此。

### 大雅抑

此衛武公自警之詩也。十有二章之中言及威儀者，凡五六。抑抑云者，密而又密也。觀威儀之嚴密，則可知其德之嚴密，猶見隅角之方正，可知其宮庭之方正也。有諸中必形於外，其可掩也哉？民視儀而動聽，倡而應者也。上能敬慎其威儀，則可以爲民之法矣。上能淑慎其容止，不愆於儀形，無僭差、無暴亂，則民鮮不以爲法矣。溫者和易之意。築室者以基爲固，修身者以敬爲先，故此溫溫恭謹之人，有五德之基也。首章曰德之隅，後章曰德之基，熟味其辭，武公作聖之功於是焉在。

### 明道先生書堂記

堯之授舜，曰中而已。舜之授禹，加三言焉，其曰人心，人欲之謂也。其曰道心，天理之謂也。擇之精，守之一，而後中可執也。《大學》、《論語》、《孟氏》

指言義利之分,未嘗以天理言,獨見於《樂記》曰不能反躬,天理滅矣。物至而人化物也者,滅天理而窮人欲者也。世謂《禮記》之書,類出漢儒。漢儒之言,傳者多矣,有及於是者乎?自時厥後,道日晦冥,更千餘年,以及我朝,治教休明,風氣醲厚,於是始有濂溪周子,獨得不傳之妙。明道先生見而知之,闡幽發微,益明益章。今觀遺書所載,先生論學必以達天德爲本,論治必以行王道爲宗。天人內外,一以貫之,故嘗語學者曰:“吾學雖有所受,然天理二字,自吾體驗而表出之。”嗚呼,至哉!維天之命,於穆不已,品物流行,而理賦焉。仁義禮智之性,惻隱辭遜羞惡是非之情,耳目口鼻四肢百骸之爲用,君臣父子兄弟夫婦朋友之爲倫,何莫而非天也?人知人之人,而不知人之天,物欲肆行,義理汨喪,於禽獸奚擇焉?知人之天,而後知性善;知性善,然後能窮理;能窮理,然後能誠意,以脩其身,推之於治國、平天下,無非順帝之則也。自有載籍,而天理之云,僅一見於《樂記》。先生始發揮之,其説大明,學者得以用其力焉。所以開千古之秘,而覺萬世之迷,其有功斯道盛矣。

### 袁州濂溪昌黎二先生祠記

昔者,聖人言道必及器,言器必及道。自清净寂滅之教行,乃始以日用爲糠粃,天倫爲疣綴。韓子憂之,於是《原道》諸篇,相繼而作。其語道德也,必本於仁義,而其分不離父子君臣之間,其法不過禮樂、刑政之際。飲食、裘葛,即正理所存;斗斛、權衡,亦至教所寓。道之大用,粲然復明者,韓子之功也。自《湯誥》論降衷,詩人賦物則人,知性之出於天,而未知其爲善也。繼善成性,見於繫《易》;性無不善,述於“七篇”。人知性之善,而未知所以善也。周子因羣聖之已言,而推其所未言者,於《圖》發無極二五之妙,於《書》闡誠源誠立之指。昔也,太極自爲太極,今知吾身有太極矣。昔也,乾元自爲乾元,今知吾身即乾元矣。有一性,則有五常,有五常,則有百善,循源而流,不假人力,道之全體,煥然益明者,周子之功也。二子之學,所造不同,而其扶持天常,植立人極,要皆有功於百世。

### 南雄州學四先生祠堂記

道之大,原出於天,其用在天下,其傳在聖賢,此子思子之《中庸》所以有性道教之別也。蓋性者智愚所同得，道者今古之共由，而明道闡教以覺斯人，則非聖賢莫能與，故自堯、舜至於孔子，率五百歲而聖人出。孔子既沒，曾子、子思與鄒孟子，復先後而推明之，百有餘歲之間，一聖三賢，更相授受，然後堯、舜、禹、湯、文、武、周公之所以開天常，立人紀者，粲然昭陳，垂示罔極。然則天之生聖賢也，夫豈苟然哉！不幸戰國嬴秦以後，學術泮散，無所統盟，雖以董相、韓文公之賢，相望於漢、唐，而於淵源之正，體用之全，猶有未究其極者，故僅能著衛道之功於一時，而無以任傳道之責於萬世。天啓聖朝，文治休洽，於是天禧明道以來，迄於中興之世，大儒繼出，以主張斯文爲己任。蓋孔孟之道，至周子而復明。周子之道，至二程子而益明。二程之道，至朱子而大明。其視曾子、子思、鄒孟氏之傳若合符節，豈人所能爲也哉？天也。然四先生之學，豈若世之立奇見尚新說，求出乎前人所未及耶？凡亦因乎天而已。蓋自荀、楊氏以惡與混爲性，而不知天命之本然；老、莊氏以虛無爲道，而不知天理之至實；佛氏以剗滅彝倫爲教，而不知天叙之不可易。周子生乎絕學之後，乃獨深探本原，闡發幽秘。二程子見而知之，朱子又聞而知之。述作相承，本末具備。自是人知性不外乎仁義禮智，而惡與混非性也。道不離乎日用事物，而虛無非道也。教必本於君臣、父子、夫婦、昆弟，而剗滅彝倫非教也。闢聖學之戶庭，祛世人之矇瞶，千載相傳之正統，其不在兹乎？嗚呼！天之幸斯文也，其亦至矣。南雄爲郡，邈在嶠南，土習視中州號稱近厚。夫以近厚之資，迪之以至正之學，必將有倦焉自力者，然陳君之所望於學者，果焉屬耶？天之命我，萬善具全，一毫有虧，是曠天職。昔之君子，凜然淵冰，沒世弗懈者，凡以全吾所受焉耳。嗟後之學，何其與古戾也。利欲之風，深入肺腑，理義之習，目爲闊迂。己之良貴，棄置如弁髦，而軒裳外物，則決性命以求之弗舍也。吁！是可不謂之大惑乎？志於道者，其將奚所用力乎！緬觀往昔，百聖相傳，敬之一言，實其心法。蓋天下之理，惟中爲至正，惟誠爲至極。然敬所以中，不敬則無以爲中也。敬而後能誠，非敬則無以爲誠也。氣之決驟，軼於奔駟，敬則其御轡也。情之橫放，甚於潰川，敬則其隄防也。故周子主靜之言，程子主一之訓，皆其爲人最切者。而子朱子又丁寧反復之，學者儵於是而知勉焉,思慮未萌,必戒必懼,事物既接,必恭必欽,動靜相因,無所間斷,則天德全而人欲泯。大本之所以立,達道之所以行,其不由此歟?

### 送全永叔序

陳良,楚產也,而北學於中國。近世游、楊二先生,亦自閩徂洛,受業於程夫子之門。昔之君子,崇德廣業,不安於耳目之近,大抵若此。使良之徒,不中變於許行之學,則傳周、孔之道於南方,必陳氏也。龜山先生終身宗其師說,故能得斯道而南,卒啓延平、紫陽之緒,使其僅守鄉黨之舊聞,而以間關河路爲憚,顧安有是哉?世習日陋,後生小子,所志不越簪裳之末,所玩不逾程試之文。百金謁書肆,閉門而誦之曰:“吾業足矣。”明師良友,近在州里,且弗暇過而問焉,況遠乎?今全君永叔,乃獨慨然思廣其所聞,束書辭親,將北之信、饒,西之浙,求師友以自益,其志篤矣。然士之於學,寡聞固易以陋,多聞亦易以雜。夫並耕之說,至淺也,陳相且悅而從之,況今之譚者,有侈於是乎?吾州子朱子之學,萬世之學也。然其功循序而不躐,其言平淡而無奇,其守據正而不諭。吾子槩嘗聞之,而未知篤信否也。一朝出門,衆説交進,子能不爲變遷也乎?吾懼其不得爲游、楊,而且將爲陳相也。子往矣。嗚呼!其亦謹所擇哉?

### 送周天驥序

上饒周君天驥,篤志於學,願聞爲學之要,終其身而可行者。予之於學也,涉獵而未醇,麤淺而弗精,將何以告子?雖然,亦嘗聞其畧矣。以聖賢大道爲必當繇,異端邪徑爲不可蹈,此明趨嚮之要也。非義之富貴,遠之如垢汙,不幸而貧賤,甘之如飴蜜。志道而遺利,重內而輕外,此審取舍之要也。欲進此二者,非學不能。學必讀書,然書不可以汎讀。先《大學》,次《論》、《孟》,而終之以《中庸》。經既明,然後可觀史,此其序也。沈潛乎訓義,反覆乎句讀,以身體之,以心驗之,循序而漸進,熟讀而精思,此其法也。然所以維持此心,而爲讀書之地者,豈無要乎!亦曰“敬而已矣”。子程子所謂主一無適者,敬之存乎中者也。整齊嚴肅者,敬之形於外者也。平居齊慄,如對神明,言動酬酢,不失尺寸,則心有定主,而理義可入矣。蓋操存固則知識明,知識明則操存愈固。子朱子之所以教人，大畧如此。

### 心　經　贊

舜禹授受，十有六言，萬世心學，此其淵源。人心伊何？生於形氣，有好有樂，有忿有懥。惟欲易流，是之謂危，須臾或放，衆慝從之。道心伊何？根於性命，曰“義”曰“仁”，曰“中”曰“正”。惟理無形，是之謂微，毫芒或失，其存幾希。二者之間，曾弗容隙，察之必精，如辨白黑。知及仁守，相爲始終，惟精惟一，惟一故中。聖賢迭興，體姚法姒，持綱挈維，昭示來世。戒懼謹獨，閑邪存誠。曰“忿”曰“欲”，必窒必懲。上帝實臨，其敢或貳，屋漏雖隱，寧使有愧。四非當克，如敵斯攻，四端既發，皆擴而充。意必之萌，雲捲席撤，子諒之生，春噓物苗。雞犬之放，欲知其求，牛羊之牧，濯濯是憂。一指肩背，孰貴孰賤？簞食萬鍾，辭受必辨。克治存養，交致其功，舜何人哉？期與之同。維此道心，萬善之主，天之與我，此其大者。歛之方寸，太極在躬，散之萬事，其用弗窮。若寶靈龜，若奉拱璧，念兹在兹，其可弗力。相告先民，以敬相傳，操約施博，孰此爲先？我來作州，茅塞是懼。爰輯格言，以滌肺腑。明窗棐几，清晝爐熏。開卷肅然，事我天君。

### 夜　氣　箴

子盍觀夫冬之爲氣乎，木歸其根，蟄坯其封，凝然寂然，不見兆朕，而造化發育之妙，實胚胎乎其中。蓋闔者闢之基，正者元之本。而艮所以爲物之始終。夫一晝一夜者，三百六旬之積，故冬爲四時之夜，而夜乃一日之冬。天壤之間，羣動具閒，窈乎如未判之鴻濛。維人之身，嚮晦冥息，亦當以造物而爲宗。必齊其心，必肅其躬。不敢弛然自放於牀簀之工（上），使慢易非辟，得以賊吾之衷。雖終日乾乾，靡容一息之間斷，而昏冥易忽之際，尤當致戒謹之功。蓋安其身，所以爲朝聽晝訪之地，而夜氣深厚，則仁義之心，亦浩乎其不窮。本既立矣，而又致察於事物周旋之頃，敬義夾持，動靜交養，則人欲無隙之可入，天理曒乎其昭融。然知及之而仁弗能守之，亦空言其奚庸？爰見《箴》以自砭，常凜凜而瘝悃。

# 問　答

## 問　新　民　章

朱文公言“洗濯其心以去惡，猶沐浴其身以去垢”，斯言盡矣。蓋身之有垢，特形骸之凝耳。然人猶知沐浴以去之，惟恐塵垢存則其體汙穢。至於心者，神明之府，乃甘心爲利欲所溺，以昏蔽之，甚如積糞壤，如聚蜣蚚，而不肯一用其力以去之，是以形體爲重，以心性爲輕也，豈不謬哉。唐人有櫛銘曰：“人之有髮，朝朝思理。有身有心，胡不如是。”深得成湯銘盤之意。禪家亦有所謂“身似菩提樹，心如明鏡臺。時時勤拂拭，莫遣著塵埃”之句，雖云異端，然此言亦自可取也。《禮記·儒行篇》云：“儒有澡身而浴德。”謂洗濯其身，沐浴其德，亦盤銘之義。

## 問　格　物　致　知

物，謂事物也。自吾一身以至於萬事萬物、皆各各有箇道理，須要逐件窮究。且如此一身，是從何來，須是知天地賦我以此形，與我以此性。形既與禽獸不同，性亦與禽獸絕異。何謂性？仁、義、禮、智、信是也。唯其有此五者，所以方名爲人。我便當力行此五者，以不負天之所與。而所謂仁者是如何？義者是如何？禮智信又是如何？一一須要理會得分曉，此乃窮一心之理。其次，則我爲人之子，事親當如何？爲人之弟，事兄當如何？爲人之幼，事長當如何？逐件理會。如事親，須知冬便須溫，夏便須清，出便用告，反便用面，如《曲禮》、《內則》等書，所載事親説話，都要曉得。以至事兄、事長等事，一一如此窮究，此則窮一身之理也。心之於身，乃是最切要處，其他世間事物，皆用以漸考究，令其一一分明，皆所謂格物也。格訓至，言於事物之理，窮究到極至處也。窮理既到至處，則吾心之知識，日明一日，既久且熟，則於天下之理，無不通曉。故曰“物格而後知至”也。此一段，聖人教人最緊要處。蓋緣天下之理，能知得方能行得。若知得一分，只是行得一分。知得十分，方能行得十分。所以用逐事窮竟也。今學者窮理之要，全在讀書。如讀此一書，須窮此一書道理，一字一句，都用考究，如未曉了，即須咨問師友，求其指歸。且如讀《大學》，自頭至尾，都窮究過,既曉得此一書了。又讀《論語》、《孟子》,亦自頭至尾窮究過,理會既多,自然通悟。若泛泛讀過,便以爲了,何緣知得義理透徹? 義理既不透徹,胷中見識,亦無由能進。雖窮理不止於讀書,而其大要却以讀書爲本,不可不知也。

萬物各具一理,萬物同出一原。所謂萬物一原者,太極也。太極者,乃萬物總會之名。有理即有氣,分而二則爲陰陽,分而五則爲五行,萬事萬物,皆原於此。人與物得之,則爲性;性者,即太極也。仁義,即陰陽也。仁義禮智信,即五行也。萬物各具一理,是物物一太極也。萬理同出一原,是萬物統體一太極也。太極非有形有器之物,只是理之至者而已,故曰:“無極而太極。”

### 問其所當然而不容已與其所以然而不容易

所當然,如爲君當仁,爲臣當敬,爲子當孝,爲父當慈,與國人交當信之類,此乃道理,合當如此,不如此則不可,故曰“所當然也”。然仁敬孝慈信之屬,非是人力强爲,有生之初,即稟此理,是乃天之所與也。故曰“所以然”。所當然是知性,知其理當如此也。所以然是知天。謂知其理所自來也。

### 問人之所以爲學心與理而已《或問》中語。

存心窮理,二者當表裏用功。蓋知窮理而不知存心,則思慮紛擾,物欲交攻,此心既昏且亂,如何窮得義理? 但知存心而不務窮理,雖能執持静定,亦不過如禪家之空寂而已。故必二者交進,則心無不正,而理無不通,學之大端,唯此而已。

### 問端莊静一乃存養工夫《語録》中語,下同。

端莊,主容貌而言;静一,主心而言。蓋表裏交正之義。合而言之,則敬而已矣。

### 問學問思辨乃窮理工夫

程子曰:“涵養須用敬,進學則在致知。”欲窮理而不知持敬以養心,則於義理必無所得。知持敬以養心矣,而不知窮理,則此心雖清明虛静,而無許多義理以爲之主,其於應事接物,必不能皆當。釋氏禪學,正是如此。故必以敬涵養,而又講[③]學、審問、慎思、明辨,以致其知,其静則湛然寂然,而有未發之中,其動則泛應曲當,而爲中節之和,天下義理,學者工夫,無以加於此者。自伊川發出,而文公又從而闡明之,《中庸》"尊德性道問學"章,皆同此意也。

### 問大學只説格物不説窮理

器者,有形之物也;道者,無形之理也。明道先生曰:"道即器,器即道,兩者未嘗相離。"蓋凡天下之物,有形有象者,皆器也,其理便在其中。大而天地,亦形而下者,乾、坤乃形而上者。天地以形體言,乾坤以性情言。乾,健也。坤,順也。即天地之理。日月、星辰、風雨、霜露,亦形而下者。曰性、曰心之理,乃形而上者。至於一物一器,莫不皆然。且如燈燭者,器也,其所以能照物,形而上之理也。且如床桌,器也,而其用,理也。天下未嘗有無理之器,無器之理。即器以求之,則理在其中。如即天地,則有健順之理,即形體,則有性情之理,精粗本末,初不相離。若舍器而求理,未有不蹈於空虛之地,非吾儒之實學也。所以《大學》教人以格物致知,蓋即物而理在焉,庶幾學者有着實用功之地,不至馳心於虛無之境也。

### 問 誠 意 數 條

自慊,是爲己。言己之所以爲善者,乃是我合當如此,若不爲善,此心自不快足,自不能安,非是爲他人而爲善也。自欺是爲人。本無實意爲善,但外面畧假借以欺人,欲人稱好而已。殊不知人心之靈,昭如日月,何可欺也?只是自欺而已。

自慊是誠,誠則一。自欺是僞。僞則二。譬如人子弟讀書爲學,乃是爲己之事,若我不知讀書,不知爲學,是我身分上自有欠缺,干他人甚事。今人往往對父兄長上,則讀書講學,才獨處,便怠惰,一切廢棄。爲此,則是爲父兄長上而學也,其爲自欺,孰大焉?[④]

### 問正心修身章

問:"聖人恐無怒容否?"朱子曰:"當怒時,亦必形於色。如治人之罪,却爲笑容,則不可。"曰:"如此,則恐涉忿懥之氣否?"曰:"天之怒,雷霆亦震,但當怒而怒,便中節,事過便消了,更不積。"問:"古人喜怒不形於色,是正否?"曰:"此是養得胷中和粹,故雖中有喜怒,而不形於色,此正是涵養之效,安得謂之不正?"又問:"古人憂國至於白首,怒敵至於裂眥,此正否?"曰:"憂國怒敵,憂與怒之正者,雖若太過,然亦是不失其爲正,但此乃志義之士所爲,若聖人則未必然。必如是觀之乃盡。"

### 問體用二字

大凡有體而後有用,如天地造化,發生於春夏,元亨。而斂藏於秋冬,利貞。發生是用,斂藏是體。自十月純坤,陽氣既盡,不知者,謂生意已熄,不知斂藏者,乃所以爲發生之根。自此霜雪凝沍,草木凋落,蟲蛇伏藏,微陽雖生於下,隱而未露,一年造化,實基於此。惟冬間斂藏凝固,然後春來發生有力,所以冬暖無霜雪,則來歲五穀不登,正以陽氣發泄之故也。人之一心,亦是如此。須是平居湛然虛靜,如秋冬之閉藏,皆不發露,渾然一理,無所偏倚,然後應事之時,方不差錯,如春夏之發生,物物得所;若靜時先已紛擾,則動時豈能中節? 故周子以主靜爲本,程子以主敬爲本,皆此理也。動靜皆道,而周子乃以主靜爲本者,蓋靜時養得虛明,然後動而不失其時。故《中庸》於喜怒哀樂未發之時,須要戒謹恐懼,以養本然之中,然後發而爲中節之和。程子主敬之說,即《中庸》之意也。

### 問仁字之義此下並《論語》。

"仁"之一字,從古無訓。且如義訓宜,禮訓理,又訓履,智訓知,皆可以一字名其義,唯仁不可以一字訓。孟子曰:"仁者,人也。"亦只是言仁者,乃人之所以爲人之理,亦不是以人訓仁,蓋緣仁之道,大包五常,貫萬善,所以不可以一言盡之。自漢以後,儒者只將愛字說仁,殊不知仁固主乎愛,然愛不足以盡仁。孟子曰:"惻隱之心,仁之端也。"惻隱者,此心惻然有隱,即所謂愛也。然只是仁之發端而已。韓文公言:"博愛之謂仁。"程先生非之,以爲仁自是性,愛自是情。以愛爲仁,是以情爲性也。至哉言乎! 朱文公先生始以"愛之理,心之德"六字形容之,所謂愛之理者,言仁非止乎愛,乃愛之理也。蓋以體言之,則仁之道大,無所不包,發而爲用,則主乎愛。仁者,愛之體也。愛者,仁之用也。愛者,如見赤子入井,而惻然欲有以救之,以至矜憐憫惜,慈祥恩惠,愛之謂也。性中既有仁矣,發出來便是愛。仁如根上發出苗,以苗爲出於根,則可;以苗便爲根,則不可。以愛出於仁,則可;以愛便作仁,則不可。故文公以"愛之理"三字言之,方說得盡。又曰"心之德",何也?蓋心者,此身之主,而其理則得於天。仁義禮智皆此心之德,而仁又爲五常之本。如元、亨、利、貞,皆乾之德,而元獨爲四德之首。天之元,即人之仁也。元爲天之全德,故仁亦爲人心之全德。然仁之所以爲心之德者,正以主乎愛故也。仁所以能愛者,蓋天地以生物爲心,而人得之以爲心,是以主乎愛也。"愛之理,心之德"六字之義,乃先儒所未發,而文公始發之,其有功於學者至矣,豈可不深味之乎?

問過化存神"溫良"注。

"過化存神",此四字,本出《孟子》。過化,謂聖人凡所經歷處,人皆化之。存神,謂其中所存神妙。正意只是如此。至橫渠先生乃謂"性性爲能存神,物物爲過化"。下"性"字,指本然者而言,上"性"字是謂我能存其性,而不爲情所蕩而失其性,則其所存者,神妙而不可測。下"物"字指事物而言,上"物"字指我之應物而言,謂物物各自有理,我隨其理以應之,物各付物,不以己之私意參乎其間,則事過弗留,如冰之釋,如風之休。後來諸老先生多本其說,獨文公不以爲然者,蓋孟子之意,未說到如此深故也。文公解經,每務平實如此,然橫渠先生之說,亦不可不知也。

問禮樂用"和爲貴"章。

敬者,禮之本,制度威儀,禮之文。和者,樂之本,鐘鼓管磬,樂之文。禮樂二者,闕一不可。《記》曰:樂由陽來,禮由陰作。天高地下,萬物散殊,而禮制行焉。天尊於上,地卑於下,萬物散殊,有大有小。此即制之所由起,蓋禮主乎別故也。流而不息,合同而化,而樂興焉。陰陽二氣流行於天地之間,未嘗止息。二氣和合,而化生萬物,此樂之所由興,蓋樂主乎和故也。所謂陰陽二氣者,日月、雷霆、風雨、寒暑之類,皆是。二氣和合,方能生成萬物。故禮屬陰,凡天地間,道理一定而不可易者,皆屬陰。樂屬陽。凡天地間流行運轉者,皆屬陽。禮樂之不可闕一,如陰陽之不可偏勝。一歲之間,寒暑之相易,雨露霜雪之相濟,方能氣候和平,物遂其生。陽太勝則亢而爲旱;陰太勝,則溢而爲水。有陰無陽,則物不生;有陽無陰,則生而不成。禮勝則離,以其太嚴而不通乎人情,故離而難合。樂勝則流,以其太和而無所限節,則流蕩忘返。所以有禮須用有樂,有樂須用有禮,此禮、樂只是就性情上說。然精粗本末，亦初無二理。禮中有樂，言嚴肅之中，有自然之和，此即是禮中之樂。樂中有禮。言和樂之中，有自然之節，此即是樂中之禮。朱文公謂嚴而泰，此即禮中⑤有樂。和而節。此即樂中有禮。

### 問仁字“人而不仁”章。

凡天下至微之物，皆有箇心，發生皆從此出，緣是禀受之初，皆得天地發生之心以爲心，故其心無不發生者。一物有一心，自心中發出生意，又成無限物。且如蓮實之中，有所謂么荷者，便儼然如一根之荷，他物亦莫不如是。故上蔡先生論仁，以桃仁、杏仁比之，謂其中有生意，才種便生故也。惟人受中以生，全具天地之理，故其爲心，又最靈於物，故其所蘊生意纔發出，則近而親親，推而仁民，又推而愛物，無所不可，以至於覆冒四海，惠利百世，亦自此而推之爾。此人心之大，所以與天地同量也。然一爲利欲所汩，則私意橫生，遂流而爲殘忍，爲刻薄，則生意消亡，頑如鐵石，便與禽獸相去不遠，豈不可畏也哉！今爲學之要，須要常存此心，平居省察，覺得胷中盎然，有慈祥、惻怛之意，無忮忍、刻害之私，此即所謂本心，便當存之養之，使之不失，則萬善皆從此而生。

### 問理明誠格“問禘”章。

蓋凡人於世之近者，如考妣、祖考妣。則意其精神未散，或嘗逮事而記其聲容，必起哀敬之心，而不敢忽。若世之遠者，相去已久，精神之存與否，不可得而知。人素不識其聲容，則有易忽之意，故禘禮非極其仁孝，極其誠敬者，不能知其禮，不能行其事。惟仁孝之深者，能知此身之所自來，惟誠敬之至者，能知我之精神，即祖考之精神。苟能知此理矣，至難知者，鬼神之理。則其他事物之理，又何難知之有。苟能感格矣，則推而格天地者，此誠而已。推而感人心，亦此誠而已。故曰：“理無不明，誠無不格，於治天下何難矣？”

### 問終食不違仁

此章當作三節看。處富貴貧賤之間而不苟，此一節猶是麤底工夫。至終食不違，又是一節，乃是存心養性細密底工夫。然猶是平居暇日之事，可以勉而至者。至於造次急遽之時，患難傾覆之際，若非平時存養已熟，至此鮮有不失其存心者,到此而猶不違,乃是至細至密工夫,其去安仁地位,已不遠矣。然此三節,乃進德之始終,若無麤底工夫作根脚基址,豈有能進於細密之地者? 故必以審富貴,安貧賤爲本,然後能進於終食不違之地;能終食不違矣,然後能進於造次顛沛不違之地。用工之序蓋如此。正與前章無諂無驕,樂與好禮相似,當考參而熟玩也。

問志氣"晝寢"章。

孟子曰:"志者,氣之帥也。"蓋志强則氣亦强,志惰則氣亦惰。如將勇則士亦勇,將惰則士亦惰也。學者欲去昏惰之病,必以立志爲先。

問文章性與天道

夫子平時以身教人,凡形於威儀容止,語嘿動静,自然成文,自然有章者,皆所以教學者,所謂"吾無行而不與二三子,吾無隱乎爾者"是也。學者即其近者求之,用功既久,自然可到精微之地。若遽以性命之理告之,則恐其億度料想,馳心元妙,反無所益,故於性與天道,罕嘗言之,學者不可得而聞。其於《論語》,僅有相近一語,亦只是言氣質之性,非指性之本。至於《易‧乾》卦,然後曰:"乾道變化,各正性命。"《大傳》曰:"一陰一陽之謂道,繼之者善也,成之者性也。"此二條,又是正説性與天道,亦可謂罕言矣。

問敬字"敬簡"章。

伊川先生言,"主一之謂敬"。又恐人未曉"一"字之義。又曰:"無適之謂一。"適,往也。主於此事,則不移於他事,是之謂無適。主者,存主之義。伊川又云:"主一之謂敬。"一者之謂誠,主則有意,在學者用功,須當主於一。主者,念念守此,而不離之意也。及其涵養既熟,此心湛然,自然無二無雜,則不待主,而自一矣。不待主⑥而自一,即所謂誠也。敬是人事之本,學者用功之要,至於誠,則達乎天道矣。此又誠敬之分也。

問 不 違 仁

心者,指知覺而言也。仁者,指心所具之理而言也。蓋圓外竅中者,是心之體;虛靈知覺者,是心之靈;仁、義、禮、智、信,是心之理。知覺屬氣,凡能識痛癢,識利害,識義理者,皆是也。若仁、義、禮、智、信,則純是義理。人能克去私欲,則所知覺者皆義理;不能克去私欲,則所知覺者物我利害之私而已。純是理,即是不違仁,雜以私欲,便是違仁。

問手足不仁"博施"章。

手足,民物之比也。風邪,私意之比也。人無私意之害,則民物之休戚,自然相關。一見赤子入井,則此心爲之怵惕,無風邪之病,則手足之癢痾,亦自然相關。雖小小疾苦,此心亦爲之痛楚。當如此玩味,方曉程子痿痺不仁之意。

問 色 舉 翔 集

色斯舉矣,去之速也。衛靈公問陳,而孔子行,魯受女樂,而孔子去,即此義也。翔而後集者,就之遲也。伊尹俟湯三聘,而後幡然以起;太公、伯夷,聞文王善養老而後出,即此義也。古人所謂三揖而進,一辭而退,雖相見聚會之間,猶必如此,況仕止久速之際乎?賈誼《賦》所謂"鳳縹縹而高逝兮,夫固自引而遠去",此即色斯舉矣之意。又曰"鳳凰翔于千仞兮,覽德輝而下之",此即翔而後集之意。後世如漢穆生以楚王戊不設醴而去,諸葛武侯必待先主三顧而後從之,皆有得乎此者也。

問太極中庸之義南雍李教授問,今附此。

下問太極、中庸二條,自顧淺陋,何足以辱。姑即平時所讀朱文公先生之書,及嘗見所窺者,略陳一二。夫所謂無極而太極者,豈太極之上別有所謂無極哉?特不過謂無形無象,而至理存焉耳。蓋極者,至極之理也。窮天下之物,可尊可貴,孰有加於此者?故曰太極也。世之人以北辰爲天極,以屋脊爲屋極,此皆有形而可見者。周子恐人亦以太極爲一物,故以"無極"二字,加於其上,猶言本無一物,只有此理也。自陰陽以下,則麗乎形氣矣。陰陽未動之前,只是此理,豈有物之可名耶?即吾一心而觀之,方喜怒哀樂之未發也,渾然一性而已,無形無象之中,萬理畢具,豈非所謂無極而太極乎?以是而言,則思過半矣。喜怒哀樂之未發,即寂然不動之時,思慮一萌,則已動矣,故程子以思爲已發,此至論也。來諭謂思是已發,則致知格物,亦是已發,此則未然。蓋格物致知,自屬窮理工夫，大凡講論義理，最忌交雜，今方論喜怒哀樂之發未發，而以致知格物雜之，則愈混雜而不明矣。來論又恐懸空無用力處，此亦未然。蓋未發之時，則當戒謹恐懼，其將發之時，則當謹其獨，逐時逐節，皆有用功之地。惟其未發也，戒懼而不敢忘，將發也，謹獨而不敢肆，則其發自然中節矣。聖賢之學，所以無弊者，正緣句句着實，未嘗説懸空道理。且如《中庸》，始言天命之性，終言無聲無臭，宜若高妙矣。然曰"戒謹"，曰"恐懼"，曰"謹獨"，曰"篤恭"，則皆示人以用力之方，蓋必戒懼謹獨而後能全天性之善，必篤恭而後能造無聲無臭之境，未嘗使人馳心窈冥，而不踐其實也。《太極圖説》亦然。首言無極太極，次言陰陽五行，亦可謂高且遠矣。要其歸宿，只在"中正仁義而主靜"之一語，其與《中庸》"戒懼謹獨"之云，若合符節。總而言之，惟"敬"之一字，可以該也。蓋戒懼謹獨者，敬也；主靜，亦敬也。學者儻能居敬以立其本，而又窮理以致其知，則學問之道，無餘蘊矣。大率此理，自文公盡發其秘，以洞然無疑。所慮學者，欲自立一等新奇之論，而於文公之言反致疑焉，不知此老先生，是用幾年之功，沈潛反覆，參貫融液，然後發出以示人。今讀其書，未能究竟底蘊，已先疑其説之未盡，所以愈惑亂而無所明也。故區區常勸朋友間，且將文公《四書》，朝夕涵咏，既深達其旨矣，然後以次及於《太極》、《西銘解》、《近思録》諸書，如此作數年工夫，則於義理之精微，不患其無所見矣。又必合所知所行爲一致，講貫乎此，則必踐履乎此，而不墮於空談無實之病，庶乎其可耳。此平時拙論如此，故因垂問及之，更望詳加鐫曉，以補昏愚之所不逮，幸甚。

## 論　主　靜

周子嘗謂：聖人定之以中正仁義而主靜。要人靜定其心，自作主宰。程子又恐只管靜去與事物不相交涉，却説個敬。有問周先生説靜，與程先生説敬，義同而意異否？曰：程子是怕人不得他靜字意，便似入禪坐定。周子之説，只是無欲故靜，其意大抵以靜爲主。朱子發明二先生意如此。至其爲論有云明道教人靜坐，李先生亦教人靜坐，須靜坐始能收斂。又云始學工夫，須是靜坐，則本原定。又云心於未遇事時，須是靜，臨事方用，便有氣力。如當靜時不靜，思慮散亂，及至臨事，已先倦了。伊川解靜專處云：“不專一，則不能直遂。閒時須是收斂，做事便有精神。”又云：“心要精一，方靜時便湛然。在此不得困頓，如鏡樣，遇事時方好。”又云：“爲學工夫須要靜，靜多不妨，才靜事都見得，然總是一個敬。”又云：“主靜，所以養其動。”又云：“靜者，養動之根。”又云：“主靜，夜氣一章可見。”以上數條，蓋祖周子主靜之根也。至其門人以靜坐工夫與役役應接不同爲問，則答之云：“不必如此，反成坐馳，但收斂勿令放逸，到窮理精後自然思量，不至妄動。凡所云爲，莫非至理，亦何必兀然靜坐然後爲持敬。”又云：“明道説靜坐可以爲學。上蔡亦言多著靜不妨。此説終是少偏，才偏便做病道理。自有動時，自有靜時，學者只是敬以直内，義以方外，見得世間無處不是道理，不必專於靜處求。所以伊川謂只用敬，不用靜，便説得平。”又云：“不可特地將靜坐做一件工夫，但著一‘敬’字通貫動靜，則於二者之間，自無間斷矣。”又云：“存養之功不專，在靜坐時須於日用動靜之間無處不下工夫，乃無間斷爾。”又云：“無事靜坐，有事應酬，隨時隨處，無非自己身心運用。但常自提撕，勿與俱往，便是工夫。事物之來，豈以漠然不應爲是耶?”其答南軒書云：“來教謂言靜，則溺於虛無。然此二字如佛老之論則誠有此患，若以天理觀之，則物之不能無靜，猶靜之不能無動也。靜之不可不養，猶動之不可不察也。但見得一動一靜，互爲其根。敬義夾持，不容間斷之意。則雖下‘靜’字元非死物，至靜之中自有動之端焉。是乃所以見天地之心者，而先王之所以至日閉關，蓋當此之時則安靜以養乎此爾，固非遠事絕物，閉目兀坐而偏於靜之謂。但未接物時便有敬以主乎其中，則事至物來善端昭著，所以察之者，益精明爾。來教又謂某言以靜爲本，不若遂言以敬爲本。此固然也。然敬工夫，通貫動靜，而必以靜爲本。今若遂易爲敬，雖若完全，然却不見敬之所施，有先有後，則亦未得爲的當也。至於來教所謂要須靜以涵動之所本，察夫動以見靜之所存，動靜相須，體用不離，而後爲無滲漏也。此數言卓然，意語俱到，謹以書之左席，出入觀省。”以上數條，則又本程子主敬之説，而不專主於靜也。

## 論　定　性

定性者，理定於中而事不能惑也。理定之中，則當靜之時固定也，動之時亦未嘗不定也。不隨物而往，不先物而動，故曰無將迎。理自內出而周於事，事自外來而應以理，理即事也，事即理也。故曰無內外。夫能定能應，有寂有感，心之妙也。所以然者性也。若以定與寂爲是，而應與感爲非，則是以性爲有內外也。事物之來，以理應之，猶鑑懸於此，而形不能遁也。鑑未嘗隨物而照，性其可謂隨物而在外乎。故事物未接，如鑑之本空者，性也。事物既接，如鑑之有形者，亦性也。內外曷嘗有二本哉？知此則知事物不能累吾之性，雖酬酢萬變，未嘗不定也。

## 備　　考

勉齋黃氏曰：西山在朝，屢進危言，力扶大義。公論藉以開明，善類爲之踴躍。

邵菴虞氏曰：先生《大學衍義》之書，本諸聖賢之學，以明帝王之治。據已往之跡，以待方來之事。慮周乎天下，憂及乎後世。君人之軌範，蓋莫備斯焉。

敬齋胡氏曰：自孟子後千四百年，無人見得此道分明。董子見其大意，孔明天資有暗合處，韓退之揣見彷彿。至程、朱方見得盡，自朱子後無人理會得透徹，真西山庶幾。

先文貞公《觀瀾錄》曰：朱子之後在宋魏之華，不如真之實也。在元吳之僻，不如許之醇也。在明則薛、蔡守師傳，而陳、王立異戶。考其師友淵源所漸，若猶慚于真、許焉。又《榕村語錄》曰：朱子後儒者，真西山、許魯齋氣象最好，真醇正，許篤實。

## 郡守江叔文先生塤

江塤，字叔文，崇安人。貌肅氣和，學於真西山。嘉定元年進士。歷官靖州通判，以廉白簡易稱。遷知南平軍，綏御有法，四境帖然。嘗條奏五事，皆熟察民隱。帥臣上績，改知開州。未任，卒。公自幼至老，惟事問學。在靖州日，魏公了翁以言事謫至，築鶴山書院居之，茆簷竹几間，青燈濁酒，旦夕談論，令其子鉌師事焉。魏公稱之曰:“叔文表裏如一,當於古人中求之。”子燧字華叔,篤學有志操,歷官臨安判。鎔字成叔,穎敏特立,歷知福清縣。各有政聲。鉌見魏鶴山學派。

## 監院詹景憲先生淵

詹淵,字景憲,崇安人。慶元進士。授臨江户掾。江西俗嚚,於訟案牘有數十年不决者,淵一閲皆得其情,凡所予奪人皆無異論。部使者知其材,檄致幕下,後監行在車輅院。

## 學士林以道先生存

林存,字以道,閩縣人。受業真西山之門。舉嘉熙二年詞科。累官吏部侍郎、中書舍人、兼直學士院、兼侍講。時朝廷以參知政事蔡抗擅去國勉留不還,詔除職予祠,存繳進,奏寢其命。寶祐五年秋,明堂執綏備顧問稱旨,除禮部尚書兼侍講,提綱史事,累遷同知樞密院事兼參知政事,後以資政殿學士、知建寧府,不赴,遂提舉洞霄宫,復起爲湖南安撫使、知潭州。《閩書》、《新三山志》

## 少卿王實之先生邁

王邁,字實之,自號臞軒,仙遊人。既冠,以文謁鄉先正傅誠,誠嗟異謂他日必以文名世。嘉定十年進士第四人。爲潭州觀察推官,丁内艱,調浙西安撫司幹官。會廷試,詳定官王元春欲私所親置高第,邁顯摘其繆。元春怒,嗾諫官李知孝誣邁在殿廬聲高,免官調南外睦宗院教授。真德秀方守福州,邁竭忠裨郡政,赴都堂審察,丞相鄭清之曰:“學官掌故,不足浼君。”俄召試學士院,策以楮幣。邁援據古今,考究本末。謂國貧楮多,弊始於兵,議者徒患楮窮,弗懲兵禍,今當以核軍實、窒邊釁爲捄楮弊第一義。又言修内司廣營繕,内帑宣索多厚施緇黄,濫予嬪御,未見裁撙,徒聞有括田榷鹽之議。向使二事可行,故相行之久矣。又因楮以及時事,言君子之類雖進而道未行,小人之迹雖屏而心未服。真德秀在告,聞邁對善之。帝再相喬行簡,或傳史嵩之復用,邁言舊相姦險刻薄,天下所知,復用則君子空於一網矣。邁由疏遠見上,空臆無隱,上爲之改容。言者劾邁論邊事過寔,魏了翁在經筵爲理宗言惜邁去,改通判漳州。禋祀雷雨。應詔言天與寧考之怒久矣。麴櫱致疾,妖冶伐性,初秋踰旬,曠不視事,道路憂疑,天與寧考所以怒也。隱刺覆絕,攸嬉尊寵,綱淪法斁,上行下效,京卒外兵,狂悖迭起,天與寧考所以怒也。陛下不是之思,方用漢災異免三公故事,環顧在廷莫知所付,遙相崔與之,臣恐與之不至,政柄必他有所屬,此世道否泰,君子小人進退之機。於是臺官李大同言邁交結德秀、了翁及洪咨夔,以收虛譽,削一秩免。蔣峴劾邁前疏妄論倫紀,請坐以非所宜言之罪,削二秩。久之,復通判贛州,改福州,建康府信州,皆不行。淳祐改元,通判吉州。右正言江萬里袖疏榻前曰:"邁才可惜,不即召,將有老不及用之歎。"理宗方然。忽有尼者,祇除知邵武軍,以亢旱應詔,驛奏七事,復以立濟王後爲先。鄭清之再相,以左司郎官召,力辭。以直秘閣提點廣東刑獄,亦辭。改右侍郎官。諫官焦炳炎論罷,予祠,卒。贈司農少卿。邁本以學問詞章發身,尤練世務。李宗勉嘗論邁,然邁獨評宗勉爲近世賢相。徐清叟與邁有違言,邁應詔,謂清叟有人望可用,故世服其公。《宏簡錄》、《莆陽文獻》

## 鄭 先 生 寧

鄭寧,按劉後村題鄭寧文卷詩云:"昔侍西山講習時,頗於函丈得精微。書如逐客猶遭絀,辭取橫汾亦恐非。爭笛豈能諧雅樂,綺紈原未識深衣。嗟余老矣君方少,勤向師門叩指歸。"又小註後云:"西山先生編《文章正宗》,如《逐客書》之類,只作小字附見,内詩歌一門,初委予裒輯。余取《秋風辭》,西山欲去之,蓋其議論森嚴如此。鄭君試以此意求之可也。"按:此跋語自註云"西山作跋",考西山集中未得。再:鄭君或即後村門士,未可知也。錄此待考。

## 直閣鄭子敬先生寅

鄭寅,字子敬,永福人。以父任補官。歷知吉州,召對言濟邸冤狀,指斥權臣,坐罷。端平初,調爲左司郎中兼權樞密院副都承旨,又請爲濟邸立廟。具言三邊無備,宿患未除,宜正紀綱,抑僥倖,裁濫賞,汰冗兵以張國勢。竟出知漳州,除直寶章閣致仕,卒。寅静重博洽,多識典故。家所藏書分爲七畧:曰經、曰史、曰子、曰藝、曰方伎、曰文、曰類。真德秀、李燔、陳宓皆與爲友。燔嘗疏薦海内名士十二人,寅其一云。《閩書》

### 宗教詹叔簡先生師文

詹師文,字叔簡,崇安人。舉慶元二年進士。刻意好學,調婺源尉。捕盜有功,不欲上以希賞,再調江西憲司檢法官,讞獄無冤。後授西外宗教以歸。與真德秀、鄒應龍交游,有《幔亭遺槀》及《通典編要》。《建寧府志》

### 【校記】

① "十",《閩書》作"一"。
② "乞",《閩書》作"迄"。
③ "講",應作"博"。
④ 自"譬如"至"大焉",據《真德秀集》補。
⑤ "禮中",原作"禮禮",據《真德秀集》改。
⑥ "主"字原缺,據《真德秀集》補。

# 閩中理學淵源考卷三十一

## 温陵曾氏家世學派

嘗考曾氏家世,自集賢曾公會暨魯公公亮父子繼起,偉望碩德,奕世相承。《宋史》論魯公以"静重鎮浮,練達老成"歸之。行狀載公,居家謹嚴,雖在高位,常屈己下士。自布衣至公相,以清約自持。其家率公之教,修廉隅力學問如寒士,觀此其積厚流光,自有本也。其後嗣賢碩輩出,如天隱先生恬,嘗從龜山楊文靖、上蔡謝顯道諸先生,講切問學,有《上蔡語録》二本。秦檜當國時不爲詘,至南渡後公之從孫從龍,歷官參知政事,不附史彌遠,以節槩顯著。其家運盛衰與國運相爲終始。宋亡,蒲壽庚附元,爲中書左丞,辟宋故臣之在泉者,復其官。維時秉節不赴者甚夥,而曾氏一門與莊氏、留氏、傅氏時稱四府,確守臣軌。説者謂曾氏謀舉義兵,後族姓爲壽庚所殺,多半逃徙。莊、留諸裔,亦不受其官,皆節槩之卓卓者。故共録之,以著家世源流之遠云。

### 宗丞曾天隱先生恬

曾恬,字天隱,魯公公亮元孫。少從楊龜山、謝上蔡、陳了翁、劉元城諸賢遊,爲存心養性之學。紹興中,仕至大宗正丞。秦檜當國,守正不爲詘,求外祠,得主管台州崇道觀。有《上蔡語録》二卷。新郡志、《閩書》

### 少師曾君錫先生從龍

曾從龍,字君錫,晉江人。魯公公亮四世從孫。初名一龍。慶元五年進士第一,寧宗爲改今名。授簽書奉國軍節度判官,累官起居舍人兼太子右諭德。

使金還，轉官。疏言：“州郡累月闕守而以次官權攝，彼自知非久，何暇盡心？幸而除授，民望其至如渴仰飲，足未履境，又復他罷矣！郡帑所入，歲有常數，而每易一守，供帳借請，少當不下萬緡。然則輕於易置，公私俱受其病。欲望明詔二三大臣，郡守有闕，即時進擬。求避憚行者，悉杜絕之。”開禧間，勾外，知信州。戍卒行掠境内，從龍寘于法，索得婦人衣，命梟於市。聞者肅然。嘉定初，召還。以右史攝西掖，論駁剴切，訓辭典嚴。遷禮部侍郎，充金國生辰使，執禮不撓，還爲刑部尚書。嘉定六年秋，陰雨，召對：“乞放繫囚，修德政，畜人材，飭邊備。”寧宗善其言。七年，拜禮部尚書，知貢舉。疏奏：“比來循習成風，文氣不振，學不務根柢，辭不尚體要，涉獵未精，議論疏陋，綴緝雖繁，氣象萎薾。”詔下其疏，風勵中外。進端明殿學士、簽書樞密院事。十二年，參知政事。疾胡榘憸壬，排沮正論，奏陳其罪。榘嗾言者劾罷，奉祠。既而起知建寧府。丁内艱。服除改湖南安撫使。厚重鎮俗，清明鑒物。峒獠讎殺，嚴兵壓境，示以威信。在鎮二年，節正費，却私例，創平糶倉，新廟立學以養士，湘人勒石紀德。改知隆興府，復請祠。端平元年，授資政殿大學士。累遷參知政事兼同知樞密院事。時有二京之役，極論南兵輕進易退。未幾，言驗。進知樞密院兼參知政事。明年冬，敵窺襄淮，警報沓至，遂以樞密院使督視江淮荆襄軍馬。疏言：“邊面遼遠，聲援不接。請並建二閫。”詔許專督江淮，以荆襄屬魏了翁。既而朝論患邊用不給，遲其行，有旨留之樞筦，命了翁併領督府，未幾，了翁亦罷。從龍以始志不遂，憂悒致疾卒。理宗震悼輟朝，遣使臨奠。贈少師。從龍秉心忠實，有特操。當史彌遠用事時，絶不相附，士論尤歸焉。真文忠曰：“公以慶元掄魁，嘗陪輔先帝大政，令名粹德，薦紳宗之。”弟用虎、天麟、治鳳皆爲顯仕。《萬曆郡志》、新郡志、《宋史》、《真文忠公集》

## 備　　考

真西山先生《潭州重修大成殿記》畧曰：資政殿學士，清源曾公以廊廟之舊，作牧於星沙，厚重鎮俗，如嶽之弗搖；清明鑒物，如湘之不波。歲未期而百度修，衆志服。環九郡五十城，既帖帖無事，則思所以驅其人於禮樂之域者，顧瞻黌序,先賢先師之位在焉,而廟殿規模大類浮屠氏。公爲蹙然弗寧,乃屬郡學職詒書于南宮舍人鍾君震,考辟雍制度爲圖以來,命掾吏之才者,眠其向撤去陪廡,敞爲新宮,凡二十有六楹,昔之闇爵,倏焉冗爽,於嚴奉祀事爲宜,於是宮墻外內巍然奐然。州學正迪功郎鍾景仁等,以書來諗曰:"自侯之蒞吾土也,嘗一新其學矣。而斯獨未之及意者,其有待乎!今雖成於公,固亦侯之志,願有以識之。"某惟疇昔之役,蓋嘗自謂盡矣。而堂皇門闥之易,見者皆莫之察,而重以累公,況於休戚情僞之窈微,其不屬耳目者何限!某於是竊有感焉,而又以自媿也,故不復辭而書其事。然惟公之斯舉也,徒以儒者之宮,而類浮屠之制,猶思所以正之。況今之世,華居而貊道,儒名而墨行者,滔滔皆是,其可熟視而莫之救乎?推公之志,使一日盡行其學於天下,必將息邪距詖,而楊、墨賊仁義無君父之教不得騁也,必將尊王黜伯,而管、商、申、韓矜權,智驚功利之說不得施也。儒者之功必至於是,而後有以爲天常人紀之重,非公執任之?公以慶元掄魁,嘗陪輔先帝大政,令名粹德,薦紳宗之,其治潭之政多可書,今皆不書,獨書所以幸乎潭之士者。

## 温陵留氏家世學派

按:宋寧宗時,僞學禁起,時以周公必大、趙公汝愚、王公藺與、忠宣留公四人爲首。後趙公罷相竄永州,朱子落職,蔡季通竄道州,周公貶秩,而公亦落職罷祠,貶邵州居住,與諸賢一時同爲進退矣。《朱子語類》載公曾以書問《詩集傳》數處,文公以書示學者,曰:"他官做到這地位,又年齒之高如此,雖在貶所,亦不曾閒度日,公等豈可不惜寸陰!"又朱子集中與公往復書問,皆極推許焉。林氏次崖稱公出入三朝,一時相業,建儲之議,視趙忠定爲是。邵陽之貶適表平生,非不幸也。賢子賢孫萃於一門,天之福善,久而未艾云。今錄其著者載於篇。

### 忠宣留仲至先生正

留正,字仲至,從劾六世孫。紹興三十年[①]第進士。授南恩州陽江縣尉。

用番禺守龔茂良薦赴都堂審察，宰相虞允文奇之，薦於上，召對，公言：“國家右文畧武，祖宗以天下全力困於西夏，承平日久，邊不爲備，今當改轍，使文武並用。”孝宗嘉歎。久之知循州，陛辭，言：“士大夫名節不立，國家緩急無所倚仗。靖康之難，死義者少，因亂謀利者多。今欲恢復，當崇尚名節。”上益喜。明日，諭輔臣：“留正奏事，議論耿耿，可與京秩。”除軍器監簿，累官考功郎中。擢起居舍人，尋權中書舍人。光宗自東宮朝，顧見公，謂左右曰：“修整如此，其人可知。”廼請於上，兼太子左諭德。公言：“本朝記注進御，非設官本意，乞自今免奏御。”詔從之。除中書舍人兼侍講。淳熙元年，權兵部侍郎。六月，除給事中。時諸路水災，公抗疏，以克謹天戒，感召和氣，導迎景福爲言。而又願加察於君子、小人之辨。疏入，上動容稱歎。是冬兼權吏部尚書。公言：“用人莫先論相。陛下意在恢復，而任相位者未能稱塞，望精選人才，與圖大計。”時相不樂。會浙東謀帥，以顯謨閣直學士知紹興府，尋進龍圖閣直學士、四川制置兼知成都府。公平羌酋之亂，以簡素化民，及詔赴行在，歸裝僅書數簏，人服其清。除端明殿學士，參知政事，同知樞密院事。孝宗密諭內禪意，拜右丞相。一日奏事，皇太子參決侍立，上顧謂太子曰：“留正純誠可託。”光宗禪，主管左右春坊。姜特立以隨龍恩，擢知閤門，聲勢浸張。公列其招權預政狀，乞賜斥逐。孝宗聞之曰：“真宰相也。”紹熙元年②進去丞相。時嘉王感疾，公言：“陛下僅一皇子，隔宮墻外非便，宜亟正儲位，入居東宮。”又疏言之甚懇，再月不報。檢《漢·文帝紀》及本朝真仁二朝典故，并呂誨、張方平兩疏，節其要語繳奏。上不豫，外議洶洶。公與同列間至福寧殿奏事，處分得宜，人情以安。進封申國公。上疾浸平，公乞歸政，不許。《壽皇聖政錄》成，進少保，封衛國公。李端友以椒房親，手詔除郎。公繳還，不納，復執奏曰：“昔館陶公主爲子求郎，明帝不許。今端友依憑內援，恐累聖德。”姜特立除浙東副總管，尋召赴行在。公引唐憲宗召吐突承璀（璀）事，奏言“臣與特立勢難兩立”，乞罷相。上批：“成命已行，朕無反汗，卿宜自處。”公即待罪六和塔。又奏：“近年不知何人進把定之説，遂至每事堅執，不顧是非，言路塞則萬幾壞，非所以愛宗社。”繳進前後錫賚及告敕，待罪范村，乞歸田里，不許。會冬至將上壽聖太后尊號册寶，以公爲禮儀使，上遣左司徐誼諭旨，公復入都堂視事。禮成、拜少傅，封魯國公，公力辭。五年正月，孝宗疾革，公數請車駕過宮。一日，上拂衣起，公引裾泣諫，隨至福寧殿門。退上疏，言極激切。孝宗崩。光宗以疾，未能執喪。公率同列，屢奏乞蚤正嘉王儲位。忽手詔："朕歷事歲久，念欲退閒。"公得之駭懼。因朝侁仆于庭，謂同列曰："奉請本意，只乞建儲，今未蒙批，依降詔，忽奉廢疾之札，此豈臣下所敢聞？"請對復不報，即出國門，上表請老，表入，而趙汝愚遂以內禪請於憲聖，公謂"建儲詔未下，而遽及禪位，他日兩宮間必有難處者"。議與汝愚異，以肩輿五鼓逃去。及寧宗立，召還，以公爲大行，攢宮總護使。入賀，請車駕一出，慰安人心，及定壽康宮於南內，撤去新增禁旅。詔悉從之。進少保，公力辭不拜，言："陛下勉徇羣情，以登大寶，當示天下以不得已之意，實非頒爵之時。"上從公請。於是貴近欲論功者，始不悅。韓侂冑浸謀預政，數詣都堂，公使省吏諭之曰："此非知閣日往來之地。"侂冑怒而退，亟謀去公。會公以事失上意，侂冑從而間之。八月，手詔罷公，以少師、觀文殿大學士、判建康府。尋又以張淑椿言，落職。慶元元年，上知公力請建儲，得大臣體，御批復職。二年，以劉德秀言又罷。初，劉德秀自重慶入朝，未爲公所知，謁主客范仲黼請爲先容，公薄其爲人，除大理簿，德秀憾之。至是爲諫議大夫，論公四大罪，褫職，自是彈劾無虛歲。張釜又言之，責授中大夫、光禄卿，分司西京，邵州居住。尋詔與量移南劍州，許自便。以次復原官致仕。嘉泰元年，進封魏國公。二年復少保、觀文殿大學士。開禧二年七月，薨，年七十八，贈太師。寶慶三年，諡"忠宣"。公德器端重，操守凝固。出入中外五十餘年，屢典大藩，率以清素。周公必大貽公書以趙清獻之清、張忠定之定擬之。孝宗晚始察公忠誠，及內禪付屬光宗，光宗在御三年，公爲相持法度，愛名器，甄別人品，首引趙汝愚共政，用黃裳爲翊善，號稱得人。公退，門庭肅然，無敢干以私者。素嗜書，垂白不倦。黃勉齋與陳書復書曰："留丞相晚年，日課朱先生《詩傳》。朱先生每對人輒稱服。"而朱子與留公書亦云"質疑請益，乃有十年之遲。不能不慨然其間"云。所著有《詩文》、《奏議》、

《外制》二十卷行於世。子恭、丙、籛、碩。孫元英、元剛。郡志、《永春志》、《閩書》、《宏簡録》、《留氏家乘紀畧》

### 學士留端父先生籛

留籛，字端父，正第三子。端厚有度，正諸子籛最賢。歷知邵州，奏蠲和糴。入爲司農寺丞。使金，察其勢必亡，歸陳備邊五策。除度支郎、提點湖南、江西刑獄。移知廣州，請鬻鈔以弭鹽寇。端平中，除直龍圖閣，奉祠卒。初姪元剛嘗欲建義塾不遂，後籛輟其遺業三之一，建義莊贍鄂公直下諸孫之貧者。《泉州府志》

### 知州留茂潛先生元剛

留元剛，字茂潛。博聞强記，爲文奇峭。開禧三年，試博學宏詞科，與真西山同選。有司書西山卷曰“宏而不博”，書元剛卷曰“博而不宏”。寧宗善其文，並置異等，除國子録。嘉定初，遷秘閣校理。累遷直學士院。嘗言：“今日有貧國貧民，而無貧士夫。”遷軍器少監，權起居舍人。言：“國朝左右史立御座後，今乃在朶殿東。乞復侍立，脩明舊法。”嘉定更化以後，大臣寖謀固位，元剛慨然有振刷斯世之志，會以内艱去。起知溫州，勤恤民隱，百廢皆修，發奸摘伏，人服精敏。移知贛州，罷。元剛早負盛名，自擬大用，已乃齾齾不適。築圃北山，號雲麓，吟唱其間。有《雲麓集》。《閩書》

### 推官留純仁先生東

留東，字純仁。登鄉舉，入國學。景炎丙子，以兩登極恩賜同進士出身。授肇慶司法參軍，廉勤有聲，陞從事郎，清海軍節度推官。未幾，改帶行國子編校、平海軍節度推官。宋亡，杜門不仕。至元辛卯，録宋故臣，授桂陽縣丞，及乳泉縣尹，俱辭不就。子伯惠，授將仕郎，孫天錫，授泉州路儒學教授，亦不赴。明初，進士何德舉贊東，有“身元心宋，爲古逸民”之語。《閩書》

### 留王卿先生瑞

留瑞，字玉卿。精《春秋》，爲經學師。同時精《春秋》者，有顔桂叔芳，精《周禮》者有鄭華君實。《閩書》

## 備　考

朱子答留丞相書曰：李通判歸，出示所賜手教，拜領伏讀，慰幸已深。至於垂喻，諄複勤懇，則又竊仰德盛禮恭，樂取諸人，不難舍己之意，蓋有一介布衣之士所不易者，欸慕感激，所得多矣。前此偶因垂問，率易呈獻，亦以姑備燕申餘暇遮眼止睡之須不謂乃蒙親賜點閱，日有程課，以及終篇，而斟酌取予，詳審精切，又有專門名家所不逮者，此周公執贄還贄之心，畢公克勤小物之意，此所以爲聖賢之盛節，而非近世諸公所及也。熹雖凡陋，然其用力於此，不爲不久。而歷選平生講磨論説，其得此於人蓋鮮，不意臨老乃有遇於明公也。更有他書，欲遂傾困倒廩，進於几下，而私居乏人，艱於繕寫，少假歲月，當遂此心。儻得一一悉蒙印證，則亦足以自信而無憾於方來矣。顧所不能無恨者，猶以登門之晚，而其質疑請益，乃有十年之遲，伏想明公於此，亦不能不慨然其間也。謹因李倅還便奏記叙謝。目昏不得謹好，尤以皇懼，并乞矜察。

## 温陵莊氏家世學派

林氏次崖曰：莊少師學問足以名世，議論足以經國，才猷足以立政。天子傾心，鼎鉉可待。當軸一忤，脱輻隨之，自古權臣之可畏，若是哉！彌、邵兄弟，立朝儘有可觀。宋祚既遷，掛冠玄武，《詩》曰"無念爾祖，聿修厥德"，其斯人與，其斯人與？按：少師在南渡爲一時名臣，史稱負其有爲之才，卒奉祠去國。志乘及《道南源委》俱編入儒林之列。元明以來，後嗣踵起者多，其培根抑厚矣。今録其要者著於編。

## 少師莊藻齋先生夏

莊夏,字子禮,永春人。家貧早孤,從兄晦學。弱冠,習《禮經》。郡博士張叔椿奇其文,勉入上庠。歲乙未入太學,俞侍郎烈嘗執經焉。登淳熙八年進士,授興國縣。慶元六年,大旱,詔求言。夏上封事,曰:"君者陽也。臣者君之陰也。今威福下移,此陰勝也。積陰之極,陽氣散亂而不收其弊,爲火災、爲旱蝗。願陛下體陽剛之德,使後宮戚里,内省黄門,思不出位,此抑陰助陽之術也。"召爲太常博士。言:"比年分藩持節,詔墨未乾而改除,坐席未温而易地,一人而歲三易節,一歲而郡四易守,民力何由而裕?"開禧二年,遷國子博士。首陳邊釁不可妄開,議者難之。嘉定更化,歲薦饑,以著作佐郎、提舉,擢江東常平倉,發廩賑流民,多所全活。除轉運判官。踰年,入爲尚書郎,遷軍器監、太府少卿,出知漳州。尋以宗正少卿召,兼國史東宮官,直學士院兼太子侍讀。時流民來歸,復言:"荆、襄兩淮多不耕之田,計口授地,貸以廬屋、牛具。吾乘其始至,可以得其欲。彼乘其不死,可以忘其勞。兵民可合,屯田可成,萬世一時也。"試中書舍人兼太子庶子、左諭德,訓詞華潤,論奏明切,封還尤多。又言:"金[3]戰守不成,規模不定,則和好之説,得乘間入。今日之患,莫大兵冗。乞行下將帥,令老弱自陳,得以子若弟强壯者代其名糧。"寧宗是之。除兵部侍郎。時宰相諱言邊事,廟謨秘密,人莫得聞。夏言:"西蜀潰卒宜討、宜招,江淮制閫宜分、宜合,山東忠義宜刺、宜汰。乞詔侍從兩省臺諫與二三大臣爲議狀以聞。"忤柄國者意,累疏乞閒,以寶謨閣待制奉祠。進焕章閣待制。自號藻齋老人。嘉定十二年,封永春縣開國男,食邑三百户。所居在蓬萊山,寧宗賜第府城,始自永春徙居晉江。卒,贈少師。寧宗贊其像云:"天生美質,學業逍遥。堅冰志操,歷仕三朝。忠言逆耳,書史所表。宗祀繁衍,百世不祧。"其被遇如此。夏邃於經學,平生薦引多名士。洪咨夔、范鍾皆其客也。所著有《禮記解》,又有遺文二十卷、《國史大事記》十帙、《典故備志》五帙。子夢閣,新城宰。夢序,進士,歷太常簿,朝請大夫。孫七人,彌邵,軍器監。彌堅,登進士,爲編修官。彌大,刑部郎中。彌明、進士。按：黃文簡公《田亭草》撰莊陽山國楨墓誌稱公爲少師、忠敏公，似謚“忠敏”矣。志乘未見録之，待考。《閩書》、《永春舊志》

　　　　監丞莊德修先生彌邵弟彌大。

　　莊彌邵，字德修。以父序蔭補承務郎，監福州水口鎮。擢臨安府通判，討平天目山寇，以功權知安吉州，有惠愛。除軍器監丞，輪對，首以進德修業爲言，且謂“大廷之對，禮貌親而情意疏；細旃之講，誦說多而推行少”。上嘉納之。立朝多所論諫，與弟彌大刑部郎中咸有聲。宋亡，棄官歸田里。時蒲壽庚降元爲中書丞，辟宋故臣之在泉者，復其官。彌邵、彌大改各路治中，皆不赴。《閩書》、《永春志》

# 温陵傅氏家世學派

　　按：傅氏自獻簡公堯俞以諫諍有聲，家於濟源之上，猶子察靖康時奉使以忠義死國，謚忠肅，累贈少師。安道先生自得爲忠肅公子也，隨母南遷，家於泉，其後子孫踵起，多從朱子學，最著者爲忠簡公伯成。晚歲與李公訧、楊公炳維持風教，爲温陵三大老。考南渡後李文肅公邴，寄寓於泉，其文推爲中興第一。訧其後嗣也，能傳家學，見西山撰墓誌。文肅爲傅公外舅，故竹隱父子文章師法，多根源於此云。

　　　　提刑傅至樂先生自得

　　傅自得，字安道，其先濟源人。父忠肅公察，遭靖康之難，以忠義死國事。公幼穎悟，讀書不數過，輒成誦。有至性，生十年而忠肅公薨，哀號思慕若成人。事母愛敬飭備。遭亂離，遇父友陳公與義奇愛之，撫其頂曰：“長必以文名天下。”年十四，賦玉界尺詩，語意警拔。李公邴大驚異之，因許歸以女。既乃從母，定家於泉州，爲晉江人。家貧夜燃薪，與兄弟讀書，或至達旦，遂博通六經、諸史百家。下筆爲文，輒數千言。初用父蔭補承務郎，三監潭州南嶽廟，乃爲福建路提點刑獄。時安撫司檄憲司以漳浦兵所捕賊黨悉斬之，公力爭，乃命械繫諸縣分鞫，獄成以法誅其首數人，蓋全活數百人。丐祠，秩滿，通判漳州，改判泉州，尋差知興化軍，剖決無滯訟，發姦摘伏，猾吏束手。暇日延禮邦人士大夫之賢者，郡以大治。以不附秦檜，力請老母便郡歸養。檜怒，授興化軍，旋命以體究泉守趙令衿納賄事被劾，罷歸。後兩年，諫官挾舊怨，復以前事爲言，遂奪公官，徙融州爲民。至融杜門讀書，而中州人士官其土者，亦皆以文字求指教。居四年，會黃公祖舜給事東省，知公前事首末，力言於丞相陳康伯以聞，得內徙潮州，未幾，復聽自便。孝宗登極，復故官。未幾，樞密林安宅又力薦於上，除知漳州，旋以少傅陳公俊卿薦，遂再除知興化軍。陛辭，論尉利捕盜之賞，妄執平民，有至論死而不能自明者。語未竟，上遽曰：“今之儒者，例以不殺爲仁，然殺人者死。”公徐對曰：“皐陶稱大舜之德曰：與其殺不辜，寧失不經。”上意亦悟，即連稱曰：“不辜，則不可。”公退以語宰相，時朝廷方議重強盜之法，以公言而止。逮至興化，治郡如前時。會丁母憂，歸。公性至孝，以奉母故，仕宦未嘗出閩中。服闋，再除知漳州。奏事稱旨，留爲吏部郎中。然公素以吏事自喜，而銓曹守格法，無所施爲，遂力乞外，除直秘閣、福建路轉運副使。陛辭，上云：“素知卿有風力，閩中多贓吏，故命卿往。”公即奏：“治道去泰甚，閩中去朝廷遠，吏不知奉法，然取其甚者一二人治之，亦足以勵其餘。”上首肯之。至治署如前奏語。然其候視極精明，風采可畏愛，吏亦不敢犯也。尋知建寧、寧國二郡，復爲福建路轉運副使。臨安闕帥，上命執政選有風力不阿權貴者爲之，執政擬二人以進。上獨指公以爲可。亟命召之，除兩浙西路提點刑獄，時年已六十餘矣。自度性本剛介，多與物忤，不能俯仰於俗，乃上章乞閒，不允，得移浙東。乃復求爲祠官，得主管武夷山冲佑觀。秩滿，復知寧國府事。以言者追論前體究事，予祠，罷歸。公性高簡，不妄與人交。家於泉五十年，杜門自守，讀書奉親外，無他爲。州太守之賢者，如宋之才、王十朋、周葵皆高仰之，待以異禮，而公月不過一詣郡，每留語談說道誼而已。居閒無事，唯讀書不輟。客至觴酒論文，道說古今。蒼頭白髮，意氣偉然。一日，忽召所善前昭武守黃君維之、新安守石君起宗，置酒卧内與訣，既而劇談詠笑，歌呼如常時。翌日，遂不起。時淳熙十年秋八月也。年六十有八。積官朝奉大夫。公於書無不讀。少治《春秋》，中年讀《詩》至《鴛鴦》之二章，因悟比興之體，間爲子弟論説，多得詩人本意，故太常丞吳棫來官泉州，公聞其博通古學，著書甚富，相與往復不倦。吳公悦之，請序其《論語十説》。謫居讀《易》，數日一周，手書程氏傳一通，玩繹久之，紙爲之弊。其於子史百氏之書，嘗過目者皆畧成誦也。識慮高遠，機警絶人。少時聞朝廷奪劉光世軍，更遣儒臣代將，歎曰：“是必且敗事矣。”未幾，而酈瓊等果叛。曾覿自福州召還。公移書丞相陳福公爲言：“覿入必留，留必爲善人正論之害。”其後亦皆驗。少從外舅李草堂邴學，爲文得其指授微意。既長，刮磨灌溉，其氣骨雄健而關鍵謹嚴，波瀾浩瀇而語意精切。朱公韋齋及張公浚、葉公夢得、汪公藻、張公嵲得其文，皆愛重之。汪公尤歎賞，謂曰：“今世綴文之士雖多，往往昧於體製，惟吾子爲獨得之，不慚古人可及也。”公晚歲始自次輯其文，定爲三十有二卷，爲《至樂齋文集》藏於家。嘗爲韋齋先生文序曰：“某少時學詩，以作詩之要扣公。公不以晚輩相遇，而許從游，念自少至老，游南康父子間爲最久，相知爲最深。”其卒也，文公爲狀其行事。西山真氏曰：“傅氏自獻簡公堯俞，以高文正學，爲元祐正臣，一傳而爲忠肅，再傳而爲至樂，又再傳而樞密大坡之兄弟，文章録前後相望。然傅氏之學雖本於獻簡，而草堂李公漢老又其外家也。草堂之文爲中興第一，至樂父子實獲其傳，而大坡蚤歲執經於父友紫陽先生之門，淵源所漸，則又出於伊洛，顧不遠哉？”朱子撰《行狀》、新郡志稾、《朱韋齋先生文集序》、《真西山文集》

## 附　遺　文

《韋齋先生文集序》曰：文章之工拙繫乎人時，命之通塞存乎天。天人之適相合也爲甚難，是以古今負文章之名者，未必得貴仕，而都公卿之位者，又未必以文章顯也。故吏部員外郎韋齋先生朱公，建炎、紹興間，詩聲滿天下，一時名公鉅卿交口稱薦，詞人墨客傳寫諷誦如不及。予少時學詩，嘗以作詩之要扣公。公不以晚輩遇我而許從游，間宿於閩部憲臺從事官舍之東軒，夜對榻語，蟬聯不休,比晨起則積雨初霽,西風淒然。公因爲予舉簡齋"開門知有雨,老樹半身濕"及韋蘇州"諸生時列坐,共愛風滿林"之句。且言古之詩人貴衝口直致,蓋與彭澤"把菊東籬下,悠然見南山"同一關鍵。三人者出處窮達雖不同,誦此詩則可見其人之蕭散清遠,此殆太史公所謂難與俗人言者。予時心開神會,自是始知爲詩之趣。別去未幾,而公下世。予既爲詩以哭公,因求其遺編伏而讀之,愛其詩高遠而幽潔,其文温婉而典裁。至表疏書奏,又皆中於理而切事情,廼喟然嘆曰:"公之於詩文可謂至矣。今世能言之士,非不多也。然淺則及俚,華則少實,是無他,徒從事於末,而不知其本之過也。"公幼小喜讀書綴文,冠而擢第,未嘗一日捨筆硯。年二十七八,聞河南二程先生之遺論,皆先賢未發之奧,始捐舊習,朝夕從事於其間。既久而所得益深,故發於詩文,自然臻此,非有意於求其工也。使其得通顯於朝廷,施諸潤色,而見於事業,必有大過絕人者。不幸位不媲德,雖兩入東觀,二爲尚書郎,卒不以其所長發抒,又不得年而没。天人之難合也如此,可不太息也哉。雖然,人定亦能勝天,故公之嗣子,今南康太守熹,能紹公之訓,早踐世科而益篤志於伊洛之學。安貧守道,深山窮谷之中者三十餘年。明天子用寵嘉之,即其家拜二千石,君懇辭不獲,命强起視郡事,逾年而政成訟簡。一旦走介二千里書抵予曰:"熹先人遺文,江西遂將刊行,而未有序引冠篇首,先友盡矣,不孤之惠,誠有望於門下,敢以爲請。"予覽書悚然追思東軒之集,恍如隔世,而緒言歷歷猶在。公之木既拱,而予蒼顏白髮,摧然其亦老矣。愴歲月之不留,懷餘年其無幾,爲之感慨不寐者通夕。而病懠廢書,筆力衰退,文不逮意。獨念自少至老,游南康父子間爲最久,相知爲最深,得其父子之賢爲悉,故不敢以不能爲辭。若夫公之詩文自足以行後而傳遠,豈待區區之鄙言!顧予耄歲承誨,迨老無所成,得掛名集端以托不朽,其媿且幸,爲何如哉?公名松,字喬年,韋齋蓋自號云。淳熙七年夏四月既望,河陽傅自得序。

## 忠簡傅景初先生伯成

傅伯成,字景初,自得子。少從朱子學。隆興元年,與兄伯壽同登進士第,調連江尉,授明州教授,改知閩清縣。淳熙十年,丁父艱,服除,知連江縣。疏築水利,溉田三千餘頃,民蒙其利。慶元初,為大府寺丞,進言呂祖儉不當以上書貶,朱熹大儒不當目以偽學。又言朋黨之敝起於人主好惡之偏。與權臣意不合,出知漳州,律己愛民,悉推朱子遺意而遵行之。累遷工部侍郎。時韓侂胄方議開邊,語尚秘。伯成言:"天下之勢,譬如乘舟。中興且八十年矣,外而望之,舟若堅緻,歲月既久,罅漏寖多。苟安旦夕,猶恐覆敗,況可徼倖以圖所難。"相府災,同列相率往唁,或謂偶然。伯成正色曰:"天意如此。官師相規時也。"遂陳三事:一曰"失民心"、二曰"隳軍政"、三曰"啓邊釁"。言甚痛切。進右司郎官,出為湖廣總領。朝議欲納金人之叛降者,伯成言:"不宜輕棄信誓,乞戒將帥,毋使生事。"御史中丞鄧友龍遂劾伯成,罷之。嘉定元年,召對,面論:"前日失於戰,今日失於和。策雖主和,尤宜脩戰守之備。"進權戶部侍郎,拜左諫議大夫。在職五十餘日,抗疏十有三,皆軍國大義。史彌遠與左相不叶,或致彌遠意,欲使有所彈劾,謂將引以共政,謝之曰:"吾豈傾人以為利哉?"疏奏,乞詔大臣,以公滅私。左遷權吏部侍郎。以集英殿修撰,知建昌府。訴蔡元定冤,俾得歸葬。進寶謨閣待制,知鎮江府。全活饑民,瘞藏野殍無數。廉得圜④山砦兵素結海盜,捕鞫無一逸者。獄具貸死,黥隸諸軍。嘉定八年,召赴闕,以病乞休,除寶謨閣直學士、通奉大夫,致仕。理宗即位,以先朝元老與楊簡同召,賜金帶。為太子竑廢,進昭明天常、扶持人極之説,彌遠甚惡之。尋加寶文閣學士,提舉佑神觀,奉朝請。聞大理評事胡夢昱坐論事貶,慨然語所親曰:"向呂祖儉之謫,吾為小臣,猶嘗抗論。今蒙國恩,叨竊至此,安忍無言!"遂抗疏曰:"方今內無良吏,田里怨咨。外無名將,邊陲危急。廉恥道喪,風俗益媮。賄賂流行,公私俱困。正宜君臣上下憂邊恤民,以彌禍亂。奈何以共工、驩兜之罪,加之言事之臣?今廷臣無一人論救,萬一貶者死於瘴癘,陛下有殺諫臣之謗,史冊書之,有累聖治。"不報。明年加龍圖閣學士,提舉鴻慶宮,復辭不受。疾革,手草遺奏,朝服端坐而逝,年八十有四。贈開府儀同三司。端平三年,諡"忠簡"。伯成純實無妄,表裏洞達。每稱人善不啻口出,語及奸人誤國,邪類害正,詞色俱屬。真文忠德秀序其兄子度文云："予昔徜徉盤谷竹隱間,傾公餘論,蓋濟岱典型之舊,伊洛源流之正,萃於公矣。"所著有《竹隱居士集》三十卷,《奏議》十卷、《羹至》六卷。子壅、康。壅知漳州,能行父政。康知南劍州。《考亭淵源錄》《弘簡錄》、郡志

按:文公紹興丙子與安道先生游九日山,時文公年二十七。至忠簡兄弟從游文公,其年莫詳,待考。

### 直閣傅仲孚先生康

傅康,字仲孚,晉江人。少受學孟父伯壽,爲文贍典。用父任知古田縣。猾胥匿簿書,賦入日少,康籍胥家,出所匿,按覈得實,邑計以饒。召爲司農丞,知汀州。徙南劍,創祠堂祀周敦頤、張載、程灝、程頤、司馬光、陳瓘、楊時、羅從彥、李侗、朱熹、廖德明、黃幹諸君子。籍廢寺田,入書院以贍生徒。端平中,累遷司農少卿,兼右司諫,習熟典章,理宗甚材之。督府挾重權多難從之請,引誼拒却,朝倚爲重。晚知袁州、直徽猷閣致仕。《閩書》

## 文肅李草堂先生學派

按:濟岱李氏,移家泉南,數傳濟美。志乘列雲龕之子四:曰縝、曰維、曰紀、曰綸。見於傳者,縝、綸二公而已。孫只訦一人,真氏西山爲撰墓碣。今考訦之同輩,尚有誼爲建康通守,嘗以雲龕之遺文囑文公爲序。文公逡巡謝却。後通守之弟訦又以爲請,文公於是受其書而爲之序。此見文公撰《雲龕文集序》末。今述雲龕閩中家學,謹錄忠文贈運幹宜之詩附後待考。

### 文肅李草堂先生邴

李邴,字漢老,濟州鉅野人。崇寧五年進士。累官起居、中書二舍人。除給事中,同修國史,直學士院,遷翰林學士。未幾,坐言者罷,奉宮祠。欽宗立,除徽猷閣待制,知越州。再落職,予祠。高宗初元復舊職。踰年,召爲兵部侍郎兼

直學士院。苗、劉反,露刃宮門,上登樓撫諭。邸亟趨前,叱二兇,兇焰稍息。又論殿帥王元擊賊,元唯唯。邸扣宰相朱勝非問計策,傅等皆在,邸反覆究詰,人爲之危,邸無懼色,退勸勝非,密引外援制賊。又以大義責賊王世脩。太后垂簾旬餘,朱勝非遂奏變故以來,從官能助朝廷者,惟邸及鄭瑴,協心於內,誦言於外,乃除邸翰林院學士,尋除端明殿學士,同簽書樞密院,遷尚書左⑤丞,未幾,參知政事,與呂頤浩論不合,乞罷,奉祠。寓泉州幾二十年,因家焉。邸天資高明,積學深至。早歷清要,號稱文士。猝遇國難,大節凜然。罷政十七年,避時相不復出。讀書作文,雖病不廢。延納後進,教誘無倦。稱人之善,覆護所短,若親舊行己未至,則質問再三,使歸之正。奉養簡薄,振恤宗族,治家嚴而恕。每愛徐孺子、申屠子龍、陶淵明之爲人。晚棄世故,深造以道。累贈太師,諡“文敏”,後改諡“文肅”。有《草堂後集》一百卷。號雲龕先生。其事蹟詳《宋史》。子:縝、維、紀、綸。孫訧。按,文公朱子曰:“公之家自少傅之第四子樂靜先生諱昭玘者,學於高郵孫公覺、眉山蘇公軾之門。至太師公,遂以文字行中朝,有重名於政、宣之間。及參大政,又以忠節爲詔所褒。退而老於江海之上餘二十年,當世益高仰之。”文公爲撰《雲龕文集》序,另錄備考於後云。

## 備　　考

　　朱子撰《雲龕李公文集序》曰:士君子所以立於斯世者,不難於文,而難於實;不難於小,而難於大。此吾所以每竊有感於參知政事隴西文敏李公之文而病世之所以知公者殊淺也。蓋自我宋之興百有餘年,累聖相承,專以文治。而其盛極於崇觀、政宣之間,一時學士大夫,執簡秉筆,專以文字相高。其所以歌詠泰平,藻飾治具者,雜然並出,如金石互奏,宮徵相宜,未有能優劣之者。而李公以傑出之材,雍容其間,發大詔令,草大牋奏,富贍雄特,精能華妙,愈出而愈無窮,直將闚衆俊之口而奪之氣,斯已奇矣。然使公之所立,獨恃此而無其實,或徒規規然務爲小廉曲謹,以投世俗之耳目,而其大者無稱焉,則亦何足以名於一世而垂無窮哉?而公扈蹕臨安,適遭己酉三月五日之變。當是之時,一旦猝然事出非意,羣公愕眙不知所以爲策,公獨挺身赴難,神采毅然,折兇渠,喻以大義,退而陰贊宰府,爲所以離貳逆黨,尊復明辟之計者甚悉。是以平賊之功,雖由外濟,而高宗皇帝察公之忠,首擢以爲尚書左丞,而又賜之手札,至有“萬衆動色,具臣靦顔”之語。嗚呼!天地之間,理義之實,孰有大於君臣之際者?而公於是乃能竭其股肱之力,以有成功,是其所立,豈獨以其文而已哉?然公功成不居,退而老於江海之上,杜門終日,絶口不道前事。雖所以告其子弟者,亦常欿然退託,如有不足之意,是以世之君子鮮或知之,其所可考而必信者,獨賴聖謨神翰,炳若日星,是以天下之公論至於久而後定耳。以是觀之,則世之獨以文字知公者,豈非淺哉!頃年公孫故建康通守誼,嘗以公之遺文屬熹爲序,熹以不文謹謝不敢。今年通守之弟齊安使君訛又以爲請,且曰:“訛之請,非有他,獨願得一言,以發明公之大節,使後世之知公者,不獨以其文而已爾。”熹於是乃敢拜受其書,而三復焉。因竊論其所感者如此,以附篇後,蓋公嘗受學於其世父右史樂静先生,而樂静之學,又得之高郵孫中丞、眉山蘇承旨。其丁寧付授之意,今畧見公所撰《樂静文集》後語中。有本者固如是也。

## 朝請李伯玉先生縝弟編。

李縝,字伯玉,濟川巨野人。隨父邴寓泉州,因家晉江。縝生有異質,年十二三,賦盆池詩,爲故相何㮚所賞。既長,益自植立。務記覽,爲詞章,其言奧雅靚深,而深自閉匿。以父任補承務郎,監南嶽廟,除福建漕幕。至官竟不一歲兩易,主管敦宗院,以便養親。未幾,丁内外艱。服除,連乞宗官舊秩,爲崇道祠官。退處於家,不復有仕進意。方是時,秦檜當國,猜暴叵測,故家大族一羅飛語,無不糜碎。縝雖棲遲冗散,猶懼不得脱,於是益務潛晦,息絶交游,買園結廬,自號“萬如居士”,而爲之傳。其詞曰:居士少知讀書,通訓詁。不能浹洽,如當世儒者,然亦無所不讀。其於授受必以義,接物必以誠,遂情直行,不屑毁譽。雖仕宦連蹇不遂,視一時儕輩,官尊禄厚,而不肯一動其心。爲敦宗凡三十年,官不易而家益貧。嘗誦其先訓曰:“與其有求於人,曷若無欲於己。與其使人可賤，不若以賤自安。”以是當官及家食未嘗求人知，而人之知之者，常出於意外。性懶甚不喜爲文，酒酣興發時，爲詩以舒懷。至其行意擊節慷慨，自以爲未後於古人。性謹密而智次蕭然，無所適莫，顧不喜與俗子語，其胷懷本趣如此。檜既死，衆賢稍稍登用。丞相陳魯公雅知縝，推挽甚力，而不能致，乃白以爲通判福州事。連帥汪公應辰亦知縝，賢禮敬之，且不欲煩以事。縝曰：“食焉而怠其事，豈吾心哉！”力請，得復奉祠，歸二年而卒。時年五十有六。有集十卷。梅百詠一篇，藏於家。文公撰墓碣曰：“某之先君子太史公，嘗獲從太師公遊，而辱知焉。及某試吏泉之屬邑，又得拜公函丈，每白事府下，退輒詣公，公必爲置酒，留連竟日。論説古今，商畧文字，下至吏道物情，利病纖悉，亦無不盡。至於有所難言，則其悼歎閔惻之情，未嘗不爵然見於眉睫之間，某是以知公非真無意於世云。”弟綸以父蔭授官，所至有清操。

## 運幹李宜之先生誼

李誼，字宜之，訦之兄。按：文公朱子撰《雲龕文集序》，述誼爲建康通守時，以雲龕之遺文囑序。文公謙讓却之，後其弟訦又請，文公受其書始爲之。再按：王忠文公龜齡《贈運幹李宜之誼》詩曰：“謫仙苗裔自非凡，家學端能嗣大參。一見便知空冀北，三年長嘯滯周南。宜之家食甚久。絶畦翰墨僕騷可，請試言詞倚馬堪。莫道南來橐無寶，一編傳得小雲龕。”讀其詩，殆謹守家學者歟？謹録附考。

## 待制李誠之先生訦

李訦，字誠之，號朧菴，文蕭公邴之孫。文蕭避地於泉，因家焉。訦幼年逮事文蕭，寖長務博覽書史，爲文下筆輒千言。以文蕭休致恩補承務郎。既冠，監潭州南嶽廟，調興化軍仙遊丞。年少有能聲，諸臺委以事，多建白。史文惠當軸、陳正獻、梁文靖咸以書薦訦可用。訦以親養，不樂遠去，求通判漳州，佐郡有治績，旋擢知黃州。宰相初以姓名聞。既對，首論邊郡數易之弊，乞放漢制，令郡守兼領武事，遵祖宗久任邊將之法。上意甚悅。到郡，會歲饑，遂以官錢募飢民開內澳六百丈，民不告病，而商客以濟。改知袁州，蓄米二萬石，名之曰州濟倉，以備凶儉，如常平法。遷夔路提點刑獄。未幾，除轉運判官，約束郡縣，省追胥、理冤枉、禁苛暴，累遷大理寺卿。修斷獄例，以麗死而獲生者，以示好生之仁，以生比而論死者，存止殺之義，遂著爲令。權戶部侍郎。再閱月，起帥廣西，一以寬厚廉靖爲本，除集英殿修撰，繼陞寶謨閣待制。力求出外，遂以敷文閣待制，知建寧府。下車後，論民明長幼上下之分，以解紛爭，俾知有禮，一切行所無事，甃官道百二十里以避灘梗。旋奉祠歸。既退於家，始買地，臨河築樓，東偏扁其下曰"腥菴"。嘉定十三年十月卒，年七十有七。傅公撰行狀。真文忠公誌其墓曰：某昔假守溫陵，時公與寶謨閣直學士楊公炳、顯謨閣直學士傅公伯成，以法從耆德居里社，年皆垂八十矣。泉人號三大老，歲時讌集，龐眉華髮，奕奕相照。某以後進從之游。蓋公生中原名族，能以文學政事世其家，而清白廉介之節終其身不少變，世之稱公者以是而已。至乃立朝正色，能言人之所不敢言，則世或未之知也。開禧初元，公自湖北召對。首論建事立政，必廣詢博採。因言人言未同，人心未一。苟不謀於衆，而遽欲革焉，殆恐發之易，而收之難。時韓侂胄用事，欲弄兵倖勝，人情洶懼。鄧友龍輩以從臾傅會據要路，帷幄近臣不敢發一語。公新從遠方來，顧抗論如此，識者韙其忠。迨進貳版曹，居獻納之地，既兵敗於外，公移書侂胄，乞正鄧友龍、蘇師旦罪，以示天下。士大夫以公言爲難。嗚呼！公可謂剛正篤實之士矣。初，公以伯父縝授所校《西漢書》，朝夕諷誦，其學雖不顓名一家，獨謂二程先生發明聖道之傳，實先於黃，遂於黃立生祠，且求朱文公先生之文以記之，以示學者趨嚮。文肅公初諡文敏，公謂建炎叱折兒渠，襃詔具在，叶謀復辟，忠烈嶢然。既登朝請改之，遂更用奉常考功之議，易敏以肅，又以文肅遺槀錄本於黃，朱文公實爲之序云。所著有《文槀》七十卷、《續通鑑長編分類》二十八卷、《談叢》七卷，藏於家。子洪、宗，謹守有家法。

述志按泉郡舊志載朱文公與公友善，爲銘其墓。考公卒於寧宗嘉定十三年，時文公已没廿年矣。公之墓誌爲真文忠公所撰，見《西山集》。今纂其畧附此。舊志相沿疑誤。

【校記】

① "紹興三十年",《宋史》卷三四作"紹興十三年",《閩書》作"紹興十二年"。

② "紹熙元年",《宋史》作"紹興元年",誤。

③ "金",應作"今"。

④ "圖",《宋史》作"圉",疑誤。因圉山在鎮江縣北。

⑤ "左",《宋史》作"右"。

# 閩中理學淵源考卷三十二

## 清漳陳氏家世學派

按：廉獻陳氏出東溪高公之門，亦以直節著聲者，曾知制誥，以秦檜故不拜，旋外補乞歸，講學於漸山。厥後，孫植學於世父安卿先生格，以節見，一門忠孝儒宗，其淵源卓矣。

### 廉獻陳和仲先生景肅

陳景肅，字和仲，漳浦人。唐將軍元光裔孫也。師事高登，有學行。嘗同秦檜出使燕、趙歸，表爲祈請使，不拜，歸講學於仙人峯下。登紹興進士。令仙遊，旌孝義、勦宿盜，多美政。尋提舉湖南。除知南恩州。詔入，知制詔誥，以秦檜故不拜。出知台、湖等州，以題詠多譏刺，檜黨惡之。乞歸，與門人楊仕訓、吳大成等講學漸山。檜死，議均役，復知制詔誥，致仕時已八十餘矣。適南恩州叛服不常，擇使宣慰，朝議非景肅不可。持節往嶺南，嶺南遂平。卒，贈光祿大夫、資政殿大學士，諡"廉獻"。所著有《擷翠集》若干卷。有孫曰植，登淳祐進士。格，爲海濱監簿。俱見家學。

### 進士陳瀼立先生植以下家學。

陳瀼立，名植，以字行，漳浦人。公幼學於世父安卿。十八以祖澤補太學生，調龍溪令，轉漳州司理。淳祐四年登進士。提督嶺南海路兵馬。帝昺浮海，公提嶺海舟，見事危，斷維出港，自以六舟泊海嶺收亡命，馳檄諸閩，圖立宋後。聞張公世傑覆舟，元人索捕急，遂變姓名，匿于大芹白華九侯間。臨終，命葬海濱,南望崖山。弟格爲舟監簿,從容殉節,忠義形於六詠。今漳浦人並祀之。
《閩書》、《道南源委》

楊國光先生耿以下學派。

楊耿,字國光,紹興中在太學與吳大成、鄭柔、薛京齊名。秦檜柄國,耿等相率乞歸,從陳景肅講學漸山石屏書院。闢精一堂於修竹里,講明經術。從子士訓、士謙,皆從之。所著詩多寓言,而忠愛之意,宛然如見。

吳子集先生大成

吳大成,字子集,漳浦人。聞陳景肅師事高登,學有淵源,往受業焉。嘗遊太學,論舊相張浚清忠,與秦檜忤。及廷對,語多侵時宰,檜益惡之,落第。自以終不能爲檜屈,歸隱漸山石榴洞,講明正學。乾道中奉檄湖湘,往還京浙。著有《梅月詩集》,又有《筆義經疑傳》,稿藏于家。

薛宗汴先生京

薛京,字宗汴。與鄭柔俱師事陳景肅。肅與秦檜忤,辭知台州。京亦乞歸省,檜以其爲景肅黨銜之。歸與吳、鄭、諸楊講學漸山九侯間,賦詩自樂。終檜之世,屏跡不仕。

# 建陽熊氏家世學派

按:熊氏世家建陽鰲峯之陽,自雨錢公袞入閩,卜宅於此,子孫世業於儒,詩書禮樂之澤相踵。其家學得於朱、蔡之傳爲多。今考《勿軒集》中族系所及者錄之。餘宗派莫詳,尚俟考訂。再勿軒先生生于宋季,猶及朱子之派系私淑,咸淳十年登第。宋社既屋,遂退隱雲谷,創鰲峯書院。扶樹教道,講學著書。其傳習門人學派,多在元初。今將本傳錄於本學派,以存碩果之義云爾。

## 處士熊意誠先生知至

熊知至,字意誠,建陽人。袞四世孫。博學工詩,天聖中,五舉不第,歸隱鰲峯。有《鰲峯隱人集》。劉文簡贊之曰:"鄉言善士,世號儒宗。止而不第,歸隱鰲峰。研精蠹簡,彈拊絲桐。愧無冰鑑,誰識卧龍。"《閩書》

## 縣令熊端操先生節

熊節,字端操,建陽人。朱子門人。甫十歲,讀《易》日誦二卦,即知問難,至通曉而後止。慶元己未,廷對。值偽學之禁,以納諫行仁求賢對,知舉黃由以其不迎合時好,特置前列,且爲奏御。仕終通直郎,知福州閩清縣。著《性理羣書》二十三卷、《中庸解》三卷、《知仁堂稿》十卷。

## 處士熊竹谷先生慶胄

熊慶胄,字竹谷,建陽人。少受業於蔡節齋,與徐進齋、蔡覺軒、詹敬齋、翁思齋爲同門友,後遊真西山及劉静齋之門。所著有《三禮通義》、《春秋約説》、《中興三朝通畧》,平生用力最久,又有《學庸緒言》、《易傳集傳》、《小紀》、《史學提綱》,悉燬丙子兵難。其雜著有《敬思齋》、《直方齋稿》,兵後壁藏,僅存耳。慶胄少以《禮記》決科,於《禮》學尤精博,嘗謂國家設科,當以《儀禮》,不當以《禮記》。其著《通義》一書,蓋本朱文公義例,而《春秋約説》亦本文公所論大旨。丞相游克齋、左史牟存齋,皆欲以慶胄經學薦聞,貽書辭不就。慶胄壯歲即棄科舉,潛心問學,不求知聞,所造既深,自任之意彌篤。性極孝友,於族姻鄉黨,情義尤厚。歲收不上三百石,捐其半創敬思齋,以訓後進。立孝永莊,以賑饑貧人。士有嚮學者,諄諄誨誘,冠、昏、喪、祭,必謹於古禮云。熊勿齋撰《竹谷文集序》

## 備　考

熊勿齋書《竹谷文集跋》曰:右從伯父竹谷先生熊公所作。公平生所爲文極多，其雜著有《敬思齋小稿》，則居竹谷時作也。《直方齋小稿》，則居平山時作也。此二卷題曰《直方齋小稿》，蓋兵後壁藏，僅有此耳，真所謂存什一於千百者歟。公平生精力於《三禮通義》、《春秋約説》、《中興三朝通畧》，用功最久。又有《大學》、《中庸緒言》、《易經集傳》、《采詩小紀》、《史學提綱》等編，悉燬於丙子兵難。《三朝通畧》蓋欲續從祖左史公《九朝通略》，以成一家言。庸齋趙公在史館時，嘗以上聞，有旨下本部抄寫，且薦公由布衣入館，同預史事，公力辭不就。公少以《禮記》決科，於《禮》學尤精博。嘗謂國家設科，當以《儀禮》，不當以《禮記》。其著《通義》一書，蓋本文公先生義例，而《春秋約説》亦本文公所論大旨。此二書於學者，蓋不無小補也。丞相克齋游公、左史存齋牟公，皆欲以公經學薦聞，公又貽書辭不就。蓋公平生潛心問學，不求知聞。蚤受學於節齋蔡先生，與進齋徐公、覺軒蔡公、敬齋詹公、思齋翁公爲同門友，所造既深，自任之意彌篤。後登西山真先生、靜齋劉先生之門，尤見器重。壯歲即棄科舉，一意通經博史之學，惜乎書藁甫脱，而公竟抱志以没，可勝惜哉！嗚呼！公之學進雖不得用於其時，退猶足以善於其鄉。公奉先極其孝敬，待兄弟極其友愛。至於族媚鄉黨情義尤篤。歲收不上三百石，捐其半創敬思齋，以訓後進。立孝永莊，以賑饑貧。後居平山甥館，歲必一掃故居。歸必會集族中長稚，宴飲餽遺，渠渠款款，各盡其歡。見後進有嚮學者，必諄諄誨誘不倦，蓋忠厚愷弟人也。最謹於禮節，冠昏喪祭，必用古禮。舊居竹谷與雲谷相望，才能學行聲稱甚著。遠方士友登其門，必竭力館穀之，雖屢空不顧也。禾年六歲，就傅于敬思齋，已蒙公器許，今年久無聞，壯志銷落。重惟我族自始祖尚書郭門公於唐中和間，由豫章入建，詩書之澤，四百年矣。前輩凋落，後進渺然，未有甚於斯時者也。公之學，其誰能傳之。公之志，其孰能知之？癸巳秋，從弟敬歸自江東，來相存問，聚首旬日，重整舊編，相與感慨者良久。重念甲戌侍族叔父復齋先生歸自行都，因論公遺事，憮然興念，求所以嗣成公志者，規模未就，而復齋又没矣。時事日殊，年運已往，力不逮念，又未知能成就二父之志乎否也？并書此以識。

# 崇安翁氏家世學派

按：翁氏家崇安之白水鄉，自濟可先生嘉祐間仕籍，父子相繼，皆以名臣顯。厥後文章之彥，斌斌輩出。儒學忠節，世爲羽儀。楊文靖公撰行簡先生墓誌，朱子撰蒙之先生墓誌，極表章其概，今列其畧著于篇。

## 朝奉翁濟可先生仲通

翁仲通，字濟可，崇安人。嘉祐二年進士，爲山陰尉，疏水利。遷鄞縣，移武平令。召赴闕，求便養親，改簽書興化軍。通相地徙築，人號太平陂。後知黄巖縣，濬河流，民獲利。丁内艱，喪除以親不在，遂不出。卒贈銀青光禄大夫。有子三人，彦約、彦深、彦國。按，龜山楊文靖公撰彦約墓誌云："仲通先生以文行爲東南儒宗，學者咸尊師之。仕至朝奉郎，累贈銀青光禄大夫。"《通志》、《龜山文集》

## 奉常翁行簡先生彦約

翁彦約，字行簡，仲通長子。天資穎悟絶人。自幼學已能屬文。既冠，博總經傳，尤深於《禮》學。元豐末，游上庠。銀青贈公外除造朝，欲候彦約策名而後告老，彦約以謂用是緩吾親歸休，計非便也，請以世禄之恩，授中第。銀青不許，力請而後從。已而兄弟更相推遜，聞於朝，事雖不行，縉紳義之。彦約既不第，愈自奮勵，術業愈加進，建之舉進士者，無慮五六十輩，彦約再舉，皆中首選，從而受業者，常數十百人。元符二年，應詔上《格言》二十篇。政和二年，擢進士第。調汝州龍興尉，改常州刑曹。會江淮發運使入奏事，上問所部人材，首以彦約對，驛召爲詳定《九域圖志》編官。累遷太常博士，與因修革禮，遷奉議郎。歲餘乞補外，除提舉河北西路學事，及階對，建言"朝廷更八行復試以文，與立法初意異，請俱與廷對，以示詳行畧文之意"。至河北，薦拔人才，訪問疾苦，講求實邊制勝之策。除知高郵軍。郡當江淮孔道，茶鹽私貿之禁最嚴。顧有告

者,亟決之,吏習故欲以枝辭蔓其獄,彥約曰:"兩獄充斥,若等尚恨少耶?"吏睚
眙失對,於是一郡知彥約以民爲念,吏不得倚法爲奸。歲大旱,以禱祠積勞得
疾,或以尤之,曰:"民甦而吾病無憾矣。"疾亟,乞休。辛未報卒。彥約性孝友,
遇人無賢否,一以誠意。延平陳公瓘,晚居淮南,見彥約,喜語人曰:"翁奉常靜
恪有謀,使得志殆能濟物。"其爲名流推重如此。彥約爲文精緻潤縟,得作者之
體,尤長于詩。有集十卷。子挺、抗、挺,另有傳。

### 少卿翁養源先生彥深

翁彥深,字養源。登紹聖二年乙科。調福州侯官簿。宣和初,遷右司員外
郎。入對,極論讞獄之弊。已而以弟彥國入臺引嫌,改秘書少監,請訪國朝以來
諸儒論纂可傳者上之。盜起睦州,東南大震,彥深言:"民有疾苦,不得上聞,宜
下詔求直言,則下情通而盜可弭。"又言:"羽書遝至,諸路騷然,宜亟求忠臣義
士,列于諫垣。"其後賊平,南軍凱旋,即議北征,復力言出師沮盟之害,以書白
宰相,言與金人夾攻契丹非策。召見,除國子祭酒。時蔡翛爲禮部尚書,譖彥深
爲元祐學。彥深笑曰:"彼亦知有元祐學耶?"徙秘書監。宦者梁師成提舉秘書
省,彥深以爲不可納交熏腐,以辱天子館閣,不肯造謁。未幾,降兩官,知濟南
府。改婺州,召爲太常少卿。從幸揚州,力陳維揚無險要,宜亟渡江,以定基業。
歸老,以卒。所著有《皇朝昭信録》及文集各十五卷、《忠義列傳》二卷、《唐史
評》一卷、《鍾離子自録》一卷。弟彥國,見志乘,待考。子揆,密州司士曹事,亦
以文行知名,早卒。孫蒙之。

### 監丞翁五峯先生挺

翁挺,字士特,彥約子。政和中,用季父彥國恩補官,調宜章尉,改侯官簿。
朝臣交薦,詔赴闕下。所陳皆朝廷急務,奏對移時,徽宗喜曰:"何見卿晚?"改
授少府監丞。時相怒其不附己,逐之,遂不復出。號五峰居士。有集二十卷。
李忠定稱其文雄深雅健,淵源浩博,詩凌屬奮發,絕去筆墨畦徑。及卒,劉子翬

奠以文曰："羅萬象於筆端,煥丹青於胸臆。"《閩書》、郡志

### 寺丞翁子功先生蒙之

翁蒙之,字子功,彥深孫。以廕補官,調常山尉。紹興中,趙忠簡鼎謫死,喪過常山,郡守章傑者,惇諸孫,怨鼎嘗治惇罪,又希秦檜旨,陽檄蒙之護其喪,忽遺書蒙之,以趙氏私爲酒飲役夫,宜亟捕實之法,而陰喻使并搜鼎知舊往來書疏,欲敗趙氏,快私憾,且以媚檜。蒙之不可,啗以利,又不可,復脅以威,往反再三。蒙之度傑意不可回,或囑他吏,則事有不可爲者,即密告趙氏,使取文書悉焚之。既搜無所得,傑怒,又廉知蒙之女弟適胡寅,實當時草詔罪狀惇者,益怒,乃誣以他罪,劾之。會胡公弟寧爲尚書郎,具以其事白檜,檜悟爲傑所賣,移蒙之蘭溪尉,趙氏亦竟得無他。而傑遂廢不復用。孝宗即位,近臣以其事聞,嘉歎其節,再三召監登聞鼓院,尋復補外。後以龔茂良論薦,召爲司農寺丞。卒年五十。郡志、《朱子文集》

## 浦城徐氏家世學派

按:《宋史》論宋自嘉定以來,在相位者賢否不同,故執政者各以其氣類而用之,因其所就,而後世得以考其人焉。因列史彌遠、史嵩之之腹心羽翼數人,其論陳貴誼、曾從龍、鄭性之、李性傳諸賢,以爲皆無所附麗;而謂徐氏榮叟父子兄弟皆爲名臣,其不與權勢推移,所立卓矣。今列其家世學派著于篇。

### 文肅徐亢叔先生應龍

徐應龍,字亢叔,浦城人。累調湖憲司簡法官,與提刑盧彥德爭劫盜獄,獄盜獲生。改知高安縣。呂祖儉以言事忤韓侂胄,謫死,經紀其喪,爲文誄之。有勸之避禍者,應龍曰:"呂,吾所敬,緣此譴死,無所恨。"遷知南恩州,秩滿,陳自強當國,故與應龍同舍,諭欲留之,應龍不答,丐雷州而去。部使者交章上最,召

監行在都進奏院。累遷國子祭酒兼崇政殿說書。天旱,上言"請烹桑弘羊,乃雨"。除秘書監,累遷刑部尚書兼侍讀,屢指陳時政。一日,讀吳起爲卒吮疽事,奏曰:"起卒如此,故能得其死力。今將軍得以賄遷,專事掊剋,安望濟乎?"理宗驚曰:"債帥之風,猶未除耶?"宰相史彌遠聞而惡之,改兼太子詹事。力乞奉祠。迨歸,奏乞立皇子,曰:"高宗謂太祖艱難得天下,而子孫不得居天位,遂以孝宗繼大統,三傳至陛下,皆太祖子孫。今陛下當於太祖後擇人。"徙吏部尚書,以煥章閣學士,提舉嵩山崇福宮。卒贈開府儀同三司,諡"文肅"。累贈太師、魏國公。子榮叟、清叟。《閩書》

### 文靖徐茂翁先生榮叟

徐榮叟,字茂翁。與弟清叟同舉嘉定七年進士。歷永康令,以賑饑得民心,召爲太常博士,兼崇政殿說書。嘉熙中,由左司諫拜左諫議大夫,入對,大署言:"内而京師,楮幣不通,物價倍長,米運多阻,粒食孔艱;外而郡邑,苛征橫斂,無所不有,嚴刑峻罪,靡所不施。甚者,巨家武斷鄉閭,豪宗侵凌民庶,此皆民怨所由。"又言:"朝廷當以節義勵士大夫,則緩急必無求生害仁之事。"遷權禮部尚書,兼吏部,拜端明殿學士,簽書樞密院事。淳祐二年,參知政事。李韶與宰相議不得,求去。榮叟發憤爭之不合,因求俱去。除資政殿大學士,奉祠,御書"橘坡"二大字賜之。卒,贈金紫光禄大夫,諡文靖。所著有《緝熙講議》、《諫垣存藁》、《西掖代言》、《南宮表牋》、《橘坡雜著》。《閩書》、《建寧府志》

### 忠簡徐直翁先生清叟

徐清叟,字直翁。調太平教授,金人侵宣化,制司令州禁采石渡,清叟曰:"敵今未至,奈何先自推赤子魚腹中?"守從之,淮民得渡者三萬餘。紹定初,遷籍田令,應詔抗章,乞爲濟王置後。遷太常博士,復請厚人倫以釋羣惑,惜名器以示正義,因人望以進人材,蓋欲復濟王爵邑,抑史彌遠恤典,召用真德秀、魏了翁也。端平二年,除殿中侍御史,疏論三漸,尤爲痛激。改太常少卿,兼户部侍郎,改工部,除廣西經畧、福建安撫。福州饑,貸南劍常平米七千石,招廣、浙米詣諸州,賑饑全活甚衆。累遷端明殿學士、簽書樞密院事、參知政事。余玠專制全蜀,理宗欲召還之,未決。清叟奏云陛下何不出不意徑召之,且奏"玠素失士心,召之必不敢不來"。理宗遂召玠,遣余晦代之。制下,清叟復奏"晦素無行檢,不堪重任,乞收回成命"。不聽。清叟乞罷政,不許,竟不押晦誥勅。寶祐三年,令民自實田畝,清叟爭曰:"此秦法不可用,如福建、二廣、湖北尤當少寬。"既而江浙民胥言不便,理宗竟不果行。尋以資政殿學士奉祠。開慶初,召提舉佑神觀,兼侍讀,出知泉州。景定中,致仕。卒贈少師,諡忠簡。清叟與其父兄皆以品節相尚,立朝風采著於班行之間。獨其劾罷袁甫,少貶於公論。《閩書》

# 進士張坎翁先生翰學派

　　按:福寧流派,楊似之先生早從林艾軒講論,自得洛學餘緒矣。坎翁先生奮然特起,與及門高、余二公,爲一時師儒之表。考坎翁登第在乾道初,其時道南之派尚未遍,訖厥後人文遞興,宗朱子之學者,已著列邑,逮宋末元初,此邦學脈未艾,賡續繼志,遞有傳人,其淵源遠矣哉!

## 進士張坎翁先生翰

　　張翰,字雲卿,別號坎翁,寧德人。以學行爲鄉先生,高頤、余復皆其門弟也。登乾道二年進士。居官涖民,所至有聲,致政歸田。著《觀過錄》三十四章。《閩書》

## 縣令高元齡先生頤

　　高頤,字元齡,寧德人。祖確,嘗與陸游爲詩友,稱善士。頤經明行修,從游者幾千人。以《禮記》魁鄉薦,登慶元二年進士,知永州東安縣。居官臨民,卓然有聲。其學以《大學》、《中庸》爲宗,治身行事,一主誠實。嘗曰:"吾身任大責重,無天地生物之功,而有其心;無經國子民之位,而有其志。"又曰:"學者,學爲聖賢,非止讀書作文,求仕進而已。"著《雞窗叢覽》百五十卷,《詩集傳》、《解》各三十卷,詩文五百餘篇。子伯壎,嘗魁漕舉,學行醇正。有《會萃古今事類》二百卷,集關洛諸公語爲《傳心直指》十卷,及《一得録》、《愚齋類藁》等書。

## 檢討余子叔先生復

余復,字子叔,寧德人。少從張翰學,精於《周官》。紹興元年,對策大廷,光宗稱其直而不訐,拔置第一,賜之詩。寧宗即位,詔入史館,兼《實録》檢討。歸,擇邑南佳勝,辟園構軒,觴咏其間。著《禮記類説》、《左氏纂類》。

# 福寧楊氏家世學派

按:楊似之先生早從艾軒林公、夾漈鄭公講論,厥後諸儒遞興,確守紫陽遺緒,希風伊雒,而多淳厚篤實,探討羣經,其遷流異説者少,風教所趨,卓乎尚矣。兹録楊氏之系,著于篇。

## 朝請楊穆仲先生惇禮

楊惇禮,字穆仲。舉進士,調興國軍司法,改陝、彭、泉、宿四州教授,轉太學録、太學博士,時與鄉人黄薦可、林介卿並命,有北鄉三博之語。乞外,出判秀州,丐休。建炎元年,以司勳員外郎召,以疾謝。踰年,再以監察御史召,力辭。得旨,以朝請郎守本官致仕,許在家言事,時年未六十。衆稱惇禮有三奇:有田不買、有官不做、有了不蔭。孫興宗、楫。

## 提舉楊似之先生興宗

楊興宗,字似之。少師鄭夾漈,後從宦莆田,執經林光朝。舉進士,調鉛山簿。孝宗登極,上封事,末陳以守爲攻之策,有旨召赴都臺審察。時湯思退主和議,使御史尹穡要曰:"登對願無立異,當以美職相處。"却之。連書抵東府爭和議非便,思退大怒。孝宗嘉其志,除武學博士。既而陳俊卿舉充館職,召試條對,言兵冗切中時弊,除秘書正字,遷校書郎。與林光朝同校文省殿,擢鄭僑、蔡幼學、陳傅良,時稱得人。修四朝會要,轉宣教郎,擢尚書司勳郎,論張說不當與趙汝愚同除拜,不報。又駁楊和王存中封爵太優,堅不書勳。忤虞相允文,乞祠,出守處州。政甚有聲。除知溫州,以親嫌改嚴州,除湖廣提舉。有《自觀文集》。

## 朝散楊通老先生楫

楊楫,字通老。剛介不苟合。與楊方、楊簡俱朱門高弟,號三楊。舉進士。調莆田尉。閩帥程叔達移縣括逃田,楫歷疏不便,忤帥意。秩滿上府,叔達怒曰:"尉格帥命乎?"楫徐條對無所屈,罷去。漕使林祈曰尉敢格帥,大是奇事,遂薦之。累官司農寺簿,劉論進君子、退小人。獎廉靖之操,絕奔競之風。除國子博士,轉少卿。臺臣或干以私,答曰:"臺省紀綱,學者規矩。當各守職,無相侵越。"尋出知安慶,移湖南提刑、江西運判,終朝散郎。著《奏議》、《悅堂集》。

# 進士黃由仲先生宙學派

按:泉南彼時陳休齋門徒爲著,公與休齋後先輩出。公之徒亦有從文公學者,至石氏起宗,名蹟尤卓然。石與傅公竹隱深相交契,一時師友皆爲人物標準。訪錄遺編,不禁斂袵追述不置。

## 進士黃由仲先生宙

黃宙,字由仲,晉江人。乾道五年進士。居鄉講授,學者從之游多名士,石起宗其一也。有《論孟解》、詩文、雜著藏于家。舊郡志

## 吏部石似之先生起宗

石起宗,字似之,先同安人,徙晉江。乾道五年進士第二人。由勑局刪定官

召試館職,條對時務,辭義卓然。上覽奏稱善,除秘書省正字,再遷權倉部郎官。會當輪對,上言君子小人之情狀與天下治亂安危之機。又言妄啓外釁以開兵端,不可不戒。通判漳州,知徽州,除提舉浙西常平,入爲尚書吏部員外郎。引對奏言:"德雖聖人所能躬修,治非聖人所能獨致。願詔大臣盡公任責,破徇私媮惰之習。"又奏乞取仁宗《洪範政鑒》與《敬天圖》列置座右,上嘉嘆久之,命秘書省繕錄以進,後以考較類試卒于院。按:乾道五年,南宮揭榜溫陵得人爲盛,新第先歸者五人。王公龜齡,時爲泉守,故事燕於黃堂。王公酒半啜茶於忠獻堂,持杯以勸,即席贈詩曰:"四海英才入綱羅,清源龍虎姓名多。經魁蘭省得人傑,策射楓庭收甲科。奎宿呈祥前未見,緯星還舍首相過。一杯忠獻堂中酒,名節相期要不磨。"集中尚有贈第二人石察判詩,末句"試觀忠獻堂中像,亦是當時第二人"。集中注云"即起宗石公也"。讀此,疑當時第二人似即今之榜眼否。